汉语阅读教程

(准中级)

主　编　张丽娜
副主编　沈　兰
编　委　孙欣伟
　　　　顾　青
　　　　杨少戈

北京语言大学出版社
BEIJING LANGUAGE AND CULTURE UNIVERSITY PRESS

图书在版编目（CIP）数据

汉语阅读教程：准中级/张丽娜主编.
－北京：北京语言大学出版社，2012 重印
ISBN 978－7－5619－1111－2
Ⅰ. 汉…
Ⅱ. 张…
Ⅲ. 汉语－阅读教学－少数民族教育－教材
Ⅳ. H194
中国版本图书馆 CIP 数据核字（2002）第 050699 号

书　　名：汉语阅读教程：准中级
责任印制：姜正周

出版发行：北京语言大学出版社
社　　址：北京市海淀区学院路 15 号　邮政编码：100083
网　　址：www.blcup.com
电　　话：发行部　82303648 /3591 /3650
编辑部　82303390
读者服务部　82303653 /3592
网上订购电话　82303668
客户服务信箱　service@blcup.net
印　　刷：保定市中画美凯印刷有限公司
经　　销：全国新华书店

版　　次：2002 年 8 月第 1 版　2012 年 8 月第 10 次印刷
开　　本：787 毫米×1092 毫米　1/16　印张：23
字　　数：345 千字
书　　号：ISBN 978－7－5619－1111－2 / H·02096
定　　价：34.00 元

凡有印装质量问题，本社负责调换。电话：82303590

改编说明

本教材根据《汉语系列阅读》的第一册和第二册改编而成，主要面向国内把汉语作为第二语言学习的学习者。它既可作为阅读课的专用教材，也可作为读写课的课外阅读辅助教材，还可供自学者使用。它适合于学过一学期以上的汉语并已掌握800个基础词汇的学生。

一、为了帮助学生迅速扩大词汇量，全面提高汉语的阅读理解能力，同时也为了使学生适应HSK(汉语水平考试)"阅读理解"试题的答题方式，有针对性地训练学生的答题能力和答题速度，本教材着重训练以下三方面的能力：

1.速读能力。培养学生浏览、跳读的能力和习惯，使之能够跨越词语障碍，迅速捕捉并获取所需的信息。

2.综合能力。培养学生综合概括的能力，以便迅速把握文章的主要内容和中心大意。

3.推断能力。培养学生的语感，并在字里行间或根据言外之意加以推断的能力，进而理解作者的情感、态度和倾向。

二、本教材在内容上突破了阅读教材常见的以故事、传说和文化背景知识作为课文主要内容的模式，力求体现出鲜明的时代感、丰富的知识性和广泛的趣味性等特点。

1.鲜明的时代感。本教材以富有现代生活气息的阅读课文，展示当代社会生活的各个方面。学生通过阅读，可以了解到当代人的生活方式、思想感情和价值观念等等。

2.丰富的知识性。本教材在反映社会生活的同时，也加大了科学知识的比重。课文涉及到诸如科技信息、医疗保健、环境保护等方面的内容。这些内容不仅知识丰富，而且也与HSK试题常用的语料范围一致。学生通过阅读课文，既获得了新的知识，又能逐步了解和适应HSK的要求。

3.广泛的趣味性。趣味性是保持学生学习热情的关键。本教材力求体裁和语体多样化(既有记叙文，又有说明文；既有口语体，又有书面语体)，运用规范、自然、生动的语言，来表达有用、有益、有趣的内容。

三、本教材的编写原则：

1.循序渐进的原则。本教材阅读课文的长度和难度是比照HSK大纲，由浅入深、由易而难地递增。课文的长度，从每篇400字左右，增加到每篇800字左右；词语难度从以HSK甲、乙级词为基础的初级水平，逐步提高到以乙、丙级词为基础的中级水平。

2.强化练习的原则。本教材主要通过强化练习的途径来完成教学任务。课文之后不列生词表，仅对有关文化背景知识或一般词典上尚未列入的新词语加以注释。对于课文内容，包括难点词语和语法现象，主要通过练习题的形式来加以反映和解决。练习题的总量达到课文字数的4～5倍。

四、本教材的编写体例：

1.课文。本教材共有30个单元，每个单元由3～4篇相关的阅读课文组成。阅读课文一部分由本教材编写组自己编写，一部分由改写而成。每篇课文注明字数，以便使用者测定阅读速度。

2.习题

(1) 练习(一)重在培养学生通过对课文的理解来猜测、推断词义的能力，同时，又通过大量相关、相近或相反的词语，来扩充学生的词汇量。为了便于使用者阅读、查找，每篇阅读课文之后“练习(一)”中出现的词语，在该文中均以黑线标出。

(2) 练习(二)和练习(三)侧重于对阅读课文多角度的理解，如句意的再现、段意的总结、文章要表达的主旨、作者的态度、知识的理解等等，训练学生在阅读的基础上正确理解和把握文章的主要内容，提高其推断及综合能力。

(3) 练习(四)分别出现了词类填空、连线、连句成段、解释词语等题型，从词语、句意、段意等方面检查学生的阅读效果。

(4) 练习(五)着重训练学生总结、概括问题的能力以及口头表达的能力。

改编执笔：张丽娜

沈　兰

2002年4月

目 录

第一单元

一、天气预报

今天白天晴转多云，风向南转北，风力五六级转二三级，最高气温 3℃。今天夜间多云，偏北风一二级，最低气温 －5℃。明天白天到夜间，多云间晴，风力二三级，最高气温 4℃，最低气温 －3℃。

（92 字÷　　分钟＝　　字/分钟）

练　　习

（一）根据课文内容，选择正确答案：

1．风最大的时候是

A．今天白天　　B．今天夜间　　C．明天白天　　D．明天夜间

2．什么时候刮北风？

A．今天白天　　B．今天夜间　　C．明天白天　　D．明天夜间

3．最暖和的时候是

A．今天白天　　B．今天夜间　　C．明天白天　　D．明天夜间

4．最冷的时候是

A．今天白天　　B．今天夜间　　C．明天白天　　D．明天夜间

5．这种天气可能是在什么季节？

A．春天　　B．夏天　　C．秋天　　D．冬天

（二）看天气预报，填下表：

天气情况 / 时间	阴晴	风向	风力	最高气温	最低气温
今天白天					
今天夜间					
明天白天到夜间					

二、寻物启事

本人<u>不慎</u>在元月二十日上午开完会之后，将一副黑色毛线手套忘在大礼堂。这副手

套是我母亲亲手所织，所以本人非常珍惜。如有拾到者，请送交 14 号楼 503 房间，或呼 126－2345，不胜感谢。

失主：齐新民

2002.1.21

（89 字÷　　分钟＝　　字/分钟）

练　　习

（一）根据课文内容，选择下列词语的正确解释：

1. 启事
   A. 登在报纸上或贴在墙上的说明事情的文字
   B. 希望大家都明白的一件事情
   C. 说明已经开始做的事情的文字
   D. 每一个人都应该想一想的事情
2. 不慎
   A. 不认真　B. 不小心　C. 不愿意　D. 没想到
3. 珍惜
   A. 很贵　B. 喜欢、重视　C. 舍不得　D. 少有的东西
4. 呼
   A. 叫　B. 喊　C. 找　D. 给……打电话
5. 不胜感谢
   A. 决定再一次感谢　B. 一定要再一次感谢
   C. 非常感谢　D. 一定有很重的谢礼

（二）回答问题：

1. 是谁写的寻物启事？
2. 他要找什么东西？
3. 他是什么时间、在哪儿丢的东西？
4. 他为什么要找这件东西？
5. 他住在什么地方？

三、征婚启事

某男，30 岁，身高 1.72 米，未婚，大学毕业。在广州市工作，月薪 5000 元，有住房。欲觅 28 岁以下，身高 1.59 米～1.66 米，大专[①] 以上文化程度，相貌端正，性格文静，真诚善良，在广州市工作的未婚淑女为伴。函照[②] 请寄广州市中山路 23 号陈木林收转（邮编 510641）。谢绝来访。

（115 字÷　　分钟＝　　字/分钟）

注　释

① 大专　dàzhuān　大学程度的专科学校。
② 函照　hánzhào　信件和照片。

练　习

(一) 根据男方的要求,以下哪一位女子可以去应征?

A. 某女,26 岁,身高 1.60 米,中专毕业,未婚,善良文静,在广州某学校工作。
B. 某女,29 岁,身高 1.66 米,大学毕业,离婚有一女,文静漂亮,在广州一家大公司工作。
C. 某女,25 岁,身高 1.63 米,研究生毕业,未婚,性格活泼,待人善良,在上海一家工厂工作。
D. 某女,23 岁,身高 1.61 米,大学中文系毕业,未婚,相貌出色,心地善良,广州市户口,自由职业。

(二) 回答问题:

1. 他多大年龄了? 个子高吗? 结过婚吗?
2. 他在什么地方工作? 他具有什么样的学历?
3. 他的工资高不高?
4. 他有房子吗?
5. 他想找的妻子是什么样的?
6. 他愿意找在别的城市工作的姑娘吗?
7. 他愿意找有婚史的女子吗?
8. 征婚启事中的通讯地址是他的吗?
9. 有意应征的人可以去找他吗?

四、招生简章

本学院下设速成汉语系、基础汉语系和汉语言文化系。招收具有高中毕业以上文化程度,年龄在 45 岁以下的各国留学生及国内各地区的少数民族学生。

速成汉语系开设速成汉语初级班和速成汉语中级班。每年 2 月、4 月、6 月、8 月、10 月、12 月开班。学习期限为一周至二十周。

基础汉语系设有 A、B、C、D、E 五个等级的汉语班。每年 3 月、9 月开学,学习期限为十八周至三十六周。

汉语言文化系招收来此接受正规学历教育的外国留学生及国内各地区的少数民族学生。专科学制为两年,本科四年。每年 9 月开学。

各个教学班开设的主要课程有:读写课、口语课、听力课、阅读课、写作课、语法课、中国文化、中国历史等。汉语言文化系的课程详见本、专科招生简章。

每周星期一至星期五上午安排必修课,共20学时,下午安排10～14学时选修课。学期结束时进行考试,成绩合格者发给相应的学业证书。

学习费用(人民币元/人)

四周	八周	十二周	一学期	一学年
￥420	￥760	￥920	￥1300	￥2300

报名办法:

各国院校或团体派送留学生,请直接与本学院联系。个人申请者,可直接与本学院联系,也可请所在地的代理人代办手续。

联系地址:

××省××市××路××大学111号信箱

邮政编码:710061

电话 0086-29-5309431

传真 0086-29-5246154

(498字÷　　分钟=　　字/分钟)

练　　习

(一) 回答问题:

1. 这个学院有几个系?
2. 在校中学生可以来这个学院学习吗?
3. 速成汉语系学习期限最短的班是多长时间?
4. 基础汉语系一年招生几次?
5. 基础汉语系开设几个班?
6. 汉语言文化系招收什么样的学生?
7. 汉语言文化系的学习期限有多长?
8. 各个教学班开设的主要课程有几门?
9. 如果你想详细了解汉语言文化系的课程安排,该怎么办?
10. 这个学院的学生星期三上午有课吗?
11. 选修课一般在什么时间?
12. 如果考试不合格怎么办?
13. 如果你想在这个学院学8个星期汉语,你应该上哪个系?交多少学费?
14. 如果你想报名应该怎么做?
15. 50岁的人可以在这个学院学习汉语吗?

（二）根据课文内容填表：

	招生对象	招生时间	学习期限	开设班级
速成汉语系				
基础汉语系				
汉语言文化系				

五、招聘启事

龙宫饭店位于南海区海宁路，是一座中外合资的高档涉外饭店，建筑面积 50000 平方米，地下 3 层，地上 12 层，设计标准为四星级，拟于 1998 年元旦试营业。

因工作需要，经市人事局人才市场管理办公室批准，现诚聘下列人员：

一、总工程师 1 名。

二、各部门经理或负责人 8 名。

三、工程部各专业项目主管人员 8 名。

四、计算机、英语、公关销售、文秘等专业人员 8 名。

五、工程部：水、电、空调、电梯等岗位高级技术工人 20 名。

条件：

一、本市正式城镇户口。

二、年龄：总工程师 45 岁以下，经理 35 岁以下，其余 30 岁以下。

三、相关专业大学以上学历，2～5 年以上工作经验。

四、上述第一至第三项岗位人员须具备较强的外语能力和专业组织能力，第四项岗位人员须外语优良，第五项岗位人员须有外语基础。

五、技术工人需有国家劳动部门颁发或认可的上岗资格证书或高级技工证书。

六、身高：男性 1.70 米以上，女性 1.65 米以上。

有意者请于见报后 10 日内将中、英文个人资料寄往龙宫饭店人事部，个人资料一定要详细、真实、全面，恕不退还。

地址：南海市南海区海宁路 50 号

电话：80765401

邮编：860001

（468 字 ÷ 　　分钟 = 　　字/分钟）

练　　习

（一）根据课文内容，选择下列词语的正确解释：

1. 招聘
   A. 请人来招待　　B. 和请来的客人打招呼
   C. 用广告的方法聘请工作人员　　D. 需要一些工作人员
2. 合资
   A. 双方合作找资本　　B. 各方共同出钱做某事
   C. 合作的资本　　D. 放在盒子里的钱
3. 涉外
   A. 走到外边　　B. 走到外国去做
   C. 外边的事情　　D. 和外国有关的
4. 主管
   A. 主要的管理工作　　B. 主要负责的人员
   C. 主人的工作　　D. 主动地进行管理的人员
5. 公关
   A. 公开的关系　　B. 公共关系
   C. 公司关心的问题　　D. 公众关心的事情
6. 文秘
   A. 文静的秘书　　B. 有文化的人
   C. 文字秘书　　D. 文学秘书
7. 岗位
   A. 工作的位置　　B. 山上的位置
   C. 地方　　D. 位置
8. 相关
   A. 互相关心　　B. 有关系的
   C. 相信并关心　　D. 专业的名称
9. 认可
   A. 认为可以　　B. 认为可能
   C. 承认、同意　　D. 认识
10. 恕不退还
   A. 很生气，所以不还东西　　B. 请原谅无法把东西还给你
   C. 请原谅不能招聘你　　D. 很生气，所以不招人

（二）根据课文内容，选择正确答案：

1. 下面哪一种说法不对？
   A. 龙宫饭店是一座合资饭店　　B. 龙宫饭店是一座高档饭店
   C. 龙宫饭店是一座涉外饭店　　D. 龙宫饭店是人事局的饭店

2. 龙宫饭店一共有

A. 三层　　B. 四层　　C. 十二层　　D. 十五层

3. 龙宫饭店

A. 已经开始营业　　B. 正在试营业

C. 还没有开始营业　　D. 正在申请营业

4. 谁负责这次招聘?

A. 龙宫饭店人事部　　B. 市人事局

C. 人才市场　　D. 人才市场管理办公室

5. 这次不招哪方面的人员?

A. 管理人员　　B. 计算机人员

C. 设计人员　　D. 文秘人员

6. 这次一共要招

A. 8 名　　B. 45 名　　C. 24 名　　D. 20 名

7. 哪种岗位对外语的要求不太严格?

A. 工程部主管人员　　B. 公关销售人员

C. 高级技术工人　　D. 总工程师

8. 这次招聘对下面哪一方面没有要求?

A. 年龄　　B. 学历　　C. 身高　　D. 相貌

9. 这份启事是

A. 贴在墙上的　　B. 登在报纸上的

C. 登在杂志上的　　D. 送到每个人手里的

(三) 判断正误:

1. 龙宫饭店不可以接待外国人。(　　)
2. 龙宫饭店将是一座四星级饭店。(　　)
3. 招聘人员一定要经过市人事局人才市场管理办公室批准。(　　)
4. 计算机、英语、公关销售、文秘专业各招 8 人。(　　)
5. 外省市人员不能参加这次招聘。(　　)
6. 应聘总工程师年龄可以稍微大一点儿。(　　)
7. 要找工作,会外语是很重要的。(　　)
8. 技术工人的证书是由国家劳动部门发放的。(　　)
9. 这次招聘工作将进行 10 天。(　　)
10. 只要有英文的个人资料就可以去应聘。(　　)

(四) 如果你是龙宫饭店人事部主管,你打算聘用下面哪些人?

A. ××,女,25 岁,身高 1.65 米,××大学中文系毕业。曾在××公司任总经理秘书三年。会英文打字,英语口语流利。

B. ××,男,30 岁,身高 1.80 米。曾在××饭店做过五年电工。

C. ××,男,20 岁,身高 1.75 米。××大学计算机系毕业。英语达到六级。

D. ××,女,30 岁,身高 1.68 米。××大学研究生毕业。曾在××公司任部门经理，能用英语进行商业谈判。

E. ××，男，40 岁，身高 1.70 米。现任××工厂高级工程师。组织完成过一项国家重点工程。

F. ××，女，20 岁，身高 1.66 米。旅游学校毕业，外语能力强。

G. ××，男，27 岁，身高 1.65 米。电梯修理工，有上岗资格证。曾在××饭店工作三年。

第二单元

一、过　年

今天是大年三十[①]。一大早她就开始忙起来。整理房间，去超市[②]给公婆买礼物。孩子穿着一身漂亮的新衣服，在她身边跑来跑去，非常兴奋地等待着。

春节是个团聚的日子，过春节，也叫"过年"，那时所有的人都要回到父母身边，一家人团聚在一起。所以，今天晚上他们一家三口要回公婆家去吃年夜饭。

平时她的丈夫工作很忙，所以买菜、做饭、洗衣服、照顾孩子等家务大部分是她做。每天早上给一家人准备简单的早饭，然后送孩子去幼儿园，送完孩子自己才去上班。晚上下了班，先把孩子接回家，然后马上进厨房做晚饭。有时丈夫会在一旁帮助她。吃晚饭是一家人最愉快的时候。她和丈夫聊家常，谈论各自单位里的新闻。孩子也在一旁凑热闹，比比画画地给爸爸妈妈讲幼儿园里发生的事情：那个叫丽丽的小朋友哭鼻子了，冬冬又打架了……。孩子天真的话语和认真的神态，常常逗得夫妻俩哈哈大笑。

下午四点多，丈夫下班回家了。一家人穿戴整齐，欢天喜地地出了门。在婆家，老少三代十几口人围坐在一张大圆桌旁，一边看中央电视台 的"春节联欢晚会"，一边热热闹闹地吃团圆饭过年。

(442 字 ÷　　　分钟 =　　　字/分钟)

注　释

① 大年三十　　Dànián sānshí　　指农历一年中的最后一天，即除夕。
② 超市　　chāoshì　　超级市场的简称。

练　习

(一) 根据课文内容，选择下列词语的正确解释：

1. 一大早
   A. 一个早晨　　B. 一个上午　　C. 很早　　D. 一个早上
2. 团聚
   A. 很多人坐成一个圆圈　　B. 一家人坐成一个圆圈
   C. 很多人在一起　　D. 一家人相聚在一起
3. 公婆
   A. 丈夫对妻子的父母的称呼　　B. 妻子对丈夫的父母的称呼

C. 老头儿和老太太　　D. 老太太

4. 年夜饭
   A. 晚饭　　B. 夜里吃的饭
   C. 大年初一吃的晚饭　　D. 大年三十吃的晚饭
5. 聊家常
   A. 讨论家里发生的事　　B. 讨论家里的日常生活
   C. 谈家里发生的事　　D. 谈家里的日常生活
6. 比比画画
   A. 用手做动作来帮助说话　　B. 用手画画儿来表示意思
   C. 比较谁好谁坏　　D. 比一比谁画得好
7. 哭鼻子
   A. 因为鼻子不好哭了　　B. 哭
   C. 鼻子哭了　　D. 小声地哭
8. 欢天喜地
   A. 非常高兴的样子　　B. 非常喜欢
   C. 像喜欢天和地一样　　D. 很喜欢的样子
9. 团圆
   A. 大家住在一起　　B. 全家人聚到了一起
   C. 家人围坐成一个圆圈　　D. 大家围坐在一起

(二) 根据课文内容，选择正确答案：

1. 大年三十晚上
   A. 她一个人在家　　B. 她和孩子在家
   C. 她和丈夫、孩子都在家　　D. 全家人都不在家
2. 大年三十这一天孩子没有做什么？
   A. 穿新衣服　　B. 跑来跑去　　C. 去幼儿园　　D. 去爷爷家
3. 每天早上她不用做什么？
   A. 洗衣服　　B. 做早饭　　C. 送孩子上幼儿园　　D. 上班
4. 下班以后她的第一件事是
   A. 接孩子　　B. 买菜　　C. 进厨房　　D. 做晚饭
5. 孩子每天上幼儿园是
   A. 妈妈送爸爸接　　B. 爸爸送妈妈接
   C. 妈妈送妈妈接　　D. 爸爸送爸爸接
6. “孩子也在一旁凑热闹”的意思是
   A. 孩子在旁边看她和丈夫聊家常
   B. 孩子给他们添麻烦
   C. 孩子也和他们一起聊天
   D. 孩子走过来听他们说什么

7. 他们什么时候去公婆家？

A. 一大早　　B. 做完家务以后

C. 丈夫下班以后　　D. 晚上

（三）判别正误：

1. 孩子穿得很好看，所以很兴奋。（　　）
2. 她是一位家庭妇女，每天只是在家做家务。（　　）
3. 她丈夫工作总是很忙。（　　）
4. 丈夫从来不帮妻子做家务。（　　）
5. 吃晚饭时，他们常常一边吃饭一边聊天。（　　）
6. 他们的孩子名字叫冬冬。（　　）
7. 夫妻俩哈哈大笑是因为幼儿园很有意思。（　　）
8. 过年了，全家人都穿得很漂亮。（　　）
9. 婆家的人不太多。（　　）
10. 大年三十，人们喜欢在父母身边吃晚饭。（　　）

（四）根据课文填空：

1. 她去________给公婆买礼物。
2. 孩子穿着________漂亮的新衣服在妈妈身边跑________跑________。
3. 大部分家务事，比如________、________、________、________，都是她做。
4. 孩子________的话语和________的神态，常常________父母哈哈大笑。
5. 在婆家，____________十几口人围在一起吃团圆饭。

（五）回答问题：

1. 为什么她和家人要在大年三十这一天去公婆家？
2. 她每天都要做什么事？
3. 平时孩子白天在哪儿？
4. 她对自己的家庭生活满意吗？

二、走　亲　戚

我们农村别的没有，就是亲戚多。有多少呢？我一时半会儿也数不清。记得我第一次带那个城里生城里长的媳妇回老家过年时，我给她讲了一晚上我家的亲戚，可她还是搞不清楚。第二天一大早，我给她画了一张图，把我的亲戚关系列了出来。我媳妇一看，眼睛睁得老大，好家伙，快上百了呢！我心想，我说的还都是最直接的亲戚呢。要知道，这些亲戚的亲戚也是我们的亲戚。

在老家，过年最重要的活动之一就是走亲戚。亲戚亲戚，只有走动才能显示出“亲”来。大年初一一过，我就开始带着媳妇走东家串西家地去拜年。一天下来累得说话的劲儿都没有了。我媳妇对这些倒没抱怨。她最怕的是，有人亲亲热热地和她聊家常，而她却不知道怎么称呼对方。晚上回来对着图找，怎么找也找不到。于是，我便指着图中的一个人说，这是我二舅的丈母娘的姐姐的外甥，你该叫他“舅舅”。哇！我媳妇惊叹道，这样连下去，所有的中国人都会是亲戚呢。

（375 字÷　　分钟＝　　字/分钟）

练　　习

（一）根据课文内容，选择下列词语的正确解释：

1. 走亲戚
   A. 走到亲戚那儿　　B. 亲戚们走来走去
   C. 亲戚到自己家里来　　D. 亲戚之间互相拜访
2. 一时半会儿
   A. 短时间内　　B. 一会儿的一半
   C. 一定的时间　　D. 一个半小时
3. 老家
   A. 很老的家　　B. 故乡　　C. 有老人的家　　D. 农村
4. 好家伙
   A. 很好的家　　B. 很好的人　　C. 表示吃惊　　D. 表示赞扬
5. 走动
   A. 走路运动　　B. 访问　　C. 互相来往　　D. 走路
6. 走东家串西家
   A. 先去住在东边的人家，再去住在西边的人家
   B. 去住在东边和西边的人家拜访
   C. 从这一家走到那一家
   D. 从东边的人家走到西边的人家
7. 丈母娘
   A. 女性老人　　B. 住在远处的女性老人
   C. 丈夫对妻子母亲的称呼　　D. 妻子对丈夫母亲的称呼
8. 外甥
   A. 姐姐或妹妹的儿子　　B. 哥哥或弟弟的儿子
   C. 外边的男人　　D. 外孙子

（二）根据课文内容，选择正确答案：

1. 为什么我要给媳妇画一张图？
   A. 媳妇听不清楚我讲的话
   B. 我说不清楚我家的亲戚关系
   C. 媳妇搞不清楚我家的亲戚关系
   D. 为了让媳妇知道亲戚的名字

2. “亲戚亲戚，只有走动才能显示出‘亲’来。”这句话的意思是

A. 只有互相来往才能成为亲戚

B. 经常来往才能保持较好的亲戚关系

C. 亲戚和亲戚必须互相来往

D. 因为经常来往所以是亲戚

3. 为什么我和媳妇要去走亲戚？

A. 亲戚们请我们去

B. 我喜欢去亲戚家

C. 我媳妇喜欢去亲戚家

D. 过年的时候应该去向亲戚们拜年

4. 我们什么时候开始走亲戚？

A. 大年三十　B. 大年初一　C. 大年初二　D. 每天

5. 我媳妇抱怨什么？

A. 每天都要去走亲戚　B. 太累了

C. 有人和她聊家常　D. 不知道怎么称呼对方

6. 为什么有的人在我的图里找不到？

A. 我不认识那个人　B. 我忘了那个人

C. 那个人不是我们的亲戚　D. 那个人不是我们直接的亲戚

（三）判别正误：

1. 农村的一个特点就是亲戚多。（　）
2. 我是农村人，媳妇是城里人。（　）
3. 我给媳妇画的图里列出了我所有的亲戚。（　）
4. 我家有一百多个直接的亲戚。（　）
5. 在农村，亲戚的亲戚都是亲戚。（　）
6. 我媳妇比较了解我家的亲戚。（　）
7. 我媳妇喜欢到处去走亲戚。（　）
8. 我媳妇不认识我的一个亲戚。（　）
9. 我媳妇害怕和别人谈话。（　）
10. 所有的中国人都是亲戚。（　）

（四）回答问题：

1. 我知道我家有多少亲戚吗？
2. 城里人有没有那么多亲戚？
3. 我给媳妇画了一张什么图？
4. 我媳妇了解农村的亲戚关系吗？
5. 在农村，过年最重要的活动是什么？
6. 你们那里有没有这么多的亲戚关系？

（五）把下列句子按一定的顺序连成一段话：

1. 大年初一一过，我和媳妇就开始去亲戚家拜年。
2. 亲戚亲戚，只有走动才能显示出“亲”来。
3. 我媳妇不怕辛苦，就怕不认识她的人和她聊家常。
4. 在农村，过年最重要的活动之一就是走亲戚。
5. 因为她不知道怎么称呼对方。

三、老张爱跳舞

说起来你可能都不相信，老张爱上了跳舞，成了有名的舞迷。认识他的人都说：老张变了！

这还得从老张退休说起。前年春天，老张过了六十大寿。厂里热热闹闹地给他开了一个欢送会，老张就离开了工作了四十多年的工厂。老张这辈子没什么爱好，只知道工作、工作、再工作。这一退休，不用工作了，老张一下子不知道该怎么办才好了。每天在家里转来转去，站也不是，坐也不是。没过几天，从来不生病的他开始浑身不舒服了，今天这儿疼，明天那儿疼，心情也越来越不好了。没办法，家里人只好每天吃完晚饭就把他赶出家门，让他去外面走走。

这天，老张正一个人瞎溜达，突然听到有人叫他，回头一看，是多年不见的老同事王师傅。老哥儿俩见面都有点儿吃惊。老张吃惊的是：比自己大好几岁的老王看起来怎么这么年轻。王师傅吃惊的是：老张的脸色和精神怎么这么差。老哥儿俩一聊，老王就全明白了。他对老张说：“明儿一大早，你上公园去走走。我这好身体就是在那儿锻炼出来的。”

第二天，老张真的去了公园。一进大门，嗬！真热闹。公园里有遛鸟的，有唱戏的，最热闹的还是那一大群跳舞的，男女老少什么人都有。这时，老王从人群中走出来，把老张硬是拉进了跳舞的人群。一开始，老张觉得有点儿不好意思，可是跳着跳着，他就什么都忘了，只觉得身体越来越轻松了，心情也随着欢快的音乐变得愉快起来。

就这样，老张开始每天早上去公园跳舞。时间一长，他就爱上了跳舞，一天不去心里就觉得少了些什么。老张变成了一个舞迷。

（600 字 ÷ 　　分钟 = 　　字/分钟）

练　　习

（一）根据课文内容，选择下列词语的正确解释：

1. 说起来

A. 开始谈某件事　　B. 把某件事说出来了

C. 谈到某件事　　D. 继续说某件事

2. 舞迷

A. 非常喜欢跳舞的人　　B. 因为跳舞迷路的人

C. 找不到家的人　　D. 对跳舞很有知识的人

3. 站也不是，坐也不是

A. 不是站，也不是坐　　B. 不站也不坐

C. 站着坐着都不舒服　　D. 不准站着，也不准坐着

4. 瞎溜达

A. 散步的时候什么也看不见　　B. 没有目的地散步

C. 闭着眼睛散步　　D. 不知道往哪儿走

5. 老同事

A. 年龄很大的朋友　　B. 总是做相同事情的人

C. 以前有过相同工作的人　　D. 一起工作过很长时间的人

6. 老哥儿俩

A. 哥哥的年龄很大　　B. 两个年龄很大的哥哥

C. 兄弟两个　　D. 两个老朋友

7. 遛鸟

A. 和鸟一起玩　　B. 带着鸟散步

C. 给鸟找东西吃　　D. 让鸟从笼里出来散步

（二）根据课文内容，选择正确答案：

1. 老张成了舞迷

A. 大家都认识他了　　B. 大家都很吃惊

C. 大家都很高兴　　D. 大家都觉得很有可能

2. 老张在工厂的时候

A. 喜欢跳舞　　B. 是有名的舞迷

C. 不喜欢跳舞　　D. 喜欢跳舞，但还不是舞迷

3. 老张的变化是因为

A. 他生了一场病　　B. 他的家人把他赶出了家门

C. 他失去了工作　　D. 他退休了

4. 老张今天这儿疼，明天那儿疼，是因为

A. 他退休了　　B. 他在家里太忙

C. 他生病了　　D. 他不习惯退休生活

5. 家里人每天吃完晚饭就把他赶出家门，是因为

A. 他们不喜欢老张了　　B. 他们想让老张去外面找工作

C. 他们想让老张去外面散步　　D. 家里的地方太小

6. 老王去公园是为了

A. 遛鸟　　B. 唱戏

C. 跳舞　　D. 锻炼身体

7. 老张第二天去公园是在

A. 早上　　B. 中午　　C. 下午　　D. 晚上

8. 老张来到公园的时候，老王正在

A. 遛鸟　　B. 唱戏　　C. 看跳舞　　D. 跳舞

9. “跳着跳着，他就什么都忘了。”这句话的意思是

A. 老张忘了应该做的事　　B. 老张忘了怎么跳

C. 老张忘了自己的烦恼　　D. 老张忘了自己的家人

10. “一天不去就觉得心里少了些什么。”这句话的意思是

A. 老张担心自己不去，跳舞的人会变少

B. 一天不去跳舞，老张就会觉得不开心

C. 不去跳舞就会忘掉怎么跳了

D. 不去跳舞的时候，老张总在担心少了东西

（三）判别正误：

1. 老张一直是个喜欢跳舞的人。（　　）
2. 我国的退休制度是干满 40 年就可以退休。（　　）
3. 老张十几岁就进了工厂。（　　）
4. 这篇课文讲的是老张的退休生活。（　　）
5. 老张非常喜欢工作。（　　）
6. 老张的业余爱好很多。（　　）
7. 老张今年 62 岁了。（　　）
8. 老张的身体一直不好。（　　）
9. 老王还没有退休，看起来很年轻。（　　）
10. 老张遇见老王是在一个晚上。（　　）
11. 老王对老张的心情无法理解。（　　）
12. 老王的年龄比老张大。（　　）
13. 公园里的早上很热闹。（　　）
14. 老张一去公园就想跳舞。（　　）
15. 现在老张每天都要去公园跳舞。（　　）

（四）根据课文填空：

1. 老张________了六十大寿。
2. 厂里____________地给他开了一个欢送会。
3. 这__________退休，老张不用工作了。
4. 他每天在家里________________，站也不是，坐也不是。
5. 老张回头________看，原来是老王。
6. 老哥儿俩________聊，老王就全明白了。
7. 老王把老张__________拉进了跳舞的人群。
8. ________开始，老张觉得有点儿不好意思。

9. 时间________长，老张爱________了跳舞。

（五）回答问题：

1. 刚退休时，老张的生活是怎么样的？
2. 老张和老王见面时为什么都很吃惊？
3. 谈一谈老张的变化。

四、婆婆从村里来

宝贝还没出世，我们天天猜测是男孩还是女孩？是胖还是瘦？是白还是黑？长得像我还是像他？太多的疑问，太多的兴奋，弄得我们这对准爸爸和准妈妈整日坐卧不宁。终于有一天忍不住跑到医院做了个“B超[①]”，结果只知道一切正常，再问，大夫便不耐烦地甩出一句：“女孩！”

是女孩就要做女孩的准备。给老家写了一封信，婆婆很快就来了。丈夫把老娘迎到屋里，我左右找不到她应该带的大包小包。“妈，小衣服呢？”“急啥？”婆婆瞪了我一眼，顾不上喝一口水，便把手伸进怀里，从贴身的衣服口袋里，神秘兮兮地掏出一个小纸包往我手里一拍，说：“快吃。这是你二姨托她大姑姐的婆婆求来的，特灵。”“什么呀？”“转胎药啊！人家说咱家人心善，特意给求了一对双胞胎呢，一男一女，男孩叫栓虎，女孩叫栓玲。我一路拉着栓虎喊着栓玲来的。你必须在太阳下山之前吃下这包药。”

我看着那个发黄的纸包只想吐。

送走老太太回到屋里，丈夫的第一句话就是：“把这个纸包扔到垃圾里。”“万一妈知道了……”“把它扔到垃圾里！”老太太好容易搞来的转胎药，刚一出门就被扔在垃圾里了。

半个月后，我生下了一个八斤重的男孩。婆婆那个乐啊，不停地念叨着转胎药的灵验。

“您不是说双胞胎吗？栓玲呢？”丈夫望着笑眯眯的老娘说。“哎呀，我想起来了！我来时人特别多，换车的时候光顾挤了，忘了叫栓玲的名字了。我真是老糊涂了。”婆婆一边说着，一边拍打起自己的脑袋。

丈夫看了我一眼，我们偷偷地乐了。

（501 字÷　　分钟＝　　字/分钟）

改写自《婆婆从村里来》，作者　枫霞，原载于《青年周末》1997 年 2 月

注　　释

① B超：B型超声波的简称。医生可以用这种超声波仪器来诊断疾病。

练　习

（一）根据课文内容，选择下列词语的正确解释：

1. 宝贝
   A. 女孩子　　B. 男孩子
   C. 双胞胎　　D. 孩子
2. 弄
   A. 搞　　B. 变
   C. 说　　D. 问
3. 忍不住
   A. 不坚决　　B. 不接受
   C. 忍受不了　　D. 控制不住
4. 老家
   A. 老人的家　　B. 过去的家庭
   C. 原来的家庭　　D. 在故乡的家
5. 左右
   A. 到处　　B. 两边
   C. 左面和右面　　D. 左边和右边
6. 瞪
   A. 戴着眼镜仔细地观看　　B. 睁大眼睛不满意地看
   C. 仔细地检查　　D. 大概地观察
7. 贴身
   A. 穿在身上的　　B. 放在身上的
   C. 紧挨身体的　　D. 连接身体的
8. 灵
   A. 效果非常好　　B. 速度非常快
   C. 很有精神　　D. 很有办法
9. 特意
   A. 奇怪　　B. 专门
   C. 特别的意思　　D. 特别的意义
10. 念叨
   A. 不耐烦地说　　B. 很高兴地说
   C. 不断地说起　　D. 一边读一边说

（二）根据课文内容，选择正确答案：

1. 孩子出生以前，坐卧不宁的是
   A. 孩子的父母　　B. 孩子的奶奶
   C. 孩子的爷爷　　D. 将做父母的人

2. 孩子出生以前，他们最想知道的是

A. 是胖还是瘦
B. 是黑还是白
C. 是男孩还是女孩
D. 像父亲还是像母亲

3. 他们希望生

A. 男孩
B. 女孩
C. 双胞胎
D. 男孩女孩都可以

4. 媳妇认为婆婆来的时候应带些大包小包，里面有

A. 儿童食品
B. 营养食品
C. 小孩衣服
D. 大人衣服

5. 婆婆带来转胎药是

A. 医生给的
B. 花钱买的
C. 托亲戚要来的
D. 家里原来有的

6. 婆婆带来转胎药是希望

A. 把女孩转为男孩
B. 把男孩转为女孩
C. 把男孩转为双胞胎
D. 把女孩转为双胞胎

7. 婆婆送药来的时候，离孩子出生还有

A. 10 天
B. 15 天
C. 20 天
D. 30 天

8. 她生了个男孩，说明

A. 转胎药很有作用
B. 双胞胎丢了一个
C. 男孩有很强的生命力
D. 肚子里的孩子本来就是男孩

9. 他们偷偷地乐了，是因为

A. 没生女孩
B. 婆婆的想法错了
C. 生的男孩有 8 斤重
D. 当时扔掉药是对的

10. 这个故事说明，在孩子的性别上

A. 男孩比女孩健康
B. 老年人喜欢双胞胎
C. 老年人有重男轻女的思想
D. 年轻夫妇希望有一个女儿

（三）根据课文内容，判别正误：

1. 他们担心身体不正常，所以去医院检查。（　　）
2. 孩子出生前，他们已经知道是男孩。（　　）
3. 婆婆来的时候，没有带孩子的衣服来，是因为她没有准备女孩的衣服。（　　）
4. 婆婆带来一男一女两个孩子。（　　）
5. 他们的孩子有两个名字。（　　）
6. 转胎药的味道很不好，所以看了就想吐。（　　）
7. 等老太太走了以后，转胎药就被扔掉了。（　　）
8. 他们没吃药，却生了个男孩。（　　）
9. 老太太换车时太挤，把栓玲给挤丢了。（　　）

10．婆婆说自己老糊涂了，是因为这时她才知道媳妇当时没吃药。（　　）

（四）根据课文内容，填空：

1．宝贝还没出世，我们天天________是男孩还是女孩？是____还是____？是________还是________？____得____我还是____他？

2．太多的________，太多的________，弄得我们这对______爸爸和______妈妈整日____________。

3．婆婆____了我一眼，顾不上____一口水，便把手______怀里，……神秘兮兮地______出一个小纸包往我手里一______。

（五）用汉语解释下面的词语：

1．转胎药

2．双胞胎

（六）回答问题：

1．这对年轻夫妇为什么不吃转胎药？

2．媳妇不愿意吃转胎药，为什么不对婆婆说，就把药偷偷地扔了？

3．老年人和年轻人对生男生女的看法有什么不同？

第三单元

一、重男轻女

我叫张巧，今年九岁了，现在是小学三年级的学生。我的家里有爷爷、奶奶、爸爸和妈妈。你们一定会觉得我的家既幸福又美满吧？其实不是这样的，我的家一点儿也不幸福。为什么呢？很简单，因为我是一个女孩子。

在我们国家，有一些人认为只有男孩子才是家里的希望，因为男孩子可以传宗接代，继承家里的香火。女孩子是泼出去的水，以后早晚是要嫁给别人的。这种想法在古代就更厉害了。在古代，只有男孩子可以上学读书、做官。女孩子只能呆在家里做家务。

我的爸爸就是这样的人。他每天看见我都要叹气，还总是唠叨说："计划生育，计划生育，咱们家三代单传，到你就断子绝孙！"听奶奶说，在我出生时，爷爷一听到我是女孩子，气得差点儿晕过去。因为我是女孩子，爸爸和妈妈也不喜欢我，有一次我听见他们商量着生二胎的事，我伤心极了。

其实也不是所有的人都像我爷爷、爸爸、妈妈那样。我的同学小莉也是一个女孩子，她的爸爸、妈妈就很爱她，还常常说："时代不同了，男女都一样。"我要是有这样的父母该多好啊！

（414 字÷　　分钟＝　　字/分钟）

练　习

（一）根据课文内容，选择下列词语的正确解释：

1. 美满

A. 美丽、使人满足　　B. 美好，使人满意

C. 非常高兴　　D. 很满足

2. 传宗接代

A. 子孙一代接一代地传下去　　B. 把孩子一代接一代地传下去

C. 每一代人都有孩子　　D. 每一代人都把孩子传下去

3. 继承

A. 接着做没做完的事情　　B. 接受别人的东西

C. 接受前人留下来的东西　　D. 死去的人留下来的东西

4. 泼

A. 用力地向外洒　　B. 用力地打下去

C. 掉下去　　D. 把东西扔出去

5. 早晚

A. 早上和晚上　B. 什么时候　C. 不早也不晚　D. 或早或晚

6. 嫁

A. 女人的家　　B. 女人和别人在一起

C. 女人结婚　　D. 女子和男子

7. 叹气

A. 说生气的话　　B. 因为生气而大声说话

C. 呼吸声音很大　　D. 因为不高兴而大声出气

8. 单传

A. 单独　　B. 每一代只有一个男孩子

C. 每一代只有一个孩子　　D. 一个人给另一个人

9. 断子绝孙

A. 没有子孙　B. 拒绝孩子　C. 没有女孩子　D. 男孩太少

(二) 根据课文内容,选择正确答案:

1. "重男轻女"的意思是

A. 男人重,女人轻　　B. 男人比女人重要

C. 重视男孩子,看不起女孩子　　D. 男孩子重要,女孩子没用

2. 下面哪一句话不符合课文内容

A. 张巧如果是男孩子,她会有一个幸福的家庭

B. 张巧家有老少三代,共 5 口人

C. 张巧家里的人有重男轻女的思想

D. 张巧只能在家做家务

3. "继承家里的香火"的意思是

A. 继续家中的生活　　B. 让家中的人生活下去

C. 只有男孩子可以用父亲的姓　　D. 家里有继承人

4. "女孩子是泼出去的水"的意思是

A. 女孩子是倒在地上的水,很快会消失

B. 女孩子像倒在地上的水一样没有用了

C. 女孩子结婚后会离开自己的父母,像倒在地上的水一样不能收回来

D. 女孩子像水一样流走

5. 在我国

A. 女孩子不论早还是晚都要送给别人

B. 男孩子才可以继承父亲的姓

C. 男孩子都可以做官

D. 一些人有重男轻女的思想

6. “时代不同了，男女都一样”的意思是

A. 虽然时间不相同，但是男女都是一样的

B. 时间不相同，男孩子和女孩子都是孩子

C. 现在的社会和过去不一样了，男女应该有平等的地位

D. 现在的社会和过去不一样了，但是男女的地位不变

（三）判别正误：

1. 张巧是一个小学生。（　　）
2. 在古代，女孩子只能呆在家里做家务。（　　）
3. 张巧的父亲每天批评张巧。（　　）
4. 张巧的爷爷在出生时非常生气。（　　）
5. 张巧的父母想要第二个孩子。（　　）
6. 小莉有一个幸福的家庭。（　　）

（四）根据课文填空：

1. 在我们国家有些人认为________男孩子________家里的希望，因为男孩子可以________，继承家里的________。
2. 有些人认为女孩子是________，以后早晚是________。
3. 张巧的爸爸是个有________思想的人。
4. 张巧家________，所以，爷爷听到生了个女孩子时气得________。
5. 张巧的父母想________。

（五）回答问题：

1. 本文中谈到的我国的传统观念是什么？
2. 张巧为什么觉得自己的家不幸福？

二、独生子女

1978年我国开始实行计划生育政策。现在已经成为世界上独生子女最多的国家。长期以来，人们对独生子女有着种种不同的看法，大多数人把独生子女看做“问题子女”，用“小皇帝”、“小太阳”一类的词语来形容独生子女。这既说明了家长对独生子女的过分溺爱，也表现出人们对这种溺爱的担心。

独生子女真的是“问题子女”吗？最近进行的一系列社会调查表明：答案是否定的。特别是在武汉市大学生中进行的一项调查表明：独生子女的父母对孩子的要求比非独生子女更严格；独生子女和非独生子女一样能和同学友好相处；大多数独生子女是非常愿意帮助人的，他们也比较节约，并不因为生活比较宽裕而乱花钱。这次调查最重要的收获是帮助人们更多地了解了独生子女。他们与非独生子女并没有很大的差别。他们在生活需要、职业适应、婚恋、家庭以及生活各个方面表现出来的新情况、新特点，主要是受到了社会发展的影响。当然他们还有一些“问题”，但这主要不是因为“独生”的原因，而是由社

会、家庭的环境及其教育所带来的。

(421字÷　　分钟=　　字/分钟)

练　习

(一) 根据课文内容,选择下列词语的正确解释:

1. 政策

A. 国家制定的行动标准　　B. 一个国家的政府

C. 一个国家的计划生育的规定　　D. 政府的想法

2. 看法

A. 看的方法　　B. 办法　　C. 观点　　D. 方法

3. 家长

A. 孩子的父母　　B. 家里长大的人们

C. 大家　　D. 家里的成人

4. 溺爱

A. 关心　　B. 家长对孩子没有爱

C. 热爱　　D. 家长对孩子的爱太多

5. 过分

A. 很　　B. 超过一定的程度

C. ……极了　　D. 超过一定的水平

6. 相处

A. 互相来往　　B. 互相帮助

C. 大家都在一个地方　　D. 相互认识

7. 宽裕

A. 东西又多又好　　B. 宽广　　C. 宽大　　D. 足够、有多余

8. 乱花钱

A. 在很多地方用钱　　B. 用钱买不整齐的东西

C. 随便地用钱买东西　　D. 很快地花钱

9. 差别

A. 不同　　B. 区分　　C. 缺点　　D. 相同

(二) 根据课文内容,选择正确答案:

1. "小皇帝"的意思是

A. 独生子女是很小的皇帝

B. 独生子女是小孩子的皇帝

C. 独生子女将来会成为家庭中的皇帝

D. 独生子女在家庭中的地位最高

2. “小太阳”的意思是

A. 独生子女像太阳一样给家庭温暖

B. 独生子女在家庭中处于中心位置

C. 独生子女像太阳一样充满生命力

D. 得到社会、家庭关心的年轻人

3. 根据课文下面哪句话正确?

A. 计划生育就是独生子女的计划

B. 独生子女和非独生子女完全相同

C. 独生子女不都是“问题子女”

D. 人们非常了解独生子女

4. 一系列调查表明

A. 独生子女比大多数孩子接受的教育多

B. 独生子女和非独生子女能友好相处

C. 独生子女乱花钱

D. 独生子女的父母能比较严格地要求孩子

5. 通过这次调查

A. 人们对独生子女有了更多的了解

B. 发现独生子女出现了很多新情况、新特点

C. 人们发现独生子女和非独生子女有很大的差别

D. 独生子女帮助人们了解了更多的情况

6. 产生“问题子女”的原因是

A. 计划生育政策　　B. 教育不适当

C. 没有兄弟姐妹　　D. 父母不关心孩子

(三) 判别正误:

1. 爱问问题的孩子叫“问题子女”。(　　)
2. 人们都把独生子女看作是“问题子女”。(　　)
3. 最早的独生子女已经成人,走上了社会。(　　)
4. 独生子女的名字叫“小皇帝”、“小太阳”。(　　)
5. 人们担心溺爱会对孩子的成长不利。(　　)
6. 武汉市的大学生进行了一项调查。(　　)
7. 独生子女在各方面都表现出和非独生子女不一样的特点。(　　)
8. 社会、家庭的环境对独生子女有很大的影响。(　　)

(四) 根据课文填空:

1. 这________说明了家长对独生子女的________,________表现出人们对这种溺爱的________。
2. 大多数人把独生子女看作“________”,用“________”、“________”一类的词语来________他们。
3. 独生子女并不________生活比较宽裕________乱花钱。

4. 独生子女的问题是由__________、__________及其__________所带来的。

(五) 回答问题：

1. 我国为什么是世界上独生子女最多的国家？
2. 在我国独生子女的情况怎么样？
3. 你对独生子女这个问题怎么看？

三、望子成龙

由于计划生育政策的实行，我国的独生子女家庭越来越多了。年轻的父母们在关心孩子的生活和健康的同时，也开始注意对子女的智力开发。近几年的“电子琴热”、“家庭教师热”，以及各种各样的启蒙“训练班热”就很能说明问题。家长们认为，将来社会上的竞争一定会越来越激烈，从小培养孩子的某种特长，让孩子得到全面发展是做父母的一种责任。一些父母为了孩子的前途，几乎投入了自己所有的精力和财力。

从大中城市到富裕起来的乡村，越来越多的家长认为，培养孩子对艺术的爱好，是开发智力的重要方面。因此，让孩子具备一门艺术特长，已经成为大多数父母的一种愿望。一到周末，就有许许多多的孩子被家长领着，去参加各种各样的培训班。过去一般家庭很少购买的各种中、高档乐器也开始迅速进入普通老百姓的家庭。仅天津、北京市，近几年就卖出钢琴10万架以上，其中大多数是为孩子学琴而购买的。

家长们望子成龙的愿望是非常好的。但是，不管学什么，对孩子来说，最宝贵的是健康、活泼、自然的天性，这种天性如果失去就很难再找回来了。

(434字÷　　分钟＝　　字/分钟)

练　　习

(一) 根据课文内容，选择下列词语的正确解释：

1. 智力开发
   A. 开始发现孩子聪明的能力
   B. 看一看孩子聪明不聪明
   C. 发现孩子的才能，让他得到发展
   D. 发现孩子的能力后开始利用
2. ……热
   A. 温度非常高　　B. 发展很快的某种趋势
   C. 非常喜欢某种形势　　D. 形势很好
3. 竞争
   A. 为了自己的利益和别人争胜　　B. 为了自己的利益和别人比赛
   C. 很多人参加的比赛　　D. 争取胜利

4. 特长
A. 特别的地方　　B. 特别高的水平
C. 特别的长度　　D. 特有的技能
5. 精力
A. 精神力量　　B. 身体力量　　C. 精神和体力　　D. 时间和体力
6. 财力
A. 钱的作用　　B. 财产　　C. 才能　　D. 经济力量
7. 富裕
A. 充足有余　　B. 东西很多　　C. 足够多　　D. 经济发展
8. 老百姓
A. 老人和孩子　　B. 大家　　C. 特别的人　　D. 普通人
9. 天性
A. 生来具有的性格　　B. 普通的性格
C. 经过人们改变的性格　　D. 不自然的性格

(二) 根据课文内容,选择正确答案:

1. 年轻的父母们
A. 只注意对子女的智力开发
B. 希望孩子将来在社会竞争中获得胜利
C. 花费了自己所有的精力和财力
D. 让孩子学习电子琴
2. 课文第一自然段的内容是
A. 说明我国独生子女家庭越来越多的原因
B. 年轻父母们为孩子花费了大量的精力和财力
C. 现在父母的责任是让孩子具有某种特长
D. 现在,父母们不但关心孩子的健康,而且也关心孩子的智力发展了
3. 各种中、高档乐器开始进入普通老百姓的家庭,是因为
A. 过去普通老百姓的家庭中没有中、高档乐器
B. 过去普通老百姓的家庭中只有低档乐器
C. 父母希望通过学习音乐培养孩子对艺术的爱好
D. 父母认为中高档乐器是开发孩子智力的重要方面
4. "望子成龙"的意思是希望儿子将来成为
A. 一条龙　　B. 一个特别的人
C. 一个有成就的人　　D. 一个不一般的人
5. 课文第三自然段的意思是
A. 家长们必须望子成龙
B. 望子成龙会使孩子没有天性
C. 望子成龙的家长应该把孩子最宝贵的东西找回来
D. 望子成龙的家长要注意保护孩子的天性

（三）判别正误：

1. 计划生育政策的实行使我国的独生子女越来越多。（　　）
2. 独生子女得到父母各方面的关心。（　　）
3. 父母的责任是让孩子学习艺术。（　　）
4. 父母都希望自己的孩子有超过别人的方面。（　　）
5. 越来越多的家长认为学习钢琴可以增强竞争能力。（　　）
6. 作者的态度是望子成龙不要太过分。（　　）

（四）根据课文填空：

1. 家长们认为，将来社会上的＿＿＿＿＿一定会越来越＿＿＿＿＿。
2. 一些父母为了孩子的前途，几乎＿＿＿＿＿＿了自己所有的＿＿＿＿＿和＿＿＿＿＿。
3. 家长们＿＿＿＿＿的愿望是非常好的。但是，不管学什么，对孩子来说，最宝贵的是＿＿＿＿＿、＿＿＿＿＿、＿＿＿＿＿的天性。

（五）回答问题：

1. 为什么会有这么多望子成龙的家长？
2. 各种"热"说明了什么问题？
3. 你认为对于孩子来说最宝贵的是什么？

四、小孩就是皇帝

古代有个国王对自己的大臣说：

"我是世界上最厉害的人，难道会有人比我更厉害吗？"

大臣站起身恭恭敬敬地回答：

"伟大的国王啊，您的威力是有限的。"

国王听完非常气愤：

"哼！大臣，在这个世界上，我想杀死谁，就杀死谁。我想把谁关到监狱里，就把谁关到监狱里。你说说，还有谁的威力比我更大？"

于是，大臣把国王的小儿子领到了他的面前。小儿子哼哼叽叽地说：

"爸爸，我要喝水。"

国王一看见他的宝贝儿子，马上露出了笑容。他手忙脚乱地从宝座上站起来，把水端给孩子。

大臣坐在一边只是心里发笑。

"爸爸，我想喝牛奶！"小儿子又哭着说。

国王马上命人去取牛奶。牛奶送来了，国王亲自把它倒好，端到儿子面前。

"爸爸，给牛奶里掺些水。"小儿子含含糊糊地说。

"什么？"国王不明白儿子要干什么。

"我要嘛！我要嘛！"儿子开始撒娇。

国王没有办法，只好给牛奶里倒了一些水。这时小儿子调皮地笑起来："爸爸，把水从牛奶里分出来！"

国王一听，火冒三丈，骂道：

"水怎么能从牛奶里分出来！"

小儿子便开始大哭特哭。一直坐在一旁的大臣微笑地看着国王，国王连连摇头，叹服道："确实，小儿子比我厉害。难怪人们都说，小孩子就是皇帝。"

（481 字÷　　分钟＝　　字/分钟）

改写自《西安晚报》1989 年 8 月，作者　王心宽

练　　习

（一）根据课文内容，选择下列词语的正确解释：

1. 大臣

A. 人名　　B. 高级官员　　C. 服务员　　D. 秘书的名字

2. 恭恭敬敬

A. 很害怕的样子　　B. 很认真不马虎的样子

C. 很高兴很激动的样子　　D. 又尊敬又有礼貌的样子

3. 威力

A. 使人非常害怕的样子　　B. 很强大的、特别的力量

C. 强大的、使人害怕的力量　　D. 巨大的、使人感动的力量

4. 领

A. 带　　B. 拿　　C. 拉　　D. 取

5. 手忙脚乱

A. 很快的样子　　B. 手一忙脚就乱了

C. 手和脚又忙又乱的样子　　D. 急忙、慌乱的样子

6. 命

A. 大声叫　　B. 说　　C. 命令　　D. 让

7. 调皮

A. 爱玩爱闹，不听话　　B. 特别爱哭爱笑，不睡觉

C. 非常可爱　　D. 一会哭一会笑，不安静

8. 火冒三丈

A. 不高兴　　B. 非常生气　　C. 不太高兴　　D. 着火的样子

9. 大哭特哭

A. 哭得很特别　　B. 哭出一种很特别的声音

C. 哭得很厉害　　D. 哭得特别极了

10. 难怪

A. 怪不得　　B. 很奇怪　　C. 不怪　　D. 很清楚

（二）根据课文内容，选择正确答案：

1. "难道会有人比我更厉害吗？"的意思是

A. 很难说有人比我更厉害　　B. 没有人比我更厉害
C. 可能有人比我更厉害吗　　D. 不会有人比我更厉害吧

2. “我想杀死谁，就杀死谁”的意思是
A. 我可以杀死哪个人　　B. 我能杀死哪一个我想杀死的人
C. 我能杀死那一个人　　D. 我可以杀死任何人

3. 国王“火冒三丈”，是因为
A. 儿子开始撒娇　　B. 儿子调皮地笑起来
C. 他不能把水从牛奶里分出来　　D. 儿子提出了过分的要求

4. 国王的儿子大哭特哭，是因为
A. 他想分别喝牛奶和水　　B. 国王火冒三丈
C. 国王没有满足他的要求　　D. 国王批评了他

5. “水怎么能从牛奶里分出来!”的意思是
A. 水无法从牛奶里分出来
B. 水怎么样可以从牛奶里分出来
C. 怎么才能把水和牛奶分开
D. 水和牛奶不能分开喝

6. 国王连连摇头是因为
A. 国王一点也不相信大臣的话
B. 国王的威力在儿子面前没有用
C. 国王对他的儿子一点也不满意
D. 国王不知道怎样把水从牛奶里分出来

7. 下面哪一句话正确?
A. 国王的儿子是个含含糊糊的孩子，所以国王很喜欢他
B. 国王的儿子是个哼哼叽叽的孩子，所以国王很怕他
C. 国王非常喜欢自己的儿子，从来不对儿子生气
D. 国王在儿子面前失去了威力

(三) 判别正误：

1. 国王曾经认为他是世界上最有威力的人。(　　)
2. 大臣对国王说了很不礼貌的话，所以国王很生气。(　　)
3. 国王愿意杀死任何人。(　　)
4. 国王的儿子撒娇是因为他非常爱国王。(　　)
5. 国王的儿子喜欢喝牛奶里的水。(　　)
6. 大臣对国王很尊敬，所以他一直对国王微笑。(　　)
7. 国王的儿子大哭特哭，国王对他没办法。(　　)
8. 国王不停地摇头，对大臣很失望。(　　)

(四) 根据课文填空：

1. 大臣站起身__________地回答国王的问话。
2. 小儿子__________地说：“爸爸，我要喝水。”

3. 国王__________地站起来把水__________孩子。

4. 小儿子__________地说："爸爸，给牛奶里__________些水。"

5. 国王__________地骂道："水怎么能从牛奶里分出来！"

（五）回答问题：

1. 为什么说"小孩子就是皇帝"？

2. 大臣为什么"微笑地看着国王"？

第四单元

一、婚礼的变迁

婚事在我国历来是很受重视的，但是在不同的时期，结婚的方式和花费也有所不同。

在五六十年代，大多数人的婚礼是简单而热闹的。下了班，买一斤糖，沏一壶茶，请一屋子朋友聊一聊。晚上把两个人的铺盖往一起一放，就算结了婚。第二天一大早依旧去上班。有些人连结婚照也没有，最多拍一张小小的黑白照。

到了 70 年代初期，在那个“革命”的年代里，人们的结婚照上大多身上穿着旧军装，胸前戴着毛主席像章①。这个时期，人们结婚时追求的理想是“三转一响”——自行车、手表、缝纫机和收音机；“三十六条腿”——双人床、大衣柜、五斗橱②、床头柜、吃饭桌和四个板凳。这时，开始流行请客吃饭，但大多是新人亲自做菜。

80 年代的改革开放使人们的生活得到了极大的改善。人们的物质追求越来越高，从彩电、冰箱、洗衣机，发展到电话、高级音响③和电脑，甚至有少数人已经在追求别墅④和轿车。婚礼的形式也丰富多彩，从大摆宴席、高级轿车接送，到旅行结婚、集体结婚，甚至教堂结婚、跳伞结婚、滑雪结婚等等。除此之外，人们还会花大价钱拍婚纱照、婚礼录像。

据统计，1995 年和 1996 年结婚花费的平均费用是 29613.2 元，最高花费达到 10 万元以上。在未来的五年内，结婚费用还会迅速增长。

(490 字 ÷ 　　分钟 = 　　字/分钟)

改写自《婚礼变迁》，作者 逸云，原载于《青年周末》

注　　释

① 像章　xiàngzhāng　可以戴在身上的有人像的纪念标志。

② 五斗橱　wǔdǒuchú　一种半人多高的家具，柜面可摆放小东西，下面有抽屉可放杂物。

③ 音响　yīnxiǎng　录音机、收音机、激光唱机及扩音器等的总称。

④ 别墅　biéshù　在郊区或风景区建造的豪华住宅。

练　　习

(一) 根据课文内容，选择下列词语的正确解释：

1. 变迁

A. 情况的变化　　　B. 不断地搬家

C. 改变了居住的地方　　　D. 变化流动

2. 历来

A. 每一次来　　B. 一直　　C. 在历史上　　D. 从历史中来

3. 铺盖

A. 一种床　　B. 褥子和被子

C. 铺床盖被子　　D. 把盖的东西铺好

4. 依旧

A. 跟原来一样　　B. 依靠旧的东西　　C. 不再　　D. 同意

5. 新人

A. 新来的人　　B. 新郎和新娘

C. 新出现的人物　　D. 思想很新的人

6. 大摆宴席

A. 有一张很大的宴席　　B. 放了一张很大的宴席

C. 安排很大的宴席,宴请客人　　D. 准备很多东西

(二) 根据课文内容,选择正确答案:

1. 本文主要介绍

A. 人们对婚事的重视　　B. 结婚的方式和花费

C. 结婚方式和花费的变化　　D. 不同时期的风俗特点

2. 五六十年代,大多数人的婚礼是

A. 买一斤糖,沏一壶茶　　B. 请一天假和朋友聊天

C. 把铺盖放在一起　　D. 又简单又热闹

3. 70 年代初,人们结婚时追求的是

A. 革命　　B. 穿旧军装,戴毛主席像章

C. "三转一响"和"三十六条腿"　　D. 请客吃饭

4. "三转一响"中"一响"是指

A. 自行车　　B. 手表　　C. 缝纫机　　D. 收音机

5. "三十六条腿"是指

A. 家具　　B. 家用电器　　C. 健身器　　D. 厨房用品

6. 80 年代以来,人们结婚一定要准备:

A. 彩电、冰箱、洗衣机

B. 电话、高级家具和电脑

C. 别墅、轿车

D. 彩电、冰箱、洗衣机、电话、高级家具和电脑

7. 下面哪一件事不是人们结婚时一定要做的?

A. 大摆宴席　　B. 高级轿车接送

C. 集体旅行　　D. 拍婚纱照和婚礼录像

8. 从本文来看,哪个时期结婚的花费最多?

A. 五六十年代　　B. 70 年代　　C. 80 年代　　D. 90 年代

(三) **判别正误:**

1. 不同的时期人们对婚事的重视程度不同。(　　)
2. 五六十年代人们大多是下班后举行婚礼。(　　)
3. 五六十年代人们喜欢拍婚纱照。(　　)
4. 70年代初是一个非常“革命”的时代。(　　)
5. 70年代人们穿旧军装拍结婚照是因为没有钱买新的衣服。(　　)
6. 70年代人们结婚时开始有了物质追求。(　　)
7. 70年代人们结婚时常常在家里请客吃饭。(　　)
8. 拍婚纱照和婚礼录像是很贵的。(　　)
9. 结婚费用随着人们生活水平的提高将会不断增长。(　　)

(四) **根据课文填表:**

年　代	结婚的物质准备	结婚照的情况	婚礼方式
五六十年代			
70年代			
80年代以来			

(五) **根据课文填空:**

1. 婚事在我国历来是很受__________的。
2. 五六十年代的婚礼是__________。
3. 下了班,买______糖,沏______茶,请__________朋友聊一聊。
4. 70年代,人们的结婚照上大多__________旧军装,__________毛主席像章。
5. 80年代以来,人们结婚的形式从__________、__________,到__________、__________,甚至__________、__________、__________等等。
6. 人们会花__________拍婚纱照、婚礼录像。

二、堂弟的婚礼

我收到了堂弟的信。

信上说:他春节将举行婚礼,地点在燕京饭店,让我一定去参加他的婚礼。到底还是婶婶赢了。

堂弟半年前就“登记”了。关于结婚仪式,他和婶婶意见不一致,所以婚礼一直拖到了春节。

堂弟和未来的弟媳是大学同学,两人都主张旅行结婚。他们认为旅行结婚有几个好处:第一,经济上节约;第二,增长知识;第三,两人单独在一起,轻松愉快。

堂弟是独生子,婶婶极力主张办酒席。“我就一个儿子,说什么也得把婚礼办得像样点儿。要不然,别人会笑话咱的!”这是婶婶的理由。

我决定去参加堂弟的婚礼。

送什么礼物呢？我想送他们一幅油画①。堂弟他们俩懂艺术，一定会很高兴的。

可是婶婶很讲实惠。她一定会说："送这莫名其妙的玩意儿，一点儿用也没有，还那么贵。"

想了很长时间，我决定还是送实惠的钞票吧。这不是为了堂弟，而是为了婶婶。

(345 字 ÷ 分钟 = 字/分钟)

注 释

① 油画 yóuhuà 西洋画的一种，用含油质的颜料在布或木板上绘成。

练 习

(一) 根据课文内容，选择下列词语的正确解释：

1. 堂弟
   A. 爸爸的哥哥或弟弟的孩子　B. 爸爸的哥哥或弟弟
   C. 妈妈的哥哥或弟弟的孩子　D. 妈妈的哥哥或弟弟
2. 到底
   A. 到最底下　B. 最后　C. 到终点　D. 最下面
3. 婶婶
   A. 妈妈的姐姐　B. 爸爸的姐姐
   C. 爸爸的弟弟的妻子　D. 爸爸的哥哥的妻子
4. "登记"
   A. 决定结婚　B. 领结婚证
   C. 做好了计划　D. 把结婚的事记下来了
5. 仪式
   A. 形式　B. 礼物　C. 费用　D. 问题
6. 极力
   A. 最大的力量　B. 用尽一切力量
   C. 最后的力量　D. 用最高的力量
7. 实惠
   A. 真实的好处　B. 好的结果
   C. 实际的好处　D. 实实在在的话
8. 莫名其妙
   A. 没有名字所以不知道它好在什么地方
   B. 不要说它好在什么地方
   C. 因为没有名字所以特别美妙
   D. 没有人能明白它好在什么地方

（二）根据课文内容，选择正确答案：

1. 这篇课文写的是

A. 堂弟怎么举行婚礼　　B. 收到堂弟的信以后的想法

C. 婶婶终于赢了　　D. 给堂弟送什么结婚礼物

2. 堂弟给“我”写信是为了

A. 请我参加婚礼　　B. 告诉我婶婶赢了

C. 告诉我他们想旅行结婚　　D. 让我给他们送礼

3. 堂弟和婶婶意见不一致是因为

A. 堂弟半年前就“登记”了　　B. 婚礼春节才能举行

C. 对别人送的礼物看法不同　　D. 对婚礼的形式看法不同

4. 婶婶极力主张办酒席，是因为

A. 她只有一个儿子　　B. 担心别人笑话

C. 只有办了酒席婚礼才能举行　　D. 这样可以多收一些礼物

5. “我”打算给堂弟送什么？

A. 一幅油画　　B. 莫名其妙的玩意儿

C. 实惠　　D. 钱

（三）判别正误：

1. 春节时，堂弟将在燕京饭店举行婚礼。（　　）
2. 婶婶一直希望在燕京饭店举行婚礼。（　　）
3. 堂弟的婚礼拖了半年了。（　　）
4. 婶婶不想让堂弟结婚。（　　）
5. 堂弟的对象上过大学。（　　）
6. 旅行结婚比较贵。（　　）
7. 我不想参加堂弟的婚礼。（　　）
8. 油画一般都很贵。（　　）
9. 婶婶也懂艺术。（　　）
10. 最后我决定给婶婶送钞票。（　　）

（四）回答问题：

1. 堂弟的婚礼为什么一直拖到了春节？
2. 旅行结婚的好处是什么？
3. 婶婶希望怎样举行婚礼？
4. 为什么“我”想送油画？

三、家庭妇男

随着妇女地位的提高，夫妻双方在家庭中的地位已经越来越接近了。妻子的收入成为家庭经济的重要来源之一,这为建立平等民主的夫妻关系打下了经济基础。现在当"甩手大爷"的丈夫已经不多见了,他们一般都与妻子共同承担家务。传统的"男主外,女主内"的观念正在被打破。尤其是在广州、北京、上海等大城市,男子干家务已经非常普遍。

有人曾对广州的机关宿舍、工厂职工宿舍、企业单位宿舍等做过调查,发现在被调查的家庭中,有55%的家庭主要是由丈夫做家务,40%的家庭男女分担家务,5%的家庭丈夫很少甚至一点也不干家务。

这种情况的出现是因为现在妇女基本上都有职业。她们除了要和男人一样工作以外,还要做家务、带孩子,如果丈夫不帮忙,实在是难以胜任。有些妇女还经常出差,丈夫不做家务根本不行。

这样的生活现实造就了越来越多的"家庭妇男",人们把他们叫做"模范丈夫"。在这种社会风气之下,一些女青年,特别是大城市的女青年,把能干家务作为她们寻找理想丈夫的标准之一。与此相适应,一些未婚小伙子也已提前开始这方面的训练,以便得到姑娘们的喜爱。

(447字÷　　分钟=　　字/分钟)

改写自《中国家庭在大变革中的新走向》,作者　陈雁,原载于《经济世界》1993年11月

练　习

(一) 根据课文内容,选择下列词语的正确解释:

1. 地位
   A. 人所占的地方　　B. 地方的位置
   C. 人在社会中的位置　　D. 一个位置所需的地方
2. 来源
   A. 事物的根源　　B. 水流过来的地方
   C. 事物发生的原因　　D. 流过来的水
3. "甩手大爷"
   A. 喜欢来回摆手的人　　B. 什么事情都不管的人
   C. 把东西都扔掉的人　　D. 什么事情都不知道的人
4. 分担
   A. 有点儿担心　　B. 分别的担心　　C. 负责一部分　　D. 分别担任
5. 带孩子
   A. 照顾孩子　　B. 和孩子玩
   C. 和孩子一起做家务　　D. 带着孩子做事
6. 出差
   A. 出去不好　　B. 把不好的人赶出去
   C. 因为工作不好而去外地　　D. 因为工作临时去外地

7. 造就

A. 制造出　　B. 培养出　　C. 制造成功　　D. 很成功的

8. 风气

A. 风吹来的空气　　B. 像风一样流动的空气

C. 像风一样流行　　D. 流行的习惯和爱好

（二）根据课文内容，选择正确答案：

1. 妇女在家庭中的地位

A. 一直很高　　B. 正在接近男子　　C. 不太高　　D. 比男子高

2. 现代家庭中

A. 经济来源主要靠妻子　　B. 丈夫是“甩手大爷”

C. 丈夫和妻子共同干家务　　D. 男子干家务

3. “男主外，女主内”的意思是

A. 男子主要负责在外面挣钱，女子主要负责在家带孩子做家务

B. 男子主要生活在外面，女子主要生活在家里

C. 男子决定外面的事情，女子决定家里的事情

D. 男子是外面的主人，女子是家里的主人

4. 有人在广州调查时，没有调查的地方是

A. 机关宿舍　　B. 工厂职工宿舍

C. 学校教师宿舍　　D. 企业单位宿舍

5. 从调查中我们可以发现

A. 承担所有家务的妻子已经很少了

B. 男子已经都成为“家庭妇男”了

C. 愿意和丈夫分担家务的妻子越来越少

D. 所有的妻子都不承担家务了

6. 男子开始做家务是因为

A. 现代妇女都有工作

B. 现代妇女已经不会做家务、带孩子了

C. 现代妇女觉得做家务、带孩子太难

D. 现代妇女经常出差

7. 现在的社会风气是

A. 大城市的女青年想找理想的丈夫　　B. 未婚小伙子学习做家务

C. “家庭妇男”越来越多　　D. 未婚小伙子努力想得到姑娘的喜爱

（三）判别正误：

1. 平等的民主的夫妻关系需要一定的经济基础。（　　）

2. 过去家庭中丈夫常常是“甩手大爷”。（　　）

3. 传统的观念是丈夫和妻子共同承担家务。（　）

4. 在广州，55%的家庭主要是由丈夫做家务。（　　）

5. 在被调查的家庭中还有5%的丈夫是“甩手大爷”。(　　)

6. 妻子地位高了,所以丈夫不得不做家务。(　　)

7. “家庭妇男”是指没有工作,只在家中做家务的丈夫。(　　)

8. 能干家务是现代女青年对男朋友的要求之一。(　　)

9. 现在的未婚小伙子已经开始喜爱做家务。(　　)

(四) 根据课文填空:

1. 妻子的________成为家庭经济的重要________之一,这为建立________的夫妻关系________了经济基础。

2. 传统的“________、________”的观念正在被________。

3. 如果丈夫不帮忙,现代妇女实在是________做家务。

4. 生活现实________了越来越多的“________”。

5. 城市的女青年把________作为她们寻找________的标准之一。

(五) 回答问题:

1. 什么是“家庭妇男”?

2. 现代家庭发生了什么样的变化?

3. 现代家庭发生变化的原因是什么?

4. 这种变化对社会带来的影响是什么?

四、婚姻倒计时

景和景妻都觉得这样的日子再也没法过了。整天不是吵就是闹,谁也容不下谁。没有办法,他俩便订了个协定,给双方最后三个月的适应期。如果三个月过后,两人还是合不来,就友好地散伙;如果三个月后两人都有所改进,能过下去了,就继续过。

人往往对得到的东西不珍惜,而一旦要失去了,却又依依不舍。婚姻也是如此。夫妻一场,就剩最后三个月了,咬着牙也只有九十多天,以后就自由了,为什么不彼此留个最后的好印象呢?

于是,一向不做饭的景现在只要比妻子早下班,一回家他就下到厨房张罗饭菜,等妻子回到家时,饭菜常常都端到了桌上。

一向爱唠叨的妻子也开始学会沉默,而且慢慢地改变了不喜欢清理房间的习惯,把杂乱无章的家收拾得既整洁又舒适。

景从来不陪妻子逛街,更不用说陪她买菜了。可是现在,周末早上只要妻子一邀请,他就提上菜篮子跟着一起去菜市场。妻子邀请他的理由是,免得我三个月后离开了你,你连菜价也不知道,只好让小商小贩宰了。他也觉得这话有理,现在就当是为三个月后做准备吧。

婚姻倒计时给他俩带来了紧迫感、危机感和末日感。他俩都在心里默默地计算着时间:我俩婚姻存在的时间还有八十八天、八十七天……还剩最后一天。

三个月的期限到了，他俩各自都向对方所期望的方向努力靠近了一大步。当婚姻倒计时为零天时，他俩似乎都十分健忘，早已“忘”掉了那个协定。

（544 字÷　　分钟＝　　字/分钟）

改写自《婚姻倒计时》，作者　陆炳生，原载于《文艺生活》1996 年 12 月

练　习

（一）根据课文内容，选择下列词语的正确解释：

1. 容不下

A. 装不下　B. 不原谅　C. 不允许　D. 放不下

2. 协定

A. 互相帮助的决定　B. 友好的决定

C. 商量后作出的共同遵守的决定　D. 经过互相帮助作出了最后的决定

3. 合不来

A. 不能在一起　B. 无法放在一起

C. 不能一起来　D. 无法合上

4. 散伙

A. 解散　B. 大家都散了　C. 离开　D. 分开

5. 有所改进

A. 因为改变所以进步　B. 因为进步所以改变

C. 有改变、有进步　D. 所有的都改变了、进步了

6. 依依不舍

A. 靠在那儿舍不得走　B. 不愿放开的样子

C. 非常留恋　D. 来回摇摆不能决定

7. 夫妻一场

A. 夫妻看了一场戏　B. 夫妻演了一场戏

C. 演了一回夫妻　D. 做了一回夫妻

8. 张罗

A. 打开放饭菜的东西　B. 准备

C. 寻找　D. 计划做什么

9. 免得

A. 免费得到　B. 避免得到　C. 为了避免　D. 不要得到

10. 宰

A. 杀　B. 被杀　C. 要高价　D. 要低价

11. 健忘

A. 容易忘记　B. 忘记健康　C. 不想忘记　D. 忘记锻炼

（二）根据课文内容，选择正确答案：

1．婚姻倒计时的意思是

A. 景和景妻觉得日子再也没法过了

B. 整天不是吵就是闹的日子应该马上结束

C. 景和景妻决定再过最后三个月的婚姻生活

D. 景和景妻再也无法容忍对方了

2．本文想说明

A. 婚姻倒计时是改变夫妻关系的一个好方法

B. 要改变夫妻关系至少要有三个月

C. 如果双方都能够改进自己，原谅对方，婚姻还是可以继续的

D. 人对已经得到的东西常常不珍惜，一旦要失去时才会觉得珍贵

3．从课文中，我们可以看到一开始

A. 景想离婚　　B. 景妻想离婚

C. 他们都不想离婚　　D. 他们都想离婚

4．婚姻倒计时的结果是

A. 景不想离婚了　　B. 景妻不想离婚了

C. 他们都不想离婚了　　D. 他们都想离婚了

5．这种变化的原因是

A. 景开始做饭了　　B. 景妻开始清理房间了

C. 他们开始一起去买菜了　　D. 他们都向对方期望的方向努力了

6．景为什么开始做饭买菜了？

A. 想学会怎么做家务　　B. 想给妻子留个好印象

C. 想让妻子高兴高兴　　D. 不想和妻子离婚

7．景妻为什么要邀请景一起去买菜？

A. 想给景留个好印象　　B. 想让景学会怎么买菜

C. 想和景多待一会儿　　D. 不想和景离婚

（三）判别正误：

1．景和妻子常常吵架。（　　）

2．他们决定三个月后离婚。（　　）

3．开始景和景妻都非常想离婚。（　　）

4．这三个月中，景常常把饭菜做好等妻子。（　　）

5．他们的家一向是既整洁又舒适。（　　）

6．景妻是一个比较沉默的人。（　　）

7．景不喜欢陪妻子逛街，但常陪妻子逛菜场。（　　）

8．在菜场买菜一不小心就会被小商小贩宰了。（　　）

9．婚姻倒计时使他们都觉得很紧张。（　　）

10．三个月后他们都忘了他们的协定。（　　）

（四）根据课文填空：

1. 景和景妻整天不是__________就是________。
2. 如果三个月后，两人还是__________，就友好地__________。
3. 人往往对已经得到的东西__________，一旦要失去了却又__________。
4. 夫妻__________，就只剩最后三个月了，__________也只有九十多天，以后就自由了。
5. 景一回家就赶忙__________厨房__________饭菜。
6. 景妻把__________的家收拾得__________。
7. 婚姻倒计时给他俩都带来了__________、__________和__________。

（五）回答问题：

1. 在倒计时开始以前的日子里，景和景妻的生活是什么样的？
2. 在倒计时的三个月里，他们的生活是什么样的？
3. 景以前有哪些缺点？
4. 景妻以前有哪些缺点？

第五单元

一、山 地 车

山地自行车一般是指那种有 12 个速度、车轮很粗、造型新颖而又色彩鲜艳的新型自行车。由于它速度快、自重轻、外观漂亮,因此很受消费者尤其是年轻消费者的欢迎。

这种自行车大多是由中外合资企业生产的,它的售价比较贵,一般在 700～900 元之间,比普通自行车要高出一倍左右。尽管如此,它的销售量依然很大。据一家自行车专卖店①的经理介绍,上个月他们销售了 1350 多辆山地车,大约占自行车总销售量的 50%。走在街头如果你稍微留意一下,就会发现那庞大的自行车流已经不再是那么灰暗、单调了。不时从眼前闪过的红、黄、蓝、绿等色彩鲜艳的山地车,给自行车王国增加了许多现代气息。

山地自行车的流行是现代都市居民消费生活现代化的一个侧面。

(293 字÷　　分钟＝　　字/分钟)

注　　释

① 专卖店　zhuānmàidiàn　专门经营某种商品的商店。

练　　习

(一) 根据课文内容,选择下列词语的正确解释:

1. 造型

   A. 一种样子　B. 物体的形象　C. 制造的号码　D. 制造形象

2. 自重

   A. 爱护自己　B. 自己的体重

   C. 本身的重量　D. 自己觉得很重

3. 外观

   A. 从外面看的样子　B. 站在外边看

   C. 外面的观众　D. 从外面看的观众

4. 售价

   A. 买卖　B. 价格　C. 卖钱　D. 价值

5. 街头

   A. 一条街的开始处　B. 一条街的拐弯处

C. 街的两边　　D. 街上

6. 留意

A. 留下来注意　B. 注意　C. 有留的意思　D. 小心

7. 自行车流

A. 像河流一样连续不断的自行车　B. 自行车像河流一样飞速向前

C. 像河水一样冲过来的自行车　D. 正在流动的自行车

8. 自行车王国

A. 自行车厂

B. 自行车的世界

C. 以自行车为主要交通工具的国家或地区

D. 世界上的自行车

9. 气息

A. 呼吸的气味　B. 悄悄地休息

C. 风格特点　D. 因生气而休息

（二）根据课文内容，选择正确答案：

1. 山地车受欢迎的原因，文中没有提到哪一点？

A. 车轮很粗　B. 速度很快　C. 自重很轻　D. 外观漂亮

2. 普通自行车的售价一般是

A.200 元左右　B. 400 元左右　C. 600 元左右　D. 800 元左右

3. 上月那家自行车专卖店的销售量是

A.1350 多辆　B. 670 多辆　C. 2700 多辆　D. 4000 多辆

4. 传统的自行车的色彩一般是

A. 很单调、灰暗　B. 鲜艳多彩

C. 红黄蓝绿什么颜色都有　D. 只有一种颜色

5. 山地车的流行说明

A. 现在买自行车的人多了　B. 现在人们都喜欢色彩鲜艳的东西

C. 现在人们消费水平提高了　D. 现在骑自行车的人多了

（三）判别正误：

1. 山地车常常有几个速度。（　）
2. 年轻人很喜欢山地车。（　）
3. 山地车都是国内的企业生产的。（　）
4. 山地车太贵，不好卖。（　）
5. 现在买山地车的人比买普通自行车的人多。（　）
6. 街上人们骑的都是山地自行车。（　）
7. 买山地车的人一般生活在山区。（　）

（四）根据课文填空：

1. 山地车很受消费者__________年轻消费者的欢迎。

2. 山地车大多是__________中外合资企业__________。

3. 山地车虽然比较贵,但它的__________依然很大。

4. 走在街头,你会发现那__________的自行车流已不再是那么__________、__________了。

5. __________从眼前__________过的色彩鲜艳的山地车,给__________增加了许多__________。

(五) 回答问题:

请你介绍一下山地车。

二、网　　吧

随着 INTERNET 的日益普及,近年来,网吧已经成为最受年轻人欢迎的去处之一。据报道,目前在我国几乎所有的城市都出现了"网吧热"。

"上网"成了现代生活中非常热门的词汇。网吧的开设为日益增多的网络[①]爱好者和广大年轻人提供了一个相互交流的场所。越来越多的年轻人喜欢在网吧度过自己的业余时间,在休闲的同时体会一下 21 世纪信息时代的感受。在上海的一家网吧,我们看到既有打开窗口与人聊天的,也有在网上寻找资料的,还有一个"网虫"在兴趣十足地玩最新的 PS 游戏,一位外国游客也在这里熟练地给家人发 E-mail。据网吧的经理介绍,这里拥有三十多台康柏[②]原装奔腾[③]电脑,每天有一百多人光顾,双休日可达二三百人。他们开办网吧并不是只为了赚钱,主要的目的是为了给年轻人提供一个休闲的场所,同时也推动 INTERNET 在中国的普及。

(335 字 ÷ 　　分钟 = 　　字/分钟)

注　　释

① 网络　wǎngluò　计算机之间的信息、数据通信系统。

② 康柏　Kāngbǎi　一种计算机的品牌,Compaq。

③ 奔腾　Bēnténg　一种计算机芯片的型号,Pentium。

练　　习

(一) 根据课文内容,选择下列词语的正确解释:

1. 日益

A. 越来越好　　　　B. 一天比一天更加……

C. 每一天都很好　　D. 每一天

2. 据

A. 观看　　B. 根据　　C. 通过　　D. 计算

3. 开设

A. 建立　　B. 开始建立

C. 设计　　D. 开始设计

4. 提供

A. 提出来给大家　　B. 提起来放在一个地方

C. 提出一个问题要求回答　　D. 给需要的人一个有用的条件

5. 场所

A. 很大的地方　　B. 一种办公的地方

C. 活动的地方　　D. 开会的地方

6. 休闲

A. 没事儿干　　B. 很舒服地休息

C. 在有空的时候休息　　D. 休息了,什么也不干了

7. 体会

A. 身体的聚会　　B. 关于身体的会

C. 亲身感觉后有了了解　　D. 亲身感觉后学会了

8. 兴趣十足

A. 有十种兴趣　　B. 从十个方面发生兴趣

C. 进行过十次后就有兴趣　　D. 非常有兴趣

9. 光顾

A. 什么也没带就来了　　B. 光照射过来了

C. 客人到来　　D. 只是照顾

10. 双休日

A. 双数休息的日子　　B. 星期六和星期天

C. 双倍休息的日子　　D. 两个人都休息的日子

11. 推动

A. 使事物向前发展　　B. 推一推动一动

C. 使东西运动　　D. 推着东西向前走

(二) 根据课文内容,选择正确答案:

1. 网吧

A. 是一个很热的地方　　B. 在我国非常多

C. 在大城市很多　　D. 是一个很热门的词汇

2. 网吧是

A. 喝酒的地方　　B. 上网的地方

C. 聊天的地方　　D. 可以喝酒和上网的地方

3. 经常光顾网吧的是

A. 网络爱好者　　B. 年轻人和网络爱好者

C. 外国游客和网虫　　D. 外国游客

4. 人们去网吧是为了

A. 聊天　　B. 玩游戏

C. 体会信息时代的感觉　　D. 找资料

5. “网虫”是

A. 网上出现的虫子　　B. 特别喜欢上网的人

C. 玩游戏玩得特别好的人　　D. 一个人的名字

6. 开办网吧的目的是

A. 赚很多钱　　B. 推动 INTERNET 在中国普及

C. 提供一个交流的场所　　D. 方便人们寻找资料

(三) 判别正误:

1. 大部分城市都有网吧。(　　)
2. 网络爱好者越来越多了。(　　)
3. “上网”这个词现在非常流行。(　　)
4. 有人打开网吧的窗口与人聊天。(　　)
5. 二十一世纪将是信息时代。(　　)
6. 在网吧发 E-mail 很容易。(　　)
7. 一个网吧应该拥有三十多台电脑。(　　)
8. 上海的那家网吧每天有二三百人光顾。(　　)

(四) 根据课文填空:

1. 网吧成为最受年轻人欢迎的__________之一。
2. 网吧的出现为日益增多的__________和__________提供了一个__________的场所。
3. __________已经成为现代生活中非常__________的词汇。
4. 在上海的一家网吧, 我们看到__________有在网上__________与人聊天的, __________有在网上__________资料的, __________有一个“网虫”在__________地玩最新的 PS 游戏。

(五) 回答问题:

1. 在网吧里可以干什么?
2. 请介绍一下上海那家网吧。
3. 你去过网吧吗? 你喜欢上网吗?

三、富余的钱怎么办?

王鹏这几个月来总是在想一件事:花剩下的工资怎么办?王鹏工作十几年了,现在小日子过得挺舒服,彩电、空调、音响、电脑,该有的都有了。现在两口子工资都不低,每个月除去日常生活的开销,还剩下不少。要在以前,没得说,存银行去!可现在,越来越多的投资[①]机会,使人们有了多种选择的可能:储蓄[②]、股票[③]、债券[④]、保险[⑤]等等。所以,王鹏现在开始重新考虑:这些钱到底怎么处置才最合适。

这个问题不仅仅是王鹏在考虑,越来越多的人都在考虑着同样的问题。随着我国的改革开放,人们的意识也在逐渐转变。在他们眼中,金钱已经不再仅仅是用来购买所需日用物品的了,它同时也是一种资本。如果用它进行正确的投资,可以获得更大的利润。

股票市场和债券市场的出现给人们提供了更多更灵活的机会。近来,买保险成为人们热门话题,人们已经认识到这也是一种投资方式。除此之外,还有一些人看好收藏,书画、钱币、邮票、古玩[⑥],甚至火柴盒、商标[⑦]、磁卡等都有人收藏,这种投资是随我国拍卖[⑧]市场的发展而发展起来的。

从目前来看,人们的投资意识正在逐渐形成与发展。

(447字÷　　分钟=　　字/分钟)

改写自《居民投资意识走向成熟》,作者 田丽,原载于《人民日报》(海外版)

注　释

① 投资	tóuzī	为达到一定目的而投入钱财。
② 储蓄	chǔxù	把暂时不用的钱存到银行里。
③ 股票	gǔpiào	用来表示股份的证券。
④ 债券	zhàiquàn	企业、银行或股份公司发行的债权人领取本息的凭证。
⑤ 保险	bǎoxiǎn	集中分散的社会资金,补偿因自然灾害、意外事故或人身伤亡而造成的损失的方法。
⑥ 古玩	gǔwán	古代留下来的器物。
⑦ 商标	shāngbiāo	商品表面或包装上的标志、记号。
⑧ 拍卖	pāimài	当众出卖寄售的货物,由顾客出价争购,直到无人再出更高一些的价时,就拍板表示成交。

练　习

(一) 根据课文内容,选择下列词语的正确解释:

1. 小日子

A. 很短的时间　　B. 很少的时间

C. 小家庭的生活　　D. 小的家庭生活

2. 开销

A. 费用　B. 开始卖　C. 工作　D. 放开卖

3. 没得说

A. 很好　B. 不需多考虑

C. 了不起　D. 不知道说什么

4. 处置

A. 到处放　B. 放在一处　C. 放　D. 处理

5. 意识

A. 思想　B. 感觉　C. 意思　D. 知识

6. 利润

A. 赚到的钱　B. 非常顺利　C. 很湿润　D. 好处

7. 热门话题

A. 一道很热的门的问题　B. 大家都喜欢谈论的事

C. 谈一谈热门　D. 许多人在热的门里说的话

8. 看好

A. 看起来好看　B. 照顾好

C. 认为某事将有好的结果　D. 仔细选择后再决定

(二) 根据课文内容,选择正确答案:

1. 以前,王鹏富余的钱总是

A. 买东西　B. 用于日常开销　C. 存银行　D. 投资

2. 王鹏这几个月来

A. 总是有一件事　B. 钱总是花不完剩下

C. 一直在进行各种各样的选择　D. 一直在考虑怎么处置富余的钱

3. 投资的问题

A. 只有王鹏一个人在考虑　B. 越来越多的人在考虑

C. 人们都在考虑　D. 很少有人考虑

4. 人们的传统意识中

A. 金钱是用来购买所需物品的　B. 金钱是一种资本

C. 金钱可以用来投资　D. a 和 b

5. 人们意识的转变是因为

A. 投资机会越来越多　B. 改革开放

C. 工资都有富余　D. 金钱已经不能用来购买物品了

6. 近来人们最关心的是

A. 股票市场　B. 债券市场　C. 买保险　D. 收藏

7. 和收藏关系最密切的是

A. 股票市场　B. 债券市场　C. 买保险　D. 拍卖市场

8. 下面哪一种行为不是投资

A. 买家电　B. 买股票　C. 买债券　D. 买邮票

（三）判别正误：

1. 王鹏工作了几个月了。（　）
2. 王鹏已经结婚了。（　）
3. 王鹏的生活比较富裕。（　）
4. 现在人们不一定非得把钱存入银行。（　）
5. 现在人们必须在储蓄、股票、债券、保险中进行选择。（　）
6. 只要用金钱进行投资，就一定能获得大的利润。（　）
7. 我国以前没有股票市场和债券市场。（　）
8. 买保险是一种投资。（　）

（四）根据课文填空：

1. 越来越多的__________，使人们有了多种__________的可能。
2. 金钱已经__________是用来购买所需日用物品的，它__________也是一种资本。
3. __________和__________的出现给人们提供了更__________更__________的机会。
4. __________成为人们的热门话题。
5. 收藏作为一种投资是随我国__________的发展而__________起来的。

（五）回答问题：

1. 一个普通家庭一般拥有什么家电？
2. 为什么王鹏现在需要考虑富余的钱怎么办？
3. 改革开放给我们带来了什么？
4. 课文中提到的投资方式有哪些？你对投资有什么见解？
5. 现在人们常常收藏什么？你喜欢收藏吗？

四、广告可信吗？

在今天的城市中，有人这样来形容广告的存在：你可以躲开你的老师、你的妈妈、你的男朋友或女朋友，但你躲不开广告。只要打开电视机、收音机，翻开报纸，或者虽然你不做这些，但一上街、一出门，挡不住的广告就会扑入你的眼帘。有报道说，我国都市消费者是全球最信赖广告的消费者群体。

零点调查公司在日前发布的城市公众对广告影响的评价调查结果中报告，都市消费者认为在现有的广告中约1/3是可信的，另外2/3是不可信的。这项调查是在北京、上海、武汉、广州的1020位市民中进行的。

调查分析显示，年龄越小的人对广告的可信度评价越高，25岁以下的人中认定45.4%的广告可信；26～36岁以下的人中认定45.2%的广告可信，对广告的可信度认定随年龄的增大而依次递减,51岁以上的人中则只有29.1%。

在进一步研究什么因素是导致人们对各种广告作出的可信度评价时,“名牌效应”和“使用体验”高居前列;“亲友口碑”和“供应商形象”也十分重要。被不少厂家看重的明星名人效应在测试所列出的十大因素中,赞成者却很少,被排在了最后一位。调查结果也显示,较年轻者、大专以上文化水平者会重视名牌效应,而女性、年龄偏大者、大专以下文化水平者会偏重直接的使用体验。

调查结果还表明:市民最容易受广告影响而购买的产品和享受的服务是家用电器、饮料、药品和旅行娱乐项目;最不容易受影响的是文具用品、报刊、服装及零食。但是,零点调查公司研究人员指出:本次调查结果反映的是成人意见;事实上,对于少年儿童来说,他们在零食、文具尤其是卡通型文具、卡通画册方面的消费所受广告的影响是比较大的,而且少年儿童在家庭中对选择消费方式的影响力越来越大,所以该公司认为目前市民家庭的消费方式存在着非理性趋向。

(705字÷　　分钟=　　字/分钟)

改写自《广告可信吗?》,作者　凌月,原载于《南方周末》1996年12月13日

练　　习

(一)根据课文内容,选择下列词语的正确解释:

1. 信赖
   A. 喜欢并且接受　　B. 相信并且依靠
   C. 相信不好的　　D. 不愿意相信
2. 群体
   A. 群众体育　　B. 群众团体
   C. 一些体育爱好者　　D. 有着共同特点的一些人
3. 显示
   A. 明显地表现出　　B. 拿出来给人看
   C. 明白地告诉大家　　D. 拿出来向人表示
4. 可信度
   A. 可能相信的程度　　B. 可以相信的程度
   C. 可不可以相信的问题　　D. 可以相信的方法
5. 依次递减
   A. 依靠每一次的传递来减少　　B. 按照一定的顺序传递
   C. 按照一定的顺序越来越少　　D. 依靠传递来慢慢减少
6. 导致
   A. 引导　　B. 引起
   C. 实现　　D. 达到

7. 评价

A. 评定的价钱　　B. 批评的价值

C. 价值评定　　D. 价格讨论

8. 效应

A. 应该具有的效果　　B. 很有效果的反应

C. 应用和效果　　D. 反应和效果

9. 口碑

A. 人们谈论的一座碑　　B. 一座关于口的碑

C. 人们口头上的称赞　　D. 写满称赞词语的碑

10. 趋向

A. 向某个方向走去　　B. 向某个方向运动

C. 奔跑的方向　　D. 发展的方向

(二) 根据课文内容,选择正确答案:

1. "一上街、一出门,挡不住的广告就会扑入你的眼帘",这句话的意思是

A. 到处有还没被挡住的广告　　B. 街上的广告都是能活动的广告

C. 外面的广告会伤害人的眼睛　　D. 到处都充满着广告

2. 第一自然段告诉我们

A. 现在城市中做广告的人很多　　B. 现在城市中广告非常多

C. 如何才能躲开广告　　D. 城市中的广告做得很有意思

3. 零点调查公司

A. 前天做了一项城市公众对广告影响的评价的调查

B. 最近做了一项城市公众对广告影响的评价的调查

C. 几天前做了一项"广告可信吗"的调查

D. 昨天做了一项"广告可信吗"的调查

4. 零点调查公司没有在下面哪个城市进行调查?

A. 北京　　B. 上海

C. 天津　　D. 广州

5. 年龄与人们对广告的可信度评价

A. 成正比　　B. 成反比

C. 没关系　　D. 相同

6. 在对广告做出可信度评价时,人们觉得哪些因素是最重要的?

A. 名牌效应和使用体验　　B. 亲友口碑和供应商形象

C. 明星名人效应　　D. 年长者的亲身感受

7. 在对广告做出可信度评价时,厂家觉得什么因素是很重要的?

A. 名牌效应和使用体验　　B. 亲友口碑和供应商形象

C. 明星名人效应　　D. 少年儿童选择消费方式的影响力

8. 什么人比较注重使用体验？

A. 受过大学教育的人　　B. 年龄偏大的女性

C. 年轻人　　D. 小学生

9. 人们最容易受广告影响而购买的产品有

A. 家电、饮料　　B. 药品、文具

C. 报刊、杂志　　D. 服装、食品

10. 调查分析显示

A. 城市消费者是全球最信赖广告的消费者群体

B. 年龄越小的人越信赖广告

C. 年龄越大的人越不喜欢广告

D. 目前市民家庭的消费方式存在着非理性趋向

（三）根据课文内容，判别正误：

1. 在今天的城市中，老师、父母、朋友都在做广告。（　　）
2. 零点调查公司说，都市消费者是全球最信赖广告的消费者群体。（　　）
3. 消费者认为现在大多数广告是不可信的。（　　）
4. 20 岁的年轻人比 60 岁的老人更愿意相信广告。（　　）
5. 消费者不太相信明星做的广告。（　　）
6. 在这次调查中，零点调查公司列出了十个影响人们对广告的可信度评价的因素。（　　）
7. 女大学生更重视直接的使用体验。（　　）
8. 这次调查是在成人中进行的。（　　）
9. 人们在购买零食时很容易受广告的影响。（　　）
10. 少年儿童在购买文具用品时不太容易受广告的影响。（　　）
11. 父母在选择消费方式时受孩子的影响很大。（　　）
12. 零点调查公司认为，人们在选择消费方式时应该多做一些理智的判断。（　　）

（四）根据课文内容，填空：

1. 在今天的城市中，你________广告。
2. 一上街、一出门，________的广告就会______入你的______。
3. 对广告的可信度认定________年龄的________而________。
4. 年轻人会________名牌效应，而年龄偏大者会______直接的使用体验。
5. 目前市民家庭的消费方式存在着____________。

（五）回答问题：

1. 零点调查公司做这项调查的目的是什么？
2. 为什么说市民家庭的消费方式存在着非理性趋向？
3. 你在购物时是否受广告的影响？

第六单元

一、服装与色彩

人们每天都离不开服装。在选择服装时，除了注意式样和自己的体形和谐之外，还应该考虑服装的色彩。不同年龄和个性的人，对服装色彩的要求不同；不同身材和肤色的人，适合的色彩也不同。

一般来说，米黄、天蓝、银灰、咖啡等色能表现出年轻、活泼的特点；艳红、嫩绿、蛋黄、宝石蓝能使人显得俊美、俏丽；而藏蓝、青黑、深灰等色则适合稳重、好静的个性。

比较胖的人最好选择色彩明度小的冷色，比如：蓝、青、铁灰、咖啡、黑色等，这样看起来就能显得瘦小些；偏瘦的人应该选择色彩明度大的暖色，如黄色、米色、粉红色、银灰色等，让人有一种宽阔的感觉。

皮肤白净之人适合穿深蓝、铁灰、大红、深红等色彩较深的服装，这样搭配会使人显得更加娇美；而肤色黑黄之人如果选择色彩较浅的暖色，如米黄、乳白、浅灰、豆沙等色，则使人显得更有精神。

另外，选择服装时还应考虑到四季的不同。在寒冷的季节里，色彩较深的服装能吸取太阳的光和热，使人感到暖和；而在炎热的夏季，色彩浅的服装，特别是白色，能将强烈的阳光反射出去，使人感到凉爽。

(430 字 ÷ 　　分钟 = 　　字/分钟)

练　　习

(一) 根据课文内容，选择下列词语的正确解释：

1. 式样

A. 方式　　B. 模样　　C. 样子　　D. 标准

2. 体形

A. 身体的形状　　B. 身体的形式

C. 身体的式样　　D. 亲身经历

3. 和谐

A. 友好地在一起　　B. 配合得很好

C. 很合适　　D. 一切都好

4. 个性

A. 个人的性别　　B. 个人的性质

C. 个人的特长　　D. 个人的特点

5. 身材

A. 身体的材料　　B. 亲身的经历

C. 身体的高矮胖瘦　　D. 身体的高度和宽度

6. 肤色

A. 皮肤的颜色　　B. 有颜色的皮肤

C. 皮肤　　D. 很浅的颜色

7. 明度

A. 明显的程度　　B. 明亮的程度

C. 明白的程度　　D. 颜色的亮光

8. 搭配

A. 放在一起　　B. 配合　　C. 连接在一起　　D. 安排

9. 有精神

A. 有思想　　B. 有意义　　C. 有活力　　D. 很漂亮

（二）根据课文内容，选择正确答案：

1. 选择服装要考虑很多因素，以下哪一点文中没有提到：

A. 式样　　B. 身材　　C. 季节　　D. 价钱

2. 以下哪一种颜色不太适合年轻活泼的姑娘？

A. 米黄　　B. 天蓝　　C. 艳红　　D. 青黑

3. 以下哪一种颜色能使你显得更加俊美？

A. 银灰　　B. 咖啡　　C. 宝石蓝　　D. 粉红

4. 年龄较大个性稳重的人穿什么颜色较好？

A. 蛋黄　　B. 嫩绿　　C. 深灰　　D. 大红

5. 胖人最好不要选择什么颜色？

A. 银灰　　B. 铁灰　　C. 咖啡　　D. 黑色

6. 什么颜色让人看起来感觉比较温暖？

A. 粉红　　B. 铁灰　　C. 青色　　D. 深蓝

7. 肤色黑黄的人穿什么颜色不太好看？

A. 乳白　　B. 豆沙　　C. 米黄　　D. 黑色

8. 什么颜色能给人宽阔的感觉？

A. 黑色　　B. 米色　　C. 咖啡　　D. 藏蓝

（三）判别正误：

1. 选择服装不必考虑式样和自己体形是否和谐。（　　）

2. 年龄、身材、肤色、个性等都会影响对色彩的选择。（　　）

3. 选择天蓝色能使你显得更加活泼。（　　）

4. 个性稳重、好静的人选择色彩较深的衣服比较好。（　　）

5. 冷色的色彩明度比较大。（　　）

6. 通过对色彩的选择，胖人能显得瘦些，而瘦人能显得胖些。(　　)
7. 冬季最好选择色彩较浅的衣服。(　　)
8. 白色能使人感到凉爽。(　　)

(四) 找出下列词语的反义词，并用线连接起来：

活泼	白净	冷色	暖和	胖	寒冷
暖色	瘦	好静	黑黄	炎热	凉爽

(五) 将课文中出现的表示颜色的词归类并尽可能加上你所知道的表示颜色的词：

1. 暖色：
2. 冷色：

二、旗袍师傅

这是一间20平方米的大房子，一道墙把它分成了里外两间。里间是卧室，外间是工作间。面向小街的大门口竖着一块三尺长的牌子："专做旗袍"。房子的主人因此被人称做"旗袍师傅"。

"旗袍师傅"其实是夫妻俩。丈夫姓曹，从10岁开始学裁缝，到现在已经干了60年了。因为年轻时太辛苦，现在他的腰和腿都有毛病。老伴姓李，今年68了，22岁那年嫁到曹家，就一直和旗袍打交道，干了一辈子针线活儿，她拿针的手指头都伸不直了。

夫妻俩待人非常和善，做出来的旗袍更是没得说，所以这个小店每天都是顾客盈门。有些顾客专门从老远的地方赶来，请曹师傅为他们缝制旗袍。

旗袍一般都是手工裁剪缝制的。做一件好旗袍不但要有高超的技术，还需要花费很长的时间，所以现在做旗袍的裁缝已经很少了，像曹师傅这样能做一手好旗袍的裁缝更是难以找到。两位老人常常担心这门技术会失传。不过，让老两口感到安慰的是，在他们的五个孩子中，最小的女儿喜欢上了做旗袍。老人说，看来我们的技术就传给她了。

(400字÷　　　分钟＝　　　字/分钟)

改写自《旗袍师傅》，作者　焦波，原载于《南方周末》1996月11日

练　　习

(一) 根据课文内容，选择下列词语的正确解释：

1. 有毛病
　A. 有坏习惯　　B. 有缺点　　C. 有病　　D. 有麻烦
2. 打交道
　A. 发生联系　　B. 和某人交往　　C. 进行交际　　D. 打通一条小道
3. 针线活儿
　A. 做针和线　　B. 用针、线做的活儿

C. 织毛衣　　D. 针和线很灵活

4. 没得说

A. 不能说　　B. 非常好

C. 不要说　　D. 说完了

5. 顾客盈门

A. 客人太多　　B. 顾客来到了门口

C. 照顾客人的人很多　　D. 来做旗袍的人很多

6. 老远的地方

A. 又老又远的地方　　B. 又落后又远的地方

C. 很远的地方　　D. 原来的地方

7. 花费

A. 买花的费用　　B. 用掉的钱

C. 买花需要的钱　　D. 用掉

8. 失传

A. 失去传统　　B. 无法流传下去

C. 失去传授的机会　　D. 无法告诉别人

9. 老两口

A. 两个人的嘴巴　　B. 长久的夫妻

C. 老年夫妻　　D. 两个老人的嘴巴

（二）根据课文内容，选择正确答案：

1. 房子的主人被称为“旗袍师傅”，是因为

A. 他们穿旗袍　　B. 他们专门做旗袍，而且做得好

C. 喜欢做旗袍　　D. 牌子上写着“旗袍师傅”

2. 旗袍师傅的房子门口

A. 挂着一块正方形的牌子　　B. 挂着一块长方形的牌子

C. 放着一块正方形的牌子　　D. 放着一块长方形的牌子

3. “旗袍师傅”是指

A. 曹师傅　　B. 李师傅

C. 曹师傅和李师傅　　D. 曹师傅、李师傅和他们的女儿

4. 曹师傅今年

A.60 岁　　B. 68 岁　　C. 70 岁　　D. 78 岁

5. 旗袍是

A. 一种流行的时装　　B. 一种传统的服装

C. 一种夏天的裙子　　D. 一种冬天的长袍

6. 找曹师傅做旗袍的人很多，是因为

A. 夫妻俩对人很和善　　B. 夫妻俩旗袍做得很好

C. 喜欢穿旗袍的人很多　　D. 他们对人很和善，旗袍做得很好

7. “曹师傅能做一手好旗袍”的意思是

A. 曹师傅一只手就可以做好一件旗袍

B. 曹师傅做旗袍只用一只手

C. 曹师傅有许多好旗袍

D. 曹师傅做旗袍的技术非常好

8. “曹师傅的小女儿喜欢上了做旗袍”，这句话的意思是

A. 小女儿喜欢上来做旗袍　　B. 小女儿喜欢去做旗袍

C. 小女儿开始喜欢做旗袍了　　D. 小女儿以前喜欢做旗袍

（三）判别正误：

1. 旗袍师傅的房子在一条小街上。（　　）
2. “专做旗袍”的牌子竖在街口。（　　）
3. 丈夫姓李，从 10 岁开始学裁缝。（　　）
4. 他们的房子有两间，一间是卧室，一间是工作室。（　　）
5. 旗袍师傅结婚已经有 46 年了。（　　）
6. 旗袍师傅做的旗袍质量很好。（　　）
7. 现在做旗袍的裁缝很多。（　　）
8. 旗袍师傅一辈子都在做旗袍。（　　）
9. 旗袍师傅的技术马上要失传了。（　　）
10. 做一件好旗袍是很不容易的。（　　）
11. 旗袍师傅有五个女儿。（　　）
12. 看到小女儿喜欢做旗袍，旗袍师傅很高兴。（　　）

（四）根据课文填空：

1. 这是一________二十平米的大房子，一________墙把它分成了里外________。
2. 面向小街的大门口竖着一________三尺长的________。
3. 老伴姓李，今年 68 了，干了________针线活儿。
4. 曹师傅能做________好旗袍。
5. ________感到安慰的是，小女儿喜欢________做旗袍。

（五）把下列词语按一定顺序组成一句话：

1. 她　伸不直　手指头　拿针的　都　了
2. 非常　和善　夫妻俩　待人
3. 老人　失传　担心　技术　会　常常　两位

三、旗　　袍

旗袍本是满族[①]人的服装。因为满族人也叫“旗人”，所以他们穿的袍服，都被称为“旗袍”。满族人常年居住在东北，气候寒冷，因此这种不分上下的长袍最适于保暖。到了

清朝，旗袍的含义开始明确：仅指满族妇女平时穿的长袍。

清代的旗袍比较宽大，线条平直，长到脚面，一般用绸缎制成，上面绣满各种复杂的花纹，在衣襟[2]、袖口和领子上有宽宽的花边。

1911年辛亥革命[3]后，汉族妇女开始以穿旗袍为时髦。据说最早穿旗袍的是上海的一些女学生，她们穿着宽大的蓝布旗袍走在街上，引起了妇女们的羡慕，于是纷纷模仿。

20年代，由于受欧美服装的影响，旗袍的式样有了很大改变。袖口逐渐缩小，腰部开始收紧，衣长也变短了，这样就能更好地显示女性的曲线美。

30年代，旗袍成为最流行的时装。这一时期旗袍的变化非常大。衣领从高到低，最后完全省去；袖子从长到短；衣长也是有时长可扫地，有时短仅及膝。总之每一年出现的新式样都会在衣长、袖长和衣领上变一些花样。

从40年代起，旗袍的式样比较固定了，成为一种有独特风貌的服装，被称为我国的“国服”。现代妇女由于生活节奏加快，已很少穿着旗袍了。但在一些重要的场合，旗袍仍是妇女们首选的服装。

（490字÷　　分钟＝　　字/分钟）

注　释

① 满族	Mǎn zú	我国少数民族之一，主要居住在东北、内蒙古、河北及北京。
② 衣襟	yījīn	上衣、袍子前面的部分。
③ 辛亥革命	XīnhàiGémìng	1911年（农历辛亥年）孙中山领导的推翻清政府的革命。

练　习

（一）根据课文内容，选择下列词语的正确解释：

1. 常年
   A. 长期　B. 每年　C. 常常　D. 平常年
2. 含义
   A. 不太清楚的意思　B. 具有的意义
   C. 藏起来的意义　D. 另一种意思
3. 据说
   A. 有根据的说　B. 听说
   C. 在一个地方说　D. 有根据的说法
4. 显示
   A. 看出来　B. 画出来　C. 表现出来　D. 看得清楚
5. 曲线美
   A. 弯弯的线条很美　B. 美丽的曲线
   C. 美丽的身体线条　D. 弯曲的身材很美丽

6. 时装

A. 一个时代的服装　　B. 当时的服装

C. 在一定的时间穿的服装　　D. 式样最新的服装

7. 总之

A. 总结前面说过的话　　B. 总结后面要说的话

C. 全部的　　D. 一直是这样

8. 花样

A. 花的样子　　B. 式样　　C. 花的种类　　D. 方法

9. 固定

A. 很结实　　B. 已经决定　　C. 不移动　　D. 不变化

10. 场合

A. 一定的时间　　B. 一定的地点

C. 一定的情况　　D. 一定的时间、地点、情况

(二) 根据课文内容，选择正确答案：

1. 关于旗袍，下面哪一种定义准确？

A. 满族人的袍服。　　B. 不分上下、适于保暖的长袍。

C. 满族妇女平时穿的长袍。　　D. 汉族妇女的一种时装。

2. 满族人穿旗袍是因为：

A. 这种服装漂亮。　　B. 他们住在东北。

C. 他们必须穿。　　D. 这种服装很保暖。

3. 下面哪一个不是清代旗袍的特点？

A. 又宽又长。　　B. 用蓝布制成。

C. 线条平直。　　D. 有绣花和花边。

4. 汉族妇女穿旗袍开始于：

A. 清朝　　B. 辛亥革命

C. 20年代　　D. 30年代

5. 旗袍式样变化最大的时期是：

A. 20年代　　B. 30年代

C. 40年代　　D. 40年代以后

6. 旗袍式样发生变化是因为：

A. 旗袍成为一种时装。　　B. 汉族妇女开始穿着旗袍。

C. 女学生们喜爱穿旗袍。　　D. 受到西式服装的影响。

7. 30年代，旗袍的哪一部分变化不太大？

A. 衣领　　B. 衣袖　　C. 腰身　　D. 衣长

8. 现代妇女在什么样的情况下可能穿旗袍？

A. 上班　　B. 购物

C. 出外旅游　　D. 参加晚会

（三）判别正误：

1. 满族人也叫“旗人”。（　　）
2. 东北的气候非常寒冷。（　　）
3. 旗袍最早出现于清朝。（　　）
4. 清代的旗袍袖口很大。（　　）
5. 清代的旗袍能够显示出女性的曲线美。（　　）
6. 女学生是最早穿旗袍的汉族妇女。（　　）
7. 20年代的旗袍线条比较平直。（　　）
8. 旗袍最长的时候几乎拖到地面，最短的时候却只到膝盖。（　　）
9. 40年代以后，旗袍的式样更多了。（　　）
10. 现代妇女已经不喜欢旗袍了。（　　）

（四）根据课文填空：

1. 满族人________居住在东北。
2. 旗袍不分上下最________保暖。
3. 清代旗袍在________、________和________上有宽宽的花边。
4. 汉族妇女开始________穿旗袍________时髦。
5. 20年代的旗袍更好地________出了女性的________。
6. 旗袍是我国的________。

（五）回答问题：

1. 请你介绍一下清代的旗袍。
2. 旗袍是怎样在汉族妇女中流行的？
3. 请你介绍一下旗袍发展变化的历史。
4. 现代妇女为什么很少穿旗袍了？

四、隋唐妇女的服饰

在我国，妇女穿裙子的习惯兴起于汉代，到了隋唐已经很流行了。这时候的裙子大多用六幅布拼制而成，布料的总宽度大约等于今天的三米。隋唐时代的裙子不但很宽，而且也很长，从胸部一直拖到地上。唐代的年轻妇女最喜欢的是石榴裙。所谓石榴裙，实际上是一种非常鲜艳的红裙。唐代最有名的是百鸟裙。传说唐代有一名叫尚方的纺织匠，用一百多种不同的鸟的羽毛，为唐中宗的女儿安乐公主织成了一条百鸟毛花裙。这条裙子非常神奇，它正看是一色，倒看是一色，白天看是一色，灯下看又是一色。更绝的是百鸟的样子也可从裙中隐隐地看到。

隋唐妇女穿的鞋子也有了很大的变化，从秦汉时代的宽松舒适变成了又紧又窄。有靴子，有木履，还有皮履，式样很多。京都长安的女子出嫁时，穿的是一种非常漂亮的木履。木履上用各种颜色的漆[①]画上美丽的图案，并用五彩的丝绳作履带。

到了隋唐，妇女化妆的风气更加流行。传说，杨贵妃由于涂了厚厚的胭脂[②]，连汗水都染成了红色。唐玄宗非常喜欢妇女画眉，所以唐代妇女几乎人人画眉。其中最流行的是一种阔眉，像一片小小的桂叶[③]。当时，人们认为最理想、最美观的嘴型，应当像樱桃那样纤小、鲜艳，所以，妇女们化妆时常常是先将嘴唇与脸部一起用铅粉涂白，然后用口红点一个小小的红唇。白居易家中的一个名叫樊素的歌女据说就有一个非常美丽的樱桃小口。

(580 字÷　　分钟=　　字/分钟)

注　释

① 漆　　qī　　一种涂料。

② 胭脂　yānzhī　一种涂在脸部的红色的化妆品。

③ 桂叶　guìyè　桂树的叶子，椭圆形，较小。

练　习

(一) 根据课文内容，选择下列词语的正确解释：

1. 鲜艳
   A. 又新鲜又美丽　　B. 鲜明而美丽
   C. 又红又亮　　D. 美丽的红色
2. 神奇
   A. 非常奇妙　　B. 非常奇怪　　C. 奇特的精神　　D. 奇特的样子
3. 隐隐
   A. 看起来很神秘　　B. 藏得很深
   C. 看不见　　D. 看起来不清楚
4. 出嫁
   A. 姑娘出去结婚　　B. 姑娘离开家
   C. 姑娘结婚　　D. 姑娘找对象
5. 五彩
   A. 五种颜色　　B. 多种颜色
   C. 五种彩绳　　D. 一种颜色
6. 化妆
   A. 改变自己的样子　　B. 化钱买很贵的东西
   C. 用一些东西使自己变得更漂亮　　D. 姑娘改变自己的嫁妆
7. 美观
   A. 美丽的观众　　B. 看起来很美
   C. 观看美丽　　D. 很开心地看

（二）根据课文内容，选择正确答案：

1. 唐代的裙子是用

A. 六幅宽的一块布做的　　B. 三米宽的布做的

C. 六幅布拼在一起做的　　D. 六幅三米宽的布拼在一起做的

2. 下面哪一个不是唐代裙子的特点？

A. 非常宽　　B. 非常长　　C. 裙腰在胸部　　D. 都是鲜艳的红色

3. 百鸟裙是

A. 尚方的　　B. 唐中宗的　　C. 安乐公主的　　D. 不属于任何人

4. 百鸟裙的神奇在于

A. 是用一百多种不同的鸟的羽毛做的

B. 在不同时间用不同方法看，可以看到不同的颜色

C. 裙子上可以隐隐地看到百鸟的样子

D. 在不同时间用不同方法看，可以看到不同的颜色；裙子上可以隐隐看到百鸟的样子

5. 唐代女子出嫁时，穿

A. 石榴裙　　B. 靴子　　C. 木履　　D. 皮履

6. 唐代人认为漂亮的嘴型是

A. 像一片桂叶　　B. 像一颗樱桃　　C. 很鲜艳的　　D. 红红的

（三）判别正误：

1. 汉代时，妇女穿裙子已经很流行了。（　　）
2. 唐代的妇女都喜欢穿石榴裙。（　　）
3. 百鸟裙是尚方用一百多只鸟的羽毛制成的。（　　）
4. 百鸟裙最神奇的是从裙中可以隐隐看到百鸟的样子。（　　）
5. 秦汉时代，妇女穿的鞋非常宽松舒适。（　　）
6. 秦汉时代妇女不化妆。（　　）
7. 杨贵妃喜欢涂胭脂。（　　）
8. 唐代流行画阔眉。（　　）
9. 唐中宗非常喜欢妇女画眉。（　　）
10. 樱桃是一种小而圆的、颜色很鲜艳的水果。（　　）
11. 铅粉是白色的。（　　）
12. 白居易有一个美丽的樱桃小口。（　　）

（四）用汉语解释下列词语：

1. 石榴裙：
2. 百鸟裙：
3. 樱桃小口：

（五）根据课文填空：

1. 妇女穿裙子的习惯__________于汉代，到了隋唐已经很__________了。

2. 百鸟裙__________是一色，__________是一色，__________看是一色，__________看又是一色。
3. 隋唐时代妇女穿的鞋子已经从秦汉时代的__________变成了__________。
4. 杨贵妃由于__________了__________的胭脂，连汗水都__________红了。
5. 隋唐时代妇女__________时，常常是先将嘴唇与脸部一起用铅粉__________，然后用口红__________一个小小的__________。

（六）回答问题：

1. 京都长安的女子出嫁时穿的木履是什么样的？
2. 隋唐妇女怎样化妆？
3. 为什么唐代妇女人人画眉？
4. 你知道现代人用什么化妆品？

第七单元

一、老父不赴宴

我的父亲今年74岁了，背不驼①，腿不颤②，总是精神饱满。常常有人向他请教保健"秘方"，他笑笑："哪有什么秘方啊，管好你自己的嘴就行了！"

真的，不赴宴、不吃请是我父亲的长寿经验。我们兄弟姐妹五人，遇到节假日或高兴的事，常常要聚在一起吃一顿。每到这时候，父亲总是不肯"赏脸"。至于亲戚朋友，不管谁去请他，即使说破了嘴，他也不会出现在餐桌边。父亲常说："我喜欢一日三餐粗茶淡饭，定时定量。那种大吃大喝大饱口福的吃法，不但吃不出健康，反而会吃出毛病来。"

父亲的话虽然简单，但的确有道理。传统的宴席往往是大鱼大肉，而且离不了烟酒。这种大吃大喝、香烟缭绕的环境对于老年人来说，显然是有百害而无一利的。另外，大鱼大肉含有较多的糖、脂肪③等，消耗不掉的热量容易成为损害健康的因素，尤其是酒，对于有慢性病的老人更是大害。

是啊，不赴宴、不吃请，每天饮食规律，这才是老年人的养生之道。

(370字÷　　分钟＝　　字/分钟)

改写自1996年10月《南方周末》的同名文章

注　　释

① 驼　　tuó　　(背)弯曲。

② 颤　　chàn　抖动。

③ 脂肪　zhīfáng 存在于人或动物的皮下组织中的一种物质。

练　　习

(一) 根据课文内容，选择下列词语的正确解释：

1. 赴宴

   A. 在宴会上　　B. 参加宴会　　C. 走着去宴会　　D. 准备宴会

2. 饱满

   A. 吃得非常饱　　B. 很多　　C. 很充足　　D. 很满足

3. 请教

   A. 请人教　　B. 请求教师　　C. 问　　D. 介绍

4. 保健

A. 保留健康　B. 保护健康　C. 保存健康　D. 保证健康

5. 不吃请

A. 不接受去吃饭的邀请　B. 不愿意被别人邀请

C. 不吃别人请吃的东西　D. 不接受邀请

6. 赏脸

A. 欣赏别人的脸　B. 让别人欣赏自己的脸

C. 对别人提出请求　D. 接受别人的请求

7. 粗茶淡饭

A. 不好的茶叶,没有味道的饭　B. 非常简单的饮食

C. 数量很少的饮食　D. 一种特别的茶和饭

8. 大饱口福

A. 吃得很饱是非常幸福的　B. 吃饱了,嘴很幸福

C. 首先满足吃的愿望　D. 完全满足了吃的愿望

9. 大鱼大肉

A. 很大的鱼和肉　B. 很多鱼和肉

C. 肉和一种鱼　D. 特别的鱼和肉

10. 显然

A. 表现出来的样子　B. 很容易看出来

C. 很有名　D. 容易看见的样子

11. 消耗

A. 因为使用而慢慢减少　B. 因为浪费而消失了

C. 慢慢地经过一段时间　D. 使用

12. 养生之道

A. 保持身体健康的道路　B. 保持身体健康的办法

C. 保护生命的道路　D. 保护生活的办法

(二) 根据课文内容,选择正确答案:

1. 父亲保健的方法是

A. 背不驼,腿不颤　B. 注意控制自己的饮食

C. 常常向人请教　D. 不多说多问

2. 我们家有

A. 五个男孩　B. 五个女孩　C. 五个孩子　D. 十个孩子

3. 父亲

A. 节假日的时候不愿意去孩子们的家

B. 有高兴事儿的时候不愿意和孩子们在一起

C. 不愿意和孩子们一起吃饭

D. 从不参加孩子们的宴席

4. “即使说破了嘴，他也不会出现在餐桌边。”这句话的意思是

A. 无论如何，他也不会接受吃饭的邀请

B. 哪怕有人嘴破了，他也不会去餐桌边看看

C. 再三邀请，嘴唇都磨破了，他才去吃饭

D. 再三地说，嘴唇都磨破了，他也不坐在餐桌边吃饭

5. 父亲觉得大吃大喝大饱口福的吃法

A. 对身体健康无益　　B. 容易得各种疾病

C. 一定会得病　　D. 对身体健康无益，一定会得病

6. 对于有慢性病的老年人来说，最危险的是

A. 大鱼大肉　　B. 酒　　C. 糖　　D. 热量

（三）判别正误：

1. 父亲常常把他的保健“秘方”告诉别人。（　　）
2. 我们兄弟姐妹都和父亲住在一起。（　　）
3. 亲戚朋友请父亲吃饭，他也不去。（　　）
4. 父亲的饮食总是非常简单。（　　）
5. 父亲每天什么时候吃饭，吃多少，都是一定的。（　　）
6. 父亲这种吃法会吃出毛病来。（　　）
7. 一般宴席上常常没有烟和酒。（　　）
8. 人们喜欢在一起大吃大喝。（　　）
9. 传统的宴席对老年人只有害处，没有好处。（　　）
10. 鱼和肉能产生大量的热量。（　　）

（四）根据课文填空：

1. 我父亲今年 74 岁了，背不__________，腿不__________，总是精神__________。
2. 父亲喜欢__________粗茶淡饭，__________。
3. 大吃大喝不但__________健康，反而会__________。
4. 这种__________、香烟__________的环境对于老年人来说显然是__________的。
5. __________，__________，每天__________，这才是老年人的__________。

（五）回答问题：

1. 请介绍一下“父亲”的生活习惯。
2. 请介绍一下传统的宴席。

二、胖人的烦恼

随着生活水平的提高，<u>吃了上顿没下顿</u>的事情早已成了回忆。现在，只要你有一个好<u>胃口</u>，川菜粤菜，火锅[①]涮烤[②]，尽可以放开地吃。可是，在你大饱口福的时候，不要忘了肥胖也许正在向你走来。你瞧瞧我，我也曾是一个<u>风度翩翩</u>的小伙子，可现在……不知什么

时候起，我在镜中的形象就被这个大腹便便虎背熊腰的胖子所代替了。

别以为胖了就胖了，没什么关系。等你到了我这个样子，烦恼可就多了。就说上楼吧，每次还上不到三楼，我就脸红气喘爬不动了。有时到朋友家去做客，双人沙发就够我一个人坐，主人还会心疼地多看几眼。甚至有时在街上逛，都会有一些小姑娘冲着我乐。唉，这还都是些小事。我今年都28了，可还没有谈过恋爱。热心人介绍了好几个，人家姑娘一听我体重，都吓跑了。好不容易遇上一个不嫌弃的，我高高兴兴地来到介绍人家中，一见面，好家伙，她比我还胖！

我也想要减肥哪！节食[③]，跑步，吃减肥药，喝减肥茶……苦也没少受，钱也没少花，可是体重却减得不多。就像我当年到处寻找好吃的饭馆一样，现在我是到处寻找减肥的秘诀。唉，做个胖人真难哪！

（443字÷　　分钟＝　　字/分钟）

注　释

① 火锅　huǒguō　一种能使汤经常沸腾，将肉或菜放在其中边煮边吃的用具。

② 涮烤　shuàn kǎo　一种将食物放在开水里烫熟或放在火上烤熟的烹调方法。

③ 节食　jié shí　减少饮食量。

练　习

（一）根据课文内容，选择下列词语的正确解释：

1. 烦恼

A. 因为太麻烦而生气　　B. 心里不愉快

C. 不喜欢生气　　D. 又多又乱太麻烦

2. 吃了上顿没下顿

A. 吃了上面的就不能吃下面的了

B. 吃了上午那顿饭就不用吃下午那顿了

C. 每天吃一顿饭

D. 每天的饭不够吃

3. 回忆

A. 回去想　　B. 想过去的事　　C. 过去的事　　D. 想回去的事

4. 胃口

A. 人体内的一个器官　　B. 吃东西的愿望

C. 对事情的兴趣　　D. 胃的出入口

5. 风度翩翩

A. 动作、姿态自然大方　　B. 风吹过来的样子

C. 动作、姿态像飞一样　　D. 风在飞舞

6. 形象
A. 形状和现象　B. 具体的样子　C. 长相和身材　D. 很像
7. 大腹便便
A. 肚子很大不方便　B. 大肚子很方便
C. 肚子很肥大的样子　D. 胖人很随便的样子
8. 心疼
A. 心里很疼　B. 舍不得　C. 喜欢　D. 一种病
9. 热心人
A. 很热情地帮助别人的人　B. 心里总是觉得很热的人
C. 对人很热情　D. 对人很有兴趣
10. 嫌弃
A. 因为不喜欢而不愿意接近　B. 不喜欢就扔掉
C. 讨厌而扔掉　D. 因为怀疑而不愿意接近

(二) 根据课文内容,选择正确答案:

1. 现在的生活水平是
A. 吃了上顿没下顿
B. 每天吃川菜粤菜、火锅涮烤
C. 可以想吃什么吃什么
D. 每天吃川菜粤菜、火锅涮烤,可以想吃什么吃什么。
2. "肥胖正在向你走来"的意思是
A. 你正在慢慢地发胖　B. 一个叫肥胖的人走过来了
C. 你离肥胖越来越近了　D. 肥胖还是喜欢你了
3. 我现在的样子是
A. 很瘦　B. 很胖　C. 风度翩翩　D. 虎背熊腰
4. "我"最烦恼的是
A. 上楼　B. 去别人家做客
C. 经常被姑娘们笑　D. 找不到对象
5. 主人心疼地多看几眼是因为
A. "我"脸红气喘的样子让主人很担心
B. 双人沙发太小,主人很抱歉
C. "我"太重了,可能会压坏沙发,主人很担心
D. "我"一个人占的地方太大了,主人不高兴
6. 我还没谈过恋爱是因为
A. 我年龄还小　B. 喜欢我的姑娘太多,拿不定主意
C. 我太胖了,姑娘们不喜欢　D. 我嫌弃那些姑娘
7. 现在"我"忙什么?
A. 减肥　B. 找好吃的饭馆　C. 找减肥的好方法　D. 花钱

(三) 判别正误：

1. 过去人们经常吃不饱肚子。(　　)
2. 现在人们只吃川菜粤菜、火锅涮烤。(　　)
3. 放开地吃很容易发胖。(　　)
4. “我”不知道自己什么时候变胖的。(　　)
5. 胖了就胖了，没什么关系。(　　)
6. “我”病了，爬不动楼梯。(　　)
7. 上街时，常有一些小姑娘跑到我面前对我笑。(　　)
8. 给“我”介绍的姑娘都比“我”还胖。(　　)
9. “我”采用过许多减肥的办法。(　　)
10. 过去“我”最喜欢的事是找好饭馆。(　　)

(四) 根据课文填空：

1. __________的事情早已成了__________。
2. 只要你有一个__________，尽可以__________地吃。
3. 我曾是一个__________的小伙子，现在却成为一个________________的胖子了。
4. 每次还上不到三楼，我就__________爬不动了。
5. 有时在街上__________，都会有一些小姑娘__________着我乐。

(五) 回答问题：

1. 现在“我”有什么烦恼？
2. “我”结过婚吗？为什么？
3. 胖人找对象容易吗？
4. 减肥有哪些方法？你还知道什么方法

三、小吃摊儿

我到这个城市来学习汉语已经有一年多了。这一年多来，我除了努力学习汉语以外，最感兴趣的事儿就是去小吃摊儿吃饭。

这个城市的小吃摊儿很多。特别是到了晚上，夜市开了，马路边会一下子出现几十家小吃摊儿。一家挨着一家，排成长长的一排。每家小吃摊上都挂着一盏红灯，让你觉得很温暖，忍不住想去吃。

在小吃摊儿吃饭非常随便。叫上几个朋友，往小吃摊儿一坐，来几瓶啤酒，再来几盘凉菜，慢慢地喝，慢慢地聊，想坐多长时间就坐多长时间。如果你是一个人，也可以和老板聊聊天儿。如果你的汉语还不太好，那也可以一边吃一边看看热闹。

小吃摊儿总是很热闹的。老板们一边大声地招呼客人，一边不停地忙活着。“米线①——云南的米线！”“牛肉拉面②——兰州的牛肉拉面！”“羊肉串儿——新疆的烤羊肉串儿！”“您吃点儿吧！”“您请这边坐！”来吃饭的人也是各种各样：有的是老老少少一家人，有的是亲亲热热的情侣，有的看起来像是做生意的。他们或者围着麻辣烫[3]吃得满头大汗，或者手举着啤酒又喊又叫；最有意思的是吃羊肉串儿的孩子，一手抓着一串羊肉串儿，左一下，右一下，小脸蛋抹得像花猫儿似的。

这么多人来小吃摊儿吃饭也是因为小吃比较便宜。在这里，我只要花很少的钱，就能吃得饱饱的。更妙的是，在这里常常能吃到一些新奇的食物。在小吃摊儿上，我最喜欢的就是羊肉串儿和烤红薯[4]。有一次，我一口气吃了三十串羊肉串儿，你相信吗？

（560 字÷　　分钟＝　　字/分钟）

注　　释

① 米线　mǐxiàn　用大米粉做的细条儿状的食品。
② 拉面　lāmiàn　用手把和(huò)好的面拉成面条。
③ 麻辣烫　má là tàng　近年流行的一种四川风味小吃。
④ 红薯　hóngshǔ　一种植物的块根，外皮发红或发白，肉为黄白色，制熟后味道甜美。

练　　习

（一）根据课文内容，选择下列词语的正确解释：

1. 小吃摊儿
   A. 便宜的饭馆　B. 马路边儿卖小东西的地方
   C. 很小的卖便宜的食品的地方　D. 马路边儿的饭馆
2. 夜市
   A. 夜晚的城市　B. 卖小吃的地方
   C. 夜晚做买卖的市场　D. 路边儿的市场
3. 随便
   A. 怎么方便就怎么做　B. 比较自由
   C. 便宜　D. 方便
4. 招呼
   A. 照顾　B. 问候　C. 迎接　D. 命令
5. 忙活
   A. 忙着活动　B. 忙　C. 活动　D. 为了生活很忙
6. 情侣
   A. 谈恋爱的男女　B. 爱人
   C. 结过婚的男女　D. 新郎新娘
7. 生意
   A. 生活　B. 买卖　C. 意思　D. 工作

8. 满头大汗

A. 头上有很多满意的汗　　B. 头上有很多汗

C. 头上的汗大了　　D. 头上有汗

（二）根据课文内容，选择正确答案：

1. 这一年多来，“我”主要做的事是

A. 学习汉语　　B. 去小吃摊儿吃饭

C. 喝着啤酒聊天　　D. 吃羊肉串儿和烤红薯

2. “让你觉得很温暖，忍不住想去吃。”是因为

A. 小吃摊儿很多

B. 小吃摊儿排成了长长的一排

C. 小吃摊儿上的红灯给人的感觉很好

D. 小吃摊儿飘着又香又热的空气

3. “想坐多长时间就坐多长时间”的意思是

A. 想坐多长时间　　B. 想坐多长时间还不知道

C. 愿意坐多长时间都可以　　D. 有很多时间可以坐

4. 小吃摊儿很热闹的原因是

A. 老板们大声招呼客人　　B. 老板们总是很忙

C. 来吃饭的人很多　　D. 来吃饭的人很多，老板门大声招呼客人

5. “老老少少一家人”是指

A. 老年人和年轻人　　B. 年龄大的人和小孩子

C. 全家人　　D. 家里的老人和孩子

6. “最有意思的是吃羊肉串儿的孩子……”的意思是

A. 对孩子来说，吃羊肉串儿最有意思

B. 孩子对吃羊肉串儿最感兴趣

C. 孩子觉得吃羊肉串儿最有意思

D. 孩子吃羊肉串儿的样子最有意思

7. “左一下，右一下”的意思是

A. 眼睛向左看一下，向右看一下　　B. 头向左摆一下，向右摇一下

C. 左边咬一下，右边咬一下　　D. 左边指一下，右边指一下

8. “小脸蛋抹得像花猫似的”是因为

A. 羊肉串儿太脏　　B. 羊肉串儿吃得太多

C. 左边和右边都有羊肉串儿　　D. 孩子还不太会吃羊肉串儿

9. 很多人来小吃摊儿吃饭是因为

A. 老板们很热情　　B. 可以看看热闹

C. 小吃比较便宜　　D. 可以吃到新奇的食物

10. “我一口气吃了三十串羊肉串儿”，说明

A. “我”吃羊肉串儿吃得很快

B. 吃完三十串羊肉串儿很容易

C. “我”吃羊肉串儿一次能吃很多

D. 只需呼吸一次就能吃完三十串羊肉串儿

(三) 判别正误:

1. 我在这个城市学习汉语已经快一年了。(　　)
2. 我常常去小吃摊儿吃饭。(　　)
3. 小吃摊儿只有晚上才有。(　　)
4. 夜市上,马路边有十几家小吃摊儿。(　　)
5. 在小吃摊儿吃饭,只能喝酒、吃羊肉串儿。(　　)
6. 一个人去吃饭,可以和老板聊天。(　　)
7. 如果汉语不好,去小吃摊儿吃饭就没有意思。(　　)
8. 老板们站在路边大声地招呼客人。(　　)
9. 去小吃摊儿吃饭的人是各种各样的。(　　)
10. 小吃摊儿的食物比较便宜。(　　)
11. 小吃摊儿上的食物,各地都有。(　　)
12. 吃麻辣烫的人都在喝啤酒。(　　)

(四) 根据课文填空:

1. 小吃摊一家＿＿＿＿＿一家,排成＿＿＿＿＿一排。
2. 小吃摊上有＿＿＿＿＿的米线,＿＿＿＿＿的牛肉拉面,＿＿＿＿＿的烤羊肉串,＿＿＿＿＿的麻辣烫。
3. 我只要花很少的钱,就能吃得＿＿＿＿＿。
4. 来小吃摊吃饭的人有的是＿＿＿＿＿一家人,有的是＿＿＿＿＿的情侣,还有的＿＿＿＿＿。
5. 小吃摊的特点是:(1)＿＿＿＿＿＿＿;(2)＿＿＿＿＿＿＿;(3)＿＿＿＿＿＿＿;(4)＿＿＿＿＿。

四、白马寺[1]斋饭[2]

白马钟声是洛阳八景之一。据说白马寺内的明代[3]大钟,重约2500公斤。这口钟与洛阳城东大街钟楼上的一口钟音律[4]一致,可以共振共鸣,所以民间流传着“东边撞钟西边响,西边撞钟东边鸣”的佳话。

在白马寺僻静的后院东侧,有一长排高大的殿房。听庙里的人讲,这是白马寺僧人[5]们吃饭的地方。僧人们吃饭的地方?我们按捺不住 好奇,急着想去看一看僧人们怎样吃饭,吃些什么东西。等我们走进食堂,里面的情景还是让我们吃了一惊:只见几百平方米的殿堂内,放着宽大的红漆桌。一条条长长的凳子与红漆桌相配,庄重而简朴。我大致估算了一下,光桌子就有百来张。每张以十人计算,百来张就有千人之多了。由此可以看出白马寺的香火多么旺盛了。

面对远道而来的客人，主管饭堂的僧人十分热情。尽管已过了开饭时间，我们却受到了破例的款待：在白马寺的僧人食堂吃一顿丰盛的午饭。

小僧人送来刻成朵朵莲花瓣的西红柿，摆放成小山形的雪白的腐竹[⑥]，用麻油[⑦]拌成的嫩绿香脆的黄瓜，做得十分精致漂亮的千层饼，几碟色、香、味俱全的庙内特色咸菜，一大盆香喷喷的菜汤……

僧人们不食荤类食物，以食用麻油为主，在用油方面又十分讲究，所以他们食用的菜肴都有诱人的麻油香味。品尝着别有风味的斋饭，而且又是在白马寺内僧人们吃饭的地方！这种经历和感觉令我们久久不能忘怀！

(546字÷　　分钟＝　　字/分钟)

改写自《在白马寺吃斋饭》，作者　凡丁，原载于《人民日报·海外版》1998年2月14日

注　释

① 白马寺	Báimǎsì	我国最早的寺庙之一，在河南省洛阳市。
② 斋饭	zhāifàn	寺庙里素的饭食。
③ 明代	Míngdài	我国朝代名(1368～1644)。
④ 音律	yīnlǜ	指音乐上的律吕、宫调等。
⑤ 僧人	sēngrén	出家的男性佛教徒，也叫和尚。
⑥ 腐竹	fǔzhú	一种豆制品。
⑦ 麻油	máyóu	从芝麻中榨出的油。

练　习

(一) 根据课文内容，选择下列词语的正确解释：

1. 佳话

　A. 人们常常说起的趣事　　B. 人们经常传唱的歌词

　C. 优美的传统　　D. 古代的诗歌

2. 按捺不住

　A. 突然产生了　　B. 无法压制住

　C. 不能表达自己的心情　　D. 无法理解大家的想法

3. 好奇

　A. 觉得新奇而感兴趣　　B. 觉得好看而想得到

　C. 很好的、奇怪的东西　　D. 好吃的、很贵的东西

4. 百来张

　A. 不到100张　　B. 100张

C. 大约 100 张　　D. 100 张以来

5. 破例

A. 打破了以前的计划　　B. 弄坏了以前的东西

C. 破坏了原来的事物　　D. 不按照通常的规定

6. 款待

A. 亲切招待　　B. 花钱招待

C. 缓慢地交谈　　D. 诚恳地接见

7. 诱人

A. 告诉人　　B. 引导人

C. 喜欢人　　D. 吸引人

(二) 根据课文内容,选择正确答案:

1. 白马寺的钟和东大街钟楼的钟可以共振共鸣,意思是

A. 两口钟的声音是完全一样的　　B. 敲这口钟时那口钟也会响

C. 两口钟要同时敲才会响　　D. 不能同时敲响两口钟

2. 走进食堂,大家吃了一惊,主要是因为

A. 桌子是红漆的　　B. 凳子是长长的

C. 桌凳相配那么庄重简朴　　D. 殿堂里竟然可坐上千人

3. 小僧人送来刻成朵朵莲花瓣的是

A. 莲花　　B. 花瓣

C. 西红柿　　D. 莲花瓣

4. 以下有一样不是小僧人送来的斋饭中的菜,即

A. 西红柿　　B. 黄瓜

C. 麻油　　D. 腐竹

5. 僧人们在饭食方面最讲究的是

A. 蔬菜　　B. 咸菜

C. 用油　　D. 风味

6. 斋饭"别有风味",意思是

A. 不同的趣味和特色　　B. 有各种风格和味道

C. 有特别的风俗和意义　　D. 不要忘了它的特点和滋味

7. 在白马寺僧人们吃饭的地方吃斋饭使人久久不能忘怀,意思是

A. 很长时间才能记住　　B. 很长时间不会忘记这段经历

C. 希望能记在心里　　D. 很快就会忘记这段经历

(三) 根据课文内容,判别正误:

1. 洛阳有八个著名的景点。(　　)

2. 僧人饭堂内可以供 1000 人同时吃饭。(　　)

3. 参观饭堂以后,就能知道来白马寺烧香的人不多。(　　)

4. 主管饭堂的僧人热情地请远道而来的客人和僧人们一起吃午饭。(　　)

5. 小僧人送来了菜、汤和米饭。(　　)

6. 庙内的特色咸菜颜色好看,有香味,又好吃。(　　)

(四)用直线把相关的词语连起来:

一口	桌子
一排	咸菜
一条	长凳子
一张	钟
一顿	菜汤
一盆	殿房
一碟	午饭

(五)回答问题:

1. "白马钟声"是什么意思?它为什么能成为"洛阳八景"之一?

2. 僧人们吃饭的地方和吃的斋饭有什么特点?

第八单元

一、换个工作　换个活法

越来越多的人开始不满足于一辈子只在一个单位工作,他们希望变换职业从而改变一下生活方式,找到自己的最佳感觉。

1996年上半年的一项调查表明,不同城市的居民在职业的变动方面有着很大的差异。在过去的五年中,广州市18岁以上的成年居民平均每人更换过1.15次工作;北京市位居第二,人均1.10次;上海市人均1.07次。其中广州市有过两个以上工作的居民占全市居民总数的11.6%,2%的人有过3个以上的工作,最多的换过8个工作单位。在北京8.5%的人有过两个以上的工作,上海市则是6.6%。

这次调查还表明,在过去的五年中,对自己的职业感到满意的人数和觉得不满意的人数几乎相等,分别是26.8%和27.5%,还有44.7%的人觉得职业的变换并没有对生活带来多大变化。据分析,感到满意的大多是"跳槽"次数比较多的人。但分析中也可以发现,有些"跳槽"次数比较多的人对自己的职业的满意程度反而下降了。这些现象说明,职业变换中是"酸甜苦辣",什么感觉都有。

(383字÷　　分钟=　　字/分钟)

改写自1996年10月《南方周末》的同名文章

练　　习

(一) 根据课文内容,选择下列词语的正确解释:

1. 活法

A. 活动的方法　　B. 生活的方式　　C. 生活的规定　　D. 活动的办法

2. 一辈子

A. 很长时间　　B. 人的一生　　C. 人的生命　　D. 人的青年时代

3. 职业

A. 工作　　B. 做事情　　C. 做的事情　　D. 劳动

4. 居民

A. 长期住在某个城市的人　　B. 大城市中的人

C. 常常在某地旅行的人　　D. 住在某地的人们和他们的邻居

5. 位居

A. 住在某个地区　　B. 位置和它的邻居

C. 位置住在　　D. 位置处在

6. “跳槽”

A. 牲口吃东西的地方
B. 牲口离开吃东西的地方
C. 一种运动
D. 变换职业

7. 分析

A. 把事物分成各个方面,研究它们之间的关系
B. 把事物分开,认真学习每一个事物
C. 把分开的事物放在一起,计算它们的数量
D. 把东西分开,计算它们的重量。

(二) 根据课文内容,选择正确答案:

1. “找到自己的最佳感觉”就是

A. 找到对自己身体最好的感觉
B. 找到最好的工作
C. 找到对生活的最好的感觉
D. 找到自己的女朋友

2. “1996 年上半年”是指

A. 1996 年的前六个月
B. 1996 年的前半个月
C. 1996 年的后六个月
D. 1996 年和 1997 年

3. “不同城市的居民在职业的变动方面有着很大的差异”的意思是

A. 不同城市的居民在职业的变动方面正在发生很大的变化
B. 不同城市的居民在职业的变动方面是相同的
C. 不同城市的居民想找不同的工作
D. 因为城市不同,所以职业的变动情况也很不相同

4. 在过去的五年中,居民更换工作最多的城市是

A. 北京
B. 上海
C. 广州
D. 南京

5. “人数几乎相等”的意思是

A. 人们互相等待
B. 人们差不多都平等
C. 人数差不多一样多
D. 人数不可能一样

6. 从文中我们可以了解到

A. 大部分人觉得职业变换并没有给生活带来多大变化
B. 大部分人对自己的职业不满意
C. 大部分人觉得自己的职业很好
D. 大部分人觉得职业变换后生活得更不好

7. “酸甜苦辣”是指

A. 吃饭的味道
B. 东西的各种味道
C. 职业有很多种
D. 职业变换中的感觉

8. 这篇文章

A. 是在鼓励人们换工作
B. 是在说明人们在职业变换方面的情况
C. 说明了职业变换中的“酸甜苦辣”
D. 告诉我们有很多人换了职业

（三）判别正误：

1. 很多人对自己的工作很满意。（　　）
2. 我国的传统是一辈子只在一个单位工作。（　）
3. 有少数广州人换了 3 个以上的工作。（　　）
4. 广州市 2% 的人有过 8 个以上的工作。（　）
5. 换工作次数越多的人，对工作越满意。（　　）

（四）根据课文填空：

1. 越来越多的人开始__________一辈子只在一个单位工作。
2. 他们希望__________职业从而__________一下生活方式。
3. 广州市 18 岁以上的__________居民平均每人__________过 1.5 次工作。
4. 有些__________次数比较多的人对自己的职业的__________反而下降了。

（五）回答问题：

1. 人们变换职业的目的是什么？
2. 如果你想对自己的职业感到满意，就必须多换工作，这个说法对吗？为什么？

二、家庭服务谁来做

现在，不少家庭都请了小保姆。小保姆为主人分担了大量的家务：照顾孩子、洗衣做饭、打扫卫生，为双职工[①]家庭解决了不少生活上的困难，很受城市家庭的欢迎。但是随着保姆进入家庭，烦恼也出现了。在城市，大部分家庭住房比较拥挤，小保姆的到来使居住空间更加狭小，生活上带来许多不便。多数小保姆来自农村，对城市生活方式不熟悉，因而事事都离不开主人的操心。还有，小保姆的年龄普遍偏低，生活经历少，做事常常缺乏耐心，很难做好照顾幼儿、老人或病人的工作。因此，人们迫切需要钟点工。

钟点工作为一种新的服务方式，如今在北京、上海等地已经流行。他们到点来干活，干够时间就走，不在主人家吃住，给主人家减少了许多麻烦。钟点工大部分是城郊居民，他们无论是使用家用电器，还是炒菜做饭，都比来自农村的小保姆干得好。据说，这些钟点工大多是下岗[②]女工，她们做家务很有经验，普遍受到用人家庭的欢迎。

（380 字 ÷　　分钟 =　　字/分钟）

注　　释

① 双职工　shuāng zhígōng　　夫妻二人都参加工作的职工。
② 下岗　xià gǎng　　离开了工作岗位。

练习

(一) 根据课文内容，选择下列词语的正确解释：

1. 家务
   A. 家庭服务　B. 家庭里的事情　C. 家庭服务员　D. 家人的工作
2. 事事
   A. 每一件事　B. 有一些事　C. 有些大事　D. 有些重要的事
3. 操心
   A. 锻炼心脏　B. 想着一件事
   C. 不停地考虑和处理　D. 不断地在心里进行练习
4. 经历
   A. 亲自见过、做过的事　B. 亲自去过、玩过的地方
   C. 经济的历史　D. 经济的基础
5. 迫切
   A. 非常急切　B. 非常努力　C. 十分欢迎　D. 快要接近
6. 如今
   A. 像现在一样　B. 好像今天一样　C. 现在　D. 例如今天

(二) 根据课文内容，选择正确答案：

1. 小保姆做的工作是
   A. 写文章　B. 打扫卫生、洗衣服
   C. 帮助主人做家务　D. 卖东西
2. "事事都离不开主人的操心"意思是
   A. 主人一离开就操心　B. 小保姆必须时刻操心主人的事情
   C. 主人还要操心每一件事　D. 小保姆要为主人操心每一件事
3. "年龄普遍偏低"意思是
   A. 年龄太小　B. 大部分年龄比较小
   C. 年龄小，所以个子低　D. 年龄比普通人小
4. 小保姆受到城市家庭欢迎的原因是
   A. 能帮助主人解决家中的各种问题　B. 年龄小
   C. 做事有耐心　D. 为主人分担大量的家务
5. 人们迫切需要钟点工的原因是
   A. 小保姆太少　B. 使用小保姆有很多麻烦
   C. 钟点工比小保姆的工资低　D. 小保姆只能做家务
6. 使用钟点工的好处是
   A. 不需要主人为她们事事操心　B. 比小保姆年龄大而且工资低
   C. 做家务熟练而且不在主人家吃住　D. 可以帮助主人工作

(三) 判别正误：

1. 小保姆虽然做了大量的工作，但是却不受城市家庭的欢迎。（　　）

2. 小保姆吃住都在主人家里，所以生活上有很多不方便。（ ）
3. 小保姆大多数都是从农村来的。（ ）
4. 人们需要钟点工只是为了照顾幼儿、老人和病人。（ ）
5. 小保姆太年轻，所以人们不喜欢用。（ ）
6. 使用钟点工可以避免一些使用小保姆所带来的麻烦。（ ）
7. 钟点工大部分是在工厂里上班的女工。（ ）
8. 钟点工对城市生活方式很熟悉。（ ）
9. 钟点工在做家务方面要比小保姆好。（ ）

（四）根据课文填空：

1. 小保姆为主人分担了大量家务：__________、__________、__________。
2. 在城市，大部分家庭住房比较__________，小保姆的到来使__________更加__________了。
3. 钟点工__________使用家用电器，__________炒菜做饭，__________比来自农村的小保姆__________。
4. 据说，这些钟点工大多是__________，她们做家务__________，普遍受到____________________的欢迎。

（五）用汉语解释下列词语：

1. 小保姆：
2. 钟点工：
3. 居住空间：
4. 用人家庭：

（六）回答问题：

1. 随着小保姆进入家庭，出现了哪些烦恼？
2. 钟点工为什么要比小保姆好？

三、男"阿姨"

我叫王涛，今年19岁，身高1.81米，是一个<u>地地道道</u>的男子汉，但是我的工作却是在幼儿园当"阿姨"，照顾孩子们。

每天一大早，我就蹬着自行车提前半个小时赶到幼儿园，为孩子们的到来做好准备工作。晚上要等到最后一个孩子离开幼儿园，我才下班回家。我很喜欢孩子们，也很喜欢我的工作。孩子们都<u>亲热</u>地叫我男"阿姨"。

三年前，我初中毕业，<u>报考</u>了幼儿师范学校。我的父母很生气。他们认为只有女人才去做幼儿教师，年轻轻的小伙子什么不能干？一定要干这个？我的朋友们也<u>想不通</u>，他们常常开我的玩笑，叫我"<u>孩子王</u>"。但是我觉得，孩子们从小不仅需要得到女性细心的照顾，而且还需要受到男性气质[①]的<u>熏陶</u>，这样，他们将来长大才能有<u>健全</u>的人格[②]。所以，我上了幼师学校。

去年，我毕业了。和我一起毕业的还有40个男同学。现在我们都成了最受孩子们欢迎的男“阿姨”。

(350字÷　　分钟=　　字/分钟)

注　释

① 气质　qìzhi　　人的个性特点。

② 人格　réngé　　人的性格、气质、能力等特征的总和。

练　习

(一) 根据课文内容，选择下列词语的正确解释：

1. 地地道道
   A. 地上的道路　B. 地下的通道　C. 高标准　D. 真正的
2. 亲热
   A. 亲切而热闹　B. 亲密而热情　C. 非常热　D. 非常好
3. 报考
   A. 通知去考试　B. 报名去考试　C. 回答问题　D. 考上了
4. 想不通
   A. 不能通过　B. 不答应　C. 不能理解　D. 不愿意
5. 孩子王
   A. 姓王的孩子　B. 像孩子一样的领导
   C. 爱跟孩子玩的大人　D. 孩子中最大的一个
6. 熏陶
   A. 从各方面受到好的影响　B. 用一种气味使改变
   C. 用特殊的办法制作的东西　D. 使感到快乐
7. 健全
   A. 非常健康　B. 全部健康　C. 健康而全面　D. 很完全的

(二) 根据课文内容，选择正确答案：

1. 每天一大早，他要
   A. 修自行车　B. 很早上班　C. 帮助孩子们　D. 照顾孩子们
2. 每天晚上，他要
   A. 提前下班　B. 很晚下班
   C. 送最后一个孩子　D. 等最后一个孩子
3. 我报考了幼儿师范学校，我的父母
   A. 很高兴　B. 想不通　C. 开我的玩笑　D. 很生气
4. 孩子们需要
   A. 女性的照顾　B. 男性气质的熏陶

C. 健全的人格　　　　　　　　　　D. 女性的照顾和男人气质的熏陶

5. 很多人对男人当“阿姨”是怎么想的？

A. 不理解　　　B. 没什么　　　C. 真不错　　　D. 很高兴

6. 王涛在幼儿师范学校学习了

A. 四年　　　B. 三年　　　C. 两年　　　D. 一年

(三) 判别正误：

1. 王涛是一个运动员。(　　)
2. 王涛虽然很年轻，但是他的工作是在幼儿园当“阿姨”。(　　)
3. 王涛很喜欢他的工作。(　　)
4. 孩子们很喜欢男“阿姨”。(　　)
5. 王涛 19 岁上了幼儿师范学校。(　　)
6. 王涛的父母觉得他什么都不能干。(　　)
7. 王涛对父母和同学的想法有自己不同的看法。(　　)
8. 王涛的朋友们都叫他“孩子王”。(　　)
9. 男人在孩子成长中的影响很重要。(　　)
10. 王涛是惟一的一名男“阿姨”。(　　)

(四) 根据课文填空：

1. 王涛__________1.81 米，是一个__________的男子汉。
2. 每天一大早，我就__________自行车__________半小时__________到幼儿园。
3. 孩子们都__________地叫王涛__________。
4. 王涛__________毕业，__________了幼儿师范学校。
5. 王涛的朋友们__________，常常__________他的玩笑。
6. 孩子们从小__________需要得到女性__________，__________需要得到男性__________。

(五) 回答问题：

1. 男“阿姨”是什么意思？
2. 王涛每天要做些什么？
3. 王涛的父母为什么不喜欢王涛的工作？
4. 王涛对自己的工作是怎么想的？你觉得他的想法对吗？

四、家庭办公族

在城市，人们传统的工作方式是坐班工作制，即每天都要按时来到办公室工作，人们不得不每日奔波在家与办公室之间。但是，城市日益拥挤的交通使上班族把许多宝贵的时光白白地浪费在路上。因此，越来越多的上班族希望改变传统的坐班工作制，而采取一种新的能够减少时间浪费的工作方式。在家办公就是一种理想的选择。

近年来随着个人电脑的普及，打印机、传真机也走入了市民家庭，在家办公正在由梦想变成可能。中国的“家庭办公族”首先出现在南京,很快在北京、广州、重庆等大城市普及开来。目前“家庭办公族”主要有两大类:

一、公务家庭办公族。这类人主要是一些机关、企事业单位①工作人员,他们每天在家利用电脑等现代化设备处理公务。这些人的工资收入和兼职收入常常都很高,有足够的经济实力购买电脑等办公用品,如“爬格族”②、广告人、科技工程技术人员、企业高级管理人员等。

二、私营家庭办公族。这类人大部分是辞职、下岗或一开始就从事个体业③的。他们主要靠自己的才智或劳动,进行科技咨询④、自由撰稿⑤、商业服务或家庭服务等职业。因为他们是个体私营,所以办公地点当然是在家中。

在家办公这种工作方式有许多优点,它不但减少了交通拥挤,而且提高了工作效率,使人们生活得更自由。随着社会的发展,在家办公的人一定会越来越多。

(528字÷　　分钟=　　字/分钟)

改写自《中国的“家庭办公族”》,作者　孙敏,原载于《深圳风采周报》1996年12月

注　释

① 企事业单位　qǐshìyè dānwèi　企业和事业单位,即从事各种经济活动的部门和没有生产收入,由国家经费开支的部门。

② “爬格族”　pá gé zú　指作家、编辑等从事文字工作的人。

③ 个体业　gètǐyè　生产资料个人私有,以个人劳动为主的行业。

④ 咨询　zīxún　征求意见。

⑤ 撰稿　zhuàn gǎo　写文章。

练　习

(一) 根据课文内容,选择下列词语的正确解释:

1. 奔波

　A. 急急忙忙地往来奔走　B. 跑得很快

　C. 像水波一样很快地流动　D. 水流得很快

2. 上班族

　A. 上班的民族　B. 去少数民族地区工作的人

　C. 所有上班的人　D. 一些上班的人

3. 白白

　A. 白色的　B. 没有颜色　C. 清楚明白　D. 没有效果

4. 梦想

　A. 非常好的想法　B. 不实际的想法　C. 梦中思念　D. 做梦思考

5. 公务

　A. 公共的服务　B. 单位里的服务　C. 工作上的事情　D. 公共的事情

6. 兼职

A. 把几个职业合在一起　　B. 一种特殊的职业

C. 做很多工作　　D. 本身的职业以外再做的职业

7. 辞职

A. 请求不做某种工作　　B. 对某种工作表示感谢

C. 请求做某种工作　　D. 为得到某种工作而高兴

(二) 根据课文内容,选择正确答案:

1. 新的工作方式是

A. 坐班工作制　B. 在家办公　C. 在汽车上办公　D. 在路上办公

2. "不得不每日奔波"的意思是

A. 必须每日奔波　　B. 不需要每日奔波

C. 不可能每日奔波　　D. 可以每日奔波

3. 中国的"家庭办公族"首先出现在

A. 北京　B. 广州　C. 重庆　D. 南京

4. 哪种人不是公务家庭办公族?

A. 广告人　　B. 科技工程技术人员

C. 企业高级管理人员　　D. 自由撰稿人

5. 哪种人是私营家庭办公族

A. 机关工作人员　　B. 企事业单位工作人员

C. 科技工程技术人员　　D. 个体私营者

(三) 判别正误:

1. 坐班工作制是人们的一种传统工作方式。(　　)

2. 在城市的上班族在路上不浪费时间。(　　)

3. 人们很喜欢坐班工作制。(　　)

4. 在家办公成为可能是因为市民家庭有了电视。(　　)

5. 公务家庭办公族的工资收入和兼职收入一般很高。(　　)

(四) 根据课文填空:

1. 在城市,人们传统的工作方式是__________。

2. 越来越多的上班族觉得__________是一种理想的工作方式。

3. 近年来随着__________的普及,__________、__________也走入了市民家庭。

4. 目前家庭办公族有两大类:__________和__________。

(五) 回答问题:

1. 什么叫坐班工作制?

2. 为什么在家办公正在由梦想变为可能?

3. 公务家庭办公族是些什么人?他们为什么可以在家办公?

4. 私营家庭办公族是些什么人?他们为什么要在家办公?

5. 在家办公有哪些优点?

第九单元

一、我国高校走向社会

解放①以来，我国的高等教育基本上是学习前苏联②的模式③，专业分得非常细，学生毕业后从事与自己所学专业相同的工作。但是，随着经济的发展，人才流动的增加，这种模式的缺点也越来越明显了。由于工作是随着社会的需要不断地变化、调整的，因而，有些专业已经没有了与它完全相适应的工作。越来越多的大学生毕业后从事的工作和他在学校学习的专业没有什么关系。面对这种情况，一些专家提出：大学的学习应该是一种能力的培养，为以后进一步发展做好准备。

为了适应社会的需要，从80年代开始，高等院校④对自己开设的专业纷纷进行了调整。比如清华大学，从80年代初到现在，每5年进行一次大的专业调整，现在全校的专业已从80年代后期的54个减少到37个。目前，全国高校将要进行一次大的专业调整，经过这次调整，现有的500多个专业将减少一半左右。当然，专业调整并不是一件很容易的事，它一定会遇到很多问题。但是无论怎样，我们的高等教育一定要适应社会的需要。

（400字÷　　分钟＝　　字/分钟）

注　释

① 解放	Jiěfàng	指1949年中华人民共和国成立。
② 苏联	Sūlián	国名。
③ 模式	móshì	某种事物的标准形式或可以照着做的标准式样。
④ 高等院校	gāoděng yuànxiào	大学、学院等的统称。

练　习

（一）根据课文内容，选择下列词语的正确解释：

1. 专业

A. 按学习的内容分出的门类　　B. 非常熟练

C. 有很多教学内容的学校　　D. 进行特别的学习

2. 流动

A. 水慢慢移动　　B. 空气移动

C. 经常变换工作单位　　D. 像流水一样迅速消失

3. 明显

A. 很容易看出来　　B. 很快出现了

C. 很容易听明白　　　　D. 很容易理解

4. 调整

A. 认真地整理　　　　B. 不停地变化

C. 根据要求改变原来的情况　　　　D. 根据模式完成现在的工作

5. 适应

A. 符合条件　　B. 一样　　C. 相同的　　D. 条件很多

6. 面对

A. 面前　　B. 前面　　C. 对于　　D. 前面是对的

7. 纷纷

A. 又多又乱地　　B. 接连不断地　　C. 慢慢地　　D. 很快地

(二) 根据课文内容,选择正确答案:

1. “解放以来”是指

A. 从 1949 年到现在　　　　B. 1949 年来了

C. 1949 年前　　　　D. 1949 年

2. 我国的高等教育基本上是学习前苏联的模式,因此

A. 我国的高等教育模式与前苏联一样

B. 我国的高等教育模式与前苏联大致一样

C. 我国的高等教育模式与前苏联完全一样

D. 我国的高等教育模式与前苏联不一样

3. 前苏联高等教育的模式是

A. 培养学生的能力　　　　B. 专业分得很细

C. 专业和以后的工作没关系　　　　D. 专业分得不细

4. 随着社会的发展,这种模式

A. 越来越适合社会的需要　　　　B. 越来越完美了

C. 需要改变　　　　D. 不需要改变

5. 这种模式的缺点是

A. 人才不能流动

B. 有些专业已经没有了与它完全适合的工作

C. 不能培养学生的能力

D. 学生毕业后找不到工作

6. 我国高等院校对这种模式采取了什么改变措施?

A. 培养学生的能力　　　　B. 增加专业

C. 减少专业　　　　D. 减少学生

(三) 判别正误:

1. 我国的高等教育模式急需调整。(　　)

2. 专业分得很细,学生毕业后就能从事与自己所学专业相同的工作。(　　)

3. 现在很多大学生找不到与自己专业相适合的工作。(　　)

4. 学生所做的工作与自己所学专业没关系是这种模式的缺点。(　　)

5. 大学的学习不需要专业。( )

6. 每一个大学都必须每5年对全校的专业进行一次调整。( )

7. 专业调整是一件很容易的事。( )

(四) 根据课文填空:

1. 解放__________,我国的高等教育__________是学习前苏联的__________。

2. 工作是__________社会的需要不断地__________、__________。

3. 我国的高等院校对自己__________的专业__________进行了__________。

4. 我们的高等教育一定要__________社会的需要。

(五) 回答问题:

1. 我国高等教育原来的模式是什么?

2. 这种模式为什么需要调整?

3. 我国高等院校是怎样做的?

二、教育的年限

人们在谈论教育的时候,常常谈到的是教育的内容和质量。然而还有一个问题也是非常重要的,那就是教育的年限。我国有句话叫做:"活到老,学到老",学习是没有终点的。但是一个国家、一个政府能够给每一个公民提供的教育时间却是有限的。

根据1990年联合国教科文组织①掌握的有关资料,目前,非洲②撒哈拉③以南的一些国家的男孩,一般可以接受两年多一点儿的正规教育,女孩则不超过一年,而北美④地区的男女青年可以受到近16年的正规教育。以同年龄的女孩来说,加拿大⑤女子受教育的年限是孟加拉国⑥的4倍,是几内亚⑦的10倍,是尼日尔⑧的11倍。在贫穷国家中,女子受教育的年限普遍低于男子;而在发达国家中,女子则享有比男子略多的受教育时间。这是由于国情不同而造成的。

这些情况说明:世界上最富有的国家和最贫穷的国家之间的知识差距和教育差距相当巨大。我们常常谈到的"南北问题"不只是国际政治经济问题,而是一个包括教育、科技、文化在内的社会问题。怎样缩小"南北问题"的巨大差距,已经是当今世界的一个重大问题。

(431字÷　　分钟=　　字/分钟)

改写自《你能读几年书》,作者　谷棣,原载于《青年周末》1996年9月

注　释

① 联合国教科文组织　Liánhéguó Jiàokēwén Zǔzhī　联合国教育、科技及文化组织。
② 非洲　Fēizhōu　洲名。
③ 撒哈拉　Sāhālā　地区名。
④ 北美　Běiměi　洲名。

⑤ 加拿大　　Jiānádà　　国名。
⑥ 孟加拉　　Mèngjiālā　　国名。
⑦ 几内亚　　Jǐnèiyà　　国名。
⑧ 尼日尔　　Nírì'ěr　　国名。

练　习

（一）根据课文内容，选择下列词语的正确解释：

1. 年限
   A. 年龄的限制　　B. 时间的限制
   C. 规定的年数　　D. 规定的年级
2. 终点
   A. 开始的地方　　B. 开始　　C. 结束的地方　　D. 完了
3. 有限
   A. 有一定的限度　　B. 有很长时间的
   C. 有程度　　D. 不够的
4. 正规
   A. 正在规定的　　B. 符合正式规定的标准
   C. 正确规定的　　D. 符合正确的规定
5. 享有
   A. 具有　　B. 很高兴地得到
   C. 拥有　　D. 很舒服地得到
6. 略多
   A. 许多　　B. 不多　　C. 多得多　　D. 多一点
7. 国情
   A. 国家的情况和特点　　B. 国家的全部事情
   C. 中国的情况　　D. 每一个国家的事情
8. 差距
   A. 两者之间的差别　　B. 距离差不多
   C. 两站之间的距离　　D. 不同的距离
9. 当今
   A. 当时　　B. 当初　　C. 现在　　D. 当然

（二）根据课文内容，选择正确答案：

1. 人们在谈论教育时，不太注意
   A. 教育的内容　　B. 教育的质量
   C. 教育的年限　　D. 教育的问题
2. "活到老，学到老"意思是
   A. 到老了再学习　　B. 活着很重要

C. 学习是没有终点的　　　　　　D. 学习老年人的精神

3. 非洲撒哈拉以南一些国家的男孩受正规教育的年限是

A. 两年　　B. 两年多一点　　C. 两年左右　　D. 差不多两年

4. 非洲撒哈拉以南一些国家的女孩受正规教育的年限是

A. 一年　　B. 一年多一点　　C. 一年或不到一年　　D. 不到一年

5. 北美地区的男女青年受正规教育的年限是

A. 16 年　　B. 不到 16 年　　C. 16 年多　　D. 近 17 年

6. 以同龄的女孩来说,受教育年限最短的是

A. 加拿大　　B. 孟加拉国　　C. 几内亚　　D. 尼日尔

7. 南北问题是指

A. 政治经济问题　　　　B. 教育问题

C. 社会问题　　　　D. 政治经济和社会问题

(三) 判别正误:

1. 教育的年限是一个非常重要的问题。(　　)
2. 每个国家给每个公民提供的受教育时间都是一样的。(　　)
3. 非洲一些国家男孩比女孩受正规教育的年限长。(　　)
4. 北美地区的男女青年没有非洲一些国家的男女青年受正规教育的年限长。(　　)
5. 在贫穷国家,女子受教育的年限高于男子。(　　)
6. 在发达国家,女子受教育的年限高于男子。(　　)
7. 世界上最富有国家的知识和教育水平要比最贫穷国家高得多。(　　)
8. 缩短南北的距离,已经是当今世界的一个重大问题。(　　)

(四) 根据课文填空:

1. 我国有句话叫__________。
2. 人们在谈论教育的时候,常常谈到的是教育的__________和__________。然而还有一个问题也是非常重要的,那就是教育的__________。
3. 一个国家、一个政府能够给每一个公民__________的教育时间却是__________的。
4. 在__________国家中,女子则__________比男子__________的受教育时间。
5. “南北问题”不只__________问题,而是一个包括__________、__________、__________在内的__________问题。

(五) 回答问题:

1. 北美地区与非洲一些国家相比,在教育年限上有什么不同?
2. 同年龄的女孩,为什么有的国家的女孩受教育年限长,有的短?
3. 教育的年限为什么是一个非常重要的问题?

三、爸爸的要求

爸爸对我的要求非常高。从我懂事起,我就一直在为达到爸爸的要求而努力。

很小的时候,爸爸让我去学画画儿,那时我刚上小学,对小学的生活还不习惯,一天六节课下来已经很累了,回到家还要做作业。小学的作业特别多。别的同学说,他们太累的时候,父母会帮他们。可我必须自己完成作业。之后,还要去夜校学画画儿,完成每星期的画画儿作业。等我长大一点的时候,爸爸又要我学电子琴,他说我应该什么都学一点儿,开发我身上的各种潜能,于是我又学了一年电子琴。

三年级那年,上海一家小学生自己办的报纸招考小记者,爸爸让我一定去考考看。我去了,而且考上了,从此一个星期又有几天,我放学后得去报社写稿子。

我上中学以后,爸爸又让我晚上去读英文。爸爸的要求是:到高二,我得把托福[1]考出来。

就这样,我的每一天都是在急急忙忙中度过的。我得学习好,我得在班上甚至全校出类拔萃。随着我的长大,爸爸的要求越来越高了。而对我已经做到的,他从来没有说过一句好,而是马上指出一个比我更好的人来。

我觉得我永远也达不到爸爸的要求。

(433 字 ÷ 分钟 = 字/分钟)

注 释

① 托福 tuōfú 一种英语水平测试的名称,即 TOEFL。

练 习

(一) 根据课文内容,选择下列词语的正确解释:

1. 懂事
   A. 明白道理 B. 知道很多事情 C. 明白为什么 D. 知道什么原因
2. 开发
   A. 开始发现 B. 开始发展 C. 发现并发展 D. 打开并发展
3. 潜能
   A. 在水下的能力 B. 游泳的能力
   C. 没有被发现的能力 D. 神秘的能力
4. 招考
   A. 招待那些来参加考试的人 B. 通知人们来参加考试
   C. 通过公开考试选择合适的人 D. 寻找适合做某种工作的人

5. 出类拔萃

A. 长得更高　B. 比别人优秀　C. 做得更快　D. 比别人想得多

(二) 根据课文内容,选择正确答案:

1. “一天六节课下来已经很累了”的意思是

A. 一天上完六节课已经很累了　B. 一天要从楼上上来下去很累

C. 一天跑来跑去很累　D. 一天下来六次已经很累了

2. “应该什么都学一点儿”的意思是

A. 应该学一点什么　B. 任何知识都应该学一点儿

C. 学一点儿就可以了　D. 任何知识学一点儿就可以了

3. “一定去考考看”的意思是

A. 一定去看看考什么　B. 一定去看看怎么考

C. 一定去试一试　D. 一定去考一考,看一看

4. “把托福考出来”的意思是

A. 参加托福考试　B. 通过托福考试

C. 出来学习,参加考试　D. 做托福考试题

5. “我的每一天都是在急急忙忙中度过的”是说

A. 我每一天的生活都很紧张　B. 我每一天都很着急地生活

C. 我很着急地过每一天的生活　D. 我很快地过每一天

6. 爸爸对我的要求是

A. 当画家　B. 当音乐家　C. 当记者　D. 出类拔萃

7. “他从来没有说过一句好”的意思是

A. 他后来没有说过一句正确的话

B. 他一直不说好听的话

C. 他从过去到现在没有说过一句正确的话

D. 他从过去到现在没有说过表示满意的话

8. 我对爸爸要求的态度是

A. 觉得很好但不服从　B. 服从但很有意见

C. 觉得太累了　D. 非常满意

(三) 判别正误:

1. 爸爸对我的要求很高,但是我不按他的要求做。(　　)

2. 我上小学的时候就开始学画画儿和弹电子琴。(　　)

3. 我学习电子琴是因为我什么也不会。(　　)

4. 我很喜欢去报社写稿子。(　　)

5. 我上高中以后,要考托福。(　　)

6. 爸爸的要求总是在提高。(　　)

7. 对爸爸的要求我觉得很容易达到。(　　)

（四）根据课文填空：

1. 从我__________起，我就一直在__________爸爸的要求__________。
2. 爸爸说我应该__________我身上的各种__________。
3. 爸爸让我去报社__________，我去了，而且__________。
4. 爸爸要求我到高二得把托福__________。
5. 我的每一天都是在__________中度过的。但是爸爸对我已经做到的，从来没有说过__________，而是马上指出__________。

（五）连线：

刚上小学	考托福
长大一点	学电子琴
小学三年级	学画画儿
上中学后	学英文
高二	当小记者

（六）回答问题：

1. 爸爸为什么对我的要求很高？
2. 我能达到爸爸的要求吗？为什么？

四、黑色七月

每年七月我国都有许多家庭生活在极端紧张的气氛中。今年我家也进入了这种状态。

我有一个幸福快乐的家。我在工厂上班，妻是营业员，我们的性格都很开朗。惟一的宝贝女儿天真活泼，非常惹人喜爱。平时，我们的家总是歌声、笑声不断。但是，自从女儿上了高三，家里的歌声、笑声就越来越少了。

女儿每日埋头复习功课。常常是我们一觉醒来，她房间的灯还亮着。妻整天想尽办法为女儿补充营养，鸡呀、鱼呀换着花样地做，还买了一大堆营养品。我的任务呢，是为女儿寻找最新、最好的高考复习资料。

随着七月的临近，我家饭桌上的话题只有学习和考试了。女儿的脾气也越来越大了，有时一句话没说好，就会引发一场争吵。唉，孩子的压力也够大的了。

我和妻在那个特殊的年代失去了上学的机会，所以我们心里最大的愿望就是让孩子接受高等教育。从女儿一出生，我们就开始为她积蓄教育基金。可是，愿望归愿望，高考这个独木桥真是不好过啊。望着女儿疲倦的样子，我们心里也很难过。

七月七号终于到了。我特意请了三天假。这天天不亮我就起来了。考场离家很远，我和女儿得早点儿去。女儿进了考场。我和所有的家长一样，在考场外紧张不安地等待。七月的天气，气温高达三十七八度，可是我们的心似乎比这天气还热。十一点四十分，第一场考试结束了。我看见一个男孩子冲着迎上来的父母就是一句："看样子明年还得再来。”我的心紧张得几乎不跳了。女儿终于出来了，她的脸上带着笑容，我的心这才像一块石头落了地。

这是女儿的黑色七月，也是我们家的黑色七月。

(618字÷　　分钟=　　字/分钟)

练　习

(一) 根据课文内容，选择下列词语的正确解释：

1. 极端
   A. 达到最高点　　B. 达到很高的程度
   C. 很特别的地方　　D. 很厉害的
2. 气氛
   A. 一种很特别的空气　　B. 一种自然环境
   C. 人们创造出来的风景　　D. 让人在精神上有强烈感觉的环境
3. 开朗
   A. 地方开阔　　B. 乐观　　C. 说话声音大　　D. 心情愉快
4. 惹
   A. 引起　　B. 指引　　C. 吸引　　D. 适合
5. 临近
   A. 附近　　B. 到底　　C. 接近　　D. 不远
6. 话题
   A. 谈话的内容　　B. 谈话时的问题
   C. 回答问题的谈话　　D. 谈话时有很多问题
7. 独木桥
   A. 一条有木桥的路　　B. 一个人走的桥
   C. 艰难的道路　　D. 惟一的木桥
8. 疲倦
   A. 痛苦　　B. 又累又困　　C. 又渴又饿　　D. 又气又急

(二) 根据课文内容，选择正确答案：

1. 每年七月我国许多家庭生活在极端紧张的气氛中的原因是
   A. 天气太热　　B. 孩子考高中　　C. 孩子考大学　　D. 妻子要考试
2. 埋头复习功课
   A. 复习功课不抬头　　B. 专心复习功课
   C. 不出家门　　D. 悄悄地复习功课
3. 我的任务是
   A. 做好吃的饭菜　　B. 买营养品
   C. 和女儿一起复习功课　　D. 寻找最新、最好的高考复习资料

4. “常常是我们一觉醒来，她房间的灯还亮着”的意思是
A. 女儿睡觉喜欢开着灯　　B. 女儿房间的灯坏了
C. 女儿复习功课，很晚才睡　　D. 我和妻子喜欢早早睡觉

5. “女儿的脾气也越来越大”的意思是
A. 女儿学习的兴趣越来越大　　B. 女儿越来越努力
C. 女儿越来越容易生气　　D. 女儿学习的力量越来越大

6. “一句话没说好”的意思是
A. 一句话也不说　　B. 说一句好话不容易
C. 不说话很好　　D. 说了一句不合适的话

7. “那个特殊的年代”是指
A. 1949 年　　B. “文化大革命”时期
C. 1976 年　　D. 1996 年

8. 我和妻子的最大愿望是
A. 女儿天真活泼　　B. 家庭幸福
C. 让孩子接受高等教育　　D. 有很多钱

9. “愿望归愿望”的意思是
A. 愿望都能实现　　B. 只有愿望是不行的
C. 有很多的愿望　　D. 有愿望是不对的

10. “我们的心比天气还热”是因为
A. 孩子很疲倦，我们心里很难过　　B. 我们生病了
C. 孩子在考试　　D. 我们太累了

11. “一个男孩子冲着迎上来的父母就是一句”的意思是
A. 一个男孩子跑到父母面前说
B. 一个男孩子对着走过来的父母说
C. 一个男孩子冲到走过来的父母面前说
D. 一个男孩子很厉害地对父母说

12. “看样子明年还得再来”的意思是
A. 他考得很好　　B. 他考得不好
C. 他希望明年考得更好　　D. 他愿意明年再考一次

13. 我的心这才像一块石头落了地
A. 我跳到一块石头上　　B. 我从石头上跳下来
C. 我像一块石头一样掉到地上　　D. 我放心了

（三）判别正误：

1. 我的家庭很幸福，因为自从女儿上高三以后，我们家总是歌声、笑声不断。（　　）
2. 我们家今年和往年不一样，因为女儿要参加高考。（　　）
3. 我的女儿学习很努力。（　　）

4. 对于我们家发生的争吵，我可以理解。(　　)
5. 我和妻子想让女儿接受高等教育的原因是因为我们为她存了很多钱。(　　)
6. 每一年高考要进行一天。(　　)
7. 听到那个男孩子的话，我心里非常紧张。(　　)
8. 从女儿脸上的表情看，她考得不错。(　　)

(四) 根据课文填空：

1. 每年七月，我国都有许多家庭生活在__________的气氛中。今年我家也进入了这种__________。
2. 惟一的宝贝女儿__________，非常__________。
3. 妻为了给女儿__________，鸡呀、鱼呀__________地做。
4. 随着七月的__________，我家饭桌上的话题只有__________和__________了。
5. 听到那个男孩的话，我的心紧张得__________。
6. 看到女儿的笑容，我的心这才__________。

(五) 回答问题：

1. 我的家歌声、笑声越来越少的原因是什么？
2. 人们为什么把七月叫黑色七月？
3. 为什么七月也是父母的黑色七月？

第十单元

一、人的作息节律①

自然界中，各种动物的作息时间是不同的，比如说，百灵鸟②等大多数动物是日出而动，日落而息；而猫头鹰③、老鼠等动物，却在夜间才出来觅食。当然，昼行动物比夜间行动的动物要多一些。

在我们人群中，也存在着两种不同的睡眠、醒来的节律，表现为两种作息方式：一种称之为"百灵鸟式"的，总是早睡早起；另一种称之为"猫头鹰式"的，总是迟睡晚起。

据研究，这是由于人体日常体温变化的缘故。"百灵鸟式"节律者，其体温白天处于上升阶段，中午达到最高峰，下午开始下降；"猫头鹰式"节律，则体温在傍晚时开始上升，逐渐达到高峰，深夜后才开始下降，直到第二天午后逐渐回升。

研究人员指出，这两种不同节律的形成，主要不是先天造成的，而是由于职业、生活方式、工作环境等因素造成的。

(317 字 ÷ 　　分钟 = 　　字/分钟)

注　释

① 节律　jiélǜ　物体运动的节奏和规律。

② 百灵鸟　bǎilíngniǎo　一种羽毛茶褐色，有白色斑点，比麻雀大一点儿的鸟。

③ 猫头鹰　māotóuyīng　一种羽毛淡褐色，有黑斑，眼睛大而圆，昼伏夜出，吃老鼠等小动物的鸟。

练　习

(一) 根据课文内容，选择下列词语的正确解释：

1. 作息时间
   A. 作为休息的时间　　B. 工作和休息的时间
   C. 用来做休息这件事的时间　　D. 起床和睡觉的时间
2. 日出而动，日落而息
   A. 早上运动，晚上休息
   B. 太阳出来后运动，太阳下去后睡觉
   C. 早上觅食，晚上睡觉
   D. 太阳出来后活动，太阳下去后睡觉
3. 早睡早起
   A. 晚上早睡，早上早起　　B. 早早地睡起来

C. 早上睡觉，早上起床　　　　D. 如果睡得早，就要早起床

4. 迟睡晚起

A. 睡觉太迟，所以晚点儿起来　　　　B. 睡觉迟到，晚上起床

C. 晚上早睡，早上晚起　　　　D. 晚上晚睡，早上晚起

5. 缘故

A. 故事　　B. 原因　　C. 由于　　D. 因为

6. 逐渐

A. 渐渐　　B. 赶走　　C. 逐个　　D. 追赶

7. 先天

A. 前一天　　B. 前天　　C. 出生时就有的　　D. 以前得到的

（二）根据课文内容，选择正确答案：

1. 自然界中，白天觅食的动物

A. 只有百灵鸟　　　　B. 占大多数

C. 很少　　　　D. 和夜间行动的一样多

2. 老鼠的作息规律是

A. 日出而动，日落而息　　　　B. 日出而息，日落而动

C. 夜间出来觅食　　　　D. 白天不活动

3. 我们人类

A. 有两种睡觉方式　　　　B. 有两种生活方式

C. 有两种作息节律　　　　D. 像两种动物

4. 下面哪一项不是造成人类不同节律的根本原因？

A. 职业不同　　　　B. 生活方式不同

C. 体温不同　　　　D. 工作环境不同

（三）判别正误：

1. 猫头鹰是昼行动物。（　　）

2. 百灵鸟的作息节奏是早睡早起。（　　）

3. 百灵鸟的体温是白天处于上升阶段，中午达到最高峰，下午开始下降。（　　）

4. 喜欢晚睡晚起的人，晚上的体温最高。（　　）

5. 人类有的像百灵鸟，有的像猫头鹰。（　　）

6. 如果父母是早睡早起的人，生下的孩子一定是“百灵鸟式”的。（　　）

7. 职业常常能影响一个人的作息节律。（　　）

（四）请划出两种不同作息节律者的体温曲线：

请用“______”表示百灵鸟式；用“---”表示猫头鹰式。

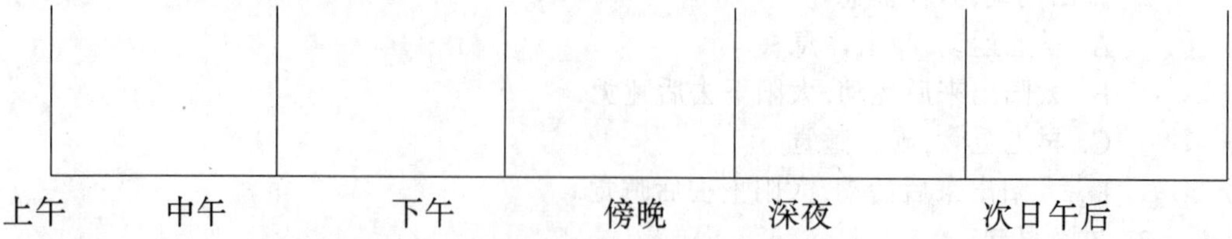

二、左右器官趣谈

人体的很多器官[①]都是左右对称的，比如：眼睛、耳朵、鼻子、大脑等。但是有趣的是，这些器官虽然外形对称，作用却不相同。

比如人的眼睛，左边的眼睛和右边的眼睛工作的时间不一样。有60%的人右眼睛要比左眼睛工作时间长。

我们知道，耳朵主要是用来听声音的。可是你知道吗，一般人左耳的听力比右耳要强一点。

我们的鼻子左右有两个鼻孔，呼吸时，空气不是同时进入两个鼻孔，而是轮流进入左右鼻孔的。人们在工作紧张的时候，常常用右鼻孔呼吸；在休息安静的时候，就常用左鼻孔呼吸。

大脑是由左右两个半球组成的，它们的作用也不相同。左脑叫"语言脑"，右脑叫"音乐脑"，左右两脑还分别控制不同的感情。

甚至人脸的两侧表情也不完全相同。人们在讲话的时候，一般右边脸的表情变化要比左边脸多一些。

(322 字 ÷ 　　分钟 = 　　字/分钟)

注　释

① 器官　qìguān　　生物体中能够独立担任某种生理机能的部分。

练　习

(一) 根据课文内容，选择下列词语的正确解释：

1. 趣谈
   A. 有趣的谈话　B. 有趣的讨论　C. 有趣的话题　D. 谈的兴趣
2. 对称
   A. 对什么表示称赞　B. 两个一起称
   C. 左右或者上下是一一对应的　D. 把东西放在左右两边
3. 外形
   A. 外面的形式　B. 外部的形状　C. 外部的现象　D. 外面看起来
4. 轮流
   A. 一个接一个　B. 像流动的轮子一样
   C. 一个轮子接一个轮子　D. 轮子不停地转动
5. 分别
   A. 离开　B. 区别　C. 各自　D. 不同

6. 控制

A. 制作　　B. 产生　　C. 工作　　D. 掌握

7. 甚至

A. 更进一步地　　B. 到什么地方

C. 走到这一步　　D. 非常地

8. 表情

A. 表面的感情　　B. 表现在面部的感情

C. 表达的感情　　D. 表示在心里的感情

（二）判别正误：

1. 人体器官只有眼睛、耳朵、鼻子和大脑。（　）
2. 大脑是左右对称的，所以人有两个大脑。（　）
3. 左右对称的器官外形和作用都一样。（　）
4. 左眼工作时右眼不工作。（　）
5. 大多数人右眼工作的时间比左眼长。（　）
6. 人的右耳听力要强一点。（　）
7. 鼻子是由左右两个鼻孔组成的。（　）
8. 呼吸时空气轮流进入两个鼻孔。（　）
9. 人的语言能力受左半脑控制，人的音乐感觉受右半脑控制。（　）
10. 人脸也是人体器官之一。（　）
11. 人在讲话时，左侧脸部表情变化更多一些。（　）

（三）根据课文填空：

1. 人体的很多器官都是________的。
2. 这些器官________外形对称，作用________不相同。
3. 人在________的时候，常常用右鼻孔呼吸；在________的时候，就常用左鼻孔呼吸。
4. 大脑是由________组成的。
5. 左右两脑分别________不同的________。
6. 人在讲话时，右脸的________要比左脸多一些。

（四）请你说一说为什么这篇课文的题目要叫“左右器官趣谈”？

三、哭

在日常生活中，人们常常把哭与悲伤、痛苦联系在一起，而把笑才看成是快乐、健康的表现。其实哭和笑一样，都有益于人的身体健康。

科学家发现，当人受到感情创伤，如冤枉、委屈，或者思想负担过重、情绪过于激动时，身体中常常会产生一些有害的化学物质。消除这些物质的最好方法就是大哭一场。眼泪可以将体内的这些有害物质排除出去，同时哭也能使人的情绪得到缓解，达到心理平衡。

目前,世界各国的女性寿命普遍高于男性,原因当然是多种多样的。最新的一种看法认为,女性一生中哭泣的次数多于男性,也是女性长寿的原因之一。有调查表明,男性的一些常见疾病常常与男性不轻易哭泣有关。看来"男儿有泪不轻弹"并非是一件好事。

由此看来,只要人在一生中不克制哭泣,就可以不同程度地延长寿命,因为流泪排出了体内的有害物质,缓解了外部压力,消除了精神紧张,因而使身体更加具有活力,这样就延长了寿命。

(370 字 ÷ 分钟 = 字/分钟)

练 习

(一) 根据课文内容,选择下列词语的正确解释:

1. 有益于
   A. 对……有好处　　B. 在……有帮助
   C. 对……更多　　D. 在……有好处
2. 感情创伤
   A. 感情开始难过　　B. 感情有了伤口
   C. 感情受到伤害　　D. 破坏了感情
3. 思想负担
   A. 思想上负有责任　　B. 思想的力量
   C. 精神的力量　　D. 精神上感到的压力
4. 消除
   A. 消失　　B. 除去　　C. 去掉不算　　D. 除了……以外
5. 情绪
   A. 情况　　B. 心情
   C. 开始的情况　　D. 愉快的心情
6. 缓解
   A. 慢慢地解决　　B. 变得慢起来
   C. 变得不太紧张　　D. 晚点儿解决
7. 心理平衡
   A. 内心平静　　B. 在心里计算
   C. 内心平等　　D. 心里的力量相等
8. 轻易
   A. 很轻很容易　　B. 很简单很容易
   C. 简简单单　　D. 随随便便
9. 由此看来
   A. 从这里看来的人　　B. 因此可以认为
   C. 因为在这里可以明白　　D. 根据这样的看法

10. 活力

A. 活动的力量　　B. 活着的力量

C. 很强的生命力　　D. 活动的生命力

(二) 根据课文内容,选择正确答案:

1. 本文主要说明

A. 哭代表着悲伤与痛苦　　B. 哭能使人健康长寿

C. 哭和笑是一样的　　D. 哭可以排除体内有害物质

2. 下面哪一项能够让你联想起“笑”?

A. 悲伤痛苦　　B. 情绪激动

C. 快乐健康　　D. 冤枉委屈

3. 科学家发现

A. 人会受到感情创伤

B. 思想负担很重时人的情绪会很激动

C. 人体内有有害的化学物质

D. 哭可以排除人体内有害的化学物质

4. 什么可以给人造成感情创伤?

A. 冤枉委屈　　B. 思想负担过重

C. 情绪过于激动　　D. 思想负担过重,情绪过于激动

5. “男儿有泪不轻弹”的意思是

A. 男人哭的时候声音一定很大　　B. 男人的眼泪不应该轻轻地流

C. 男人遇到伤心事不应该轻易哭泣　　D. 男人的眼泪应该重重地落下来

6. 本文认为

A. 人在一生中哭得越多,寿命就越长

B. 如果人能一生都不哭泣,一定会长寿

C. 如果人一生无法克制哭泣,就不能延长寿命

D. 想哭就哭,这样会延长寿命

(三) 判别正误:

1. 人们都认识到哭是有益于身体健康的。(　　)

2. 谈到哭,人们常常就会想起悲伤、痛苦等。(　　)

3. 人们在情绪过于激动时,体内常会产生一些有害的化学物质。(　　)

4. 大哭一场可以使人的情绪得到缓解。(　　)

5. 女性寿命高于男性的主要原因是女性爱哭。(　　)

6. 作者很赞成“男儿有泪不轻弹”。(　　)

7. 男性寿命低于女性的原因之一是男性不轻易哭泣。(　　)

8. 哭泣可以使身体更加具有活力。(　　)

(四) 根据课文填空:

1. 人们常常把哭与____________、____________联系在一起,而把笑才看成是

__________、__________的表现。

2. 当人受到__________，如__________、__________，或者思想负担__________、情绪__________激动时，身体中常常会产生一些有害的化学物质。

3. 消除体内有害物质的最好方法就是__________。

4. 哭能使人的情绪得到__________，达到__________。

（五）连句成段：

1. 消除了精神紧张，
2. 因为流泪排出了体内的有害物质，
3. 只要人在一生中不克制哭泣，
4. 缓解了外部压力，
5. 因而使身体更加具有活力，
6. 就可以不同程度地延长寿命。
7. 这样就延长了寿命。

（六）回答问题：

1. 为什么哭对人体有益？
2. 哭对人体最大的好处是什么？

四、汉字可治失读症

科学家经过调查发现，中国和日本患失读症[①]的人要比欧美少得多。这是为什么？经过长期研究，科学家发现这与中国和日本都使用汉字有关。

欧美人使用的是拼音文字。科学实验证明，人们在认字音和字义时，使用的是大脑左半球，而且仅仅是左半球，而在认字形时，使用的是右半球。中国人和日本人使用的汉字是音、形、义相结合的文字，所以必须左右两半球均衡协作。这就是为什么中国和日本患失读症的人比较少的原因。

根据汉字跟大脑两半球的这种关系，心理学家做了一个假设，能否用学汉字的方法来纠正失读症呢？他们做了这样一个试验，首先教一位失读症患者学汉字，接着在一张纸上写上内容相同的英语和汉语。这个患者毫不费力地便把英语句子念出来了。不过在这个试验中，汉字句子只起了“唤醒”英语句子的作用，不等于把病治好了。根据以后的试验表明，这一问题是可以解决的，因为在不断的“唤醒”作用下，患者能慢慢地恢复英语的阅读能力。这些试验先后在法国等国家进行，都获得了初步的成功。

（411字÷　　分钟=　　字/分钟）

注　释

① 失读症　shīdúzhèng　　由于脑部受伤或其他原因引起的失去阅读能力的疾病。

练　习

（一）根据课文内容，选择下列词语的正确解释：

1. 患

A. 得　B. 害怕　C. 想　D. 有

2. 均衡协作

A. 平等地工作　B. 互相配合　C. 一样多　D. 平均分配

3. 假设

A. 假的设计　B. 假的办法　C. 假定的设想　D. 假定的试验

4. 毫不费力

A. 完全不浪费力气　B. 一点儿也不浪费

C. 很容易　D. 很难

5. “唤醒”

A. 叫醒　B. 使醒来　C. 提示　D. 解释

6. 恢复

A. 重复　B. 改变现在的样子

C. 回到原来的样子　D. 身体健康

7. 初步的成功

A. 最后的成功　B. 一开始就成功

C. 圆满的成功　D. 开始阶段的成功

（二）根据课文内容，选择正确答案：

1. 科学家经过调查发现

A. 中国和日本患失读症的人比较多

B. 中国和日本都使用汉字

C. 中国和日本患失读症的人比较少

D. 人的左右半脑分工不同

2. 科学实验证明

A. 人的左半脑认字音，右半脑认字义

B. 人的左半脑认字形，右半脑认字音

C. 人的左半脑认字音和字义，右半脑认字形

D. 人的左半脑认字形和字义，右半脑认字音

3. 中国和日本患失读症的人比较少的原因是

A. 他们使用的是拼音文字

B. 他们使用的都是汉字

C. 汉字是一种可以治病的文字

D. 认汉字时必须左右半脑同时工作

4. 汉字和大脑两半球的关系

A. 是科学家经过调查发现的　　B. 是心理学家的一个假设

C. 已经被科学实验证明了　　D. 正在试验、了解中

5. 汉字可治失读症，这个说法

A. 是一个假设　　B. 正在试验中

C. 已经得到肯定的结论　　D. 已经可以初步肯定

6. 课文中谈到的失读症患者，可能是

A. 中国人　　B. 日本人　　C. 美国人　　D. 法国人

7. 心理学家的试验是在

A. 中国进行的　　B. 日本进行的

C. 法国进行的　　D. 法国等国家进行的

（三）判别正误：

1. 中国和日本患失读症的人少是因为他们经常研究失读症。（　　）
2. 欧美人使用拼音文字，中国人和日本人使用汉字。（　　）
3. 汉字是音、形、义相结合的文字。（　　）
4. 欧美人在阅读时只需要使用左半脑。（　　）
5. 中国人和日本人在阅读时必须左右脑都用。（　　）
6. 用汉字可以治失读症，但不能治好。（　　）
7. 用汉字句子"唤醒"英语，患者读起来还是很费力。（　　）
8. 要用汉字治失读症，必须先教会患者说汉语。（　　）
9. 失读症患者一看到汉字，病就好了。（　　）
10. 用汉字治失读症，必须要有耐心。（　　）

（四）请谈一谈心理学家的试验。

第十一单元

一、气温升高以后

不久前，联合国一个委员会的一项调查报告指出：如果全球人口达到113亿，二氧化碳①的排放量将比目前增加1.8倍，那么全球的平均气温就会比现在上升1.5℃～4.5℃，海平面②会抬高20～50厘米，森林③面积将从目前占自然植被面积的58%减少到55%，而沙漠④面积则会由目前的21%增加到25%。

这些数字的变化对于未来的地球居民来说，意味着许许多多的麻烦甚至灾难。其中最令人注意的是海平面的升高。100年来，全球海平面已经升高了10～12厘米。在我国，长江口以南地区，海平面上升的高度与全球基本相同，长江口以北地区则稍微低一些。据专家估计，如果海平面再抬高50厘米，那么我国的辽河平原、海河平原、苏北平原以及长江、黄河、珠江三角洲等沿海低地大约会有四万平方公里的土地被海水淹没。而这些地区不但是我国农业比较发达的地区，而且是城市、人口、工业、商业最集中的地区。由此可见，如果我们不从现在开始积极保护我们生活的环境，有效地控制全球气温继续升高，后果确实是非常严重的。

（406字÷　　分钟＝　　字/分钟）

改写自《地球"发烧"：原因与对策》，作者　立人、阿枫，原载于《知识窗》1995年7月

注　释

① 二氧化碳　èryǎnghuàtàn　一种无色无臭的气体。
② 海平面　hǎipíngmiàn　海水的平面，是测量地面高度的起点。
③ 森林　sēnlín　大片生长的树木。
④ 沙漠　shāmò　地面全部被沙覆盖，缺少水和植物，气候干燥的地区。

练　习

（一）根据课文内容，选择下列词语的正确解释：

1. 自然植被
   A. 植物做成的自然的被子　B. 长得很自然的植物
   C. 地面上自然生长的所有植物　D. 大自然的被子
2. 意味着
   A. 有意思　B. 味道好　C. 含有某种意义　D. 有意义

3. 灾难

A. 很大的困难　　B. 非常严重的损害

C. 使人非常难过的事　　D. 很难的问题

4. 沿海

A. 海上的地区　　B. 在海边走

C. 靠着海边的地区　　D. 海的边沿

5. 淹没

A. 被水盖过　　B. 没有了　　C. 死了　　D. 水太多

6. 集中

A. 在中间　　B. 聚集在一起

C. 把分散的放在一起　　D. 都放在中间

7. 有效

A. 有用　　B. 有效果　　C. 有效率　　D. 很努力

8. 后果

A. 后面的水果　　B. 最后的结果　　C. 后来　　D. 以后的成果

（二）根据课文内容，选择正确答案：

1. 如果气温升高，下面哪种情况不会发生？

A. 海平面会抬高　　B. 森林面积减少

C. 人口增加　　D. 沙漠面积增加

2. 如果气温升高，未来的地球居民

A. 要被海水淹没　　B. 有很多麻烦甚至灾难

C. 可以看到海平面降低　　D. 住在低一些的地方

3. "100 年来，全球海平面已经升高了 10～12 厘米"的意思是

A. 海平面要用 100 年的时间才能升高 10～12 厘米

B. 海平面在 100 年前已经升高了 10～12 厘米

C. 海平面要在 100 年后才能升高 10～12 厘米

D. 海平面在过去的 100 年中已经升高了 10～12 厘米

4. 在我国，长江口以南地区，海平面上升的高度

A. 是 20～50 厘米　　B. 稍微低一些

C. 是 50 厘米　　D. 约 10～12 厘米

5. 如果海平面再抬高 50 厘米，哪个地方不被淹没？

A. 辽河平原　　B. 海河平原　　C. 珠江三角洲　　D. 黄土高原

6. 我们现在必须

A. 不让海平面继续上升　　B. 保护我们生活的环境

C. 将一些大城市搬到高一点儿的地方　　D. 不让低地被淹没

7. 以下哪一种情况是人口增加直接引起的？

A. 二氧化碳的排放量增加　　B. 沙漠面积增加

C. 海平面抬高　　D. 森林面积减少

8. 我国经济发达地区主要在

A. 三角洲地区　　B. 沿海地区

C. 辽河平原、海河平原、苏北平原　　D. 长江、黄河、珠江地区

9. 本文谈论的是

A. 一项调查报告　　B. 地球将要面临的情况

C. 我国的经济问题　　D. 海平面和人类的生活

(三) 判别正误:

1. 气温升高的原因是人口太多。(　　)
2. 气温升高后,沙漠面积会增加。(　　)
3. 现在海平面已经升高了20～50厘米。(　　)
4. 在我国,长江口以南地区已经被海水淹没。(　　)
5. 有效地控制全球气温继续升高,后果非常严重。(　　)
6. 森林是自然植被的一种。(　　)
7. 森林面积的变化会影响沙漠面积的变化。(　　)
8. 如果海水再升高50厘米,我国的领土将缩小4万平方公里。(　　)

(四) 根据课文填空:

1. 如果二氧化碳的排放量比目前__________1.8倍,那么全球的平均气温就会比现在__________1.5℃～4.5℃,海平面会__________20～50厘米,森林面积将__________到55%,沙漠面积会__________到25%。
2. 这些地区不但是我国农业比较__________的地区,而且是城市、人口、工业、商业__________的地区。
3. 如果我们不__________保护我们生活的__________,__________控制全球气温继续__________,后果确实是__________。

(五) 回答问题:

1. 气温升高以后会出现什么样的情况?
2. 我们怎么样做才能控制全球气温升高?

二、电　子　雾

随着人们生活水平的不断提高,越来越多的现代化电器设备进入了人们的家庭,彩电、冰箱、洗衣机、空调、电脑、微波炉[①]等等,这些电器给人们的生活带来了极大的方便。但是,最近科学家研究发现,这些电器在使用过程中都会产生大量的电磁波[②],专家们称之为"电子雾",对人体产生不同程度的危害。

这种电子雾看不见、摸不着,但它的存在对人类却是非常危险的。它使人头疼,睡不着觉,记忆力下降,没有力气,不想吃饭,严重的还可以造成孕妇流产[③],胎儿[④]发育不良。一些医学专家还发现,电子雾很容易引发癌症[⑤]、白血病[⑥]。在充满电磁波的环境里,白血

病和某些癌症的发病率远远高于自然环境。因此，专家们提出，为了避免和减少电子雾对健康的危害，人们要尽可能地采取一些措施，比如：家中、幼儿园、学校以及其他一些公共场所安装的电线最好不要露在墙壁外面；人们看电视、听收音机时，距离不要太近，时间也不要太长；儿童和孕妇要尽可能远离有电磁波的环境；平时多吃新鲜蔬菜和水果，以增强身体对电子雾的抵抗力。

（423 字 ÷ 　　分钟 = 　　字/分钟）

改写自《警惕电子烟雾对人的危害》，罗逊编译，原载于《南方周末》1997 年 3 月

注　　释

① 微波炉　wēibōlú　利用微波烹制食物的器具。
② 电磁波　diàncíbō　在空间传播的周期性变化的电磁场。
③ 流产　liúchǎn　怀孕后不满 28 周胎儿就出生了。
④ 胎儿　tāi'ér　母亲体内的幼体。
⑤ 癌症　áizhèng　一种恶性肿瘤病。
⑥ 白血病　báixuèbìng　一种血液病。

练　　习

（一）根据课文内容，选择下列词语的正确解释：

1. 记忆力
A. 记忆的能力　B. 记忆很有力　C. 力量大　D. 记忆的力气很大
2. 发病率
A. 生病的百分比　B. 发现这些病的数量
C. 病的发展速度　D. 生病的速度
3. 公共场所
A. 属于国家的地方　B. 共同活动的地方
C. 一个汽车站的名字　D. 大家都可以去的地方
4. 抵抗力
A. 坚决不同意　B. 人们坚决反对的力量
C. 有力地反抗　D. 人体制止伤病的力量

（二）根据课文内容，选择正确答案：

1. 下列什么东西不是电器？
A. 空调　B. 微波炉　C. 彩电　D. 自行车
2. “电子雾”是
A. 像电子一样的雾　B. 雾的一种
C. 电器使用时产生的电磁波　D. 电器使用时产生的白色小水滴

3. “这些电器在使用过程中会对人体产生不同程度的危害”的意思是

A. 这些电器对人体危害很大

B. 电器在不同时间使用会产生不同的危害

C. 不同的人在使用电器时会产生不同的危害

D. 不同的电器会对人体产生大小不同的危害

4. 电子雾对人体的危害是

A. 容易感冒、发烧　　B. 睡不够

C. 吃饭吃得很多　　D. 头疼、睡不着

5. “远远高于自然环境”的意思是

A. 比自然环境远得多　　B. 自然环境很高、很远

C. 自然环境中的发病率很高　　D. 比在自然环境中的发病率高得多

6. 为了避免和减少电子雾对健康的危害,人们不应该做什么?

A. 看电视、听收音机时,离得远一点儿

B. 多吃新鲜蔬菜和水果

C. 看电视时间不要太长

D. 把电线露在墙壁外面

7. 本文主要是

A. 介绍现代人的生活　　B. 介绍电磁波的危害

C. 解释一些疾病产生的原因　　D. 给人们的生活提出建议

(三) 判别正误:

1. 电子雾是电器使用过程中产生的。(　　)

2. 现代化的电器设备对人没有什么好处。(　　)

3. 电子雾是看得见的。(　　)

4. 在充满电磁波的环境里,一定会得癌症。(　　)

5. 儿童和孕妇不可能远离有电磁波的环境。(　　)

6. 专家认为人们不应该使用电器。(　　)

(四) 归类联想:

1. 写出你所知道的电器名称。

2. 写出你所知道的公共场所名称。

(五) 回答问题:

1. 什么是电子雾?

2. 电子雾对人体的危害是什么?

3. 为了避免和减少电子雾对健康的危害,人们应该采取什么措施?

三、绿色食品

绿色食品对很多人来说,已经不陌生了。它主要是指那种在整个生产过程中都没有

污染的、食用安全的食品。国外早在70年代就开始组织生产绿色食品,我国的第一批绿色食品是在1990年北京亚运会[①]期间上市的。它一出现就受到了广大消费者的欢迎。据有关部门对北京、上海两大城市的调查,分别有79%和84%的消费者希望买到绿色食品。

为了保证绿色食品的质量,农业部成立了"中国绿色食品发展中心",设计了绿色食品标志:正圆形的上方是太阳,下方是叶子,中心是蓓蕾[②]。只有经过严格检查,一切合格的食品才能使用这一标志。目前只有588个产品拥有绿色食品标志的使用权。我国政府计划到2000年,绿色食品要占国内主要食品生产总量的2%。

绿色食品的价格一般稍高于普通食品,但是使用绿色食品不但对个人身体有益而且也为社会做了好事,因为绿色食品的出现对于保护环境有着巨大的意义。如果人人都使用绿色食品,拒绝一切对环境有害的消费,我们生活的环境就会变得越来越好。

(430字÷　　分钟=　　字/分钟)

注　释

① 亚运会　yàyùnhuì　亚洲奥林匹克运动会。

② 蓓蕾　bèilěi　还没有开的花。

练　习

(一) 根据课文内容,选择下列词语的正确解释:

1. 绿色食品
   A. 绿颜色的食品　B. 用绿色蔬菜做的食品
   C. 没有污染、食用安全的食品　D. 大家都欢迎的食品
2. 陌生
   A. 熟悉　B. 不熟悉　C. 普通　D. 不普通
3. 上市
   A. 开始在市场上卖　B. 开始去市场上买
   C. 出现在城市　D. 到市场上去
4. 消费者
   A. 消失的人　B. 浪费的人　C. 看运动会的人　D. 买东西的人
5. 标志
   A. 正确的特点　B. 表示一种特点
   C. 标准的记号　D. 表明特点的记号
6. 拒绝
   A. 不买　B. 绝对不做　C. 不使用　D. 不接受

(二) 根据课文内容,选择正确答案:

1. 绿色食品最早出现在
   A. 70年代　B. 80年代　C. 90年代　D. 2000年

2. 我国的第一批绿色食品是哪一年上市的?

A. 1970 年　　B. 1997 年　　C. 1990 年　　D. 1984 年

3. 我国生产绿色食品比国外

A. 早　　B. 晚　　C. 差不多　　D. 早得多

4. 广大消费者对绿色食品

A. 很欢迎　　B. 不喜欢　　C. 很陌生　　D. 很害怕

5. 中国绿色食品发展中心的任务是

A. 设计绿色食品的标志　　B. 保证绿色食品质量

C. 制定绿色食品的价格　　D. 调查有多少人喜欢绿色食品

6. 我国绿色食品的标志是

A. 太阳、星星、花　　B. 太阳、叶子、蓓蕾

C. 小草、树、花　　D. 鸟、太阳、蓓蕾

7. 以下哪种食品可以使用绿色食品标志?

A. 没有污染的食品　　B. 食用安全的食品

C. 检查合格的食品　　D. 对人体有益的食品

8. 绿色食品的价格

A. 比普通食品低　　B. 比普通食品高得多

C. 和普通食品一样　　D. 比普通食品高一点儿

(三) 判别正误:

1. 只有北京和上海的消费者很喜欢绿色食品。(　　)
2. 我国政府计划到 2000 年,绿色食品要占国内主要食品生产总量的一半。(　　)
3. 人人都使用绿色食品可以保护环境。(　　)
4. 很多人对绿色食品知道得很少。(　　)
5. 79% 的北京人和 84% 的上海人希望买到绿色食品。(　　)
6. 产品上有绿色食品标志的就一定是绿色食品。(　　)
7. 目前,国内只有 2% 的产品是绿色食品。(　　)
8. 1990 年在北京召开了亚运会。(　　)

(四) 根据课文填空:

1. 绿色食品是指那种__________都没有__________、食用安全的食品。
2. 大部分的__________希望买到绿色食品。
3. 绿色食品的__________是:正圆形的__________是太阳,__________是叶子,__________是蓓蕾。
4. 生产的食品必须经过__________才能使用绿色食品标志。
5. 使用绿色食品不但对__________而且也为__________,因为绿色食品的出现对于__________有着巨大的意义。

(五) 回答问题:

1. 什么是绿色食品?是不是所有的食品都可以叫绿色食品?

2．我国政府为了保证绿色食品的质量采取了什么措施？

3．使用绿色食品有什么好处？

四、城市垃圾何处去

垃圾作为一个社会热点问题，正越来越严重地摆在世界各国面前。目前，全球每年新增垃圾100多亿吨①，其中美国20多亿吨，位居世界第一；德国人均产垃圾800公斤，是人均产垃圾最多的国家；亚洲年产垃圾最多的国家是日本，一年大约有3亿多吨；中国的垃圾也在以极快的速度迅速增加。这些垃圾严重地污染了地球，破坏了生态平衡②，对人类危害非常大。

怎样解决这一问题呢？目前主要采取四种方法：一是把垃圾变成资源③。将垃圾分类收集，建立回收工厂，进行二次开发，使废物变成有用的资源。二是把垃圾变成能源④。目前全球已有600多个垃圾发电厂。我国也计划在广州建设一座垃圾发电厂。三是努力减少垃圾。世界上许多国家的政府都采用了法律的手段来减少垃圾。比如，英国曼彻斯特市政府制定了“减少垃圾和回收垃圾”的法律条文；美国实行了“你丢垃圾你出钱”的办法。四是垃圾的无害化处理。美国、日本等国家的科学家利用人们扔掉的食品制成了调料添加剂⑤和抗菌剂⑥等等。

总之，随着人类保护环境意识的增强，越来越多的科学家开始投入到垃圾的科学处理和合理利用的研究中去，将来一定会有更多的治理垃圾的措施出现。

（490字÷　　分钟＝　　字/分钟）

改写自1996年12月《西安晚报》的同名文章，作者　陈西恒

注　释

① 吨	dūn	重量单位。
② 生态平衡	shēngtàipínghéng	生物各物种之间保持相对稳定的生存和发展的状态。
③ 资源	zīyuán	生产或生活资料的来源。
④ 能源	néngyuán	能产生能量的物质。
⑤ 添加剂	tiānjiājì	为改善物质的某种性能而加入的药剂。
⑥ 抗菌剂	kàngjūnjì	抑制一些微生物生长繁殖的物质。

练　习

（一）根据课文内容，选择下列词语的正确解释：

1．热点问题

A. 严重的问题　　B. 大家都关心的问题

C. 有一点点问题　　D. 热闹的地方问题多

2. 污染

A. 把东西染黑了　　B. 用脏东西去染

C. 有害物质进入到环境中　　D. 到处都堆放着垃圾

3. 危害

A. 危险的事情　　B. 害怕的事情　　C. 伤害和破坏　　D. 危险的害处

4. 分类收集

A. 分散放开　　B. 先分开再收起来

C. 按照特点分开放在一起　　D. 一次一次地收起来

5. 手段

A. 手的一部分　　B. 具体的方法

C. 计划、打算　　D. 不好的方法

6. 处理

A. 解决问题,减少麻烦　　B. 卖得很便宜

C. 安排　　D. 用特别的方法进行加工

7. 意识

A. 脑子里的想法　　B. 对事物的认识

C. 有意义的知识　　D. 有意思的知识

8. 治理

A. 管理　　B. 处理　　C. 消灭　　D. 管理、处理

9. 措施

A. 安排的方式　　B. 一种特别的计划

C. 解决问题的想法　　D. 采用的方法

(二) 根据课文内容,选择正确答案:

1. 垃圾成为社会热点问题,是因为

A. 人们利用垃圾的方法越来越多了

B. 人们对垃圾越来越感兴趣了

C. 越来越多的科学家开始研究垃圾的问题

D. 垃圾正在严重地污染地球

2. 人均产垃圾最多的国家是

A. 美国　　B. 中国　　C. 日本　　D. 德国

3. 全球每年新增垃圾最多的国家是

A. 美国　　B. 中国　　C. 日本　　D. 德国

4. 回收工厂是

A. 收回垃圾并且利用垃圾的工厂

B. 收信件并且送信件的工厂

C. 买垃圾并且送垃圾的工厂

D. 帮助人们清扫垃圾的工厂

5. 垃圾经过处理后可以变成

A. 资源　　B. 能源　　C. 食品　　D. 资源、能源

6. “法律条文”的意思是

A. 法律规定的分条说明的文字　　B. 法律是有条件的

C. 法律是文明的　　D. 法律是多种多样的

7. “科学家开始投入到垃圾的科学处理和合理利用的研究中去”的意思是

A. 科学家也开始把垃圾投到垃圾箱中去了

B. 科学家开始研究垃圾的科学处理和合理利用

C. 科学家每天不回家是为了研究垃圾的科学处理和合理利用

D. 科学家在研究垃圾的科学处理和合理利用时遇到了很多困难

（三）判别正误：

1. 垃圾是全世界所面临的一个严重问题。（　　）
2. 全球五分之一的垃圾产自美国。（　　）
3. 亚洲产垃圾最多的国家是中国。（　　）
4. 中国的垃圾严重地污染了地球，破坏生态平衡，而且对人类也有极大的危害。（　　）
5. 建立回收工厂是为了分类回收垃圾。（　　）
6. 垃圾只有经过二次开发才能变成有用的资源。（　　）
7. 我国已经在广州建立了一座垃圾发电厂。（　　）
8. 垃圾发电厂可以把垃圾变成能源。（　　）
9. 英国曼彻斯特市政府制定了“你丢垃圾你出钱”的办法。（　　）
10. 美国实行倒垃圾付费的办法。（　　）
11. 科学家用新鲜食品制造调料添加剂和抗菌剂。（　　）
12. 人类保护环境的意识越来越强了。（　　）
13. 将来不会再有治理垃圾的措施出现了。（　　）

（四）根据课文填空：

1. 垃圾问题正越来越严重地________在全世界各国面前。
2. 美国年增垃圾 20 多亿吨，________世界第一。
3. 垃圾严重地________了地球，破坏了________。
4. 越来越多的科学家开始________到垃圾的科学________和________利用的研究中去，将来一定会有更多的________垃圾的________出现。

（五）将下列词语组成适当的搭配：

处理　　利用

合理　　垃圾

治理　　环境

（六）按照解决垃圾问题的四种方法，将下列词语分类：

无害化处理　　建立回收工厂　　建设垃圾发电厂

二次开发　　调料添加剂和抗菌剂　　法律手段

减少垃圾　　　　分类收集

1.

2.

3.

4.

（七）请你谈一谈科学家是如何处理垃圾问题的。你有什么想法？

第十二单元

一、流　星

在晴朗的夜空中，人们常常可以看到一道亮光从天空中飞过，这就是流星。民间也叫它"贼星"。有人说：这是天上的星星掉下来了。

它们真是我们在天空中看到的亮星掉到地球上来了吗？当然不是。那些亮星离我们非常远，而且一般都比地球大得多，怎么可能往地球上掉呢？原来，在宇宙空间[①]中还有许许多多的尘埃[②]物质和大小不一的破碎固体物质。当它们和地球接近，或地球穿过它们之中时，这些物质就以每秒十几至几十公里的速度撞入地球大气层[③]，与大气产生激烈的摩擦[④]，发出光和热，这就是我们看到的流星现象。

流星常常出现在离地面80～120公里的高空，每夜都可以看到一些流星。但是它们出现的方向、亮度和时间都是不一样的。后半夜的流星一般要比前半夜多。你亲眼看见过流星吗？

（312字÷　　分钟＝　　字/分钟）

改写自《天文博士》，知识出版社

注　释

① 宇宙空间　yǔzhòu kōngjiān　地球大气层以外的空间。

② 尘埃　chén'āi　飞扬或附着在物体上的细小颗粒。

③ 大气层　dàqìcéng　地球外面包围着的气体层。

④ 摩擦　mócā　两个紧密接触的物体来回运动时产生的阻碍运动的作用。

练　习

（一）根据课文内容，选择下列词语的正确解释：

1．民间

A．民族之间　B．人们中间　C．人民之间　D．古代的人

2．大小不一

A．一些大的和一些小的　B．大大小小不一样

C．大的和小的不一样　D．大的和小的不在一起

3．接近

A．附近　B．联系　C．连起来　D．靠近

4. 穿过

A. 从……过去　B. 从……路过　C. 经过……　D. 从……中通过

5. 撞入

A. 没有方向地打进去　B. 速度很快地冲进去

C. 进入　D. 打入

6. 激烈

A. 热烈　B. 很激动、很热烈

C. 力量大、速度快　D. 非常快

7. 亲眼

A. 用自己的眼睛　B. 用亲人的眼睛

C. 用每一个人的眼睛　D. 用很好的眼镜

(二) 根据课文内容,选择正确的答案:

1. "怎么可能往地球上掉呢?"意思是

A. 为什么能往地球上掉　B. 什么可能往地球上掉

C. 有什么可能往地球上掉　D. 不可能往地球上掉

2. 天上的亮星

A. 会掉到地球上来　B. 离地球很远

C. 比地球大得多　D. 离地球很近,比地球大得多

3. 关于流星,下面哪种说法不正确?

A. 夜晚天空中飞过的一道亮光就是流星

B. 流星是贼星

C. 流星是星星的一种

D. 宇宙中的一些尘埃物质和破碎的固体物质构成了流星

4. 人们能看到流星是因为

A. 它发出了光和热　B. 它的速度非常快

C. 它在天空中运行　D. 它非常接近地球

5. 流星发光的原因是

A. 它与大气产生了激烈的摩擦

B. 它在宇宙空间飞速地运动

C. 它与地球接近并撞入了大气层

D. 它在宇宙空间吸收了大量的热量

6. 每天人们都可以

A. 看到 120 公里高空的流星　B. 在前半夜看到很多流星

C. 看到一样的流星　D. 看到一些流星

7. 这篇课文主要介绍

A. 流星出现在晴朗的夜空中

B. 流星现象的产生

C. 民间把流星叫"贼星"

D. 宇宙空间的许许多多物质在不停地运动

(三) 判别正误:

1. 我们常常可以看见流星。( )
2. 天上掉下来的星星就是流星。( )
3. 民间有一种星,叫“贼星”。( )
4. 摩擦会产生光和热。( )
5. 前半夜就是天黑以前。( )
6. 只有在晴朗的夜晚流星才会出现。( )
7. 夜里12点以后更容易看到流星。( )
8. 流星出现的时间、方向以及亮度都是不一定的。( )

(四) 根据课文填空:

1. 宇宙空间中有__________的尘埃物质和__________的破碎固体物质。
2. 这些物质就以每秒十几至几十公里的速度__________地球大气层,与大气__________激烈的__________,发出光和热。
3. __________的流星一般要比__________多。

(五) 回答问题:

1. 什么叫流星?流星是怎样产生的?
2. 流星常常出现在什么地方?
3. 你亲眼看见过流星吗?

二、火山喷发

能够亲眼看到火山喷发的人是很少的,但是大多数人都从电影或者电视上看到过气势壮观的火山喷发。

火山喷发时,首先从火山口或山脚的地缝中冒出白烟,随后大量的气体、灰砂、碎石从火山口突然喷出,形成巨大的烟柱。同时,地面开始震动,紧接着滚烫的熔岩[1]涌出地面,形成一条条“火河”,四处流动,给人类带来许许多多的灾害。

地球上为什么会发生火山喷发呢?原来在地球厚厚的地壳下面是流动的岩浆[2]。地球内部的温度非常高,在2000℃~3000℃以上,压力也非常大,因此,岩浆流来流去总想找个地方窜到外面来。地壳的厚度是不均匀的,所以,岩浆一旦找到了地壳比较薄的地方,就会打开一个出口冲出来,于是形成了火山喷发。火山就是地壳内部喷出的岩浆堆积成的高地。

有的火山喷发一次后,再也不活动了,这就是死火山。目前世界上约有2000座死火山。有的火山每过几年就会喷发一次,我们称它为活火山。世界上有500座这样的活火山。在我国,新疆于田县的火山群就是活火山。

(399字÷ 分钟= 字/分钟)

改写自《地球博士》,知识出版社

注　　释

① 熔岩　　róngyán　　从火山的裂缝中喷出来的高温岩浆。
② 岩浆　yánjiāng　　地壳下面的高温熔融物质。

练　　习

(一) 根据课文内容,选择下列词语的正确解释:

1. 喷发
   A. 受到压力后,迅速地堆积起来
   B. 受到压力后,迅速地冲出来
   C. 受到压力后,迅速地发出
   D. 受到压力后,很快地发现
2. 地缝
   A. 地面上细长的裂口　　B. 地面上大大小小的洞
   C. 地面之间的接口　　D. 地壳下的裂口
3. 滚烫
   A. 流来流去　　B. 温度非常高　　C. 滚动着发热　　D. 不停地流动
4. 涌出地面
   A. 从地面上走出来　　B. 在地面上生长
   C. 从地面上冒出来　　D. 在地面上流动
5. 四处
   A. 到处　　B. 四个地方
   C. 很多地方　　D. 东南西北四个方向
6. 灾害
   A. 很大的困难　　B. 一种问题
   C. 极大的伤害　　D. 一种情况
7. 一旦
   A. 一次　　B. 一天
   C. 有一天　　D. 如果有一天
8. 堆积
   A. 一堆一堆地聚在一起　　B. 组成
   C. 建成一堆一堆的　　D. 土堆

(二) 根据课文内容,选择正确答案:

1. 本文第一段告诉我们
   A. 很多人不知道什么叫火山喷发
   B. 气势壮观的火山喷发人们都见过
   C. 火山喷发只出现在电影或电视上

D. 不是很多人能够亲眼看到火山喷发的

2. 火山喷发

A. 形成了活火山　　B. 只允许少数人看到

C. 是一种自然现象　　D. 是人们非常喜欢遇到的自然现象

3. 气体、灰砂和碎石能够

A. 形成很多地缝　　B. 产生巨大的力量

C. 使地面震动　　D. 形成巨大的烟柱

4. “火河”的意思是

A. 像火一样流动的河流　　B. 着了火的河流

C. 河水像流动的岩浆一样　　D. 岩浆像河水一样流动

5. 岩浆为什么总想找个地方窜出来?

A. 要形成火山喷发　　B. 外面的气温低

C. 地壳的厚度不均匀　　D. 地球内部的压力非常大

6. “地壳的厚度是不均匀的”意思是

A. 地壳有的地方厚,有的地方薄

B. 地壳的厚度有时候厚,有时候薄

C. 地壳的厚度不够

D. 地壳的厚度常常变化

7. 形成火山喷发的主要原因是

A. 地壳下面有岩浆　　B. 地壳的厚度不均匀

C. 岩浆的剧烈运动　　D. 地面上有火山

8. 本文最后一段的主要内容是

A. 比较死火山和活火山的数量

B. 告诉我们什么是死火山,什么是活火山

C. 告诉我们世界上有多少火山

D. 介绍我国的火山

(三) 判别正误:

1. 人们只能从电影或电视上看到火山喷发。(　　)
2. 火山喷发时的烟柱由白烟和熔岩组成。(　　)
3. 火山喷发会引起地震。(　　)
4. 地壳下面的岩浆总在不停地运动。(　　)
5. 岩浆常常在地壳比较薄的地方打开出口。(　　)
6. 世界上活火山比死火山多。(　　)

(四) 根据课文填空:

1. 能够__________看到火山__________的人是很少的,但是大多数人都从电影或者电视上看到过__________的火山__________。
2. 火山喷发时,__________从地缝中__________白烟,__________大量的气体、灰砂、碎石从火山口突然__________,__________巨大的烟柱。__________,地面开

始__________，__________着滚烫的熔岩__________地面，__________一条条“火河”，四处__________，给人类带来许许多多的__________。

(五) 用汉语解释下面的词语：

1. 火山：
2. 死火山：
3. 活火山：

(六) 回答问题：

1. 什么叫火山喷发？
2. 为什么会发生火山喷发？
3. 火山喷发会给人类带来什么灾害？

三、植物的秘密

我们知道，动物的大脑里有一块音乐区，能够感受到音乐的作用。但是最近科学家们发现，植物也能感受音乐。植物不但具有听力，而且对音乐相当敏感，这一点与人类没有本质的区别。

美国比尔大学生物系曾做过一次试验。在两间房内，分别种着两棵葫芦[①]。一间房内收音机播放刺耳的摇滚乐，一间则播放悦耳的古典音乐。结果前者的枝叶都背向收音机，而后者的枝叶则紧紧地“拥抱”在收音机上。

人们已经了解了“对牛弹琴”能使奶牛增加产奶量这个事实。可是你知道吗，法国植物学家兼音乐家斯特哈默通过每天给番茄[②]树弹奏3分钟的特定曲目，使该树的生长速度提高了2.5倍，而且长出的蕃茄又甜又大，还不怕虫害。

20世纪以来，各国科学家的大量研究表明：植物是有头脑的。它们有记忆力，能表达感情，能忍受痛苦和饥饿，还具有同情心。植物为什么会有头脑，它们的内在结构如何，这还需要科学家进一步研究。

(367字÷　　分钟＝　　字/分钟)

注　释

① 葫芦　húlu　一种植物，果实中间较细，像两个球连在一起。
② 番茄　fānqié 一种植物，果实扁球形，红或黄色，也叫西红柿。

练　习

(一) 根据课文内容，选择下列词语的正确解释：

1. 感受

A. 感觉到而且受影响　　B. 受到感动
C. 感到可以接受　　D. 感觉到了就接受

2. 敏感

A. 反应很快　B. 很容易被感动　C. 感兴趣　D. 有很深的感情

3. 区别

A. 分开　B. 不同　C. 分别　D. 特别

4. 播放

A. 开始把声音传出去　B. 收音机的声音

C. 用收音机把声音传出去　D. 放下来很多收音机

5. 刺耳

A. 听了耳朵会受伤　B. 听了很激动

C. 听了不舒服　D. 刺伤了耳朵

6. 悦耳

A. 听了高兴　B. 听了愉快　C. 好听　D. 使耳朵快乐

7. 该

A. 应该　B. 一定　C. 这、那　D. 棵

8. 虫害

A. 危险的虫子　B. 让人害怕的虫子

C. 一种虫子的名字　D. 虫子对植物的伤害

9. 内在结构

A. 在里边组成　B. 内部的构造　C. 里边的秘密　D. 内部的事情

10. 进一步

A. 在原来的基础上加深　B. 有一个进步

C. 在原来的基础上走一步　D. 向前走一步

（二）根据课文内容，选择正确的答案：

1. "动物的大脑里有一块音乐区"的意思是

A. 动物的大脑里有一块听音乐的区域

B. 动物的大脑里有一块感受音乐的区域

C. 动物的大脑里有一个放音乐的地方

D. 动物的大脑里有一块放音乐的区域

2. 文章第一自然段的内容是

A. 植物和动物的区别不大　B. 植物的大脑也有音乐区

C. 人类喜欢听音乐　D. 植物有感受音乐的能力

3. 课文第二自然段告诉我们

A. 在两个房间里分别种着两个听音乐的葫芦

B. 两个葫芦都喜欢听音乐

C. 一个葫芦喜欢听摇滚乐，另一个喜欢听古典音乐

D. 比尔大学生物系用两个葫芦做试验

4. 比尔大学生物系的实验说明

A. 不是所有的植物都喜欢音乐　B. 植物对音乐有反应

C. 音乐能改变葫芦的生长速度　　D. 葫芦对各种音乐都有感情

5. 课文第三自然段告诉我们
   A. “对牛弹琴”有好处，人们应该每天“对牛弹琴”
   B. 人们都知道“对牛弹琴”这个故事
   C. 音乐能使植物加快生长速度
   D. 各种乐曲都能使番茄长得又甜又大
6. 从课文第四自然段中，我们知道
   A. 现在人们还不清楚植物是不是有头脑
   B. 大量研究表明了植物的内在结构
   C. 科学家正在研究植物的头和大脑
   D. 科学家需要研究植物的内在结构
7. 这篇课文讲的是
   A. 植物喜欢什么音乐
   B. 植物和动物一样有感受音乐的能力
   C. 科学家怎么研究植物
   D. 植物为什么有头脑和它的内在结构

（三）判别正误：

1. 植物和人类没有本质的区别。（　　）
2. 人类对音乐是很敏感的。（　　）
3. 葫芦喜欢听摇滚乐。（　　）
4. 动物对音乐也很敏感。（　　）
5. 音乐对植物的成长有影响。（　　）
6. 植物的秘密是它们能感受悦耳的音乐。（　　）
7. 害虫不伤害听音乐的番茄。（　　）
8. 每天听音乐的番茄生长得很快。（　　）
9. 植物有头脑是科学家研究的结果。（　　）
10. 听音乐的植物有同情心。（　　）

（四）根据课文填空：

1. 植物也能__________音乐，它们不但__________，而且对音乐__________。
2. 听__________的摇滚乐的葫芦枝叶都__________收音机。而听__________的古典音乐的葫芦枝叶则__________在收音机上。
3. 每天听音乐的番茄树__________提高了，而且长出的番茄__________，还不怕__________。

（五）连句成段：

1. 植物为什么会有头脑，
2. 各国科学家的大量研究表明：
3. 能忍受痛苦和饥饿，
4. 它们有记忆力，

5. 这还需要科学家进一步研究。
6. 植物是有头脑的。
7. 能表达感情，
8. 它们的内在结构如何，
9. 还具有同情心。

（六）回答问题：

1. 为什么说植物能感受音乐？
2. 比尔大学生物系做了一个什么试验？

四、钱塘江潮

钱塘江位于浙江省，钱塘江潮是世界的著名大潮之一。每年中秋节前后，钱塘口的潮差达到最高点9.8米左右。暴涨的潮水就像一堵直立的水墙，排山倒海而来。数十里以外就可以听见“呼隆！呼隆！”的响声，气势非常壮观。

生活在海边的人们都知道，海水每天会按一定的时间有规律地涨落。人们把白天的海水上涨现象叫做“潮”。海水上涨到最高限度时，叫“高潮”，海水下落到最低限度时，叫“低潮”。高潮和低潮时海水水面的高度差叫“潮差”。海水有规律地涨落是因为地球在运动中受到月球和太阳两个球体吸引，特别是月球，引起海水水面变化的“引潮力”主要来自月球。我国农历的每个月初一、十五这两天，太阳、地球、月亮三球基本上在一条直线上，引潮力最大，形成大潮。

从理论上讲，大潮可以使海平面上升0.81米。但是，由于大陆沿岸地区复杂的地理条件，使各地的潮差差别很大。钱塘江口形状像一个喇叭，外宽内窄。当暴涨的潮水从海上冲来时，由于受到河道的限制，一下子变窄，于是潮差大大提高。而且，每年中秋节前后，钱塘江一带正处于雨季，河水流量很大。盛行的东南风，也使海平面有所升高。潮水与河水相遇使钱塘江潮成为地理上的一大奇观。

（485字÷　　分钟＝　　字/分钟）

练　　习

（一）根据课文内容，选择下列词语的正确解释：

1. 暴涨
   A. 上升的力量大、速度快　　B. 上升的水位很高
   C. 向上发展的力量　　D. 潮水上升的速度
2. 潮水
   A. 海水的运动
   B. 海边很大的、运动的水
   C. 定期上升或下降的海水或河水

D. 大海附近的河水上升或下降

3. 一堵

A. 一块　　B. 一张　　C. 一条　　D. 一面

4. 气势

A. 生气的样子　　B. 生气的态度　　C. 力量、形势　　D. 能力、本领

5. 一定

A. 一种规定　　B. 一个规定　　C. 固定不变　　D. 肯定、确定

6. 大陆沿岸地区

A. 有水的大陆地区　　B. 大陆上有河流的地区

C. 海洋中的大陆地区　　D. 靠近海洋的大陆地区

7. 大大

A. 大的　　B. 很大地　　C. 不小的　　D. 非常

8. 处于

A. 在……地方　　B. 位置在……　　C. 在……状态　　D. 地方在……

9. 奇观

A. 神奇的常常变化的潮水　　B. 数量很少的观众

C. 奇怪的风景　　D. 很少见到的雄伟的景象

(二) 根据课文内容,选择正确答案:

1. 钱塘江是

A. 一个湖的名字　　B. 一个潮水的名字

C. 一个海的名字　　D. 一条江的名字

2. “钱塘江口”是指

A. 钱塘江的旁边　　B. 钱塘江的入海处

C. 钱塘江的两岸　　D. 钱塘江的中间

3. “暴涨的潮水就像一堵直立的水墙,排山倒海而来”的意思是

A. 水墙高大　　B. 潮水像高山大海一样

C. 潮水的水量大、气势大　　D. 直立着的墙由水组成,气势很大

4. 海水的涨落是由什么引起的?

A. 月亮的吸引力　　B. 地球的吸引力

C. 太阳的吸引力　　D. 太阳和月亮的吸引力

5. “钱塘江一带”是指

A. 一条钱塘江　　B. 钱塘江的两岸

C. 钱塘江和其他河流　　D. 钱塘江和附近地区

6. “盛行的东南风”意思是

A. 东南风很流行　　B. 刮很大的东南风

C. 常常刮东南风　　D. 东南风

7. 形成钱塘江大潮的原因是

A. 月球的引力

B. 地理条件和气候条件

C. 月球的引力和海平面有规律的涨落

D. 月球的引力、地理和气候条件

(三) 判别正误:

1. 钱塘江口的潮差在中秋节这一天达到最高。(　　)
2. 钱塘江的水面可以上升9.8米左右。(　　)
3. 钱塘江潮的响声在几十里以外都可以听到。(　　)
4. 潮水和河水相遇会使水位突然上升。(　　)
5. 月球具有引潮力。(　　)
6. 月球和太阳对海水运动有影响。(　　)
7. 中秋节前后钱塘江口的河水流量很大。(　　)

(四) 根据课文填空:

1. 钱塘江________浙江省。
2. ________的潮水就像________的水墙,________而来。
3. 钱塘江口________像一个________,外________内________。
4. 每年中秋节________,钱塘江一带________雨季。

(五) 用汉语解释下面的词语:

1. 潮:
2. 高潮:
3. 低潮:
4. 潮差:
5. 引潮力:

(六) 把意义相反的词用线连接起来:

前	窄	复杂	落	提高
简单	涨	降低	后	宽

(七) 回答问题:

1. 钱塘江潮为什么很有名?
2. 钱塘江潮是怎样形成的?
3. 如果去钱塘江看潮,什么时候最好?

第十三单元

一、运动的空间

目前我国政府正在努力提倡全民健身运动。但是，由于我国人口众多，财力有限，现有的体育场、体育馆远远不能满足全民健身运动的需要。而场地是人们开展健身活动所需要的最基本的条件之一。于是，一些经济发达地区已经开始在新建的居民住宅小区修建体育设施。

深圳市莲花北村是一个大型住宅新区，有5820套住宅，3万多居民。政府投资在这里修建了标准游泳池、网球场、溜冰场等体育设施。新区的三所中小学有3个足球场、4个篮球场。村管理处还投资修建了两个台球①馆、两个乒乓球活动室、10个室外羽毛球②场和4个老人活动中心。另外一些企业也在这里投资修建了一批商业性的体育活动场所，如保龄球③馆、健身中心等。目前，这个社区内活动面积已达3万多平方米。在这里，不同年龄、不同兴趣、不同收入的人都可以找到适合自己的运动空间。

(337字÷　　分钟＝　　字/分钟)

改写自《给我运动的空间》，原载于《南方周末》，1997年1月

注　　释

① 台球　táiqiú　一种在桌面上进行的球类运动。
② 羽毛球　yǔmáoqiú 一种类似于网球的球类运动。
③ 保龄球　bǎolíngqiú 一种室内体育活动。

练　　习

(一) 根据课文内容，选择下列词语的正确解释：

1. 空间
   A. 空房间　B. 空闲时间　C. 房间　D. 场地
2. 财力有限
   A. 经济力量不够　B. 钱的力量不够　C. 能力低下　D. 有很多钱
3. 远远
   A. 很远很远　B. 非常……极了
   C. 有很大的不同　D. 差得很远
4. 开展
   A. 开始　B. 干　C. 进行　D. 开始发展

5. 设施
A. 建设和实行　　B. 建设　　C. 场馆和物品　D. 场地
6. 投资
A. 为做某事而花费钱财　　B. 放下钱财
C. 把钱扔在某个地方　　D. 花费精力
7. 另外
A. 在说过的之外　　B. 除了……还有……
C. 不但……而且……　　D. 以外
8. 收入
A. 拿回来的东西　　B. 得到的东西
C. 常常得到的钱　　D. 通过工作得到的钱

（二）根据课文内容，选择正确答案：

1. 我国政府努力提倡全民健身运动，是因为
A. 我国人口众多　　B. 体育场馆太多
C. 人们有很多空闲时间　　D. 希望人们都有一个健康的身体
2. 人们开展健身运动
A. 需要场地　　B. 需要花钱
C. 可以去大型住宅新区　　D. 可以找到运动空间
3. 老人活动中心是
A. 老人在市中心的体育场馆中活动
B. 老人们活动的地方
C. 老人们活动的地方是最重要的地方
D. 老人们在社区中活动
4. 这篇文章的主要内容是
A. 形式多样的体育运动需要空间
B. 介绍不同年龄、不同兴趣、不同收入的人到深圳市莲花北村的体育场馆去锻炼身体
C. 政府提倡全民健身运动的原因
D. 介绍深圳市莲花北村的体育活动场所
5. 从这篇文章中，我们可以知道
A. 越来越多的人参加健身活动
B. 大型住宅区中都有体育活动场所
C. 在城市，人们很难找到适合自己的运动
D. 现有的居民住宅小区中没有体育设施

（三）判别正误：

1. 没有场地，人们无法开展健身活动。（　　）
2. 新建的居民住宅区中都有体育设施。（　　）
3. 经济发达地区的居民不去体育场馆健身。（　　）

4. “企业”是一种职业。(　　)
5. 一批商业性的体育活动场所花了政府很多钱。(　　)
6. 去商业性的体育活动场所需要付钱。(　　)
7. 莲花北村住宅小区中的活动场所可以满足各种人的健身需要。(　　)

(四) 根据课文填空:

1. 我国政府正在努力＿＿＿＿＿全民健身运动。
2. 我国人口＿＿＿＿＿，财力＿＿＿＿＿，现有的体育场馆＿＿＿＿＿不能＿＿＿＿＿全民健身运动的需要。
3. 在新建的体育场馆中，不同＿＿＿＿＿、不同＿＿＿＿＿、不同＿＿＿＿＿的人都可以找到适合自己的＿＿＿＿＿。

(五) 回答问题:

1. “全民健身运动”是什么意思？为什么要开展这项运动？
2. 过去的居民住宅小区中有体育设施吗？

二、最新流行的体育消费

近些年来，在卡拉OK、迪斯科①之后，体育娱乐活动成了时髦的享受。一些大城市迅速出现了许多保龄球馆、网球场、桌球②城、健身房、溜冰场以及花费巨资建成的高尔夫球③场。

体育娱乐活动为什么一下子变得如此流行了呢？一位体育娱乐场所的老板说出了其中的原因：在越来越紧张的城市生活节奏中，体育运动已经不仅仅是为了锻炼身体，它同样变成了促进感情交流的一种方式。体育消费已经变成了一种高档的有益于身心的娱乐消费，这些体育场所已经成为社交娱乐场所。所以，和卡拉OK歌舞厅一样，体育娱乐场所的营业高峰也常常是在夜幕降临之后。

因此，在这样的体育场所锻炼，已经不同于一般的群众性体育运动了，有了几分奢侈的味道。但是，现在的年轻人觉得有了钱，满足了基本的生活需要，就应该去寻找彻底放松、自由快乐的消费。体育消费既有利于健康又带来了快乐，还促进了人际关系，这当然是最佳的消费了。

(366字÷　　分钟＝　　字/分钟)

注　释

① 迪斯科　dísīkē　一种节奏快而强烈的舞蹈。
② 桌球　zhuōqiú　即台球。
③ 高尔夫　gāo'ěrfū　一种球类运动。

练　　习

(一) 根据课文内容,选择下列词语的正确解释:

1. 体育娱乐活动
   A. 体育和快乐有趣的活动
   B. 体育运动
   C. 快乐而又有趣的体育活动
   D. 人们特别喜欢的体育运动
2. 享受
   A. 身体上、精神上得到满足　　B. 活动的要求得到满足
   C. 要求得到满足　　D. 忍受
3. 巨资
   A. 巨大的金钱　　B. 巨大的东西
   C. 钱财　　D. 数量很大的钱财
4. 不仅仅是……
   A. 不过是……　　B. 不但是……
   C. 不只是……　　D. 不同的是……
5. 促进感情交流
   A. 使感情得到加深发展　　B. 使感情有很大的进步
   C. 进行感情交流　　D. 使感情得到提高
6. 高档
   A. 在高处　　B. 价格高　　C. 水平高　　D. 高等级
7. 身心
   A. 人的心情　　B. 人的身体和心脏
   C. 人的身体　　D. 人的身体和精神
8. 社交
   A. 社会交流　　B. 人的交际活动
   C. 社会交通　　D. 社会情况交流
9. 高峰
   A. 高度　　B. 山峰　　C. 最高点　　D. 很高的地方
10. 彻底
   A. 到底　　B. 全部　　C. 完全　　D. 从头到脚

(二) 根据课文内容,选择正确答案:

1. "夜幕降临之后"的意思是
   A. 到了一个地方　　B. 夜晚
   C. 半夜　　D. 在晚上以后
2. "有了几分奢侈的味道"的意思是
   A. 有多少奢侈的味道　　B. 奢侈的味道不多

C. 有些奢侈　　　　　　　　　　D. 很奢侈

3. 去体育娱乐场所的人是为了

A. 健康　　　　　　　　　　　　B. 社交

C. 寻找奢侈的味道　　　　　　　D. 健康、社交

4. 课文中提到保龄球馆、网球场、桌球城……是

A. 给人们介绍新出现的体育娱乐形式

B. 说明人们开始关心自己的健康了

C. 说明近年来大城市发展很快

D. 举例说明体育娱乐的多种形式

5. 体育娱乐场所和卡拉OK歌舞厅一样

A. 顾客都是年轻人　　　　　　　B. 顾客需要花很多钱

C. 晚上的顾客多　　　　　　　　D. 白天不营业

6. 这篇课文的主要内容是

A. 很多体育活动场所已经成为社交娱乐场所

B. 现代城市生活很紧张，人们必须让自己放松

C. 随着社会的发展，体育消费流行起来

D. 人们去体育娱乐场所消费的原因

（三）判别正误：

1. 目前体育娱乐活动受到年轻人的喜爱。（　　）

2. 卡拉OK、迪斯科在城市中开始消失。（　　）

3. 锻炼身体是人们进行体育娱乐活动的惟一目的。（　　）

4. 在城市生活中人们的时间越来越多，所以体育娱乐流行起来了。（　　）

5. 体育娱乐活动和一般的群众性体育运动不一样，花钱比较多。（　　）

6. 体育娱乐场所是交朋友的好地方。（　　）

7. 体育消费是比较好的消费方式。（　　）

（四）根据课文填空：

1. 近些年来，在__________、__________之后，__________成了时髦的享受。

2. 体育运动已经__________是为了锻炼身体，它__________促进感情交流的一种方式。

3. 体育娱乐场所的__________也常常是在__________之后。

4. 体育消费既__________，又__________，还__________。

（五）回答问题：

1. 什么叫体育消费？

2. 人们去哪些场所进行体育消费？

3. 年轻人为什么喜欢体育娱乐活动？

4. 你认为什么是最佳消费？

三、飞镖——充满趣味的运动

飞镖[①]运动据说最早是爱尔兰[②]的一种民间游戏，后来在世界上许多讲英语的国家中流行。1981年，世界飞镖联合会已有21个成员国。到了90年代，飞镖运动的发展更加迅速，越来越多的人喜欢这项运动。人们在茶余饭后，几个朋友聚在一起，一边饮酒聊天儿，一边掷飞镖，互相比一比身手。

飞镖很容易学会，但想玩得好却不容易。它是一项手脑兼用，智力、趣味多于体力的运动。飞镖运动每年都有正规的世界大赛。正式比赛可分为301、501分及1001分3种方式，每人每次掷3镖，在最短时间完成所定分数的就是冠军。

掷飞镖最有趣味的地方是除了比准确之外，还要比心算能力。因为在每次掷镖前后，都要计算一下自己所余下的分数，然后有选择地投掷所需分数。这是很不容易的，也是相当有意思的。

1984年10月13日，英国的一次世界飞镖锦标赛[③] 501分制比赛中，一位名叫约翰·洛的选手仅投9镖便结束了比赛。他是目前世界上以最快速度完成比赛的人。

(377字÷　　分钟=　　字/分钟)

注　释

① 飞镖　fēibiāo　一种投掷运动，镖多用木料制成。

② 爱尔兰　À'ěrlán　国名。

③ 锦标赛　jǐnbiāosài　竞赛中优胜者获得奖品的比赛。

练　习

(一) 根据课文内容，选择下列词语的正确解释：

1. 游戏
   A. 流行的、随便的活动　B. 重要的活动
   C. 很多人喜爱的活动　D. 轻松愉快的活动
2. 流行
   A. 流走的　B. 广泛进行的
   C. 广泛流传的　D. 大家都知道的
3. 茶余饭后
   A. 在喝茶和吃饭之间的一段时间　B. 喝完茶然后吃饭
   C. 喝茶和吃饭的时间　D. 喝茶吃饭后的一段空闲时间
4. 聚
   A. 团结　B. 集合　C. 约会　D. 见面

5. 掷
   A. 用力投出去　　　　　　　　B. 轻轻地给别人
   C. 很快地放下　　　　　　　　D. 小心地传出去
6. 身手
   A. 本领　　B. 力量　　C. 智力　　D. 身体
7. 智力
   A. 特别的有名的能力　　　　　B. 身体和精神力量
   C. 学知识和用知识的能力　　　D. 知识和体力
8. 趣味
   A. 使人特别喜欢的口味　　　　B. 使人非常高兴的味道
   C. 使人愉快的兴趣和爱好　　　D. 使人感到有意思、有吸引力的特点
9. 余下
   A. 多了　　B. 多余　　C. 剩下　　D. 剩了
10. 选手
   A. 被选为最优秀的运动员　　　B. 被挑选的运动员
   C. 最有能力的运动员　　　　　D. 参加比赛的运动员

(二) 根据课文内容，选择正确答案：

1. 本文第一段告诉我们
   A. 飞镖运动最早是一种游戏
   B. 会说英语的人才会玩飞镖
   C. 世界飞镖联合会成立于 1981 年
   D. 爱尔兰人把飞镖游戏变成了运动
2. 越来越多的人喜欢飞镖运动，是因为飞镖运动
   A. 容易学会，很难玩好　　　　B. 动手动脑，有趣味
   C. 可以和朋友比赛　　　　　　D. 能提高心算能力
3. 飞镖运动
   A. 每年都进行　　　　　　　　B. 在英国很流行
   C. 不需要体力　　　　　　　　D. 有正式的比赛
4. 这篇文章没有告诉我们
   A. 飞镖的比赛规则　　　　　　B. 飞镖的形状
   C. 飞镖的发展历史　　　　　　D. 飞镖受人们欢迎的原因

(三) 判别正误：

1. 爱尔兰人喜欢最早的飞镖运动。(　　)
2. 飞镖运动产生于民间。(　　)
3. 世界上会讲英语的人都喜欢玩飞镖。(　　)
4. 学会玩飞镖不难，谁都可以成为飞镖选手。(　　)
5. 飞镖比赛有多种形式。(　　)
6. 掷飞镖时一定要喝酒聊天儿。(　　)

7. 掷飞镖需要体力和智力。(　　)

8. 1984 年 10 月 13 日,英国举行了第一次世界飞镖锦标赛。(　　)

(四) 填空:

1. 人们在__________,几个朋友在一起,一边饮酒__________,一边__________飞镖,互相比一比__________。
2. 飞镖运动是一项__________,__________、__________多于__________的运动。
3. 飞镖比赛除了__________之外,还要__________。

(五) 回答问题:

1. 为什么玩飞镖是一项智力、趣味多于体力的运动? 你能举出几项类似于飞镖的运动吗?
2. 飞镖运动为什么深受人们的喜爱?

四、奥运会

现代奥林匹克运动会包括夏季奥运会和冬季奥运会。按古代奥运会传统,夏季奥运会每四年举行一届。不管事实上举行了没有,届数总是四年一算。从 1896 年雅典[①]奥运会到 1996 年亚特兰大[②]奥运会这 100 年间,一共举行了 26 届,其中因为两次世界大战的影响,中断过 3 届。所以实际上只举行了 23 届,在欧洲举行了 14 届,美洲举行了 6 届,亚洲举行了 2 届,澳洲举行了 1 届。

从 1896～1996 年,夏季奥运会在这 100 年中有了极大的发展。第一届奥运会时,仅有 13 个国家的 311 名男运动员,在 8 个项目中争夺 42 项冠军。到了 1996 年,第二十六届奥运会时,参加比赛的男女运动员已达 11,000 名,他们来自 197 个国家和地区,在近 30 个运动项目中,争夺 236 项冠军。

冬季奥运会是现代奥林匹克运动的另一个重要组成部分。它也是四年举行一届,与夏季奥运会在同一年举行,但不在同一座城市。冬奥会届数计算的方法与夏季奥运会不同,它是按实际举行的次数计算届数。每届运动会的时间最多不能超过 12 天。1924 年,第一届冬季奥运会在法国夏恭尼举行,至今已经举行了 18 届。目前冬奥会的比赛项目有:高山滑雪、速度滑冰、花样滑冰等十大项目。

(451 字:　　分钟＝　　字/分钟)

改写自《奥运会知识窗》,吴新民等写,上海教育出版社,1992 年

注　释

① 雅典　yǎdiǎn　希腊(Greece)首都。

② 亚特兰大　Yàtèlándà　美国的地名。

练　　习

（一）根据课文内容，选择下列词语的正确解释：

1. 按
   A. 按时　B. 按照　C. 保留　D. 保存
2. 举行
   A. 举起　B. 开始行动　C. 大家一起做　D. 举办
3. 不管
   A. 不同　B. 不知　C. 不论　D. 不但
4. 事实上
   A. 实际　B. 真实的情况　C. 事实　D. 事情的开始
5. 中断
   A. 中间断开了　B. 中间离开了
   C. 中间分开　D. 中途停止
6. 仅有
   A. 还有　B. 不仅　C. 只有　D. 有
7. 项目
   A. 题目　B. 内容
   C. 比赛的先后次序　D. 比赛的种类
8. 争夺
   A. 争取得到　B. 争着去抢　C. 希望得到　D. 希望抢到
9. 达
   A. 发达　B. 到达　C. 有　D. 达到
10. 近
   A. 不远　B. 快要、马上　C. 接近　D. 左右
11. 至今
   A. 现在　B. 到现在　C. 今天　D. 到现在的时间

（二）根据课文内容，选择正确答案：

1. 这篇文章
   A. 给人们介绍奥运会的情况
   B. 告诉人们参加奥运会的人越来越多
   C. 给人们介绍冬季奥运会和夏季奥运会的不同
   D. 给人们介绍现代奥运会的情况
2. 为什么说“冬季奥运会是现代奥林匹克运动会的另一个重要组成部分”？
   A. 冬季奥运会也是四年举办一次
   B. 冬季奥运会和夏季奥运会在同一年举行
   C. 现代奥林匹克运动会由冬季奥运会和夏季奥运会两部分组成
   D. 冬奥会也是每四年举办一次，与夏奥会在同一年举行

3. 现代奥林匹克运动会在 1896 年到 1996 年这 100 年中
   A. 夏季奥运会实际比冬季奥运会多举行了 5 届
   B. 比赛的项目从 8 个增加到 30 个
   C. 女运动员从无到有
   D. 夏奥会实际比冬奥会多举行了 5 届,女运动员从无到有
4. 夏季奥运会的传统是
   A. 和冬季奥运会在同一年举行　　B. 每四年举行一届
   C. 如果有战争,就停止举行　　D. 每届举行的时间不能太长
5. 冬季奥运会
   A. 诞生于雅典　　B. 有 70 多年的历史了
   C. 不能和夏季奥运会同时举行　　D. 只有 3 个项目

(三)判别正误。

1. 古代奥运会每四年举行一次。(　　)
2. 从 1896 年到 1996 年共举行了 23 届冬季奥运会。(　　)
3. 战争对比赛项目有影响。(　　)
4. 最早的奥运会没有女运动员参加。(　　)
5. 法国夏恭尼从 1924 年至今已经举行了 18 届冬季奥运会。(　　)
6. 每届冬季奥运会的时间为两周。(　　)
7. 冬季奥运会的历史没有夏季奥运会的历史长。(　　)
8. 冬季奥运会是按实际举行的次数计算届数的。(　　)
9. 奥运会的时间每次最多不能超过 12 天。(　　)
10. 在这 100 多年中,奥运会的比赛项目越来越多。(　　)

(四)根据课文填空:

1. 现代奥林匹克运动会包括__________和__________。
2. 因为__________的影响,奥运会__________3 届。
3. 第二十六届奥运会时,参加比赛的男女__________运动员已__________11,000 名,他们__________197 个国家和地区,在__________30 个运动项目中,__________236 项冠军。

(五)回答问题:

1. 第一届冬季奥运会是在哪个洲举行的?
2. 古代奥运会和现代奥运会有什么相同和不同之处?

第十四单元

一、《光明世界》即将封镜

《光明世界》是一部投资上千万，集科幻、动作、情节为一体的26集电视连续剧，由上海电影集团公司与澳大利亚①、波兰②的电影公司三国合拍。该剧通过摩根一家在未来世界、光明世界和现代世界三个平行并存的不同环境中的历险和富有戏剧性的故事，警告人们过分依赖科技将会产生的危险后果。

该剧是根据畅销小说《魔术师》改编而成。第一系列在澳大利亚播出以后，深受澳洲广大观众喜爱，也为迪斯尼③、BBC纷纷看好。目前已销往59个国家和地区。第二系列尚未最后完成，已被德国电视台买断。

《光明世界》将在波兰、中国和澳大利亚三地拍摄。目前，波兰部分已全部完成，中国部分正在上海、苏州、无锡等地拍摄，最后将移师澳大利亚结束全剧。估计明年下半年世界各地将能看到这部充满想像力、有极强的可视性的电视剧。

(320字÷　　分钟=　　字/分钟)

注　　释

① 澳大利亚　Àodàlìyà　国名。
② 波兰　Bōlán　国名。
③ 迪斯尼　Dísīní　美国著名的动画片公司。

练　　习

(一) 根据课文内容，选择下列词语的正确解释：

1. 封镜
   A. 把镜头盖住　B. 把镜子盖住　C. 拍摄工作结束　D. 开始拍摄
2. 历险
   A. 历史上的危险　B. 危险的历史　C. 经历的危险　D. 经历的故事
3. 警告
   A. 迅速地告诉　B. 提醒　C. 命令　D. 警察的报告
4. 依赖
   A. 不喜欢工作　B. 依靠某个事物
   C. 事物之间不可分离　D. 按照顺序

5. 畅销

A. 卖得很高兴　　B. 卖得很快　　C. 很高兴地卖　　D. 很快地卖

6. 买断

A. 一买就断了　　B. 等结束了再买

C. 不能买,因为那个是断的　　D. 买下了

7. 移师

A. 军队转移　　B. 移到军队里去

C. 摄制组转移　　D. 移动摄影机

8. 可视性

A. 可以看的　　B. 看起来很有意思

C. 值得看　　D. 可以看看是什么性质

(二) 根据课文内容,选择正确答案:

1. "集科幻、动作、情节为一体"的意思是

A. 科幻、动作、情节是一个集体

B. 科幻、动作、情节不能分开

C. 这部连续剧既有科幻又有动作和情节

D. 科幻、动作、情节是电视剧不能缺少的

2. 摩根一家生活在

A. 未来世界　　B. 光明世界

C. 现代世界　　D. 未来世界、光明世界和现代世界

3. 过分依赖科学

A. 很好　　B. 差不多　　C. 很危险　　D. 有后果

4. "为迪斯尼,BBC 纷纷看好"的意思是

A. 迪斯尼、BBC 认为很好看　　B. 迪斯尼、BBC 都去看

C. 迪斯尼、BBC 都想要　　D. 迪斯尼、BBC 都认为将会不错

5. 这部电视连续剧已经

A. 全部完成　　B. 还没有开始拍摄

C. 大部分完成了　　D. 完成了很少的一部分

6. 这部连续剧将不在什么地方拍摄?

A. 中国　　B. 波兰　　C. 澳大利亚　　D. 美国

7. 这部连续剧在什么地方的拍摄工作已经结束?

A. 中国　　B. 澳大利亚　　C. 波兰　　D. 上海

8. 本文主要介绍

A.《光明世界》的内容　　B. 摩根一家的生活

C. 人们对《光明世界》的喜爱　　D.《光明世界》的拍摄情况

(三) 判别正误:

1.《光明世界》是一集电视剧。(　　)

2. 未来世界、光明世界和现代世界是处于不同时期的三个世界。(　　)
3.《光明世界》要告诉人们不能过分依赖科技。(　　)
4. 该剧是根据畅销小说《魔术师》改编而成的。(　　)
5. 目前第二系列已经在澳大利亚播出,很受广大观众的欢迎。(　　)
6. 第一系列已经被德国、迪斯尼、BBC 买断。(　　)
7. 目前在 59 个国家和地区可以看到这部电视连续剧。(　　)
8. 这部连续剧将在上海、苏州、无锡等地拍摄并结束全剧。(　　)
9. 这部电视连续剧是在三个国家拍摄而成的。(　　)
10. 估计今年下半年将会在全世界放映。(　　)

(四) 根据课文填空:

1.《光明世界》是一部集__________、__________、__________为一体的电视__________剧。
2. 该剧通过摩根一家在__________、__________和现代世界三个__________的不同环境中的__________和__________的故事,警告人们__________将会产生的危险后果。
3. 第一系列已__________ 59 个国家和地区。
4. 估计明年下半年世界各地将能看到这部充满__________、有极强的__________的电视剧。

(五) 回答问题:

1.《光明世界》讲了一个什么故事?
2.《光明世界》的拍摄情况怎样?

二、剪　　纸

剪纸是一种民间美术,它是用剪刀[①]在纸上剪出美丽的图案。剪纸源于老百姓的日常生活。民间过春节时,有一个传统的习俗——贴年画和窗花。

过去北方的窗子多用纸糊成,每年过春节时要换新纸,窗花就是贴在窗纸上的剪纸。窗花一般都很小,最大的宽和长也不过 20 厘米。窗花内容都和农村生活有关系,有各种动物:老虎、猫、牛等;还有花草、水果;也有人物:放羊的、骑马的、推车的、抬水的等等。除了窗花以外,剪纸的种类还有墙花、顶棚[②]花、灯笼[③]花、门花、喜庆花、鞋花、枕头花、衣袖花等。绣花[④]花样和印染[⑤]花样有时也以剪纸作底稿。

剪纸已经有很长的历史了。公元 4 世纪晋代的著作中已经有关于剪纸花样的记载。在新疆曾发现过几幅 4 世纪留下来的剪纸作品。

剪纸作为民间美术,被人们广泛传播,因而具有强烈的地方特色与个人风格。在许多地方,剪纸是每一个农村妇女的基本技能之一。在北方和中原地区,有许多剪纸能手。

(364 字 ÷ 　　分钟 = 　　字/分钟)

注　释

① 剪刀　jiǎndāo　　一种两刃交错，可以开合，能使布、纸等东西断开的铁制器具。
② 顶棚　dǐngpéng　　房屋内部的屋顶或楼板下面加的一层东西。
③ 灯笼　dēnglong　　挂起来或用手提的一种灯。
④ 绣花　xiùhuā　　用彩色线在绸、布上做出各种花纹或图案。
⑤ 印染　yìnrǎn　　纺织品的印花和染色。

练　习

（一）根据课文内容，选择下列词语的正确解释：

1. 美术
   A. 研究什么是美的艺术　　B. 用眼睛欣赏的有一定形状的艺术
   C. 制造美的技术　　D. 美丽的技术
2. 图案
   A. 画在木板上的图　　B. 一种花的名字
   C. 一种地图　　D. 花纹或图形
3. 习俗
   A. 习惯和风俗　　B. 习惯的风俗
   C. 学习一种风俗　　D. 大家都学习
4. 糊
   A. 不明白　　B. 不清楚
   C. 贴在别的东西上　　D. 扔在别的东西上
5. 底稿
   A. 作为样本的原稿　　B. 放在下面的稿子
   C. 最后的稿子　　D. 放在下面的花样
6. 记载
   A. 记住把东西装上　　B. 记了整整一年
   C. 把事情写下来　　D. 描写事情的文章
7. 风格
   A. 风的大小　　B. 有特点的风
   C. 思想和艺术特点　　D. 风的特点和大小
8. 技能
   A. 技术和能力　　B. 运用专门技术的能力
   C. 能不能掌握专门技术　　D. 技术的能量
9. 能手
   A. 很有能力的手　　B. 做得很熟练的人

C. 有很多能力的人　　　　　　　D. 会剪纸的手

(二) 根据课文内容,选择正确答案:

1. 剪纸是
   A. 一种民间艺术　　　　　　B. 一种图案
   C. 一种传统习俗　　　　　　D. 一种艺术流派
2. 剪纸是
   A. 用纸剪出来的　　　　　　B. 用纸画出来的
   C. 用纸糊出来的　　　　　　D. 用纸贴出来的
3. 剪纸最早是用来
   A. 进行民间美术创作的　　　B. 糊窗子的
   C. 满足日常生活需要的　　　D. 当窗纸的
4. 窗花的内容
   A. 和春节有关系　　　　　　B. 和农村的生活有关系
   C. 和艺术有关系　　　　　　D. 和北方的生活有关系
5. 窗花和剪纸
   A. 是一样的　　　　　　　　B. 窗花是剪纸的一种
   C. 是两种民间美术形式　　　D. 剪纸是窗花的一种
6. 下面哪一种不是剪纸的种类?
   A. 墙花　　B. 绣花　　C. 门花　　D. 灯笼花

(三) 判别正误:

1. 剪纸和老百姓的日常生活有紧密的关系。(　　)
2. 民间过春节时喜欢贴年画和窗花。(　　)
3. 窗花一般都很大,宽长各有 20 厘米。(　　)
4. 剪纸可以做印染花样的底稿。(　　)
5. 剪纸在公元四世纪已经出现了,所以历史很长。(　　)
6. 剪纸是一种具有不同特色和风格的民间美术。(　　)
7. 在许多地方,每一个人都会剪纸。(　　)

(四) 根据课文填空:

1. 剪纸就是用__________在纸上__________出美丽的__________。
2. 剪纸__________老百姓的日常生活。
3. 过去北方的窗子多用纸__________,每年过春节要__________新纸。
4. __________花样和__________花样有时也以剪纸作__________。
5. 在新疆曾发现过__________四世纪留下来的剪纸__________。
6. 剪纸具有强烈的__________与__________。
7. 剪纸是每一个__________的__________之一。

(五) 回答问题:

1. 什么是剪纸? 剪纸是什么朝代出现的?

2. 窗花的内容有哪些?

3. 剪纸的种类有哪些?

4. 为什么说剪纸是一种民间美术?

三、我国的传统戏剧

我国有很多传统戏剧[①]。不同的省、不同的地区就有不同的戏剧。

京剧是我国最大的也是流传最广的一个剧种[②],它被看作是我国艺术的象征。它与世界各国的戏剧都不一样,既不是歌剧,也不是舞剧,更不是话剧。它有唱有跳,有说还有武打[③]。京剧已经有二百多年的历史了。它形成于北京,但祖先却是地方戏曲[④]。

昆剧是14世纪流行于昆山、苏州一带的民间戏剧。到16世纪已经流传到各地,对许多地方戏曲产生过影响。由于这个剧种不太适合在舞台上大规模演出,所以到了17世纪就逐渐衰落了。

越剧也叫绍兴戏,只有七十多年的历史。它流行于上海、浙江一带。

评剧也有七十多年的历史。它最早叫"落(lào)子",流行于河北、北京、天津一带。

豫剧也叫河南梆子,主要流行在河南、陕西、山西等地。

秦腔是一个比较古老的剧种,大约有三百年的历史了。主要流行于西北各省。

黄梅戏的历史也比较长。它源于湖北省黄梅县一带流传的采茶调。现在它主要流行于安徽以及江西、湖北部分地区。

川剧具有较高的文学价值,主要流行于四川及云南、贵州的部分地区。

(430字÷　　分钟=　　字/分钟)

注　　释

① 戏剧　xìjù　以表演艺术为中心的文学、音乐、舞蹈等艺术的综合。

② 剧种　jùzhǒng　戏剧艺术的种类。

③ 武打　wǔdǎ　戏剧或电影中用武术表演的打斗。

④ 戏曲　xìqǔ　我国传统的戏剧形式,以歌唱、舞蹈为主要表演手段。

练　　习

(一)根据课文内容,选择下列词语的正确解释:

1. 象征

A. 征求具体的形状　　B. 用具体的事表现某种意义

C. 好像具体表现出来的那样　　D. 征求像不像的意见

2. 形成

A. 成为……形状　　B. 某种形状产生了结果

C. 通过发展变化成为…… D. 发展变化出某种结果

3. 祖先

A. 父母 B. 年代久远的前辈

C. 最先出现的前辈 D. 爷爷奶奶

4. 舞台

A. 跳舞的台子 B. 在台上跳舞

C. 演员表演的台子 D. 一种表演的方式

5. 大规模

A. 很大的规定 B. 很大的样子

C. 很大的形式 D. 很大的标准

6. 衰落

A. 老了,掉下去了 B. 不再流行

C. 太老了,站不住了 D. 一种事物死亡了

(二) 判别正误:

1. 我国不同的戏剧是由不同的时代而形成的。( )
2. 我国最大的剧种是京剧。( )
3. 京剧是一种歌剧( )
4. 京剧是由地方戏曲变化而来的。( )
5. 许多地方戏曲都受到过昆剧的影响。( )
6. 现在昆剧依然很流行。( )
7. 昆剧很适合在舞台上大规模演出。( )
8. 绍兴戏就是评剧。( )
9. 秦腔的历史比京剧长。( )
10. 黄梅戏的祖先是采茶调。( )

(三) 根据课文填空:

1. 京剧是我国_________的也是_________的一个剧种。
2. 京剧_________是我国艺术的_________。
3. 京剧既不是_________,也不是_________,更不是_________。它有_________有_________、有_________还有_________。
4. 越剧流行_________上海、浙江_________。
5. 黄梅戏_________采茶调。

(四) 连线:

京剧	上海、浙江
昆剧	河北、天津
越剧	安徽、湖北
评剧	河南、陕西
豫剧	西北各省
秦腔	北京

黄梅戏　　　　　　　　四川、云南

川剧　　　　　　　　　昆山、苏州

(五) 回答问题:

1. 与世界各国戏剧相比,京剧的特点是什么?
2. 昆剧衰落的原因是什么?
3. 哪一种戏剧的文学价值比较高?

四、焦波摄影

在我学摄影之前,父母没照过相,照相机也只是远远地见过几回。这也难怪,要知道我的家乡是在深深的大山里。

13 年前的春天,我开始学摄影。当我把一架海鸥 4B 相机带回家时,父母惊喜的目光就好像见到了天外来客。他们一边用粗黑的手抚摸着这神气的小玩意儿,一边不相信地问:“这方匣子怎么能照出人影呢?”于是我拿起“方匣子”要给他们照一张,他们你看我,我看你,不知怎么办才好。

我在城里工作,以前每到星期天、节假日,我都要回家去帮父母种地。可自从学了摄影以后,我的业余时间大多用在创作上了,回家的次数越来越少。即使回家,也是一肩挎着照相机,一肩挑着担子①。父亲见了,总要骂我几句。

我的相片开始在报纸上发表了。我高兴地把报纸给父母寄去。从那时起,父亲养成了看报的习惯。报纸一到村里,父亲就先看看上面有没有我的作品。如果有,他便回家讲给母亲听。父亲再也不骂我是不务正业了。

报纸上发表摄影作品,都在署名后带“摄影”二字。渐渐地,父母不再称我拍照为照相,而是改口为“摄影”。邻居们也喜欢让我拍照。每当有人说让我照几张相时,父亲或母亲都会纠正他:“他这不叫照相,叫‘摄影’呢。”

父亲 80 大寿那天,我为父母拍下了我学摄影以来最满意的两张照片。回到城里我把它们分别放大成 12 寸寄了回去。当我再次回家时,我看见这两幅照片被并排镶在一个大镜框里,父亲还在照片下面写上了四个歪歪扭扭的毛笔字:焦波摄影。

(576 字÷　　分钟=　　字/分钟)

改写自《焦波摄影》,作者　焦波,原载于《大众摄影》1996 年 11 月

注　释

① 担子　dànzi　扁担和挂在两头的东西。

练　习

（一）根据课文内容，选择下列词语的正确解释：

1. 抚摸
   A. 没有摸　B. 轻轻摸　C. 用力打开　D. 拿起来玩儿
2. 小玩意儿
   A. 小玩具　B. 小东西　C. 照相机　D. 曲艺、杂技
3. 种地
   A. 在地上种　B. 在地上工作　C. 在田里劳动　D. 在田里种东西
4. 创作
   A. 创造作品　B. 第一次拍作品
   C. 创造工作　D. 初次做事
5. 不务正业
   A. 不为大家服务　B. 改变职业
   C. 不喜欢自己的工作　D. 不做应该做的事
6. 改口
   A. 改变说法　B. 改变看法
   C. 改变原来说话的内容　D. 改正过去犯的错误
7. 纠正
   A. 告诉正确的　B. 把人叫在一起
   C. 说得不对　D. 改正错误
8. 歪歪扭扭
   A. 不正确　B. 歪斜不正的样子
   C. 很漂亮　D. 整整齐齐的样子

（二）根据课文内容，选择正确答案：

1. “远远地见过”意思是
   A. 站得很远地看　B. 在很远的地方看到过
   C. 没有用手拿过　D. 很远就看见了
2. 父母没照过相是因为他们
   A. 不想照　B. 不会照　C. 住在山里　D. 害怕
3. “见到了天外来客”的意思是
   A. 见到了很长时间没见面的客人　B. 见到了别的星球上来的人
   C. 见到了外国人　D. 见到了从很远的地方来的客人
4. “方匣子”是指
   A. 小盒子　B. 小箱子　C. 照相机　D. 照片
5. 学了摄影以后，我回家的次数少了，是因为
   A. 要种地　B. 要上班　C. 搞创作　D. 怕父亲骂

6. 父亲看报纸是为了

A. 看新闻　　B. 学习文化知识

C. 给母亲讲　　D. 看有没有我的作品

7. 父母把两幅照片并排镶在一个大镜框里，是因为

A. 很喜欢这两幅照片　　B. 父亲想在下面写字

C. 为我感到骄傲　　D. 想让我高兴

（三）判别正误：

1. 我学摄影的时候，父母亲才照了第一次相。（　　）
2. 我学摄影已经 13 年了。（　　）
3. 我把照相机拿回家的时候，父母一点也不觉得奇怪。（　　）
4. 我回家帮父母干活的时候也带着照相机，父母见了很高兴。（　　）
5. 父亲看到我的作品在报纸上发表了，就再也不骂我了。（　　）
6. 父母后来总喜欢把摄影叫照相。（　　）
7. 父亲过生日那天我给他和母亲拍了一张相片。（　　）

（四）根据课文填空：

1. 当我要给父母照相时，他们__________，__________，不知怎么办才好。
2. 我学摄影后，即使回家，也是一肩__________照相机，一肩__________担子。
3. 父亲__________了看报的__________。
4. 父亲不再称我__________为__________，而是改口为"__________"。
5. 当我再次回家时，我看见这两幅照片被__________镶在一个__________里，父亲还在照片下面写上了四个__________的毛笔字：__________。

（五）回答问题：

1. 我的父母为什么对照相机感到奇怪？
2. 我的父母为什么要骂我？后来为什么又不骂了？
3. 拍照和摄影一样吗？父亲和母亲为什么要纠正别人？

第十五单元

一、我们旅游去

随着人们生活水平的提高，旅游已经日益成为人们日常生活的一部分，尽管还不是必不可少的一部分。1996 年有近三分之一的人出门旅游，其中广州人出门旅游的比例最高。这说明对旅游的爱好程度与人们的收入水平很有关系。有一项调查表明：月收入在 3000 元以上的人群出门旅游的比例高达 55.6%。

一谈到旅游，人们总是想起年轻人。的确，年轻人是出门旅游的主力军。但是，随着人们生活水平的提高，旅游已不再是年轻人的专利了，闲暇时间较多的老年人正在成为旅游大军中引人注目的一个群体。值得注意的是，生活压力最重的中年人出门旅游的比例仍然比较低。

每年七八月都是旅游的旺季。出门旅游，人们最喜欢的地方是哪儿呢？以省为单位的话，那么四川省位居首位，其次是广东省、江苏省。在城市或旅游区的排名中，北京则以独特的皇城魅力稳居首位，其次是三峡、成都、杭州、桂林、苏州等城市。

另外，出国观光也吸引了越来越多的旅游者。新加坡①、澳门②、泰国③等地以其独特的异域风情，对旅游者产生了很大的吸引力。此外，北美、欧洲、澳洲④等地也引起了国人的注意。由于出国观光的花费对于大多数人来说仍然是相当高昂的，所以，出国观光的旅游者大多是来自于收入水平明显高于国内其他城市的广州和厦门。

(517 字 ÷ 　　分钟 = 　　字/分钟)

注　　释

① 新加坡	Xīnjiāpō	国名。
② 澳门	Àomén	我国特别行政区名。
③ 泰国	Tàiguó	国名。
④ 澳洲	Àozhōu	大洋洲。

练　　习

(一) 根据课文内容，选择下列词语的正确解释：

1. 日益
   A. 一天比一天多　　　B. 一天又一天地
   C. 一天比一天更好　　D. 一天比一天更加……
2. 主力军
   A. 主要的力量　　　B. 重要的部分

C. 重要的军队　　D. 力量强大的军队

3. 专利

A. 独自享受的东西　　B. 独自享受的权利

C. 一种特别的权利　　D. 一种专门的享受

4. 群体

A. 一种群众性的体育活动　　B. 由很多人组成的群众团体

C. 有很多人参加的一种组织　　D. 有着共同点的一群人

5. 旺季

A. 旅游的季节　　B. 游客最多的季节

C. 适合旅游的时间　　D. 旅客最多的时候

6. 魅力

A. 吸引人的力量　　B. 使人吃惊的力量

C. 一种神奇的力量　　D. 可怕的力量

7. 观光

A. 到别的城市去生活　　B. 到外地参观游览

C. 自然的山水风景　　D. 观看自然风光

8. 高昂

A. 花费大　　B. 数量大

C. 高贵的样子　　D. 高高地扬起

（二）根据课文内容，选择正确答案：

1. 旅游

A. 改变人们的爱好　　B. 是生活水平提高的象征

C. 是人们日常生活的一部分　　D. 使人们的生活水平日益提高

2. 在第一段中，作者认为

A. 广东人最喜欢旅游　　B. 人们的生活水平很高了

C. 人们离不开旅游了　　D. 旅游渐渐地走入了国人的家庭

3. 调查表明

A. 爱好旅游的人必须有收入

B. 广州有超过三分之一的人旅游过

C. 旅游的人月收入都在 3000 元以上

D. 月收入在 3000 元以上的人大多外出旅游过

4. 从第二段中，我们知道

A. 老年人开始引人注目　　B. 年轻人的专利正在慢慢消失

C. 旅游群体中大部分是年轻人　　D. 旅游的群体中没有中年人

5. 作者认为

A. 老年人是旅游群体中的主要组成部分

B. 过去旅游的群体中年轻人多，现在越来越少

C. 随着人们生活水平的提高，中年人的生活压力越来越大

D. 随着人们生活水平的提高，越来越多的老年人外出旅游

6. 人们大都去哪儿旅游？

A. 国内的一些有名的城市　　B. 香港特区

C. 广州　　D. 东南亚

7. 出国观光旅游

A. 应该注意北美、欧洲、澳洲等地　　B. 应该去有异域风情的泰国

C. 都在七八月　　D. 需要很多钱

（三）根据课文内容，判别正误：

1. 目前，旅游在人们的生活中有了一定的位置。（　　）
2. 广州人比其他城市的人更爱好旅游。（　　）
3. 收入水平高的人都喜欢旅游。（　　）
4. 收入超过 3000 元的人大多是年轻人。（　　）
5. 出门旅游就是去国外参观、游览。（　　）
6. 年轻人总是喜欢谈论旅游的话题。（　　）
7. 生活水平高了，老年人有了较多的空闲时间。（　　）
8. 人们都在夏天旅游。（　　）
9. 北京是最吸引旅游者的地方。（　　）
10. 经济发达的城市是人们旅游的地方。（　　）
11. 大多数人还没有钱去国外旅游。（　　）
12. 广州人和厦门人收入比较高，他们大多出国旅游。（　　）

（四）用汉语解释：

1. 必不可少
2. 闲暇
3. 首位

（五）回答问题：

1. 为什么说旅游日益成为人们日常生活的一部分？
2. 怎样理解"一谈到旅游，人们总是想起年轻人"这句话？
3. 为什么北京会成为最受欢迎的旅游城市？
4. 你认为旅游的爱好程度与人们的收入水平有什么关系？

二、骑车旅游好处多

你有没有试过骑自行车旅游？没有吧。我告诉你，骑车旅游好处可多呢。

首先，骑车旅游可以节省很多路费，这对于我们这些学生来说是非常重要的一点。其次，骑车旅游十分方便，省去了许多买票、等车的麻烦，而且上车就有"座儿"。另外，骑车旅游还不受时间限制，想走就走，想停就停，哪儿风景好就在哪儿多呆会儿，一点儿也不用担心会误了什么时间。

这么说来骑车旅游就没有坏处了？那倒不是。骑车旅游也会遇到很多困难。比如刮风下雨，道路不好，天气太冷或者太热，还有长途骑车的疲劳等等，这时候就需要旅游者的勇气了。但是，这不正好可以锻炼一下你的意志吗？

我还想再说说骑车旅游的好处。骑自行车旅游，在旅游的同时还可以锻炼身体。骑车时，两腿不停地蹬车前进，于是腰腹部和腿部的肌肉得到了充分的锻炼，变得健壮有力了。另外，长途骑车也是一种耐力性的运动，人体的内脏必须加强工作，才能适应长时间剧烈运动的需要。所以骑车旅游一段时间后，人体内脏的功能就会大大加强，人就会变得更加健壮。你瞧瞧我的身体，壮得像头牛！

怎么样，你想不想和我一起骑自行车旅游？

(451 字 ÷ 　　分钟 = 　　字/分钟)

练　习

(一) 根据课文内容，选择下列词语的正确解释：

1. 节省
   A. 不用　B. 节约　C. 省得　D. 省略
2. 其次
   A. 第二　B. 其他　C. 其实　D. 而且
3. 限制
   A. 一种特别的制度　B. 规定
   C. 规定范围　D. 一个范围
4. 疲劳
   A. 劳动　B. 又饿又渴　C. 累　D. 困难
5. 勇气
   A. 勇敢行动的精神　B. 什么都不怕的样子
   C. 勇敢、有力量　D. 极大的力量
6. 意志
   A. 要做某事的兴趣　B. 要做某事的打算
   C. 意思　D. 决心
7. 充分
   A. 非常　B. 足够　C. 很多　D. ……极了
8. 适应
   A. 应该　B. 合适　C. 习惯　D. 具有
9. 剧烈
   A. 力量大、速度快　B. 非常热烈
   C. 速度快、有能力　D. 极大的力量
10. 功能
   A. 人的能力　B. 有利的工作

C. 工作能力　　　　　　　　　　D. 作用和影响

(二) 根据课文内容,选择正确的答案:

1. 课文中的"我"是

A. 很自由的旅行家　　　　　　　B. 学生

C. 运动员　　　　　　　　　　　D. 锻炼意志的人

2. 骑车旅游很方便,是因为

A. 没有买票、等车的麻烦　　　　B. 节省很多钱

C. 可以随时下车参观　　　　　　D. 不用担心有没有时间

3. 骑车旅游行动很自由,因为

A. 没有警察检查你的车　　　　　B. 你可以去任何想去的地方

C. 你可以留在风景好的地方　　　D. 行进或休息由你自己决定

4. "一点也不担心会误了什么时间"的意思是

A. 不会耽误一点时间　　　　　　B. 不担心就不会耽误时间

C. 耽误了时间也不会让别人担心　D. 不用担心会耽误了时间

5. 这不正好可以锻炼一下你的意志吗?

A. 正好可以锻炼一下你的意志吧

B. 这正好可以锻炼一下你的意志

C. 锻炼一下你的意志,不好吗

D. 不可以锻炼一下你的意志吗

6. 长途骑车的疲劳

A. 可以使人变得健壮　　　　　　B. 需要旅行者的勇气

C. 需要勇气去克服　　　　　　　D. 需要内脏加强工作

(三) 判别正误:

1. 骑车旅游不需要等车和找座位。(　　)

2. 骑车旅游不需要时间。(　　)

3. 锻炼意志需要长途骑车。(　　)

4. 骑车旅游的人会变得像牛一样健壮。(　　)

5. 骑车锻炼腰腹部和腿部的肌肉。(　　)

6. 骑车旅游能节省不少交通费。(　　)

7. 骑车旅游的好处比坏处多得多。(　　)

(四) 根据课文填空:

1. 骑车旅游可以__________很多路费,还十分__________,__________许多麻烦,而且上车就__________。

2. 骑车旅游需要旅游者的__________,但这正好可以__________你的__________。

3. 骑车时,两腿__________前进,于是__________的肌肉得到了__________的锻炼,变得__________了。

4. 长途骑车是一种__________的运动,人体的内脏必须__________,才能__________

长时间__________运动的需要。

（五）连线组词：

节省	锻炼	受	耽误	需要	遇到
路费	限制	时间	麻烦	勇气	意志

（六）回答问题：

1. 骑车旅游有什么好处？

2. “我”的身体为什么“壮得像头牛”？

3. 骑车为什么能锻炼身体？

三、丽江旅游四步曲

丽江是云南最值得去的地方之一。它位于云南省的西北部，海拔[1] 2000 多米，居住着以纳西族为主的多个少数民族。每年的农历二月初八，是纳西人祭祖[2]的节日。如果这时候你来到丽江，就能看到奇特的东巴[3]舞，听到神秘的纳西古乐。

从昆明到丽江，每周有一班飞机。如果你没有赶上飞机，只好花 10 多个小时乘长途汽车。游览丽江这一带的风景可以分为四步：

首先是到丽江县城的大研古城逛一逛，这里保留了大量的纳西族古建筑。

第二天，可以参加当地旅行社组织的一日游，游览海拔 5595 米的玉龙雪山、万朵茶花、玉峰寺以及著名的“长江第一峡”虎跳峡。

丽江旅游的第三步是由丽江乘车向东北方向去宁蒗镇，在那里转车去泸沽湖。那里居住着摩梭[4]人，他们至今还保留着一种古老的婚俗。如果是一大早出发并且一路顺利的话，就不用在宁蒗镇过一夜了。

第四步是从丽江乘车往西北去中甸。中甸小镇不太大但是很有意思。到了那儿你一定得去找永顺旅馆，这家旅馆很有民族特色，还有自行车出租。租辆自行车便可骑车去 5 公里以外的归化寺参观了。一路上风景非常美丽。农历二月八日那天，乘坐从中甸去三坝沟的公共汽车，中途在白水台下车，便可以看到纳西人祭祖的节日风俗。

（479 字÷　　分钟＝　　字/分钟）

改写自《西行丽江四步曲》，作者　曾碧梅原载于《南方周末》1997 年 2 月

注　　释

① 海拔　hǎibá　　以平均海水面做标准的高度。

② 祭祖　jìzǔ　　用供品向祖先行礼，表示崇敬并求保佑。

③ 东巴　Dōngbā　　纳西族的巫师。

④ 摩梭　Mósuō　　纳西族的一支。

练　习

(一) 根据课文内容,选择下列词语的正确解释:

1. 位于
   A. 位置是……　B. 座位在……　C. 位置在……　D. 地位是……
2. 神秘
   A. 神话中的秘密,使人很难理解
   B. 奇怪的事情,使人非常想了解
   C. 神奇的、不能告诉别人的事情
   D. 神奇的、使人不容易理解的
3. 赶上飞机
   A. 来得及坐飞机　B. 乘飞机
   C. 上了飞机　D. 追赶上了飞机
4. 逛
   A. 访问　B. 很慢地走　C. 旅行　D. 边走边看
5. 保留
   A. 保存着不使它失去　B. 保持下去
   C. 保管留下来的东西　D. 保护旧的事物
6. 转车
   A. 换车　B. 乘车转弯
   C. 乘车到处走　D. 换一个方向坐车
7. 特色
   A. 特别的风景　B. 特别的颜色
   C. 风格独特　D. 独特的风景、色彩
8. 顺利
   A. 方便　B. 没有遇到麻烦
   C. 行动迅速　D. 方便、行动迅速
9. 一路上
   A. 在一条路上　B. 在路的两边　C. 整个路面　D. 整个路途中

(二) 根据课文内容,选择正确答案:

1. 丽江是
   A. 一条河的名字　B. 一条江的名字
   C. 云南省的名字　D. 一个地名
2. 丽江
   A. 主要居住着纳西族　B. 离昆明不远
   C. 每天都有东巴舞和纳西古乐　D. 西北部有一条江
3. 课文中没有提到从昆明到丽江需要
   A. 坐汽车　B. 坐飞机　C. 坐船　D. 坐汽车、坐飞机

4. 摩梭人居住在

A. 三坝沟　　B. 中甸　　C. 泸沽湖　　D. 白水台

5. 祭祖

A. 是一个活动　　B. 是一种奇特的东巴舞

C. 在每年的二月八号　　D. 是一种神秘的纳西古乐

6. 课文中提到的“玉龙雪山”、“万朵茶花”、“玉峰寺”等等

A. 是地名　　B. 是“一日游”的内容

C. 是旅游的第二天　　D. 是旅行社组织的工作

7. 去丽江旅游至少需要

A. 三天　　B. 四天　　C. 五天　　D. 一周

（三）判别正误：

1. 丽江是旅游的好地方。（　　）

2. 纳西人祭祖时有音乐和舞蹈。（　　）

3. 每年二月八日是纳西人的节日。（　　）

4. 从宁蒗镇可以直接坐车去中甸镇。（　　）

5. 去丽江旅游主要参观四个地方。（　　）

（四）根据课文填空：

1. 丽江是云南__________的地方之一。

2. 每年的农历二月初八，你来到丽江就能看到__________的东巴舞，听到________的纳西古乐。

3. 大研古城__________大量的纳西族古建筑。

4. 永顺旅馆很有__________。

（五）回答问题：

1. 为什么说丽江是值得去的地方？

2. “四步曲”是什么意思？

3. 永顺旅馆是一个什么样的旅馆？

四、山西大院

要想了解山西大院，必须先了解晋[①]商。三四百年来，晋商与徽[②]商是中华大地上最重要的两支商业力量。用山西人的话来说，晋商在世界上完全可以与威尼斯[③]商人、犹太[④]商人鼎足而立。

有了丰厚的家产，才能建起深宅大院。我国建筑一向以宫廷、寺庙、园林著称于世，而山西人则勇敢地在其后加上了山西大院，这也确实反映出其财大气粗的背景。

位于祁县东大街的渠家大院，建于乾隆年间（1736～1796），占地5300平方米，外观宏伟，充分显示了豪商气派。其内部结构则很精致，五进院式[⑤]，是我国北方所特有的建筑结构。院与院之间，人为地使之越进越高，暗示“人往高处走”；院门与院门绝不相对，一方

面使外人不能“一眼望到底”，一方面也是为了让家人“口不对口”，喻示“不许口角”。院门堂口到处都有对联，显示出当年的巨商很重视文化的气氛。

距渠家大院不远是乔家大院，这里曾拍摄过《大红灯笼高高挂》，因此闻名于海内外，整日游客不绝。乔家大院占地更大，达8700平方米，建筑结构复杂，有6个大院，20个小院，313个房间，从空中向下看正好构成一个“囍”字。院中等级森严，长辈住正院，晚辈住侧院，仆人住平房。

除了祁县的大院外，山西其他各县也有许多独具特色的大院，如灵石县的王家大院、太谷县的孔家大院等。

晋商大院的门槛[6]都极高，有“肥水不流外人田”之意。对于旅游者而言，逛过了数家大院，才是刚刚迈入了晋文化的门槛——财富还在里边呢。

（579字 ÷ 　　分钟＝ 　　字/分钟）

改写自《山西大院深》，作者 莞尔，原载于《青年周末》1997年8月1日

注　　释

① 晋	Jìn	山西省的简称。
② 徽	Huī	安徽省的简称。
③ 威尼斯	Wēinísī	地名。
④ 犹太	Yóutài	民族名。
⑤ 五进院式	wǔ jìn yuànshì	一种建筑结构。
⑥ 门槛	ménkǎn	门框下部挨着地面的横木。

练　　习

（一）根据课文内容，选择下列词语的正确解释：

1. 鼎足而立

A. 指各方力量、地位相同　　B. 指在同一时间内

C. 指存在的时间一样长　　D. 同时站立

2. 一向

A. 经常　　B. 有时　　C. 一直　　D. 偶尔

3. 财大气粗

A. 因钱财多而骄傲的样子　　B. 因钱财多而生气的样子

C. 因钱财多而粗心的样子　　D. 因钱财多而马虎的样子

4. 背景

A. 具有的能力　　B. 依靠的力量

C. 背后的景物　　D. 建筑的环境

5. 外观

A. 观众们看起来……　　B. 外国人看起来……

C. 物体的外边　　D. 表面的样子

6. 宏伟

A. 好看、伟大　　B. 巨大、精致

C. 漂亮、雄壮　　D. 巨大、壮美

7. 气派

A. 人或物表现出来的内在力量　　B. 人或物表现出来的规模和重量

C. 人生气时的样子　　D. 物体的形状

8. 人为

A. 自然形成的　　B. 人工造成的

C. 人们去做　　D. 做

9. 暗示

A. 用明白的话向别人说明　　B. 给别人解释清楚

C. 偷偷地告诉别人　　D. 不直接说明

10. 口角

A. 说话　　B. 讨论　　C. 吵架　　D. 建议

11. 气氛

A. 在精神上让人感到舒服的生活环境

B. 在精神上给人强烈感觉的环境

C. 一种特别的生活环境

D. 一种特别的思想

12. 整日

A. 全部　　B. 整齐　　C. 全部时间　　D. 一天到晚

(二) 根据课文,选择正确答案:

1. 山西人认为,在世界商业史上

A. 晋商和威尼斯商人、犹太商人共同存在过

B. 晋商有能力和威尼斯商人、犹太商人做贸易

C. 晋商享有和威尼斯商人、犹太商人同等的地位

D. 晋商完全可以站在威尼斯商人、犹太商人面前

2. 从第一段中,我们可以知道

A. 三四百年来,山西人靠做生意生活

B. 晋商对我国商业的发展产生了很大的影响

C. 在我国商业史上,只有徽商和晋商两支经商力量

D. 在我国商业史上,徽商不如晋商有名

3. 山西大院

A. 是勇敢的山西商人设计的一种特别的建筑

B. 反映了山西商人财大气粗的背景

C. 是山西人做买卖的场所

D. 是山西富商的住所

4. 山西大院这种建筑结构

A. 和宫廷、寺庙、园林相同

B. 是山西人的长辈发明的

C. 有很多特点

D. 像宫廷、寺庙、园林那样著称于世

5. “人往高处走”的意思是：

A. 人们都喜欢住在高的地方

B. 人们总是不断地增加高度

C. 人们不断造出更高的房屋

D. 人们总是追求更高的目标

6. “一眼望到底”的意思是

A. 看一眼就可以了解全部的情况

B. 用一只眼就能看到很多东西

C. 看一眼就知道怎么走下去

D. 看一眼就可以明白到哪里了

7. 山西大院中的对联

A. 显示出巨商家庭的财富

B. 表示人们有文学水平

C. 说明商人在社会上的地位

D. 体现出居住者对文化的重视

8. 为什么乔家大院很有名？

A. 在电影中出现过

B. 每天有很多游客

C. 建筑面积很大

D. 有很多房屋

9. 为什么说乔家大院中等级森严？

A. 有正院、侧院和平房

B. 有很多长辈、晚辈和仆人

C. 人们按照不同的地位住不同的房屋

D. 大院中结构复杂，有各种各样的房屋

10. “肥水不流外人田”的意思是

A. 不要帮助别人

B. 好处不能让给别人

C. 不要做损害别人的事情

D. 不要给别人最宝贵的东西——肥水

11. 山西有几个这样的大院？

A. 两个　B. 四个　C. 几个　D. 许多

12. 山西大院对于游人来说

A. 是一个能留下深刻印象的地方

B. 是了解晋文化的一个场所

C. 可以了解晋商的思想

D. 是一个生活的好地方

(三) 根据课文内容，判别正误：

1. 山西人从商历史悠久。(　　)
2. 山西人为晋商在商业史上所起的作用感到自豪。(　　)
3. 修建大院需要花费很多钱财。(　　)
4. “山西大院”中“大院”的意思是很大的房间。(　　)
5. 山西大院的建筑结构是山西富商设计的。(　　)
6. 从外面看，山西大院的建筑形式精巧、细致。(　　)
7. 山西大院的建筑结构暗示着不同的含义。(　　)
8. 山西各地都有不同风格的大院。(　　)

9. 山西商人们家庭成员不能和平友好地生活。(　　)

10. 晋文化内容丰富。(　　)

(四) 回答问题:

1. 什么叫“山西大院”?

2. 渠家大院和乔家大院的建筑结构有什么特点? 各有什么含义?

3. 乔家大院中怎样显示森严的等级?

4. 文章中两次出现了“门槛”一词,它们的含义相同吗?

第十六单元

一、梅　花

梅花[①]是我国的传统名花之一，四川、湖北一带是它最早生长的地方。它的栽培历史有3000年以上。约在500多年前，梅花从我国传到朝鲜，后来又东渡日本，1878年传入欧洲，1908年从日本传到美国，现在它已经成为全世界普遍栽培的花木了。

梅花的品种很多，大约有220多个，可以分为食用梅和观赏梅两大类。

梅花的寿命很长。湖北黄梅县有一棵1600多年前的梅树，现在每年还开花。这恐怕是世界上最古老的梅花了。

梅花喜欢阳光和温暖，但是它又不怕冰雪和寒冷。它一般在早春开放，向人们报告春天到来的消息。

人们非常喜欢梅花，把梅、兰[②]、竹[③]、菊[④]叫作花木中的"四君子[⑤]"，又把松[⑥]、竹、梅称为"岁寒三友"。因为梅花不怕寒冷、勇敢生活的性格，体现了中华民族伟大的精神，古今文学家、艺术家都很喜爱用梅花来表达自己的思想感情。

(338字÷　　分钟＝　　字/分钟)

注　释

① 梅花　méihuā　一种早春开花的植物，花有粉、白、红等颜色，味香。
② 兰　lán　一种春季开花的植物，叶子淡绿色，长条形，味香。
③ 竹　zhú　一种常绿植物，茎中间是空的，有节。
④ 菊　jú　一种秋季开花的植物。
⑤ 君子　jūnzǐ　人格高尚的人。
⑥ 松　sōng　一种四季常绿的植物，叶子是针形。

练　习

(一) 根据课文内容，选择下列词语的正确解释：

1. 名花
   A. 有名字的花　B. 花的名字　C. 著名的花　D. 美丽的花
2. 栽培
   A. 培养　B. 种植　C. 提拔　D. 喂养
3. 花木
   A. 有花的树木　B. 开花的木头

C. 花和树　　D. 让人观赏的花和树

4. 寿命

A. 年龄　　B. 生命

C. 活的时间　　D. 健康时间

5. 早春

A. 春天的早晨　　B. 很早的春天

C. 刚刚开始的春天　　D. 早到的春天

6. "岁寒三友"

A. 冬天里的三个朋友　　B. 关系很冷淡的三个朋友

C. 每年见面的三个朋友　　D. 三个怕冷的朋友

（二）根据课文内容，选择正确答案：

1. 我国的传统名花

A. 只有一种，叫梅花　　B. 有很多

C. 是梅花　　D. 是梅花的一种

2. 梅花的栽培历史

A. 不到 3000 年　　B. 大约 3000 年

C. 有 3000 年左右　　D. 有 3000 多年

3. 梅花是从哪里传到美国的？

A. 我国　　B. 朝鲜　　C. 日本　　D. 欧洲

4. 下面哪一种说法文中没有提到？

A. 梅花不怕寒冷　　B. 梅花寿命很长

C. 梅花品种很多　　D. 梅花容易栽培

5. 文中第三段提到黄梅县的一棵梅树，是为了说明

A. 梅花的寿命很长

B. 世界上最古老的梅花有 1600 多岁了

C. 梅花是每年开花的植物

D. 世界上寿命最长的梅花已有 1600 多岁了

6. 梅花开在

A. 冬天　　B. 春天

C. 有阳光的日子里　　D. 寒冷的日子里

7. 人们喜欢梅花是因为

A. 梅花是花木中的君子　　B. 梅花是松和竹的朋友

C. 梅花的性格　　D. 梅花能表达人的思想感情

（三）判别正误：

1. 梅花的老家在我国。（　　）

2. 500 多年前我国就开始种植梅花。（　　）

3. 梅花是从我国传到朝鲜、日本、欧洲、美国的。（　　）

4. 20 世纪初美国就有了梅花。（　　）

5. 现在在世界各地都可以看到梅花。(　　)

6. 梅花有220个品种。(　　)

7. 梅花只是一种观赏花木。(　　)

8. 世界上最古老的梅花在我国。(　　)

9. 梅花喜欢阳光和温暖,害怕冰雪和寒冷。(　　)

10. 梅、兰、竹、松是花木中的“四君子”。(　　)

(四) 根据课文填空:

1. 约在500年前,梅花从我国________朝鲜,后来又________日本,1878年________欧洲。

2. 梅花的________很多,可以分为________和________两大类。

3. 梅花喜欢________和________,但是它又不怕________。

4. “四君子”是________、________、________、________。

5. “岁寒三友”是________、________、________。

6. 古今文学家、艺术家都很喜爱用________来表达________。

(五) 请你介绍一下梅花的种植历史和特点。

二、独木成林

中国有句话叫“独木不成林”,意思是一棵树不能成为树林,用来说明一个人的力量是有限的,做不成大事。“林”这个汉字就是由两个“木”组成的。但是,在南方却生长着一种树,一棵树就能长成一片森林。这种奇特的树就叫榕树。

广东省新会县有一条天马河,河中心有一个小岛,岛上长着一片绿色的森林。这片森林就是由一棵榕树形成的。这棵树的年龄已经有三百多岁了。树身周围有三四百根粗细不同的支干,是它们共同撑起了巨大的树冠。在这片独木林里生活着许许多多小鸟,每天进进出出,非常热闹。这棵大榕树成了小鸟的天堂。

为什么榕树能够独木成林呢?

榕树生活在比较炎热的地区,一年四季都是高温多雨。这样的气候对植物生长特别有利,所以榕树四季常绿,生长得非常快。我们知道一棵树的树干对树冠的支撑能力是有限的,树冠太大就很容易折断。在这样的环境中,榕树形成了一种本领,它能在枝条上长出一些细小的根来,也就是气生根。气生根又细又短,挂在树枝上,像老人的胡子一样。慢慢地,这些气生根越长越长,越长越粗,最后扎入土中,变成一根根支柱根。支柱根像柱子一样支撑着上面的枝条;同时,还把土中的营养大量吸收进来,送到树叶上。上面的枝条得到了支撑又可以继续向外长,分出新的枝条,长出新的气生根。这样,一棵榕树就变得越来越大,最后形成了一片独木林。

(544字÷　　分钟=　　字/分钟)

改写自《植物博士》,知识出版社。

练　　习

（一）根据课文内容，选择下列词语的正确解释：

1. 奇特
   A. 奇怪而特别　　B. 很特别　　C. 很奇怪　　D. 非常特殊
2. 支干
   A. 树的枝条　　B. 树的分支部分
   C. 一种树根　　D. 连在一起的大树和小树
3. 树冠
   A. 戴帽子的树　　B. 树上的帽子　　C. 树上部的枝叶　　D. 树下部的根
4. 天堂
   A. 天上的礼堂　　B. 一个地方的名字
   C. 环境非常美好的地方　　D. 永远幸福的地方
5. 炎热
   A. 热　　B. 非常热　　C. 热得生病　　D. 病很多
6. 树干
   A. 干了的树　　B. 树的主体部分
   C. 树的枝叶干燥　　D. 树根缺水
7. 支撑
   A. 使东西完全张开　　B. 顶住，使东西不倒下来
   C. 用树枝顶住　　D. 拿住，使东西不掉下来
8. 本领
   A. 技术　　B. 能力　　C. 样子　　D. 方法

（二）根据课文内容，选择正确答案：

1. 从"森林"这两个汉字来看，人们认为
   A. 一片森林必须有五棵树
   B. 两棵以上的树木就可以形成森林
   C. 一棵树不能成为森林
   D. 五棵树就可以形成森林
2. 榕树生长在
   A. 南方　　B. 广东省　　C. 岛上　　D. 炎热的地区
3. 文中谈到的小岛上的森林
   A. 是由一棵大榕树和三四百棵小榕树组成的
   B. 有三百年的历史了
   C. 实际上是一棵榕树
   D. 有一个巨大的树冠
4. 这棵大榕树为什么成了小鸟的天堂？
   A. 它有三四百根支干　　B. 它的年龄有三百多岁了

C. 它的周围非常热闹　　D. 它形成了一片森林

5. 下面哪一个不是榕树能够独木成林的原因？

A. 榕树生活在炎热的地区　　B. 榕树四季常绿

C. 榕树生长得快　　D. 榕树有一种奇特的本领

6. 独木林的形成

A. 非常快　　B. 比较快　　C. 很慢　　D. 需要三百年

7. 下面哪一句话可以概括本文的主要内容？

A. 证明了独木可以成林　　B. 介绍了一种奇特的树

C. 介绍了独木怎样成林　　D. 介绍了一片奇特的森林

（三）判别正误：

1. “独木不成林”是用来说明一个人的力量有限，做不成大事。（　　）
2. 一棵榕树也不能长成森林。（　　）
3. 广东省新会县的一条河里长着一片绿色的森林。（　　）
4. 这片独木林有三百多岁了。（　　）
5. 这片独木林是由一棵树干和三四百根支柱根组成的。（　　）
6. 小鸟在独木林里生活得很快乐。（　　）
7. 在高温多雨的环境中，植物生长得特别快。（　　）
8. 榕树的叶子一到冬天就变黄了。（　　）
9. 树干的作用是支撑树冠。（　　）
10. 气生根是从下往上长的。（　　）
11. 刚长出来的气生根，是树的胡子。（　　）
12. 支柱根是气生根变成的。（　　）
13. 榕树长出支柱根只是为了支撑上面的枝条。（　　）
14. 支柱根能长出新的气生根。（　　）

（四）根据课文填量词：

1. “独木不成林”意思是一__________树不能成为树林。
2. 在南方却生长着一__________树。
3. 一棵树就能长成一__________森林。
4. 广东省新会县有一__________天马河，河中心有一__________小岛。

（五）根据课文内容，连线组成句子：

独木不成林	能长成一片森林
“林”这个汉字	是指一棵树不能成为森林
一棵榕树	挂在树上又细又长
这片森林	是由一棵榕树形成的
大榕树	是由两个“木”组成的
气生根	成了小鸟的天堂

（六）回答问题：

1. 什么是气生根？

2. 什么是支柱根？

3. 榕树为什么会有气生根和支柱根？

4. 一棵榕树是怎样长成一片森林的？

5. 谈一谈你对“独木不成林”这句话的看法。

三、“夫妻”赴美记

1996 年 9 月 10 日早晨，圣地亚哥全城的人都起得很早。因为这一天，将会有一对不一般的“夫妻”来到这个城市，并在这里开始 12 年的生活。他们是中国大熊猫“世界第一美女”白云和她的“丈夫”石石。

白云今年 5 岁，体重 90 公斤。她出生在四川卧龙中国保护大熊猫研究中心。白云长得很漂亮，脑袋大大的，毛色黑白分明，非常可爱。白云从小就爱吃，除了牛奶以外，她还特别喜欢吃研究中心的馒头和苹果。

白云的身体也很好，她两岁半时就成熟了，有了“爱情”，而这时，别的同龄的大熊猫还只知道傻玩呢。

丈夫石石，今年 15 岁，体重 105 公斤。他是在野外被发现的。刚到研究中心的时候，石石身体瘦弱，体重只有 80 公斤。现在他已经很健壮了，而且还是有名的“好丈夫”、“老实汉”。

圣地亚哥人为了迎接这对夫妻，早在三年前就花费了 300 万美元修建了熊猫展厅，等候他们的到来。

在卧龙老家，石石和白云每天都能吃到山上新鲜的箭竹和竹笋，在圣地亚哥，他们必须吃“美式竹子”。研究中心的工作人员都在担心，不知道他们习惯不习惯。

（424 字÷　　分钟＝　　字/分钟）

练　　习

（一）根据课文内容，选择下列词语的正确解释：

1. 分明

A. 分得很明白　　B. 分得很清楚

C. 每一分都很明白　　D. 每一分都很清楚

2. 成熟

A. 成为熟练的　　B. 成了熟人　　C. 完成发育　　D. 长大

3. 同龄

A. 共同的年龄　　B. 相同的年龄　　C. 不同的年龄　　D. 同伴的年龄

4. 傻玩

A. 只是玩儿，没有别的想法　　B. 总是玩儿，会变得越来越笨

C. 玩一种不聪明的游戏　　D. 只会玩儿是很傻的

5. 野外
A. 郊外　B. 山林里　C. 离居民点较远的地方　D. 山区
6. 老家
A. 老人的家　B. 父母的家　C. 很旧的家　D. 家乡

(二)根据课文内容,选择正确答案:

1. 圣地亚哥这座城市在
A. 欧洲　B. 美洲　C. 美国　D. 中国的某一个省
2. 白云是
A. 世界上第一只美丽的母熊猫　B. 世界上最美丽的女孩
C. 世界上第一个美丽的女孩　D. 世界上最美丽的母熊猫
3. 文中"夫妻"的意思是
A. 结了婚的男人和女人　B. 男人和女人
C. 结了婚的一对熊猫　D. 生活在一起的公熊猫和母熊猫
4. "白云两岁半时就成熟了,有了'爱情'。"这句话的意思是
A. 白云爱上了别的熊猫　B. 白云很多情
C. 白云进入了交配期　D. 白云懂得了爱情
5. 下面哪一句话可以概括文中第三段的意思?
A. 熊猫一般两岁多就成熟了　B. 白云成熟比较早
C. 成熟的熊猫会产生爱情　D. 白云是一只很聪明的熊猫
6. 石石的经历说明
A. 大熊猫必须在研究中心生活
B. 大熊猫在野外生活很困难
C. 研究中心的工作做得很好
D. 大熊猫在野外生活困难,研究中心的工作做得很好
7. 在研究中心,熊猫的食物有
A. 牛奶　B. 馒头和苹果
C. 箭竹和竹笋　D. 牛奶、馒头、苹果、箭竹和竹笋
8. 石石到了研究中心,体重增加了
A. 25 公斤　B. 80 公斤　C. 90 公斤　D. 105 公斤
9. "美式竹子"的意思是
A. 美丽的竹子　B. 生长在美国的竹子
C. 美洲式样的竹子　D. 美味的竹子
10. 白云和石石到了圣地亚哥后
A. 生活可能会不习惯　B. 会习惯的
C. 不知道会怎样　D. 开始喜欢"美式竹子"了

(三)判别正误:

1. 白云和石石是 1996 年 9 月 10 日来到圣地亚哥的。(　　)
2. 白云有一个"好丈夫"。(　　)

3. 1996 年 9 月 10 日早晨，圣地亚哥城很安静。(　　)

4. 白云不太喜欢喝牛奶。(　　)

5. 白云身体瘦弱但长得很漂亮。(　　)

6. 石石出生在四川卧龙中国保护大熊猫研究中心。(　　)

7. 白云和石石很喜欢吃圣地亚哥的“美式竹子”。(　　)

8. 两岁多的熊猫一般还没有进入交配期。(　　)

9. 石石比白云大 10 岁。(　　)

10. 1993 年圣地亚哥就修建了一座熊猫展厅。(　　)

11. 白云和石石将在圣地亚哥生活三年。(　　)

12. 在卧龙，石石和白云每天都能吃到山上新鲜的箭竹和竹笋。(　　)

(四) 把下面的词语按要求归类，然后分别介绍一下白云和石石：

90 公斤	105 公斤	80 公斤	5 岁	15 岁
世界第一美女	健壮	好丈夫	脑袋	很大
爱吃	瘦弱	老实汉	可爱	毛色很漂亮

白云：

石石：

四、四不像

在我国，有一种动物叫“四不像”。它的尾巴像驴[①]，可它不是驴；它的蹄子[②]像牛，可它不是牛；它的头像骆驼[③]，可它不是骆驼；它的角[④]像鹿[⑤]，可它又和一般的鹿有点儿不一样。实际上，这种动物确实是鹿的一种，它的学名叫麋鹿。

麋鹿是我国特有的一种动物，古代曾大量地生活在长江南北一带，但到了 18 世纪末，野生的麋鹿已经很少很少了。

1865 年，一个住在北京城里的法国人认识了一位皇家猎苑[⑥]的守卫人员，从这位守卫人员那儿得到了两张鹿皮和两个鹿头。标本[⑦]一送到法国就引起人们极大的兴趣，因为这是他们从来没有见过的一个新鹿种。英、法、德、比利时等国纷纷派人到我国来购买或索要麋鹿。

1894 年，一次大洪水冲破了皇家猎苑的围墙，逃出来的麋鹿和其他动物被灾民吃掉了不少。1900 年，八国联军[⑧]侵入北京，猎苑里的动物全部被杀。我国特有的“四不像”在国内灭绝了。

这时，在欧洲的各家动物园里还剩下 18 只麋鹿。英国有一位叫贝福特的公爵，非常喜欢养动物。他花了许多钱，把这 18 只麋鹿全部买回来，养在他的庄园里。麋鹿在那儿生活得很安定，到 1948 年已经增加到 255 只。1956 年伦敦动物学会将两对年轻的麋鹿送到北京。

于是，在 50 多年之后，中国人再一次见到了“四不像”。现在，我国已经在江苏省大丰县建立了野生麋鹿保护区，在那里进行野生放养。

(517 字÷　　分钟＝　　字/分钟)

注　释

① 驴	lǘ	一种像马,但比马小,耳朵较长的动物。
② 蹄子	tízi	马、牛、羊等动物的脚。
③ 骆驼	luòtuo	一种生活在沙漠中非常耐饥渴的动物。
④ 角	jiǎo	牛、羊、鹿等动物头上长出的坚硬的、细长而弯曲的东西。
⑤ 鹿	lù	一种四肢细长,尾巴短小,雄兽头上有角的动物。
⑥ 皇家猎苑	Huángjiā lièyuàn	古代皇帝打猎的地方。
⑦ 标本	biāoběn	把动物经过加工整理用来供人们研究、参观。
⑧ 八国联军	Bāguóliánjūn	1900 年英国、美国、德国、法国、俄国、日本、意大利、奥地利八国为消灭中国的义和团反对帝国主义的运动而组成的侵略军队。

练　习

(一) 根据课文内容,选择下列词语的正确解释:

1. 学名
   A. 上学的名字　　B. 科学的名字
   C. 科学上专门的名字　　D. 学来的名字
2. 野生
   A. 人们不知道的　　B. 在野外自然生长
   C. 人们在野外饲养　　D. 不受限制地生长
3. 索要
   A. 要求得到　　B. 寻找　　C. 寻找需要的东西　　D. 单独去要
4. 灾民
   A. 受灾的人群　　B. 造成灾害的人群
   C. 带来灾害的人群　　D. 喜欢吃动物的人群
5. 灭绝
   A. 消灭　　B. 消失
   C. 完全消失　　D. 绝对消灭
6. 安定
   A. 安静　　B. 安全
   C. 稳定　　D. 安全、稳定
7. 放养
   A. 放开地养　　B. 放出去养

C. 放在自然环境中养　　D. 放了

（二）根据课文内容，选择正确答案：

1. 麋鹿又叫“四不像”，是因为

A. 它不像四种动物　　B. 它和别的动物都不一样

C. 它的四个部位分别像四种动物　　D. 它是由四种动物组成的

2. 麋鹿在古代曾经大量地生活在

A. 长江南北一带　　B. 皇家猎苑

C. 贝福特公爵的庄园　　D. 大丰县野生麋鹿保护区

3. 麋鹿在我国灭绝的时间是

A. 1865 年　　B. 1894 年　　C. 1900 年　　D. 18 世纪末

4. 麋鹿标本在法国引起人们极大的兴趣，是因为

A. 麋鹿长得很奇特　　B. 麋鹿非常珍贵

C. 法国人没有见过　　D. 它是一个新鹿种

5. “纷纷派人到我国”的意思是

A. 不断派人到我国　　B. 坐飞机到我国

C. 纷乱地派人到我国　　D. 抢着派人到我国

6. 麋鹿最后在我国灭绝的原因是

A. 被洪水淹死了　　B. 被灾民吃掉了

C. 被八国联军杀死了　　D. 被灾民吃掉了，被八国联军杀死了

（三）判别正误：

1. 麋鹿是鹿的一种。（　　）

2. 麋鹿是英国特有的一种动物。（　　）

3. 到了 18 世纪末，野生的麋鹿几乎灭绝了。（　　）

4. 1865 年，一个住在伦敦的英国人买了两张鹿皮和两个鹿头。（　　）

5. 1865 年，北京发了一次大洪水。（　　）

6. 1894 年，八国联军侵入北京，杀掉了猎苑里所有的动物。（　　）

7. 贝福特从中国买回去了 18 只麋鹿。（　　）

8. 1948 年，贝福特已经有 255 只麋鹿了。（　　）

9. 1956 年，伦敦动物学会送给中国两只公麋鹿，两只母麋鹿。（　　）

10. 我国在江苏省大丰县建立了野生麋鹿保护区。（　　）

（四）根据课文填空：

1. 麋鹿是我国__________的一种动物。古代曾__________生活在长江南北一带。

2. 英、法、德、比等国纷纷派人到中国来__________或__________麋鹿。

3. 1894 年，一次洪水__________了皇家猎苑的围墙，__________的麋鹿和其他动物被灾民吃掉了不少。

4. 1900 年，八国联军__________北京，猎苑里的动物全部被杀。

（五）连线：

四不像的：	尾巴		鹿
	蹄子		驴
		像	
	头		牛
	角		骆驼

（六）回答问题：

1. 麋鹿是我国特有的动物，为什么后来在我国灭绝了？
2. 麋鹿是怎么到英国去的？
3. 为什么在 50 多年后我国又有了麋鹿？
4. 现在麋鹿在我国生活得怎么样？为什么？

第十七单元

一、钱响买饭香

有一天,阿凡提[1]路过一家饭馆,看见一群人围在饭馆门前吵吵嚷嚷。阿凡提挤进去一看,原来是饭馆的老板正在打一个穷人呢。阿凡提上前挡住了老板。他问老板:

"这人犯了什么罪?"

"好,阿凡提,你来说说。"老板一边抓着那个穷人,一边狠狠地说:"这个家伙在我的饭馆门口站了半个多钟头。我的饭菜香气都让他给闻跑了。他闻够了,也不付钱,转身就要走。你说,世界上哪有这么便宜的事! 今天,他非得给我拿出十块钱不可。"

"你说得真有道理!"阿凡提说:"他应当付钱。"

"我一分钱也没有啊!"可怜的穷人叫道。

"这好办,我替你付钱。"阿凡提说着,取出了自己的钱袋。他把钱袋在饭馆老板面前晃了晃,说:"我这儿正好有十块钱。"

老板一看见钱袋,高兴得伸手就要拿。

"慢!"阿凡提伸手一把抓住了他的耳朵,把钱袋在他的耳朵旁边抖了几下。钱袋里的钱发出了丁零当啷的响声。

"听见钱的响声了吧?"阿凡提收回钱袋问。

"听到了,听到了!"饭馆老板急忙回答。

"现在咱们谁也不欠谁的了。"说完,阿凡提拉着那个穷人转身就走了。

(431 字÷　　分钟=　　字/分钟)

选自《阿凡提的故事》,新疆人民出版社,1979 年

注　　释

① 阿凡提　Ā'fántí　　新疆维吾尔族传说中的一个理想人物。他聪明、勇敢、幽默、乐观,有正义感。

练　　习

(一) 根据课文内容,选择下列词语的正确解释:

1. 吵吵嚷嚷

A. 吵架　　B. 大喊大叫　　C. 乱哄哄地争吵　　D. 大声地说话

2. 狠狠

A. 很用力　B. 很厉害　C. 很可怕　D. 很坚决

3. 晃

A. 在太阳底下看　B. 拿出来　C. 摇一摇　D. 看一看

4. 抖

A. 打　B. 摇动　C. 放进去　D. 倒出来

5. 欠

A. 给　B. 找　C. 该给而不给　D. 该走不走

（二）根据课文内容选择正确答案：

1. 有一天，阿凡提

A. 去一家饭馆　B. 从一家饭馆门前经过

C. 看见一家饭馆　D. 挤进一家饭馆

2. 饭馆门前有许多人，是因为

A. 阿凡提来了　B. 饭馆老板正在打人

C. 这个饭馆的饭菜很香　D. 阿凡提在和饭馆老板讲道理

3. 那个穷人干了什么？

A. 在饭馆门口站了半个多小时　B. 把饭菜的香气闻跑了

C. 没有付钱　D. 转身要走

4. 老板打那个穷人是因为

A. 穷人在他的饭馆门口站了半个多小时

B. 穷人闻跑了饭馆的香气

C. 世界上没有这么便宜的事

D. 想让穷人给他十块钱

5. 阿凡提觉得

A. 老板做得对　B. 老板说得对

C. 穷人应当付钱　D. 应该帮助穷人

6. 最后，阿凡提

A. 把自己的钱袋给老板了　B. 在老板耳边摇了摇钱袋

C. 把钱袋让老板看了看　D. 给了老板十块钱

（三）判别正误：

1. 饭馆老板打穷人的时候，有许多人围着看。（　）
2. 阿凡提不许老板打穷人。（　）
3. 老板和阿凡提说话的时候，那个穷人转身走了。（　）
4. 老板让阿凡提来说说穷人犯了什么罪。（　）
5. 穷人站在饭馆门口是为了闻饭菜的香气。（　）
6. 老板觉得他的饭菜的香气不能卖得太便宜。（　）

7. 老板一定要让穷人给他十块钱。(　　)
8. 阿凡提觉得这个问题很容易解决。(　　)
9. 阿凡提的钱袋里只有十块钱。(　　)
10. 老板把耳朵伸过来听钱响。(　　)

(四) 根据课文填空:

1. 阿凡提看见一群人__________在饭馆门前,他__________进去一看,是老板正在打人。
   阿凡提上前__________住了老板。
2. "他__________给我拿出十块钱__________。"
3. 阿凡提__________手一把__________住了老板的耳朵,把钱袋在他耳边__________了几下。
   钱袋里的钱__________出了__________的响声。

(五) 连句成段:

1. 他闻够了,
2. 我的饭菜香气都让他给闻跑了。
3. 今天,他非得给我拿出十块钱不可。
4. 这个家伙在我的饭馆门口站了半个多钟头。
5. 转身要走。
6. 你说,世界上哪有这么便宜的事!
7. 也不付钱,

(六) 回答问题:

1. 那个穷人真的犯罪了吗?
2. 穷人为什么不给老板付钱?
3. 阿凡提是怎样帮助穷人的?
4. 最后,阿凡提和穷人为什么可以走了?
5. 老板的目的达到了吗?
6. 你觉得阿凡提怎么样?

二、牙梳和镜子

古时候,有个商人要<u>出门</u>去做生意,临走的前一天晚上,妻子对他说:"回来的时候给我买一把梳头的牙梳。"

商人从没见过牙梳,问妻子:"牙梳是什么样子呀?"妻子指着天上的<u>月牙儿</u>说:"就像这月亮。"

过了十多天,商人做完了生意,将要回家,忽然想起临走时妻子叫买牙梳的事儿。他抬头看看天,这天正是十五,月亮圆圆的。于是,他就照着月亮的样子,买了一面圆镜子回来了。

这里的人从来没见过镜子。妻子拿起镜子一看,看见里面有个年轻妇女,非常吃惊,骂男人说:“让你买牙梳你不买,反而娶了个女人回来!”说着,就和她丈夫大闹起来。

商人的母亲听到小两口吵架,便出来劝解,忽然看到镜子,拿在手里一瞧,只见里面出现一个老太婆,忙问儿子:“儿呀,你怎么又带了个老婆子回来呀?”

当地的县官知道了这件事,就派人把商人抓了起来。县官审问的时候,一低头,看见了放在桌子上的镜子,“怎么?里面还有一个县官!”他非常生气,指着商人和他的母亲、妻子骂道:“有我老爷审问就行了,你干嘛又带个老爷来?”

(437 字 ÷ 　　分钟 = 　　字/分钟)

改写自《古代笑话选译》,本生选译,江苏人民出版社,1980 年

练　　习

(一) 根据课文内容,选择下列词语的正确解释:

1. 出门
   A. 到门外　　B. 出去
   C. 离开家了　　D. 离开家去比较远的地方
2. 月牙儿
   A. 月亮的牙　　B. 像牙一样的月亮
   C. 弯弯的月亮　　D. 看不清楚的月亮
3. 吃惊
   A. 吓了一跳　　B. 吃到了可怕的东西
   C. 感到很紧张　　D. 生气
4. 大闹
   A. 开玩笑　　B. 打架　　C. 吵架　　D. 使劲喊叫
5. 劝解
   A. 告诉别人怎么解决　　B. 让别人不要吵架
   C. 安慰别人　　D. 让别人解决问题
6. 县官
   A. 县里的官　　B. 县里的大官
   C. 县一级的官　　D. 管理一个县的最大的官
7. 审问
   A. 小心地问　　B. 仔细地问
   C. 严厉地问一件事　　D. 严厉地批评一个人
8. 老爷
   A. 县官　　B. 县官的爷爷
   C. 年龄很大的老头　　D. 很有地位的人

（二）根据课文内容，选择正确答案：

1. 这个故事发生在

A. 古代　　B. 临走的前一天晚上

C. 十五号　　D. 商人回来后

2. 牙梳是

A. 一种月亮　　B. 一种月牙儿

C. 像月亮一样的镜子　　D. 像月牙儿一样的梳子

3. 商人什么时候给妻子买的东西？

A. 临走前　　B. 去做生意的路上

C. 要回家时　　D. 回家的路上

4. 商人买东西时为什么要抬头看看天？

A. 他要买的东西在天上　　B. 他要按照月亮的样子买东西

C. 他想知道那天是几号　　D. 他想看看天气怎么样

5. 商人为什么要买一面镜子回来？

A. 他喜欢镜子

B. 他忘了妻子让他买什么

C. 妻子告诉过他买像月亮一样的东西

D. 十五号这一天是应该买一面镜子的

6. 妻子看到镜子就和丈夫大闹起来，是因为

A. 她从来没见过镜子

B. 丈夫没有给她买到她想要的牙梳

C. 她以为丈夫娶了个年轻漂亮的女人

D. 她被镜子吓了一跳

7. 商人的母亲出来是为了

A. 听小两口吵架　　B. 让小两口别吵了

C. 照镜子　　D. 问儿子为什么带个老婆子回来

8. 县官为什么要抓商人？

A. 商人又娶了一个老婆　　B. 商人买了一面镜子

C. 商人家出了一件奇怪的事　　D. 商人家里又有一个县官

（三）判别正误：

1. 有个商人出门去给妻子买牙梳。（　）

2. 牙梳是用来梳头的。（　）

3. 商人知道牙梳是什么样子的。（　）

4. 商人这次出去了十多天。（　）

5. 商人差点儿忘了给妻子买东西。（　）

6. 每到农历十五，月亮就变成圆圆的了。（　）

7. 商人买圆镜子是因为这天月亮是圆的。(　　)

8. 商人回家时带了三个人。(　　)

9. 县官亲自把商人抓了起来。(　　)

10. 县官生气是因为商人手里还拿着镜子。(　　)

(四) 根据课文填空：

1. 有个商人要__________去做生意，__________的前一天晚上妻子告诉他买__________梳头的牙梳回来。

2. 妻子看见镜中有一个年轻妇女，非常__________，__________男人说："让你买牙梳你不买，__________娶了个女人回来！"

3. 母亲听到小两口__________，便出来__________，忽然看到镜子，拿起来一__________，看见了一个__________。

4. 县官__________的时候，__________，看见了放在桌上的镜子。

(五) 回答问题：

1. 牙梳和镜子有什么关系？

2. 为什么会出现这样的笑话？

三、张弓和李木

从前有个叫张弓的人，射箭射得非常好，但有个毛病，喜欢吹牛。有一天，他正在练习射箭，周围站了不少人，看着他的表演，不停地叫好。张弓十分得意，于是放下弓箭①，提起笔写了一副对联②。他写的上联是："弓长张张弓张弓手张弓射箭箭箭皆中。"大家都看不明白。正在这时，来了一个卖弓的人，他拿出自己的弓请张弓试试。

张弓连试了几次，都拉不动。卖弓人问："你知道这是什么木头做的吗？"张弓摇摇头说："不知道。"卖弓人说："我这弓是李木做的。"张弓非常奇怪："李木并不是什么好木头，怎么能做出这么硬的弓？"卖弓人笑了："这就是木匠的本事了。"说完，他拿过笔写出了下联："木子李李木李木匠李木雕弓弓弓难开。"

大家还是不明白，卖弓人解释道："他姓'弓长张'，我姓'木子李'；他叫'张弓'，我叫'李木'；大家称他'张弓手'，叫我'李木匠'；他能'张弓射箭'，我会'李木雕弓'；他射箭是'箭箭皆中'，可惜拉我的弓却'弓弓难开'。"

大家听了都哈哈大笑。张弓不好意思地低下了头，从此再也不敢吹牛了。

(430字÷　　分钟=　　字/分钟)

改写自《对联故事选》中的同名故事，作者　无官等，北京出版社，1985年

注　　释

① 弓箭　gōngjiàn　　古代常用的兵器。

② 对联　duìlián　　写在纸上或刻在柱子上的左右两边字数相等、词义对仗的语句。右边为上联,左边为下联。

练　习

(一) 根据课文内容,选择下列词语的正确解释:

1. 张弓
   A. 一个人的名字　B. 拉开弓箭
   C. 一种弓的名字　D. 一个人的名字;拉开弓箭
2. 吹牛
   A. 对着牛吹气　B. 把牛赶走　C. 说大话　D. 聊天
3. 叫好
   A. 大声地喊"好"　B. 好好地叫
   C. 大声地说话　D. 叫他的名字
4. 得意
   A. 得到了意见　B. 明白了意思　C. 懂得了意义　D. 感到非常满意
5. 张弓手
   A. 叫张弓的人的手　B. 拉开弓箭的手
   C. 射箭的人　D. 拉开弓箭的手,射箭的人
6. 李木
   A. 一个人的名字　B. 做弓箭
   C. 一种木头的名字　D. 一个人的名字,一种木头的名字
7. 本事
   A. 本身的事情　B. 能力　C. 自己的事　D. 工作
8. 李木匠
   A. 叫李木的手艺很好的人
   B. 专做李木的人
   C. 姓李的做木器的人
   D. 叫李木的手艺很好的人,专做李木的人
9. 可惜
   A. 舍不得　B. 很遗憾　C. 不高兴　D. 很可怜

(二) 根据课文内容,选择正确答案:

1. 张弓是一个什么样的人?
   A. 箭射得非常好　B. 身体不太好
   C. 喜欢吹牛　D. 箭射得非常好,喜欢吹牛

2. 李木是一个什么样的人？

A. 卖弓的　　　　B. 对联写得很好

C. 不喜欢吹牛　　　　D. 对联写得很好，不喜欢吹牛

3. 张弓写对联是因为

A. 有很多人围着他看　　　　B. 他写对联写得很好

C. 他想吹吹牛　　　　D. 他想表达自己的心情

4. 张弓为什么拉不动李木的弓？

A. 因为张弓太得意了　　　　B. 李木很好

C. 李木做的弓很好　　　　D. 李木很好，李木做的弓很好

（三）判别正误：

1. 大家看了张弓写的对联不停地叫好。（　　）
2. 卖弓的人给张弓做了一张弓。（　　）
3. 张弓拉了几次都拉不开那张弓。（　　）
4. 李木是一种非常好的木头。（　　）
5. 张弓知道这是一张李木弓。（　　）
6. 张弓的本事是张弓射箭。（　　）
7. 李木的本事是用李木做弓。（　　）
8. 张弓射箭射得很准。（　　）
9. 李木解释完对联后，大家都明白了。（　　）
10. 张弓为自己吹牛感到不好意思了。（　　）

（四）把下列词语按对称的关系连接起来：

弓长张	李木雕弓
张弓手	李木
张弓	木子李
箭箭皆中	李木匠
张弓射箭	弓弓难开

（五）回答问题：

1. 李木为什么要让张弓拉他的弓？
2. 大家笑什么？
3. 张弓为什么再也不敢吹牛了？
4. 试一试用自己的话把对联的意思说一遍。

四、小 相 声[①]

甲：你说，男人好还是女人好？

乙：当然女人好。

甲：说说理由吧！

乙：理由可多啦！就拿“好”字来说，是由女、子两个字组成的。这就是说，女子就是好。

甲：那可不一定。我认为“好”字是子、女两个字组成的，有女的一半，也有男的一半。

乙：你认识“妙”字吗？

甲：认识，女字旁一个少。

乙：妙，就是美好。是少、女两个字合起来的，这就是说，少女就是妙。男孩子可不行吧！

甲：不错，这妙字是女和少合起来的。我说，女少，女少，女子少了才“妙”呢！

乙：那么，你知道“娘”字是什么意思吗？

甲：娘，就是妈妈。

乙：是啊，娘是女和良拼起来的，因为女子良好，才叫娘。

甲：那我问你，“爹”是什么意思？

乙：爹，就是爸爸。这谁不知道？

甲：对了。爹是父和多拼起来的。照你这么说，父亲多了才是“爹”？

乙：那当然不是。

甲：哈哈，你站不住脚了吧！

乙：这我说不过你。不过，带女字旁的词语都是讨人喜欢的，比如“妩媚”、“婀娜”、“娇嫩”等等，对吗？

甲：这也不绝对。你看，“妄想”的“妄”，也是女字旁的，可人们并不喜欢它们。

乙：带女字旁的人都是好人，比如妈妈、姥姥、奶奶、姐妹、姑嫂、姨妈等等，这你总不反对吧！

甲：很难说，“妖怪”的“妖”，“汉奸”的“奸”，“妓女”的“妓”，不也是带女字旁的吗？可她们都不是好人。

乙：那你说，到底是女人好，还是男人好？

甲：我已经讲过，“好”字是子和女两个字共同组成的，光有男的不行，光有女的也不行。现在，你无话可说了吧！

乙：没话可说了，同意你的看法。

甲：好啊，我们的想法终于统一了。

(628 字 ÷ 　　分钟 = 　　字/分钟)

改写自《小朋友》1995 年 12 月，作者　楼叔云

注　释

① 相声　xiàngsheng　一种文艺节目。常常用说笑话、幽默问答、说唱等引起观众发笑。

练　习

(一) 根据课文内容,选择下列词语的正确解释:

1. 理由
   A. 答案　　B. 原因　　C. 想法　　D. 道理
2. 拼
   A. 合在一起　　B. 用手放　　C. 努力地干　　D. 两个在一起
3. 站不住脚
   A. 不能停下来　　B. 脚没有地方站　　C. 理由不成立　　D. 不能停在一个地方
4. 说不过
   A. 没有说过　　B. 道理上不能战胜
   C. 批评过　　D. 说的话不能胜过
5. 绝对
   A. 完全不对　　B. 没有任何条件
   C. 非常对　　D. 一定
6. 统一
   A. 全部在一个地方　　B. 不一样的变成了一样的
   C. 一切　　D. 一个

(二) 根据课文内容,选择正确答案:

1. 这段小相声说的是
   A. 汉字是怎么组成的　　B. "女"字旁的字什么意思
   C. 男人好还是女人好　　D. 为什么女人好
2. "就拿'好'字来说",这句话的意思是
   A. 只把"好"字拿来说　　B. 把"好"字拿到这儿来说
   C. 用"好"字作一个例子　　D. 说一说为什么拿来"好"字
3. "这你总不反对吧!"意思是
   A. 这个说法你一定不反对　　B. 这个说法你总是不反对
   C. 这个说法你常常不反对　　D. 这个说法你会反对的
4. "很难说"的意思是
   A. 说起来很困难　　B. 不一定
   C. 说出来很难　　D. 不是这样的

(三)判别正误:

1. 甲不知道男人好还是女人好。(　　)
2. 乙觉得女人好。(　　)
3. 乙认为"好"这个字有女的一半,也有男的一半。(　　)
4. "妙"是由女和少两个字拼起来的。(　　)
5. 他们对"好"、"妙"这两个字有两种理解。(　　)

6. “娘”的意思是女子良好。(　　)

7. 甲认为父亲多了才是“爹”。(　　)

8. 关于“爹”字,甲和乙的看法一样。(　　)

9. 带女字旁的词语都是比较好的词语。(　　)

10. 最后,乙还是认为女人好。(　　)

(四) 用汉语解释下列各字:

1. 妙:

2. 娘:

3. 爹:

(五) 写出你所知道的“女”字旁的词语,并按词义的褒贬分成两类:

1. 词义比较好的:

2. 词义不好的:

第十八单元

一、太白酒

唐代大诗人李白非常喜欢喝酒。这一年,他住在采石矶,常常去街上惟一的一家酒店买酒喝。酒店的老板姓鲁,是个很贪财的家伙。他常常往李白的酒壶中掺水。

李白喝不到好酒,心里很生气。这天,他一个人在江边散步,路过一间小茅屋。一位白发苍苍的老汉热情地请他进去坐一会儿。这位老汉已经听说鲁老板往酒里掺水的事了。他请李白坐下后,便抱来一大坛子[①]酒:"来,仙人,痛痛快快地喝吧! 以后,你喝的酒全由我包了!"

李白乐得不知如何是好,他等不得老汉拿来杯子,一把抱起酒坛就喝。喝着,喝着,李白醉了,他摇摇晃晃地站起来,喊道:"拿笔来!"老汉连忙送上纸和笔。李白望着门外滚滚的大江、如血的落日,提笔写下了一首诗:

天门中断楚江开,碧水东流至此回。

两岸青山相对出,孤帆一片日边来。[②]

老汉把这首诗恭恭敬敬地贴在墙上,从此碰到人就自豪地说:"这是仙人李白的手迹!他是喝了我酿的酒,才写出这么好的诗呀!"

这间小茅屋一下子热闹起来。来看诗的,来喝酒的,每天都是人来人往。老汉为他的酒起了一个响亮的名字叫"太白酒。"

(433字÷　　分钟=　　字/分钟)

改写自《中国文人传说故事》,王一奇编,中国民间文学出版社,1982年

注　释

① 坛子　tánzi　　一种口小肚子大的容器,常用来装酒、醋、酱油等。

② 天门中断楚江开,碧水东流至此回。
两岸青山相对出,孤帆一片日边来。
——这是李白的七言绝句《望天门山》。诗句的大意是:天门山在中间断开了,滚滚东流的长江在这里突然转向北去。两岸的大山相对而立,一只小船从太阳西下的地方漂来。

练　习

(一) 根据课文内容,选择下列词语的正确解释:

1. 很贪财的家伙

A. 很不喜欢钱的人　　　　B. 很喜欢钱的人

C. 很喜欢钱的小伙子　　D. 很不喜欢钱的小伙子

2. 白发苍苍

A. 头发很多　　B. 白头发像草一样

C. 头发很长　　D. 头发灰白

3. 等不得

A. 不能等　　B. 可以等

C. 等了不好　　D. 等了也得不到

4. 自豪

A. 觉得自己了不起　　B. 自己有很多钱

C. 自己很有能力　　D. 自己觉得很光荣

5. 手迹

A. 印象　　B. 笔迹　　C. 一只手　　D. 一首诗

6. 人来人往

A. 人人都来　　B. 很多人来来去去

C. 人和人交朋友　　D. 大家都去

7. 响亮

A. 看起来漂亮　　B. 叫起来好听

C. 声音很大　　D. 很好看

（二）根据课文内容，选择正确答案：

1. 李白住的采石矶

A. 街上有许多家酒店　　B. 只有一家商店卖酒

C. 街上只有一家酒店　　D. 一条街有一家酒店

2. 李白很生气的原因是

A. 酒店太少　　B. 酒太贵

C. 酒店老板太坏　　D. 喝不到好酒

3. 李白到江边是为了

A. 散步　　B. 找好的酒店

C. 和老汉见面　　D. 写诗

4. 老汉热情地请李白进屋坐一会儿是为了

A. 卖给李白掺水的酒　　B. 和李白聊天

C. 请李白喝好酒　　D. 说酒店老板的坏话

5. "全由我包了"的意思是

A. 全部由我承担　　B. 我把酒全部用纸包起来

C. 我有个装酒的包　　D. 我有一包酒

6. 李白听到老汉要给他喝酒

A. 觉得没什么好高兴的　　B. 不知道怎么办

C. 高兴极了　　D. 高兴得不知道什么是好东西

7. 李白为什么等不得老汉拿杯子？

A. 他急切地想喝好酒　　B. 他想用酒坛喝

C. 他很高兴　　D. 他想写诗

8. 下面哪种情况是正确的？

A. 李白乐得不知道怎么喝酒了

B. 李白喝醉了

C. 李白一边喝酒一边摇摇晃晃地走

D. 李白走到门外，写了一首诗

9. 老汉把诗贴在墙上是为了

A. 卖钱　　B. 证明李白和他关系好

C. 证明自己的酒做得好　　D. 欣赏这首诗

10. 老汉的小茅屋一下子热闹了，是因为很多人

A. 想买诗　　B. 想看诗喝酒

C. 想看李白　　D. 想听老汉讲李白的诗

11. 这篇课文的主要内容是

A. 介绍李白　　B. 讲李白喝酒的故事

C. 介绍一个好心的老汉　　D. 介绍"太白酒"的来历

(三) 判别正误：

1. 李白很喜欢街上的酒店，所以常常去那儿喝酒。(　　)
2. 酒店老板卖给李白的酒里常常有水。(　　)
3. 有一个老汉在江边开了一家酒店。(　　)
4. 《望天门山》这首诗是李白在江边的小茅屋里写出来的。(　　)
5. 李白写诗的时候是在傍晚。(　　)
6. 老汉把诗贴在墙上卖。(　　)
7. 老汉给他的酒起了个名字，叫"太白酒"。(　　)

(四) 根据课文填空：

1. 李白常常去街上惟一的＿＿＿＿＿酒店买酒喝。
2. 有一天，李白路过＿＿＿＿＿小茅屋，＿＿＿＿＿白发苍苍的老汉请他进去坐一会儿。
3. 老汉请李白坐下，抱来＿＿＿＿＿酒给李白喝。
4. 李白望着门外＿＿＿＿＿的大江、＿＿＿＿＿的落日，提笔写下＿＿＿＿＿诗。

(五) 回答问题：

1. 酒店老板为什么要给李白的酒壶里掺水？
2. 老汉是一个什么样的人？
3. 李白为什么能写出这一首好诗？
4. 谈谈"太白酒"的来历。

二、傣家婚俗

美丽的西双版纳[1]居住着能歌善舞的傣家[2]人。他们的婚礼是非常有趣的。

傣家新郎的迎亲活动常常在晚上举行。新郎包上头巾，带上砍刀，在亲朋好友的陪伴下，一路敲锣打鼓地来到新娘住的寨子[3]。但这时，寨子的大门已经被寨中的年轻姑娘们用竹竿封住了。她们挡住寨门，不许迎亲的队伍进寨。没有办法，男方只好恭恭敬敬地请求她们开门。姑娘们趁机向新郎要"买路钱"，并且大开新郎的玩笑。经过一番热闹后，姑娘们满意了，捧出准备好的米酒，招待迎亲队伍。

迎亲队伍进了寨后，吹吹打打来到了新娘家的门口，这时又有麻烦在等着他们。新娘的弟弟妹妹以及邻居的孩子们组成了一道孩子墙挡住了迎亲队伍。他们一边嚷，一边向新郎要喜钱。不过孩子们是很容易满足的，只要新郎拿出红包来，他们就让开了。

新郎好不容易进了竹楼，却找不到新娘。原来新娘早被人藏了起来了。于是新郎就和他的朋友们四处去找。找啊，找啊，有时找到半夜也找不到。新郎实在找不到新娘时，就只好请姑娘们帮忙。如果这样，这位新郎就要被姑娘们嘲笑好些日子了。

找回了新娘，一对新人一起来到男方的竹楼，婚礼才正式开始。

（457 字 ÷ 分钟 = 字/分钟）

注　释

① 西双版纳　Xīshuāngbǎnnà　位于云南省最南部，是傣族聚居区。

② 傣族　Dǎizú　我国的少数民族之一，主要居住在云南省。

③ 寨子　zhàizi　四周有木条或竹子等做的栏杆或围墙的村庄。

练　习

（一）根据课文内容，选择下列词语的正确解释：

1. 能歌善舞

　A. 会唱歌　B. 会跳舞　C. 会唱歌、跳舞　D. 善于唱歌跳舞

2. 迎亲

　A. 迎接客人　B. 接新娘　C. 迎亲戚　D. 去新娘家

3. 亲朋好友

　A. 非常好的朋友　B. 很亲切的好朋友

　C. 亲戚和朋友　D. 像亲戚一样的朋友

4. 一路敲锣打鼓

　A. 在路边敲锣打鼓　B. 长时间地敲锣打鼓

　C. 边走边敲锣打鼓　D. 一起敲锣打鼓

5. 大开玩笑

A. 开了一个很大的玩笑　　B. 开了很多玩笑

C. 大家一起开玩笑　　D. 开始大笑

6. 吹吹打打

A. 互相吹牛　　B. 互相打打闹闹

C. 又吹牛又打闹　　D. 吹打着乐器

7. 喜钱

A. 高兴的钱　　B. 有喜事的人家给的钱

C. 有了钱很高兴　　D. 结婚用的钱

8. 红包

A. 红皮包　　B. 包着钱的红纸包

C. 钱包　　D. 红色的钱包

(二) 根据课文内容,选择正确答案:

1. 傣家人的特点是

A. 能歌善舞　　B. 善良　　C. 非常有趣　　D. 喜欢热闹

2. 姑娘们挡住寨门,是为了

A. 不许迎亲队伍进寨　　B. 要"买路钱"

C. 开新郎的玩笑　　D. 要"买路钱",开新郎的玩笑

3. 傣家新郎在迎亲的时候,不许做什么事?

A. 包上头巾,带上砍刀　　B. 敲锣打鼓

C. 要"买路钱"　　D. 恭恭敬敬请求开门

4. 孩子们挡住迎亲队伍是为了

A. 给他们喝酒　　B. 要喜钱

C. 嚷嚷　　D. 不让新郎进去

5. 新郎找不到新娘是因为

A. 新娘被人藏起来了　　B. 新娘不想见他

C. 新娘不好意思见他　　D. 新娘想让他被姑娘们嘲笑

(三) 判别正误:

1. 傣家新郎的迎亲活动常常是在早上开始的。(　　)
2. 新郎带着砍刀一个人来到新娘的寨子。(　　)
3. 姑娘们把寨门关住了。(　　)
4. 姑娘们向新娘要"买路钱"。(　　)
5. 姑娘们要给迎亲的队伍喝米酒。(　　)
6. 迎亲队伍进了寨后,很容易就进了新娘家。(　　)
7. 新娘的弟弟妹妹不许新郎进家门。(　　)
8. 红包是装喜钱的。(　　)
9. 如果找不到新娘,新郎只好回家,明天再来。(　　)
10. 新郎找不到新娘时,姑娘们会主动帮助他。(　　)

11. 婚礼在男方的竹楼举行。(　　)

(四) 根据课文填空：

1. 西双版纳居住着__________的傣家人。
2. 新郎__________头巾，__________砍刀，在亲朋好友的__________下，一路__________来到新娘住的寨子。
3. 经过__________热闹后，姑娘们__________准备好的米酒，__________迎亲队伍。
4. 迎亲队伍________________地来到了新娘家门口。
5. 新郎________________进了竹楼，却找不到新娘。

(五) 请写出傣家婚礼的过程：

1. 　　　　　　　　　　3.

2. 　　　　　　　　　　4.

三、披着羊皮的人

汉语中常用“披着羊皮的狼”来形容那些看起来温和而实际上狠毒的人。可是，在内蒙古大草原上，有时却会出现一种披着羊皮的人。这是怎么回事呢？

每年到了春天，草原上的母马就开始生小马驹了。像人类一样，马群中也总有那么几个坏妈妈，它们生下孩子就跑了，不愿承担抚养的责任。更可恶的是，当牧人带着饥饿的小马找到它时，它不仅不给它的孩子喂奶，反而对小马连踢带咬，有时甚至一脚将小马踢出老远。对于这样的马妈妈，你就是用鞭子打它一顿也没有用。

可是草原上聪明的牧人却有办法。他们会在傍晚的时候，把无情的马妈妈和它的孩子带到远离人群和马群的地方，用一根长长的绳子把母马拴住，使它不能跑远。天黑下来了，四周静悄悄的，只有夜风呼呼地吹过。这时，突然传来了可怕的狼叫声，接着，月光下远远地出现了狼的身影。母马和马驹都吓坏了，它们紧紧地靠在一起。马妈妈也顾不上踢打它的孩子了，小马趁机躲在妈妈的肚子下大口大口地吃上了妈妈的奶。

奇怪的是，那只狼一直在远处嗥叫，围着它们转，却不扑过来，原来那只狼是牧人披着羊皮，趴在草地上装出来的。他边爬边叫，一直到母马和马驹不再分开才离去。

这就是披着羊皮的人。

(485字÷　　分钟＝　　字/分钟)

改写自《羊皮“人”》，作者　山野，原载于《青年周末》1996年7月

练　　习

(一) 根据课文内容，选择下列词语的正确解释：

1. 披

　A. 盖在背上　　B. 放在肩膀上　　C. 放在手上　　D. 手里拿着

2. 温和

A. 温暖舒服　B. 不冷不热　C. 很亲切　D. 很暖和

3. 狠毒

A. 有很多毒　B. 生气　C. 非常厉害　D. 心非常坏

4. 马驹

A. 一匹马的名字　B. 小马　C. 很健壮的马　D. 小公马

5. 牧人

A. 马群中的好妈妈　B. 管理马群的人

C. 可恶的人　D. 农民

6. 连踢带咬

A. 又踢又咬　B. 踢一下,咬一口

C. 踢一踢,咬一咬　D. 用力踢,用力咬

7. 踢出老远

A. 踢出家门　B. 踢到很远的地方

C. 踢出去　D. 踢得总是很远

8. 拴

A. 用手拉住　B. 全部放在一起

C. 把绳子绕在物体上使不能松开　D. 手拉住绳子

9. 趁机

A. 坐飞机　B. 偷偷　C. 利用机会　D. 顺便

10. 大口大口地吃

A. 一口一口地吃　B. 一次吃很多

C. 嘴巴张得很大地吃　D. 每一口都吃得很多

(二) 根据课文内容,选择正确答案:

1. "披着羊皮的狼"是指

A. 有一张羊皮的狼　B. 有一张狼皮的羊

C. 穿着羊皮衣服的狼　D. 表面很好而内心很坏的人

2. 马群中

A. 有很多坏妈妈　B. 没有几个坏妈妈

C. 有一些坏妈妈　D. 有少数坏妈妈

3. 坏马妈妈

A. 不愿承担抚养小马的责任　B. 是披着羊皮的狼

C. 不喜欢给小马喂奶　D. 经常被牧人打

4. 坏马妈妈看到自己的孩子时

A. 会给它喂奶　B. 会把它踢出老远

C. 会用鞭子打它　D. 会把它踢出去老远;会用鞭子打它

5. 聪明的牧人的办法是

A. 晚上让小马去马妈妈那儿吃奶　B. 装成狼使母马和小马害怕

C. 让狼来教训母马　　　　　　　D. 用绳子把母马拴住

6. 披着羊皮的人是

A. 狼　　　B. 小马　　　C. 牧人　　　D. 狠心的母马

(三)判别正误:

1. 披着羊皮的狼和披着羊皮的人都是用来形容那些看起来温和、实际上狠毒的人。(　　)
2. 春天是母马生小马的时候。(　　)
3. 像马一样,人类也有一些不愿抚养自己孩子的人。(　　)
4. 这些坏妈妈不愿给小马喂奶,而且还要踢小马、咬小马。(　　)
5. 牧人经常用鞭子打这些坏妈妈。(　　)
6. 坏妈妈被打以后,就给小马喂奶了。(　　)
7. 牧人用绳子把母马拴住是为了使它不能跑远。(　　)
8. 马妈妈听到狼叫声后,就把小马踢得很远。(　　)
9. 那只狼很快就跑到了母马和小马的身边。(　　)
10. 那只狼是牧人披着狼皮假装的。(　　)

(四) 根据课文填空:

1. 马群中的坏妈妈__________给它的孩子喂奶,__________对小马__________,有时__________一脚将小马__________。
2. 在________的时候,________的马妈妈和它的孩子被带到__________的地方。
3. 天黑下来了,四周__________的,只有夜风__________地吹过,这时突然传来了__________的狼叫声。
4. 母马和马驹都吓坏了,它们__________靠在一起。

(五) 回答问题:

1. 马群中的坏妈妈对自己的孩子怎么样?
2. 聪明的牧人有什么好办法可以使小马吃到妈妈的奶?
3. “披着羊皮的人”是怎么一回事?

四、“扫 天 婆”

如果你想出门旅游,可是老天爷却一直下雨,不对你露出笑脸,你怎么办呢?每天听天气预报,耐心地等待,这大概是现代人惟一能做的事。

可在过去,民间却流传着许多有趣的风俗,表现了人们不愿意坐等天晴的愿望。据《中华风俗志》记载,每当遇到久雨不晴的天气,人们就用纸剪一些手拿扫帚的女人,把她们或倒贴在墙壁上,或倒挂在屋檐下,来祈求天晴。人们把这种小纸人叫“扫天婆”。为什么要倒着呢?古人的解释是:“扫天婆”是天帝的女儿,把她倒挂起来,一方面是方便她扫除天上的云雨,一方面要让她经受倒挂的痛苦,好让天帝快快驱散云雨。

这种风俗在不同的地方有不同的变化。在河南,“扫天婆”是用麦秆做的。这种“扫天婆”不怕雨淋，可以在屋檐下挂很久。微风吹来，“扫天婆”摇摇摆摆，好像真的在扫天一样。

在甘肃，“扫天婆”变成了“取云娘娘”，她头戴花冠，脚踩乌云，双手还抓着两朵云。

这种风俗还流传到了日本。不过，在日本“扫天婆”变成了“照照坊主”，意思是“扫晴的小和尚”。这个小和尚比较幸运，它是被正着挂在屋檐下的。遇到久雨的日子，人们便在它的身上写满“照”字，以祈求天晴日晒。

随着科学的<u>普及</u>，人们已经明白“扫天婆”是扫不去云雨的。可是，这是一个多么美丽的愿望啊！

(511 字 ÷ 　　分钟 = 　　字/分钟)

改写自《让明天天晴吧》，作者　伊良，原载于《南方周末》1997 年 3 月

练　　习

(一) 根据课文内容，选择下列词语的正确解释：

1. 老天爷
   A. 天上的爷爷　B. 老爷爷　C. 天太老了　D. 天
2. 露出笑脸
   A. 脸上有笑容　B. 天开始变晴　C. 不向你笑　D. 开始笑
3. 流传
   A. 传下来　B. 广泛地传播
   C. 用水流传播　D. 流行并流下来
4. 风俗
   A. 流行的风　B. 流行的礼节和习惯
   C. 一种习惯　D. 一种天气
5. 屋檐
   A. 屋子的一面墙　B. 屋顶
   C. 屋顶伸出墙外的部分　D. 屋顶上的窗子
6. 祈求
   A. 命令　B. 要求　C. 真心请求　D. 强烈要求
7. 麦秆
   A. 麦子　B. 用麦子做的饭
   C. 麦子的茎　D. 麦子开的花
8. 普及
   A. 到达　B. 普遍推广　C. 普通　D. 普通知识

(二) 根据课文内容，选择正确答案：

1. 如果你想出门旅游，可是天一直下雨，你怎么办？
   A. 出去看看　B. 耐心地等
   C. 听天气预报　D. 耐心地等待；听天气预报

2. 在民间,不愿坐等天晴有什么办法?

A. 用扫帚扫天　　B. 剪一些扫帚

C. 用纸剪一些手拿扫帚的女人　　D. 祈求天晴

3. 人们把这些纸人

A. 贴在墙上　　B. 挂在墙上

C. 贴在墙上或挂在屋檐下　　D. 倒贴在墙上或倒挂在屋檐下

4. 人们剪"扫天婆"是因为

A. 她挂起来很好看　　B. 她能扫除云雨

C. 雨天无事可做　　D. 用她可以祈求天晴

5. 人们挂"扫天婆"或贴"扫天婆"时,常常是

A. 头朝天,脚朝地　　B. 脚朝天,头朝地

C. 头朝墙壁,脚朝屋檐　　D. 脚朝墙壁,头朝屋檐

6. 人们把"扫天婆"倒着,是因为

A. 她是天帝的女儿

B. 这样扫天比较方便

C. 这样天帝会快快地驱散云雨

D. 这样扫天比较方便,天帝会快快地驱散云雨

7. 什么地方的"扫天婆"不怕雨淋?

A. 河南　　B. 甘肃　　C. 日本　　D. 河南、甘肃

8. 什么时候,"照照坊主"身上的"照"字最多?

A. 挂在屋檐下时　　B. 很长时间不下雨时

C. 下雨的日子　　D. 天晴的日子

9. 人们已经明白了

A. 科学的普及　　B. "扫天婆"很可爱

C. 美丽的愿望　　D. "扫天婆"扫不去云雨

(三) 判别正误:

1. 老天爷不喜欢笑。(　　)
2. 出门旅游一定要耐心地等待。(　　)
3. 如果遇到久晴不雨的天气,人们常剪一些"扫天婆"。(　　)
4. 剪"扫天婆"表现了人们不愿坐等天晴的愿望。(　　)
5. "扫天婆"是一个老太太。(　　)
6. "扫天婆"都是用纸剪的。(　　)
7. "扫天婆"的手里都有一把扫帚。(　　)
8. 不同的地方,"扫天婆"的样子也不一样。(　　)
9. 河南的"扫天婆"在刮风时真的会扫天。(　　)
10. "取云娘娘"就是"扫天婆"。(　　)
11. 日本的"照照坊主"是中国的"扫天婆"变过去的。(　　)
12. 日本人挂"照照坊主"的办法是头朝上,脚朝下。(　　)

13. 人们在“照照坊主”的身上写满“照”字是因为天太黑了。(   )

(四) 解释下列词语:

1. 扫天婆:
2. 取云娘娘:
3. 照照坊主:

(五) 根据课文填空:

1. 每当遇到_________、_________的天气,人们就用纸剪一些_________的女人。
2. 人们把“扫天婆”或_________在墙壁上,或_________在屋檐下,来_________天晴。
3. 在河南,“扫天婆”是用_________做的,这种“扫天婆”不怕_________,可以在屋檐下挂很久。
4. “取云娘娘”头_________花冠,脚_________乌云,双手还_________两朵云。

(六) 回答问题:

1. 人们为什么要剪“扫天婆”?
2. 为什么要将“扫天婆”倒着挂起来?
3. 这种风俗在不同的地方有什么不同?

第十九单元

一、仓颉[①]造字

盘古[②]氏开天辟地以后，地面上还是一片混沌。人同野兽一样生活，活着就是为了吃饱肚子，吃饱了肚子就只懂得生男育女，做过的事情马上就会忘记，自己活了几岁也讲不清楚，甚至父亲跟儿子都不认识。至今有句俗话叫"年纪活在狗身上"，就是从这个典故而来，意思是讲一个人虽然年龄很大，但是不明白事理，白活了一大把年纪。

当时，天上有个天神叫伏羲(xī)大帝，他不愿看着人类这样生活，就派了一个叫仓颉的弟子，造几个可以拼拆的简单文字教给人们。人只要学会拼拆，一字就能变成八字，八字变成六十四字，字越变越多，人也就越变越聪明，最后就能通晓万物，做大地的主人了。

天上的另一位天神洪钧老祖知道这件事情以后，认为人一旦学会认字计算，就要变成人精，今后会把天地搞得乱七八糟，就派了他的弟子太上老君来劝阻仓颉说："人变聪明了，他的良心会坏，聪明人一多，天下就不安宁了。"仓颉不听他的劝告，说："我必须听从大帝的命令，让人类获得智慧。"

太上老君知道劝说无效，就召集神灵和鬼魂，命令他们去吓散跟着仓颉学字的人群。由于神灵和鬼魂时时捣乱，仓颉不能专心地教人认字，于是，仓颉画了个"阴阳太极八卦图"来镇压鬼神。因为仓颉把天神才拥有的"阴阳太极八卦图"泄露给了人类，违反了天神的戒律，所以，仓颉不得不回天上接受大帝的惩罚。

仓颉没有完成教人认字的任务，所以人们只学到了一半，一个字最多只能变化四个，也只能发四个音。又因为各个地方的学生学的程度不一样，所以直到今天，同一个字在各个地方就会有不同的读法和不同的用法。

(636字÷　　分钟=　　字/分钟)

改写自《仓颉造字》洪顺口述，尹培民搜集，原载于《中国神话》，上海文艺出版社

注　释

① 仓颉　Cāng Jié　古代传说中汉字的创造者。

② 盘古　Pángǔ　古代传说中创造世界的神。

练　习

(一) 根据课文内容，选择下列词语的正确解释：

1. 通晓

A. 全部通过　B. 彻底了解　C. 已经通知　D. 完全控制

2. 一旦

A. 一个早晨　　B. 一天　　C. 要是　　D. 很快

3. 劝阻

A. 说服别人不要去做　　B. 用行动表示同意

C. 很气愤地说　　D. 说明意见

4. 安宁

A. 安全　　B. 安静　　C. 平安舒服　　D. 安定平静

5. 无效

A. 没有意思　　B. 没有反应　　C. 没有效果　　D. 没有回答

6. 召集

A. 说服　　B. 集合　　C. 告诉　　D. 请求

7. 时时

A. 常常　　B. 有时　　C. 每小时　　D. 天天

8. 专心

A. 专门的决心　　B. 专家的耐心　　C. 集中注意力　　D. 全心全意

9. 泄露

A. 把不该让人知道的事说出去　　B. 把东西悄悄地送给朋友

C. 把东西送到别人那里　　D. 把八卦图的画法教给人们

10. 戒律

A. 法律　　B. 规律　　C. 习惯　　D. 意思

(二) 根据课文内容,选择正确答案:

1. 世界刚开始的时候是下面的哪种情况?

A. 人像动物一样生活　　B. 人和狗一起生活

C. 人的年纪都很大　　D. 吃过饭就忘记别的事

2. 伏羲大帝对人类的态度是

A. 希望人类生活得更好　　B. 不想让人更聪明

C. 想让人类创造文字　　D. 想让人类成为自己的弟子

3. 伏羲大帝派仓颉

A. 做大地的主人　　B. 学习文字的变化

C. 和人类一起生活　　D. 教人们认字

4. 洪钧老祖知道这件事后,认为

A. 人类学会字后有好处　　B. 人类学会认字后会变坏

C. 他的弟子也应该学认字　　D. 人类会更有良心

5. 太上老君劝说无效后是怎么做的?

A. 送了一幅"阴阳太极八卦图"　　B. 违反了天神的戒律

C. 让神灵和鬼魂来干扰　　D. 让仓颉专心教认字

6. 仓颉画"阴阳八卦图"是为了

A. 帮助人们认字　　B. 召集神灵和鬼神

C. 执行大帝的命令　　　　　　　　　　D. 镇压鬼魂

7. 仓颉为什么要接受大帝的惩罚?

A. 他没有完成任务　　　　　　　　　　B. 他违反了天神的戒律

C. 他镇压了鬼神　　　　　　　　　　　D. 他教学不专心

(三) 根据课文内容,判别正误:

1. 开天辟地以后,人类没有什么智慧。(　　)
2. “年纪活在狗身上”是说狗帮助人记年纪。(　　)
3. 伏羲大帝很同情人类。(　　)
4. 教人们学会文字是为了多变一些字。(　　)
5. 洪钧老祖担心人学不会文字。(　　)
6. 盘古氏希望人类获得智慧。(　　)
7. 太上老君让神灵和鬼神去吓仓颉。(　　)
8. “阴阳八卦图”是用来对付鬼神的。(　　)
9. 大帝不同意把“阴阳八卦图”给人类。(　　)
10. 仓颉没有完成任务。(　　)

(四) 连句成段:

1. 字越变越多,人也就越变越聪明。
2. 伏羲不愿看到人类这样生活。
3. 最后就能通晓万物,做大地的主人了。
4. 人学会拼拆以后,就可以一字变八字,八字变六十四字。
5. 就让仓颉造几个可以拼拆的文字教给人们。

(五) 回答问题:

1. 世界刚开始时,人类的生活情况如何?请用具体事例说明。
2. 仓颉想用什么办法来帮助人类?
3. 太上老君是如何劝说仓颉的?
4. 仓颉为什么没有完成教人类认字的任务?
5. 今天全国为什么有那么多方言?

二、铁观音

相传清朝乾隆年间,福建省安溪县西坪上尧乡松树头村,有一位名叫魏钦的茶农,他诚实厚道,管理的茶园,深耕细作,产茶最多;采制的茶叶,烘焙[①]独到,质量特优。他的家中供奉着一尊观音[②]佛像,每天早晚都要冲泡三杯香茶,恭恭敬敬地捧到佛像前。如此持续十多年,从不间断。

一夜,魏钦在熟睡之中梦见自己登上了屋后的石崖,在石崖上发现了一株奇特的茶树,有一人多高,枝叶茂盛,散发出一阵阵兰花香味。魏钦感到奇怪:“石崖上什么时候长出了这棵茶树来?”他正想伸手采摘,忽然一阵狗叫,把他的好梦搅醒了。

第二天一大早，魏钦沿着梦中的路径登上屋后的石崖，仔细一看，果然在崖石中长着一株茶树，这棵茶树枝壮叶茂，活像一把撑开的凉伞，茶叶青翠，清香扑鼻……与梦中所见一模一样。魏钦小心地采摘了数十片茶叶，回到家中，精心制作，又烧好开水，用宜兴③茶壶冲泡。嘿！只见热气腾腾，奇香四溢；茶水入口，回味无穷，令人顿时精神大振。魏钦欣喜无比，认定这棵茶树是山中的茶王，于是，他决定在家培植。

魏钦又一次上了石崖，从茶树上取下了几根枝条，拿回家中，分种在几个铁锅里，精心培育。经过两三年，那几棵小茶树株株茁壮，叶叶青翠。魏钦适时采制，请朋友们品尝。凡是饮过此茶的人都赞不绝口，称之为茶王。一天，有一位塾师④尝到这好茶，便惊奇地问："这是什么茶？"魏钦就把得茶的经过详细地告诉了塾师，并请塾师为茶命名。塾师想了想，说："这茶是观音借梦送给你的，你又在铁锅中培育成功，还是叫'铁观音'吧。"

从此，"铁观音"名扬四海。在人们的传说中，都说"铁观音"是茶农魏钦在梦中梦出来的。

(663 字 ÷ 　　分钟 = 　　字/分钟)

改写自 《说茶》，作者 吴尚平，人民交通出版社 1991 年 12 月

注　　释

① 烘焙　hōngbèi　用火把茶叶烘干。
② 观音　guānyīn　佛教的菩萨之一。
③ 宜兴　Yíxīng　地名。
④ 塾师　shúshī　旧时私立学校的老师。

练　　习

(一) 根据课文内容，选择下列词语的正确解释：

1. 相传
   A. 互相转告　B. 互相传递　C. 根据宣传　D. 根据传说
2. 厚道
   A. 诚恳宽容　B. 善于说话　C. 说话很慢　D. 热情好客
3. 独到
   A. 一个人到达　B. 和别人不一样
   C. 自己找到　D. 达到一个标准
4. 搅
   A. 摇动　B. 推动　C. 打扰　D. 喊叫
5. 活像
   A. 动起来就像　B. 非常像　C. 活着的时候像　D. 不太像
6. 认定
   A. 确定地认为　B. 做出决定　C. 肯定认识　D. 认识后确定

7. 适时

A. 有时候　B. 在适当的时候　C. 在某个时候　D. 不时

8. 赞不绝口

A. 称赞的话说不出口　B. 不知道该什么好

C. 不停地称赞　D. 在心里称赞

9. 命名

A. 取个名字　B. 与生命有关的名字

C. 上级决定的名字　D. 说出它的名字

10. 名扬四海

A. 在沿海有名　B. 在海上有名

C. 比四个海洋更有名　D. 全国有名

(二) 根据课文内容,选择正确答案:

1. 魏钦每天都做的一件事是

A. 管理茶园　B. 采制茶叶　C. 捧出佛像　D. 向观音敬茶

2. 一夜,魏钦在梦中

A. 采摘茶叶　B. 登上屋子

C. 发现了一棵茶树　D. 说梦话

3. 第二天,魏钦找到茶树后,就

A. 告诉了朋友们　B. 用开水泡茶

C. 采摘了一些　D. 在家培植

4. 魏钦第二次上石崖时

A. 砍掉了这棵茶树　B. 取下了一些枝条

C. 带了几个铁锅　D. 请来了几位朋友

5. 魏钦培育这种茶用了

A. 两三个月　B. 两三年　C. 两三天　D. 十多年

6. 一位老师品尝到这种茶后

A. 也在家培植　B. 向朋友介绍

C. 写了一篇文章　D. 给茶取了个名字

7. 尝到这种茶的人

A. 都说不太好　B. 都说非常好　C. 都没有意见　D. 都不喜欢

8. 这种茶名叫"铁观音"是因为

A. 观音借梦送给魏钦

B. 塾师喜欢观音

C. 魏钦在铁锅中培育成功

D. 魏钦在铁锅中培育成功观音借梦送给他的茶王树

(三) 根据课文内容,判别正误:

1. 魏钦是古代的一位种茶的农民。( )

2. 魏钦每天都要给观音佛像送三次茶。( )

3. 观音在梦里告诉魏钦石崖上有棵茶树。(　　)

4. 魏钦发现了茶树和一把凉伞。(　　)

5. 魏钦制作出茶叶后非常惊奇。(　　)

6. 过了两三年,铁锅里的小茶树长大了。(　　)

7. 魏钦的朋友们把这种茶叫"铁观音"。(　　)

8. "铁观音"成了一种名茶。(　　)

(四) 连句成段:

1. 魏钦小心地采摘了数十片茶叶。

2. 魏钦沿梦中的路径登上石崖。

3. 又烧好开水,用宜兴茶壶冲泡。

4. 回到家中,精心制作。

5. 仔细一看,果然有一棵茶树。

(五) 回答问题:

1. 魏钦是什么时候的人?

2. 魏钦是一个什么样的茶农?

3. 魏钦做了一个什么梦?

4. 这茶为什么取名叫"铁观音"?

5. 你还知道哪些中国名茶?

三、冬至[1]吃饺子的传说

东汉[2]时,河南南阳有个名医叫张仲景。他医术很高,不管什么疑难病症,都能手到病除,人们称赞他是妙手回春的医圣。

有一年,张仲景从长沙回南阳,正是冬天,寒风刺骨,雪花飘飘。他走到白河岸边,看到那些为生活东奔西走的穷乡亲们,面黄肌瘦,衣不遮体,有好些人的耳朵都冻烂了,他心里很难受。

张仲景一到家,登门求医的人很多。他虽然很忙,可心里总想着那些冻烂耳朵的穷乡亲。他叫他的弟子在南阳东关的一块空地上搭个棚子,架上大锅,从冬至那天开始,给穷人发药治冻伤。发的药叫"祛寒娇耳汤",做法是把羊肉、辣椒和一些祛寒药材放在锅里煮熬,等煮好后,把羊肉药物捞出来切碎,用面皮包成耳朵样子的"娇耳"下锅,然后分给来讨药的人们,每人一大碗汤,两只娇耳。人们吃下去后,只觉得浑身发暖,两耳发热。

张仲景在长沙做官时,经常为当地百姓治病,受到那里百姓的爱戴。他回到南阳后,长沙的人们想念他,每年推选几位德高望重的老人,带着乡亲们的心意来看望他。这年,张仲景得了重病,长沙老人说,长沙有一块好地,想叫他寿终时葬于长沙。南阳的人们哪里愿意?双方就吵起来了。张仲景说:"我吃过长沙水,不忘长沙父老情;我生于南阳地,不忘家乡养育恩。我死了,你们抬着我的棺材,向长沙方向走,灵绳在哪里断了,就把我葬在哪里算了。"众人一听,也不再争论了。

冬至那天，张仲景寿终了。南阳和长沙的人抬着他的尸体往长沙去。走到当年发“祛寒娇耳汤”的地方，灵绳忽然断了。于是人们就把张仲景埋在了这里，又在坟前修了一座庙，这就是现在的医圣祠。

张仲景是冬至这天寿终的，又是从冬至这天开始给大家发“祛寒娇耳汤”的，为了纪念这一天，每年冬至家家户户都包饺子吃，并说冬至吃了饺子，耳朵就不会冻掉了。

（715 字 ÷ 　　分钟 = 　　字/分钟）

改写自《冬至吃饺子的传说》杨东来采录，原载于《中华民俗源流集成——饮食卷》

注　释

① 冬至　dōngzhì　二十四节气之一，在 12 月下旬。

② 东汉　Dōnghàn　朝代名（公元 25～220 年）。

练　习

（一）根据课文内容，选择下列词语的正确解释：

1．手到病除

A．一治疗，病就好了　B．用手一摸病就好了

C．手碰过的地方就生病了　D．用手来治疗

2．妙手回春

A．手段高明，能让人看见春天　B．方法先进，感觉回到了春天

C．手很漂亮，做手术做得好　D．医术高超，能挽救病人的生命

3．东奔西走

A．一会儿向东，一会儿向西　B．不是向东，就是向西

C．四处奔忙　D．没有方向地乱走

4．衣不遮体

A．衣服太小，遮不住身体　B．衣服太破，盖不住身体

C．没有衣服穿　D．衣服太难看

5．好些

A．一些　B．好的那些　C．好一点儿　D．很多

6．弟子

A．弟弟的孩子　B．弟弟的爱人　C．服务员　D．学生

7．讨药

A．要药　B．讨论药　C．问药　D．吃药

8．爱戴

A．爱护　B．敬爱　C．喜爱　D．喜欢带

9．德高望重

A．品德高，视力好　B．品德高，看得远

C. 品德和名望都很高　　D. 品德高尚，地位不太重要

10. 寿终

A. 退休　　B. 回家　　C. 去世　　D. 毕业

（二）根据课文内容，选择正确的答案：

1. 张仲景是一位

A. 医术很高的名医　　B. 只治疑难病症的医生

C. 专治手病的名医　　D. 在春天治病的名医

2. 张仲景心里很难受是因为

A. 天气太冷　　B. 看到穷人太忙

C. 看到穷人太多　　D. 看到穷人冻烂了耳朵

3. 羊肉和辣椒都是

A. 好吃的东西　　B. 很贵的东西

C. 吃了可以让人发热的东西　　D. 普通的药材

4. “祛寒娇耳汤”是

A. 张仲景自己做的　　B. 张仲景教穷人们做的

C. 张仲景的学生们做的　　D. 穷人们自己做的

5. 长沙的人们希望

A. 学习做“祛寒娇耳汤”　　B. 把张仲景葬在长沙

C. 张仲景回到长沙住　　D. 张仲景回到长沙做官

6. 当南阳人和长沙人争吵时，张仲景

A. 想出了一个办法　　B. 决定哪儿也不去

C. 决定葬在南阳　　D. 决定葬在长沙

7. 后来，人们冬至吃饺子是为了

A. 不冻掉耳朵　　B. 纪念张仲景

C. 纪念冬天过去　　D. 喝“祛寒娇耳汤”

（三）根据课文内容，判别正误：

1. 张仲景家在长沙。（　　）
2. 当时穷人冬天耳朵常常冻伤。（　　）
3. 平时有很多人登门来看耳朵。（　　）
4. 张仲景在冬天常常给穷人送食物。（　　）
5. “祛寒娇耳汤”全部是用药材做的。（　　）
6. 张仲景曾经在长沙做过官。（　　）
7. 长沙人每年都派代表来看望张仲景。（　　）
8. 长沙人希望张仲景把家搬到长沙。（　　）
9. 张仲景不愿意被葬在长沙。（　　）
10. 现在我国有冬至吃饺子的习惯。（　　）

（四）根据课文内容，填空：

A. 妙手回春　B. 寒风刺骨　C. 东奔西走　D. 面黄肌瘦　E. 德高望重

1. 人们称赞张仲景是＿＿＿＿＿＿的医圣。
2. 长沙人每年推选几位＿＿＿＿＿＿老人看望张仲景。
3. 他家十分贫穷，孩子们一个个＿＿＿＿＿＿。
4. 他的一生都在为妇女的解放事业＿＿＿＿＿＿。
5. 北方的冬天＿＿＿＿＿＿，是一年中最冷的季节。

(五) 回答问题：

1. 张仲景为什么被称为医圣？
2. "祛寒娇耳汤"为什么能治冻伤？
3. 长沙人为什么都很爱戴张仲景？
4. 张仲景想了一个什么办法来解决人们的争吵？
5. 为什么冬至要包饺子吃呢？

四、鱼为什么没有腿

据说，在远古的时候，鱼跟马啦、熊啦等走兽一样，是在陆地上生活的，也长着四条腿。不是吗，你看这"鱼[①]"字底下四点，和"马[①]"字、"熊"字底下的四点一个样，都表示四条腿！那么，后来鱼为什么没有腿，又到海水里过日子呢？说起来，还有一段有趣的故事。

盘古开天地后不久，天和地差不多还连在一起，放牛娃站在山顶上能摸着天！天太低了，人呀、飞禽走兽呀、树木花草呀都觉得不好受。

女娲[②]来到人间，看到天和地是这副样子，很着急，心想：老这样子下去不行啊，得想个办法把天顶得高高的才好。女娲想啊想啊，想了七天七夜也没有想出合意的办法。一天，她看到一群走兽在山下跑呀跳呀在找吃的。别看它们的身躯又粗又大，可是有四条腿支撑着，稳得很呢！女娲看着看着，看入了神，心想：如果天也像它们一样，有四根柱顶牢，那该多好哇！对，只要有一种走兽肯把腿献出来，我就可以把它化作天柱，把天顶高。

女娲想着，走着，迎面碰到了豺、狼、虎、豹。女娲问："天地差不多连在一起，你们不觉得难受吗？"它们一个个苦着脸说："唉，怎么不难受！可是我们有什么办法呢？"女娲说："我有办法把你们的四条腿化作四根顶天柱，把天顶高，那样，大家就能快快活活地过日子啦！你们谁愿意把腿献出来？"豺、狼、虎、豹听了，连连摇头说："不行，不行！我们只有四条腿，砍去了，怎么走路？你还是向别的动物要吧！"

女娲想着，走着，迎面又碰到了牛、马、熊、鱼。女娲问："天地差不多连在一起，你们不觉得难受吗？"它们一个个苦着脸说："唉，怎么不难受！可是我们有什么办法呢？"女娲说："我有办法把你们的四条腿化作四根顶天柱，把天顶高，那样，大家就能快快活活地过日子啦！你们谁愿意把腿献出来？"牛、马、熊听了，连连摇头说："不行，不行！我们只有四条腿，砍去了，怎么走路？你还是向别的动物要吧！"一边说，一边急急忙忙地躲开了。这时，只有鱼没有走，它站在一边呆呆地想着什么。女娲问："鱼呀，你愿意把腿献出来吗？"鱼说："天地这个模样，我看着难受，总得有谁把腿献出来顶天呀！它们不肯，就砍我的吧！"女娲问："砍去了腿，不能走路了，你不后悔吗？"鱼眨眨眼说："天顶高了，大家快快活活地过日子，我后悔什么！”女娲听了，暗暗称赞。

鱼献出了腿，痛啊，血流了一地，昏过去啦！女娲赶紧拿出丝巾，把鱼的伤口包扎起来，还小心地打了两个结子。

女娲把鱼腿分别立在大地的东、南、西、北四个角，轻轻地吹了一口气。嘿！这四条腿生根了，长高了，一天长千尺，百天长万丈，很快长成了又粗又高的天柱，把天牢牢地顶住了。

天高了，鱼高兴啊。女娲说：“鱼呀，多谢你献出了四条腿。从今以后，我把你放到大海里去。大海比陆地宽广得多，你在那里自由自在地过日子吧！”

鱼进了大海，丝巾打成的结子变成了两鳍，鱼就靠着尾巴和鳍划着水游动，比在陆地上用腿走路还快呢！

现在我们剖鱼，鱼血为什么那么少？就是因为它当初献腿时血流多了的缘故呀！

(1197字÷　　分钟=　　字/分钟)

改写自《中国水生动物故事集》，编著者　王一奇、凉丁，中国民间文艺出版社

注　释

① 鱼、马　yú、mǎ　繁体字写法为：魚、馬。鱼为水中动物，马为陆地动物。

② 女娲　Nǚwā　古代传说中的女神。

练　习

(一) 根据课文内容，选择下列词语的正确解释：

1. 据说

A. 大家这样说　B. 根据别人所说　C. 有人说话　D. 不知道谁说话

2. 过日子

A. 浪费时间　B. 庆祝节日　C. 生活　D. 玩儿

3. 合意

A. 全体的意见　B. 大概的意思　C. 有意义　D. 满意

4. 支撑

A. 连接　B. 打开　C. 支持　D. 扶着

5. 肯

A. 敢　B. 愿意　C. 决定　D. 能

6. 难受

A. 舒服　B. 感觉不舒服　C. 很难接受　D. 不接受

7. 苦着脸

A. 脸上有苦的味道　B. 脸上的颜色不好看

C. 脸上显出辛苦的样子　D. 脸上显出痛苦的样子

8. 昏

A. 睡着了　　B. 摔倒了　　C. 死亡了　　D. 没有了知觉

9. 赶紧

A. 赶快　　B. 追赶　　C. 紧张　　D. 小心

10. 缘故

A. 结果　　B. 故事　　C. 原因　　D. 由于

（二）根据课文内容，选择正确答案：

1. 在远古的时候，鱼

A. 有四条腿　　B. 样子和马、熊一样

C. 下面有四个点　　D. 在海水里生活

2. 盘古开天地之后

A. 天和地一样　　B. 放牛娃常常摸天

C. 天和地距离很近　　D. 人非常难受

3. 女娲想出的办法是

A. 用动物的腿来连起天地　　B. 用四根柱子把天顶高

C. 让走兽来帮助人们　　D. 让走兽去帮助人们

4. 鱼献出腿后，

A. 死了　　B. 哭了　　C. 昏了　　D. 睡了

5. 女娲在鱼献出腿后，

A. 送给鱼一条丝巾　　B. 说了很多表扬的话

C. 包扎了鱼的伤口　　D. 小心地打了鱼两下

6. 女娲拿到鱼腿后，

A. 用鱼腿把天顶了起来　　B. 把鱼腿变成了天柱

C. 把鱼腿放在一起　　D. 对着鱼腿呼吸

7. 女娲怎样感谢鱼？

A. 让鱼很高兴　　B. 送给鱼礼物

C. 送给鱼钱　　D. 把鱼放进大海里

（三）根据课文内容，判别正误：

1. 在远古的时候，鱼在陆地上生活。（　）
2. 那时候放牛娃的个子都很高。（　）
3. 女娲来到人间后，马上想出了一个好办法。（　）
4. 女娲想用四根柱子把天顶起来。（　）
5. 女娲想借动物的腿，可是动物们都不同意。（　）
6. 鱼也和其他动物一样，同意献出自己的腿。（　）
7. 鱼献出了腿以后，痛得昏了过去。（　）
8. 女娲吹了一口气，把鱼腿变成了天柱。（　）
9. 女娲让鱼到一个大家都不知道的地方去生活。（　）
10. 现在我们剖鱼，鱼还会流血。（　）

（四）根据课文内容，填空：

1. 老这样不行啊，得想个办法把天顶得________的才好。
2. 那样，大家就可以________地过日子了。
3. 豺、狼、虎、豹听了，________摇头说不行。
4. 他们一边说，一边________地躲开了。
5. 只有鱼没有走，它站在一边________地想着什么。
6. 女娲听了，________称赞。

（五）回答问题：

1. 盘古开天地以后，世界是个什么样子？
2. 女娲想出了一个什么办法？
3. 女娲都问了哪些动物？
4. 女娲用鱼腿来做什么？
5. 鱼没有了腿怎样生活呢？

第二十单元

一、联合国：同步口译，同步笑话

联合国[1]如今已有会员国185个，虽然官方规定使用的语言只有阿拉伯语、汉语、英语、法语、西班牙语和俄语共6种，但实际上在有些场合，与会人员使用的语言多达100余种。

1月初，联合国大会忙里偷闲，展开对“未婚妈妈”这一问题的辩论。阿拉伯语译员顿时感到麻烦，因为阿拉伯语中没有这个字眼，只好请教翻译部，结果译成“即将结婚的妈妈”。这种译法，把美国人搞得摸不着头脑。

联合国现有固定译员120人，另有特约译员150人，其中能通晓四国官方语言者不多。他们有的是从小开始学的外语，有的是外语学院出身，有的则是后来“恶补”[2]而成，他们中的大多数只通晓两国语言，年薪则视其能力，从5万美元到20万美元不等。

同步口译通常是两人一组，各轮流担任半个小时，以保持头脑清醒。值班时，戴着耳机，口对麦克风[3]，手则打着手势或者摘录难记的数字。他们最怕的是汉语和阿拉伯语，往往几经转译才能表达出意思来。由于文化不同，俚语[4]也是一道障碍。法语一句俚语要译成俄语，可能要经过西班牙语和英语的双重转译，俄罗斯代表才听得明白。

正因如此，翻译时便难免南辕北辙。有一次，英语的“阉割”[5]几经转译，到最后竟成了“公变母”；炮弹上的“沙眼”(小细孔)也曾被译成了眼疾的“沙眼”。

译员的另一个困难是：有时还不能太忠实。前不久，俄罗斯代表引用了莎士比亚[6]的话：“丹麦[7]有些事情处于腐败之中。”译者照原样译出后，竟遭丹麦代表的抗议，俄罗斯代表却否认说了这样的话，译者被夹在中间左右为难。

(619字÷　　分钟＝　　字/分钟)

改写自《联合国：同步口译，同步笑话》，编译者　孝文，原载于《青年周末》1998年1月23日

注　释

① 联合国　Liánhéguó　国际组织。
② 恶补　èbǔ　此处指“短期强化训练”。
③ 麦克风　màikèfēng　传声器。
④ 俚语　lǐyǔ　通俗的口语词，是俗语的一种。
⑤ 阉割　yāngē　割掉睾丸或卵巢，使失去生殖能力。
⑥ 莎士比亚　Shāshìbǐyà　英国戏剧作家(1564～1616)。
⑦ 丹麦　Dānmài　国名。

练　　习

（一）根据课文内容，选择下列词语的正确解释：

1. 同步
   A. 两个人一起走路　　B. 两个人一起办事
   C. 两件事进行的速度一样　　D. 两件事发生的地点一样
2. 场合
   A. 一定的时间、地点、情况　　B. 一定的形状、大小、多少
   C. 两个地方合并　　D. 两个地方合作
3. 与会人员
   A. 参加会见的人　　B. 参加会议的人
   C. 联合国的工作人员　　D. 联合国的翻译人员
4. 忙里偷闲
   A. 工作很忙，没有空闲时间　　B. 工作很忙，不能偷懒休息
   C. 繁忙中抽出空闲时间　　D. 在忙碌中留出一点旅行的时间
5. 摸不着头脑
   A. 看不见自己　　B. 碰不见领导
   C. 不知道头在哪儿　　D. 不明白怎么回事
6. 通晓
   A. 深入地了解　　B. 仔细地观看　　C. 普遍和周密　　D. 流畅和明白
7. 不等
   A. 不完全　　B. 不一样　　C. 不等待　　D. 不等于
8. 南辕北辙
   A. 比喻意思完全不一样　　B. 比喻向相反方向运动
   C. 南方北方不一样　　D. 南方北方距离远
9. 左右为难
   A. 左面右面都困难　　B. 同意反对都可以
   C. 相同相反都一样　　D. 怎么做都不能使人满意

（二）根据课文内容，选择正确答案：

1. 联合国共有各类翻译人员
   A. 120 人　　B. 150 人　　C. 185 人　　D. 270 人
2. 联合国大会讨论“未婚妈妈”问题，阿拉伯语译员感到了麻烦，原因是
   A. 阿拉伯语中没有这个词语　　B. 阿拉伯语中没有这个意思
   C. 阿拉伯人没有这种情况　　D. 阿拉伯人没有这种看法
3. 联合国大多数翻译人员通晓
   A. 两种语言　　B. 3 种语言　　C. 4 种语言　　D. 6 种语言
4. 联合国翻译人员一年的工资至少有
   A. 5 万美元　　B. 10 万美元　　C. 2 万美元　　D. 20 万美元

5. 口译时,每个翻译人员一次要翻译

A. 15 分钟　　B. 30 分钟　　C. 45 分钟　　D. 1 小时

6. 翻译人员最怕汉语和阿拉伯语,因为

A. 可怕　　B. 难译　　C. 没人懂　　D. 不一样

7. 俚语是翻译的一道障碍,因为

A. 口语不同　　B. 语音不同　　C. 语法不同　　D. 文化不同

8. 一句法国俚语要译成俄语,可能要经过转译,翻译的过程是

A. 法语→西班牙语→英语　　B. 法语→英语→俄语

C. 法语→西班牙语→英语→俄语　　D. 西班牙语→法语→英语→俄语

(三) 根据课文内容,判别正误:

1. 目前已有 185 个国家参加了联合国。(　　)
2. 联合国开会时实际上只说 6 种语言。(　　)
3. "未婚妈妈"就是"即将结婚的妈妈"。(　　)
4. 联合国翻译人员工作能力越强工资越高。(　　)
5. 翻译时口要说,手也要写。(　　)
6. 有时翻译人员也会把意思译错。(　　)
7. "阉割"和"公变母"的意思一样。(　　)
8. "沙眼"在汉语里有两种不同的意思。(　　)
9. 前不久丹麦代表团抗议俄罗斯代表的讲话,翻译人员站在他们的中间加以解释。(　　)

(四) 根据课文内容,填空:

请填写文中出现的语言种类和国家名:

语言种类:________语、________语、________语、________语、________语和________语。

国家名:________国、________国、________国。

(五) 回答问题:

1. 同步口译容易发生错误,闹出笑话,原因是什么?
2. 您认为怎样才能使同步口译的工作做得更好一些?

二、钞票征婚

有人认为他是不折不扣的吝啬鬼,因为他连讨老婆这种事都想一毛不拔! 有人则认为这家伙了不得——脑筋转得快,想得出这种广泛"流通"的好办法来征婚。

吉姆·史坎若尼本人倒是不太在乎别人怎么说,他表示,不去婚姻介绍所,不在报上征婚,并不表示自己小气,只是他觉得还有其他更好的方式。吉姆的方法到底是什么呢?

原来这位 47 岁的美国加里福尼亚州单身汉将自己寂寞的一颗心全写在四处流通的

钞票上了。他在上面这样写道:“如果你是一名25岁左右的可爱的白种女性,愿意的话,请在晚上8点以后来电(号码是*******)与吉姆交朋友。”这句话打印在1元美金的白色边缘上。

吉姆表示,通常他一周大约在5张纸币上打下他的征婚信息,他这样做大概有半年之久了,先后接到50多名女性的来电。很有趣的是,这些电话有的从很远的城市打来,距离最遥远的竟然从澳大利亚打来。这一点证明了吉姆的远见。

吉姆说,那位澳大利亚女性曾经留下了她的电话号码,不过他一直没有去电话联络,他说:“你知道往澳大利亚打越洋电话得花我多少钱吗?”

其他50多位女性的来电是否带给吉姆一点儿约会的机会呢?他有点儿无奈地表示:“来电的女士以好奇者居多,大部分的人打电话给我只是想证实一下,是不是真的有钞票上说的吉姆这个人。”

尽管到现在也没有找到自己的意中人,但吉姆并没有放弃希望,他仍旧对通过“钞票广告”寻找自己的伴侣抱很大的信心。

然而,吉姆的钞票征婚梦尚未变成现实,别的麻烦已经找上门来了。美国财政部也注意到了吉姆的“征婚”方法,只是他们注意的重点放在吉姆已经涉嫌故意毁坏国币的罪行上。吉姆当然不认为自己违法,他认为信息是打在钞票四周的白色边缘上,他坚持自己不曾损坏国币。

吉姆钞票征婚究竟算不算违法,只有到法庭上见分晓了。

(714字÷　　分钟＝　　字/分钟)

改写自《钞票征婚 情书没来状纸来》,作者　任意,原载于《青年周末》1998年1月23日

练　习

(一) 根据课文内容,选择下列词语的正确的解释:

1. 征婚
   A. 寻求结婚对象　　B. 广泛寻找朋友
   C. 决定结婚日期　　D. 花钱完成婚事
2. 不折不扣
   A. 不留情面的　　B. 不听劝告的
   C. 完完全全的　　D. 真真假假的
3. 讨(老婆)
   A. 需要　　B. 要求　　C. 找　　D. 娶
4. 一毛不拔
   A. 一点力也不愿出　　B. 一分钱也不肯花
   C. 不能帮助别人　　D. 不想娶妻成家
5. 小气
   A. 过分爱惜钱财　　B. 不听别人意见
   C. 没在报上登广告　　D. 不去婚姻介绍所

6．远见

A．想得很远　　B．眼光远大

C．到远处见面　　D．去国外见面

7．无奈

A．不能忍耐　　B．没有理由

C．没有别的办法可想　　D．可惜

8．意中人

A．心中爱慕的人　　B．想像中的美人

C．双方友好的朋友　　D．经常想念的亲人

9．见分晓

A．了解情况　　B．懂得是非

C．知道结果　　D．分析原因

（二）根据课文内容，选择正确答案：

1．有人认为吉姆是吝啬鬼，因为他

A．特别聪明能干　　B．脑筋转得太快

C．想出了广泛“流通”的办法　　D．想征婚但不愿花钱

2．吉姆认为在钞票上征婚的好处是

A．可以写上想说的话

B．可以免得打电话

C．钞票能到处流传

D．钞票到处流传能起到广告的作用，又能省去广告的钱

3．有人认为吉姆了不得，意思是说他

A．比普通人勇敢　　B．比其他人聪明

C．得到了美满的婚姻　　D．得不到美满的婚姻

4．吉姆打印了征婚广告的钞票总共已经有

A．大约 250 张　　B．大约 130 张

C．50 多张　　D．大约 5 张

5．50 多位女性给吉姆打电话，大部分人是因为

A．想与吉姆交朋友　　B．想证实有没有吉姆这个人

C．想请吉姆回电话　　D．批评他故意损坏了钞票

6．吉姆没有给澳大利亚一位女性回电话，原因是

A．不知道她的电话号码　　B．打越洋电话太花钱

C．她离得太远　　D．不想与她交朋友

7．吉姆钞票征婚还没有成功，但别的麻烦已经

A．出现了　　B．解决了

C．消除了　　D．找到了

8．美国财政部认为吉姆的做法是

A．梦想不会变成现实　　B．信息不能打在钞票的四周

C. 涉嫌故意损坏国币　　　　　　D. 他至今没有放弃钞票征婚

(三) 根据课文内容,判别正误:

1. 吉姆认为用钞票征婚比去婚姻介绍所和在报上征婚好。( )
2. 有人批评吉姆的钞票征婚,但他却不太留意别人的意见,还是觉得自己做得对。( )
3. 吉姆在钞票上画了一颗寂寞的心。( )
4. 吉姆欢迎所有25岁左右可爱的女性给他打电话交朋友。( )
5. 有50多位女性给吉姆打电话,却没有给他带来一点儿约会的机会。( )
6. 吉姆打越洋电话不知花了多少钱。( )
7. 吉姆一直没有找到意中人,对钞票征婚失去了信心。( )
8. 吉姆因为用钞票征婚,可能被判为违法。( )

(四) 根据课文内容,填空:

1. 有人认为他是________的________,因为他连________老婆这种事都想________。
2. 吉姆表示,________他一周大约在5张________上打下他的________。
3. 他有点儿________地表示:"________女士以________者________,大部分的人打电话给我只是想________一下,是不是真的________上说的吉姆这个人。"
4. 吉姆钞票征婚究竟算不算________,只有到________上________了。

(五) 回答问题:

1. 本文提到了哪几种征婚方式?
2. 你认为吉姆的钞票征婚有什么优点?这种方法成功吗?

三、奇特的"双胞胎街"

南斯拉夫[①]北部有一个叫巴里奇的小镇,镇上有一条叫"巴里奇庄园"的小街。它可能是南斯拉夫最小的一条街道了,只有近20户人家。街虽小,却很奇特。因为街上所有人家的门牌号都是27号,每两户人家就有一家生了双胞胎,称得上是南斯拉夫的"双胞胎街"。

巴里奇镇位于巴里奇湖和卢多什湖之间,1970年成为单独的一个镇。划分街道时,一条小街被命名为"巴里奇庄园"街,但没有人知道究竟出于什么原因街头一户人家的门牌号被定为"27号",而且以后这条街上所有的门牌号都是"27号"。街道改名时,街头第一户人家正好生了一对双胞胎,以后,这条街上的双胞胎越来越多,现在平均每两户人家就有一对双胞胎。

住在这条街上的人非常自豪。他们说这条街是南斯拉夫最小的街道,但却是双胞胎最多的街道。当地居民已经要求政府把街道的名称改成"双胞胎街"。

"巴里奇庄园"街的双胞胎有一个特点,就是两人长得并不相像,但感情联系紧密。一位双胞胎的母亲介绍说,她生的一对异性双胞胎,其中一人情绪不好时,另外一个肯定也心情颓丧。两人上中学后，儿子学机械电子，女儿上了化工班，两人在一幢楼里上课，但不在一个教室。有一天儿子对母亲说："妈妈，我无法集中精力听讲"。后来，母亲找到校长，把两个孩子调到了一个班上课，这下两人都安心学习了。

对这里妇女生双胞胎多的原因，人们众说纷纭。有人说，因为这条街正好处于两湖之间，地下有暗河相连。有人说，附近的电线杆上有个鹳[②]的巢穴，这些鹳繁殖非常旺盛，这是人丁兴旺的象征。因此，这里的人们像爱护自己的心爱之物那样，保护着鹳窝。还有人认为，这条街处于镇子的边缘，人们的生活平静，所以生双胞胎的多。反正说什么的都有。而事实上，在"巴里奇庄园"街上住的人，前几辈都没有生过双胞胎，因此，他们没有生双胞胎的"遗传基因"[③]。所以，"双胞胎街"还真成了一个现代之谜。

(764 字 ÷ 　　分钟 = 　　字/分钟)

编著者　郭志家，原载于《中国青年报》1997 年 8 月

注　　释

① 南斯拉夫　Nánsīlāfū　国名。
② 鹳　guàn　一种鸟。
③ 遗传基因　yíchuánjīyīn　在亲代和子代之间传递信息的遗传单位。

练　　习

(一) 根据课文内容，选择下列词语的正确解释：

1. 奇特
 A. 奇怪、可怕　　B. 特别
 C. 与平时的不一样　　D. 与过去的不一样
2. 双胞胎
 A. 同一家庭的两个孩子　　B. 同一胎生的两个孩子
 C. 姊姊和弟弟两个人　　D. 哥哥妹妹两个人
3. 异性
 A. 性别不同　　B. 性格不同　　C. 性质不同　　D. 性情不同
4. 颓丧
 A. 身体瘦弱　　B. 丧失记忆
 C. 行为奇怪　　D. 精神不振
5. 众说纷纭
 A. 大家争着说不同意见　　B. 大家提出各种问题
 C. 各种不同的原因都有　　D. 各种不同的说法都有
6. 暗河
 A. 秘密的河　　B. 地下的河
 C. 光线差的河　　D. 没有水的河

7. 巢穴

A. 鸟的家　　B. 鸟的蛋

C. 电线杆的上面　　D. 两湖间的地方

8. 人丁

A. 人们　　B. 小鸟　　C. 人口　　D. 双胞胎

9. 谜

A. 看不清楚的景象　　B. 没有弄明白的事物

C. 现代社会的新事　　D. 古代流传的说法

(二) 根据课文内容，选择正确答案：

1. 巴里奇是

A. 镇的名称　　B. 湖的名字

C. 双胞胎的名称　　D. 庄园的名字

2. 巴里奇庄园街不是南斯拉夫的

A. 最小的街道　　B. 最漂亮的街道

C. 最奇特的街道　　D. 双胞胎最多的街道

3. 巴里奇庄园街这个名称是

A. 1970 年命名的　　B. 原来就有的

C. 是居民要求改的　　D. 是一个现代之谜

4. 街头一户人家的门牌号被定为"27 号"，但是

A. 没有人知道他家是多少号　　B. 他全家都不知道是多少号

C. 大家都不知道为什么定为"27 号"　　D. 大家都不知道定"27 号"的目的

5. 巴里奇庄园街的双胞胎的特点是

A. 长得很相像　　B. 感情联系紧密

C. 都是一男一女　　D. 都是同一性别

6. 有一对双胞胎在学校里学习时精力不能集中，原因是

A. 两个人不是一个专业　　B. 两个人不在同一幢楼里上课

C. 两个人不在一个班里上课　　D. 两个人不在同一所学校里学习

7. 母亲找到校长，把两个孩子调到了一个班上课，是指

A. 让两个孩子对换一个教室　　B. 让两个孩子在同一个班上课

C. 让两个孩子换一个座位　　D. 让两个孩子在同一个年级上课

8. 巴里奇庄园街双胞胎多的真正原因是

A. 街道处在两湖之间　　B. 电线杆上有鹳窝

C. 街道处在镇子边缘　　D. 目前还不清楚

(三) 根据课文内容，判别正误：

1. 巴里奇庄园街上有 20 户人家。(　　)

2. 巴里奇镇在两个湖之间。(　　)

3. 巴里奇庄园街上所有人家的门牌号都是一样的。(　　)

4. 巴里奇庄园街上每户人家都生了双胞胎。(　　)

5. 政府把巴里奇庄园街改名为“双胞胎街”。( )
6. 在巴里奇庄园街住的人,前几辈都没有生过双胞胎。( )
7. 生双胞胎是由“遗传基因”造成的。( )
8. 人们在研究巴里奇庄园街双胞胎多的真正原因。( )

(四)根据课文内容,填空:

1. “巴里奇庄园”街的________有一个________,就是两人长得并不________,但感情联系________。
2. 一对________双胞胎,其中一人________不好时,另外一个________也心情________。
3. 对这里妇女生双胞胎多的________,人们__________。
4. 有人说,附近的________上有个鹳的________,这些鹳________非常________,这是________的________。

(五)回答问题:

1. 本文告诉我们在巴里奇庄园街有哪几件奇特的事?
2. 住在这条街上的人为什么感到自豪?

四、雨水“浇”出多种语言

如果一个国家有很多高山峻岭,人们交往不便,就会形成很多方言。日本虽然是个岛国,但因为境内多山,所以日语中很多人名、地名的读音连日本人都感到头疼,日本人说自己国家的名字时至少有两种读音。除了地理因素以外,社会阶层之间如果极少交往,也会形成不同的方言。在语言学上,前者叫做“地域方言”,后者叫做“社会方言”。西部非洲是世界语言种类最丰富的地区之一,原因却同地理和社会因素无关。影响那里语言种类的竟然是气候条件——降雨量。

西非的面积比美国的国土面积还要小,但是如果从该地区西北部的塞内加尔①出发向东南方向旅行至喀麦隆②,就会发现,在这一不大的地区内竟然有700多种语言。喀麦隆只有1200万人口,却使用着275种语言;多哥③大约有500多种语言。事实上,西非的居民并没有被山岭相隔,为什么会出现这么多种语言呢?

语言人类学家丹尼尔·奈特尔经过研究,找到了问题的答案,那就是语言种类的多少和该地区的降雨季节的长短有直接关系。在西非的南部,雨季长达11个月,语言种类最丰富,而在北部的热带草原地区,每年降雨时间不超过4个月,语言的种类就少了。对于这种现象,奈特尔的解释是:如果全年降雨充沛,当地居民就会有充足的食物,同外界有无联系不会影响生存。但是,在季节性农作物为主的地区,如果粮食歉收,就会有饥荒,同外界其他地方有无来往常常是关系到生死存亡的大事。“如果你所在的地区有6个月的干旱时间,在这一段时间又无法生产食物,你就会和外界建立某种联系,通过社会交往可以获得所需的食物。”而社会交往越广泛,使用共同语言的可能性也就越大,也就是说,语言种类也就越少。

事实正是如此。在西非南部地区，居民的主食是番薯、红薯和木薯，这些农作物的产量稳定，而且可以全年收获。因此，当地居民就可以在很小的范围内活动，无需让外人明白自己的语言。在西非中部的尼日利亚④或加纳⑤，每年只有6个月的降雨，当地居民主要吃小米和高粱等谷类。这些粮食虽然可储存，但还是有不够食用的时候，所以，贸易在当地就很重要。伴随着贸易的发达，共同语言就会形成。

西非的语言种类虽然很多，但是若干年后，其数量可能会越来越少。奈特尔说："几百年后，这里的语言可能会剩下400种甚至只有40多种。因为，如果人们会说多数人会说的语言，就会在交流、贸易等方面占有优势。比如豪萨语，它是一个拥有2000万使用者的大语种，如果会说这种语言，就可以很方便地看电视、兑换货币、买卖药品和化肥。大的语种具有很强的吸引力，因为在当今世界，会说这种语言就等于有了进入整个工业化经济的金钥匙。"

（1051字÷　　分钟＝　　字/分钟）

改写自《雨水"浇"出多种语言》，作者　贾明舫，原载于《青年周末》1998年2月27日

注　释

① 塞内加尔　Sàinèijiā'ěr　国名。
② 喀麦隆　Kāmàilóng　国名。
③ 多哥　Duōgē　国名。
④ 尼日利亚　Nírìlìyà　国名。
⑤ 加纳　Jiānà　国名。

练　习

（一）根据课文内容，选择下列词语的正确解释：

1. 方言
   A. 只在西非使用的话　　B. 只在日本使用的话
   C. 只在一个地区使用的话　　D. 只在山区使用的话
2. 境内
   A. 国家边界以内　　B. 当地环境之内
   C. 环境区域以内　　D. 情况允许之内
3. 头疼
   A. 生病、痛苦　　B. 复杂、矛盾
   C. 麻烦、讨厌　　D. 失望、反对
4. 阶层
   A. 特点相同的社会集团　　B. 特点不同的社会集团
   C. 住在同一地区的人群　　D. 住在不同地区的人群

5. 西非

A. 非洲以西　　B. 非洲西部

C. 国家名　　D. 语言名

6. 充沛

A. 雨季长　　B. 雨点大

C. 面积广阔　　D. 数量充足

7. 歉收

A. 没有粮食　　B. 没有食品

C. 收成不好　　D. 收到结果

8. 外人

A. 某地区以外的人　　B. 某个民族以外的人

C. 外国人　　D. 陌生人

(二) 根据课文内容,选择正确答案:

1. 日语中很多人名、地名至少有两种读音,形成这种现象的原因是

A. 日本是岛国　　B. 日本的山高

C. 日语发音复杂　　D. 山多交往不便

2. 形成方言的原因之一是社会阶层之间

A. 很少互相交流来往　　B. 互相没有产生感情

C. 不住在同一个地方　　D. 虽有较多交往而没有共同利益

3. 与形成方言没有关系的因素是

A. 地理因素　　B. 社会因素

C. 生活习惯　　D. 气候条件

4. 从塞内加尔到喀麦隆这一地区有方言

A. 275 种　　B. 500 多种

C. 700 多种　　D. 1200 多种

5. 在西非,语言种类最丰富的是

A. 北部　　B. 南部

C. 热带草原地区　　D. 季节性农作物为主的地区

6. 西非的语言种类与气候条件的关系是

A. 雨季长,语言种类多　　B. 雨季短,语言种类多

C. 雨季长,语言种类少　　D. 与雨季长短没有关系

7. 西非居民的食物是否充足,同外界有无联系,同语言种类多少的关系是

A. 食物充足,有联系,语言种类多　　B. 食物不够,有联系,语言种类多

C. 食物充足,无联系,语言种类多　　D. 食物不够,无联系,语言种类少

8. “大的语种具有很强的吸引力,因为在当今世界,会说这种语言就等于有了进入整个工业化经济的金钥匙。”意思是

A. 会说那种语言就参加了经济活动　　B. 会说那种语言才有进入的条件

C. 要进入工业化经济就需要金的钥匙　　D. 进入了工业化经济就有了金钥匙

(三) 根据课文内容,判别正误:

1. 因地理因素形成的方言叫"地域方言",社会各阶层因缺少交往形成的方言叫"社会方言"。( )
2. 西非的方言是"地域方言"。( )
3. 西非的面积小,美国的面积大。( )
4. 塞内加尔在喀麦隆的东南方向。( )
5. 西非的居民之间有很多山岭相隔。( )
6. 在西非,雨水多,食物充足的地方方言多。( )
7. 社会交往越广泛,语言种类越少。( )
8. 几百年后,西非方言的种类不会有大的变化。( )

(四) 根据课文内容,填空:

1. 请填写出课文中出现的粮食名称:________,________,________,________,________。
2. 请填写出课文中出现的国家名:______,______,______,______,______,______,______。

(五) 回答问题:

1. 形成方言的原因有哪几种?

第二十一单元

一、猫为媒

邻家养了一只花猫,这只猫常来我家做客。饿了,它吃我剩下的饭菜;困了,它就缩在我舒适的床头,呼噜呼噜地睡觉。它的睡相很美,很乖,双目微闭,两只毛茸茸的前爪垫着下巴,非常可爱。

这只猫还有一个很美的名字。起先我并不知道,直到有一次,它又在我这儿呆了一整天,邻家的女儿阿珍下班回来,站在院子里用甜美的嗓音大喊:"丹丹,丹丹!"我开始还以为她在喊她的小侄女呢,谁想小猫闻声而起,连滚带爬地跳出窗外,找她的主人阿珍去了。我这才知道这猫还有个像人一样的名字。

从此,阿珍也知道丹丹常来我这儿吃住,只要丹丹不在家,她便直接上门来问:"丹丹在你家吗?"我往床上一指:"在啊!"阿珍看到小猫那副睡相,乐得大笑。这时,我们便谈一些猫事:猫的习性、猫的饮食等等。为了在阿珍面前表现出一副无所不知的博士样子,我花费了不少时间查找有关资料。我发现这招儿真灵,渐渐地阿珍对我越来越近乎了,有时丹丹不来她也来,话题从猫事转到了人事,她对我的工作发生了兴趣。

有一天晚上,阿珍又来找丹丹,我正在沙发上看书,丹丹靠在我身边像个温柔的小姑娘。阿珍见了笑着说:"你看呀,丹丹多像你的女儿。"我让座后说:"你也看看呀,一天都不能离开丹丹,这么晚了还来找,多像丹丹的母亲呀。"阿珍的脸一下子红了,明亮的眼中掠过一层如烟的柔情,美丽的红唇轻轻地颤了一下,像是在等待着一个美妙的时刻。

半年后,阿珍终于成为我的妻子了,同时嫁过来的还有丹丹。新婚之夜,丹丹又习惯地跳上了我们的床。看着丹丹那副悠闲的睡相,我说:"丹丹很漂亮。""看来丹丹要跟我争宠呢。"阿珍回答说。我笑了:"哪能啊,它最多只是个红娘罢了。"阿珍又乐得大笑。

(687 字 ÷ 　　分钟 = 　　字/分钟)

改写自《猫为媒》,作者　孙爱勋,原载于《西安晚报》1996 年 11 月

练　习

(一) 根据课文内容,选择下列词语的正确解释:

1. 睡相

A. 睡觉的感觉　　B. 睡觉的样子

C. 睡觉时照的相片　　D. 很舒服地睡着

2. 乖

A. 美丽的样子　　B. 安静、听话的样子

C. 胆小的样子　　D. 让人可怜的样子

3. 下巴

A. 嘴下边的部分　B. 下边的嘴巴　C. 身后的尾巴　D. 嘴巴和尾巴

4. 起先

A. 开始做……　B. 先　C. 最初　D. 首先

5. 连滚带爬

A. 很着急的样子　B. 一边滚一边爬的样子

C. 行动慌忙、四脚并用的样子　D. 急急忙忙、马马虎虎的样子

6. 上门

A. 进门　B. 敲门　C. 到别人家里去　D. 到楼上的邻居家去

7. 习性

A. 长期存在的生活传统　B. 常常表现出来的性格特点

C. 长期养成的生活特性　D. 性格、爱好

8. 无所不知

A. 不知道所有的事情　B. 什么都知道

C. 什么都想知道　D. 什么都不知道

9. 招儿

A. 手段、办法　B. 想法、计划　C. 能力、技术　D. 打算、想……

10. 灵

A. 聪明、灵活　B. 好办法　C. 用处大　D. 效果好

11. 近乎

A. 友好的关系　B. 靠近、挨着　C. 关系亲密　D. 互相了解

12. 让座

A. 请别人坐下　B. 允许别人坐在座位上

C. 同意别人坐下　D. 坐下

13. 悠闲

A. 又安静又可爱的样子　B. 又轻松又舒服的样子

C. 又美丽又可爱的样子　D. 又温柔又听话的样子

(二) 根据课文内容，选择正确答案：

1. “我”为什么喜欢邻家的小花猫？

A. 它的样子很可爱　B. 它是女朋友家的猫

C. 它有一个好听的名字　D. 它喜欢和人一样生活

2. 那只花猫为什么常来“我”家做客？

A. “我”家的饭菜好吃　B. “我”家的床很大

C. “我”喜欢它　D. “我”是它主人的男朋友

3. 第一段的意思是：

A. 猫是一种可爱的动物，它使人感到高兴

B. 邻家有一只可爱的猫，它常来“我”家做客

C. 猫是人类的好朋友，所以“我”像对待客人一样对待它

D. “我”家环境很好，是小猫生活的好地方

4. “谁想小猫闻声而起……”中的“谁想”的意思是：

A. 没想到…… B. 谁可以想到……

C. 有谁不想…… D. 谁不知道……

5. “小猫闻声而起”的意思是：

A. 小猫听到声音就起床

B. 正在睡觉的小猫被声音吵醒了

C. 小猫听到声音时就很快地起床

D. 小猫听到主人叫它的名字时很快地跳起来

6. “我”花了不少时间做什么？

A. 让阿珍喜欢他 B. 了解关于猫的知识

C. 准备和阿珍谈话的内容 D. 像一个博士那样查找资料

7. 第三段的意思是

A. 丹丹介绍“我”和阿珍相识

B. 丹丹使“我”增长了不少知识

C. 丹丹使“我”和阿珍的关系越来越密切

D. 丹丹让“我”和阿珍产生了相同的爱好和兴趣

8. 从第四段中，我们知道

A. 阿珍爱上了作者

B. “我”是个爱开玩笑的人

C. “我”像对待自己的女儿一样对待丹丹

D. 阿珍愿意做丹丹的母亲，只是感到不好意思

9. 从阿珍的“脸红”、“眼中的柔情”和“红唇轻颤”的描写中，我们可以体会到

A. 阿珍很激动 B. 阿珍是个美丽的姑娘

C. “我”同意做丹丹的父亲 D. “我”不太清楚阿珍在想什么

10. “哪能啊，……”的意思是

A. 怎么样才能…… B. 有……可能

C. 什么可能 D. 不可能

11. “猫为媒”的意思是

A. 猫充当了婚姻介绍人

B. 猫介绍两个年轻人相识并相爱

C. 猫成为男女婚姻中不可缺少的东西

D. 猫很可爱，它使喜欢它的人成为夫妻

（三）根据课文内容，判别正误：

1. 阿珍小侄女也叫丹丹。（ ）

2. 阿珍常常来我家谈论养猫的知识。（ ）

3. 我希望阿珍认为我是一个无所不知的博士。（ ）

4. 丹丹使我和它的主人相识、相爱。（ ）

5. 阿珍总是在丹丹不在的时候来我家。(　　)

6. 做丹丹的母亲使阿珍感到脸红。(　　)

7. 丹丹成了我们家庭中的一个成员。(　　)

8. 丹丹不满足于做一个红娘。(　　)

(四) 用下面的词或词组写出一段话:

一只花猫　　做客　　名字　　呼噜呼噜　　双目微闭　　和

闻声而起　　温柔的小姑娘

(五) 回答问题:

1. "我"为什么觉得邻家的猫很可爱?

2. "我"为什么要在阿珍面前表现出一副无所不知的博士样子?

3. 阿珍的脸为什么红了?

二、马是我的朋友

我是一名马术运动员,每天和马泡在一起,有苦也有乐,我觉得我们彼此像朋友一样。

马术运动员除了训练以外,还要照顾马。每天一早先刷马,训练后要让马放松,给马添草、喂饲料。我还经常买些苹果和胡萝卜给马吃,跟马的感情好极了。有时,马在训练中不小心擦伤、碰伤,我就用酒精给它擦一擦。这时,它会乖乖地把伤腿放在我腿上,像个听话的孩子,无论伤口多疼也不会乱动。

在我照顾的马中,与我感情最深的是一匹名叫塔拉的纯种伊犁[①]马。有一次,我因训练事故造成腿部骨折[②],休息了很长一段时间。这天,身体稍好一点儿,我就拄着双拐来到马房。塔拉见到我立即惊讶地退到了墙角,过了一会儿,它才小心地伸头在我腿上的石膏[③]上嗅[④]了嗅,猛地扭过头去,流下了眼泪,我也鼻子发酸,赶快离开了马房。

1994 年,我和塔拉一起参加了"全国马术精英赛"。赛前几天,我每天都去割塔拉最爱吃的剪毛草喂它。比赛那天,我穿着整齐的比赛服到马房去牵马。塔拉一见我立刻兴奋地跳了几下,然后乖乖地站好,让我给它梳妆打扮。一切准备就绪,我骑着它走向赛场,从它的蹄声中,我听出了它的兴奋。果然,我们在比赛中得了铜牌。

在训练中,还有一件事让我难忘。有一次,队里的一匹马受了伤,由于当时医疗条件很差,没有得到及时治疗,伤腿肿得有碗口那么粗,另外的三条腿也因为无法休息开始肿起来,伤马非常痛苦。不得已,队里决定杀死它。这很残酷,可也是惟一能解除痛苦的办法。我给它端去一盆拌好的苹果和胡萝卜,看着它吃完,然后牵着它慢慢地向墓地走去。它似乎从大家的举动中感到了什么,只是用忧伤的眼睛看着我,在打麻醉针后闭眼的那一刻,它的眼睛里流出了两滴泪。它就这样睡过去了……我想,这就叫生离死别吧。

(702 字÷　　分钟＝　　字/分钟)

改写自《马是我的朋友》,原载于《青年周末》1995 年 10 月

注　释

① 伊犁　Yīlí　地名，位于新疆境内。
② 骨折　gǔzhé 病名，骨头折断、变成碎块或产生裂纹。
③ 石膏　shígāo 无机化合物，在医学上用于固定受损伤的骨骼。
④ 嗅　xiù　用鼻子辨别气味。

练　习

（一）根据课文内容，选择下列词语的正确解释：

1. 马术
   A. 一种运动项目　B. 马的技术，一种杂技表演
   C. 马的比赛技术　D. 马的智力和体力
2. 彼此
   A. 我和他　B. 双方　C. 两个　D. 俩
3. 听话
   A. 同意别人的意见　B. 听从别人的话
   C. 接受别人的教育　D. 听到别人的话
4. 惊讶
   A. 吃惊　B. 惊奇　C. 惊喜　D. 奇怪
5. 就绪
   A. 事情安排好了　B. 做准备工作
   C. 按顺序做事情　D. 很快地做完了
6. 不得已
   A. 没有办法　B. 除了……以外
   C. 没有得到自己的同意　D. 没有按照自己的希望做事
7. 忧伤
   A. 担心、伤害　B. 忧愁、悲伤
   C. 特别大的损害　D. 受到了很大伤害的
8. 生离死别
   A. 活着离开，死时告别　B. 活着分别，死后见面
   C. 分离后不能再见面　D. 离开后再见面

（二）根据课文内容，选择正确答案：

1. “每天和马泡在一起”的意思是
   A. 每天和马住在一起　B. 每天和马一起呆在水里洗澡
   C. 每天有很长时间和马在一起　D. 每天都要骑着马训练马术和照顾马
2. 马术运动员除了训练，还要
   A. 训练马放松　B. 给马喂饭

C. 爱护照顾马　　D. 用酒精给马擦伤口

3. 我给马擦伤口时

A. 马像我的孩子　　B. 马不会运动

C. 马忘记了疼痛　　D. 马很乖

4. 从课文中我们了解到，马术运动

A. 使马变得兴奋

B. 使马产生了感情

C. 需要运动员和马密切合作

D. 是一项十分危险的运动，运动员和马每天都会受伤

5. “无论伤口多疼也不会乱动”是说马

A. 伤口疼得不能动　　B. 虽然伤口疼，但是它不在乎

C. 不管伤口疼不疼，它都不随便动　　D. 伤口再疼也能很安静地接受治疗

6. 塔拉

A. 使主人在训练时受了伤　　B. 见到主人很害怕，退到墙角躲了起来

C. 为主人的伤腿感到难过　　D. 会像人一样哭

7. “鼻子发酸”的意思是

A. 内心痛苦　　B. 感到难过，想哭

C. 鼻子不太舒服　　D. 鼻子感觉到了酸的味道

8. 在第四段中，我们知道了

A. 塔拉在赛前几天吃了很多草，很兴奋

B. 塔拉以兴奋的心情参加了马术比赛

C. 看到我穿得很整齐，塔拉很高兴

D. 在参加马术比赛时，塔拉很高兴地梳妆打扮

9. “睡过去了”的意思是

A. 过去睡了　　B. 睡着了　　C. 睡觉了　　D. 死了

10. 作者在这篇文章中

A. 描述了马的性格、爱好和感情　　B. 介绍了他的朋友——马

C. 说明马是运动明星　　D. 描写了他和马之间建立的深厚感情

11. 从这篇文章中，我们了解到

A. 马是一种聪明、可爱的动物，它需要主人的照顾

B. 马是一种聪明、可爱的动物，它在比赛时非常兴奋

C. 马是一种聪明、可爱的动物，它是人类的好朋友

D. 马是一种聪明、可爱的动物，但它很容易受伤

(三) 根据课文内容，判别正误：

1. 我的工作是照顾马，使它健康地成长。(　　)
2. 我和马的感情很深。(　　)
3. 马像人类一样富有感情。(　　)
4. 和马在一起，总使我感到愉快。(　　)
5. 我照顾过很多马。(　　)

6. 马看到我受伤了，流下了眼泪，是因为胆小。(　　)
7. 我和马在马术比赛中获了奖。(　　)
8. 杀死那匹伤马，我很难过。(　　)
9. 那匹伤马在睡觉以前哭了。(　　)

(四) 根据课文内容，填空：

1. 马术运动员除了______以外，还要______马。每天一早先______马，训练后要让马______，给马______草、______饲料。
2. 比赛那天，我______整齐的比赛服到马房去______。塔拉一见我立刻兴奋地______几下，然后乖乖地______，让我给它__________。

(五) 回答问题：

1. 为什么说每天和马泡在一起“有苦也有乐”？
2. 马术运动员要做哪些工作？
3. 我和马的感情是怎样建立起来的？
4. 为什么说“马是我的朋友”？

三、虎　　子

小时候，我家住在一个山村里。和村里所有的人家一样，我家也养了一条大黄狗，它有一个很威武的名字——虎子。

虎子和我最要好。当时我在离家十多里的地方上学，每天虎子都陪我翻山越岭、蹚水过河，到了校门口，它便站起来和我握手告别，还要亲一下我的脸，然后才一步三回头、恋恋不舍地回家去。到了放学时，虎子又在学校门口等着我，我俩就一路嬉耍着回家了。

山村里家家户户都用大灶做饭、取暖。我是家里惟一的男孩，上山砍柴、拾柴的活儿自然由我承担。每次上山，虎子都形影不离地跟着我，帮我照看扁担、绳子和砍好的柴。有时遇到了蛇之类的东西，虎子就会跑来警告我、保护我。最让我感动的一次是虎子几乎是舍身救我。那年冬天，我和几个小伙伴上山砍柴。砍着，砍着，远处突然出现了一只狼，虎子一见狼，便害怕地跑开了。这只狼可能是饿了，它一步一步地向我们走来。正在这十分危急的时候，虎子突然来了胆量，它一边叫一边向狼冲过去。这时幸好有几个大人路过这里，他们和虎子一起把狼赶跑了。我知道虎子是怕狼的，但为了保护我，它完全不顾自己的性命了。

虎子还是个很好的卫士。我家养了几十只鸡鸭，前后院还有几十棵苹果树、梨树、枣树和葡萄架，虎子就是这些财产的保护者。我家的房子在山下，又靠近河，几十只鸡鸭平时都在山下河里找食吃，于是老鹰[①]、狐狸[②]、黄鼠狼[③]就成了它们最危险的敌人，我就要经常带着虎子看护它们。有一次，一只老鹰抓走了一只鸡，虎子见到后就拼命地追赶。鸡的重量和老鹰差不多，老鹰飞一会儿就得歇一会儿，虎子就利用这个时间赶上去。就这样，一个在天上飞，一个在地上追，虎子一直追了半个小时，终于救下了那只可怜的母鸡。

几年前，我们全家搬到了城里，虎子无法和我们同行，只好把它送给别人。我们走的前一天，虎子不吃不喝，流了一夜的眼泪。我真舍不得离开虎子，我也一个劲儿地哭呀，连上课都在想念我的虎子。直到现在，我还时常想起虎子——我少年时代的好伙伴。

（794字÷　　分钟＝　　字/分钟）

改写自《虎子》，作者　王书春，原载于《南方周末》1997年6月

注　释

① 老鹰　lǎoyīng　一种凶猛的鸟。

② 狐狸　húli　哺乳动物，以野鼠、鸟类、家禽为食。

③ 黄鼠狼　huángshǔláng　哺乳动物，以鼠类、家禽为食。

练　习

（一）根据课文内容，选择下列词语的正确解释：

1. 要好

A. 有感情、亲近　　B. 有奇怪的关系

C. 需要保持良好的关系　　D. 关系密切，有共同的理想

2. 亲

A. 用手接触，表示爱护　　B. 用手接触，表示热情

C. 用嘴唇接触，表示关心　　D. 用嘴唇接触，表示亲热

3. 恋恋不舍

A. 离开的样子　　B. 走路的样子

C. 舍不得离开的样子　　D. 舍不得给别人的样子

4. 嬉耍

A. 游戏、玩儿　　B. 走路、跑步

C. 一边走一边谈话　　D. 又说又笑

5. 形影不离

A. 形容彼此产生影响　　B. 形容关系亲密，总是不分开

C. 身体和它的影子不分开　　D. 形容彼此没有真实的感情

6. 警告

A. 告诉　　B. 报告　　C. 通知　　D. 提醒

7. 胆量

A. 不怕危险的精神　　B. 有精神的样子

C. 有力量的样子　　D. 胆子的大小

8. 幸好

A. 幸亏　　B. 辛苦　　C. 幸运　　D. 幸福

（二）根据课文内容，选择正确答案：

1. 从第一段中，我们知道

A. 村里每个人都养了狗　　B. 村里每一家都养了狗
C. 村里每一家都养了一条大黄狗　　D. 村里每一家都养了一条叫“虎子”的狗

2. 从第二段中,我们知道
A. 每天虎子和我一起去上学
B. 我的学校在一座山上,山下有一条河
C. 学校离我家很远,虎子每天护送我
D. 虎子每天在校门口儿和我握手、玩耍

3. “翻山越岭、蹚水过河”的意思是
A. 爬过山,渡过河　　B. 又爬山又游泳
C. 爬上山去走过一条河　　D. 爬过山岭,从浅水中走过河去

4. “一步三回头”的意思是
A. 每走几步就向后退三步,形容关系密切
B. 每走三步就向后退三步,形容走得很慢
C. 每走几步就回头看一看,形容不愿分开
D. 每走一步就回一下头,形容感情深厚

5. 第三段的意思是
A. 虎子能帮助我砍柴并且能警告我
B. 虎子本来是一条勇敢的狗,而且很聪明
C. 虎子能帮助并且保护我
D. 虎子遇到了蛇会说话

6. 我上山砍柴遇到了狼,虎子
A. 为保护我变得勇敢起来　　B. 一见到狼就大喊大叫,把狼赶走了
C. 一见到狼就大喊大叫地向狼跑去　　D. 怕狼和蛇,一见到它们就逃跑了

7. 老鹰
A. 害怕狗　　B. 是一种鸡　　C. 是一种鸟　　D. 是人类的敌人

8. 那只母鸡
A. 被老鹰抓走了,很可怜　　B. 需要虎子的照顾
C. 让虎子拼命追赶　　D. 差一点儿被老鹰吃掉

9. 我家的附近有山有河
A. 给鸡鸭提供了很多食物　　B. 是鸡鸭玩耍的好地方
C. 是个天然的动物园　　D. 盛产水果

10. 虎子为什么哭了一夜?
A. 它很长时间没有吃饭、喝水　　B. 主人在上课时都在想念它
C. 它舍不得离开主人　　D. 它不愿意在农村生活

(三) 根据课文内容,判别正误:

1. 有一条大黄狗和我们家人生活在一起。(　　)
2. 虎子和我的感情最深。(　　)
3. 在我家和学校之间有山有河。(　　)

4. 虎子每天送我上学，放学后我接它回家。(　　)
5. 我们村里的每一家都用煤烧饭、取暖。(　)
6. 我上山时，虎子帮我拿砍柴工具。(　　)
7. 虎子是我忠实的朋友。(　　)
8. 虎子为离开主人而感到伤心。(　)

(四) 根据课文内容，填空：

1. 我在离家十多里的地方________，每天虎子都________我____________、____________，到了校门口，它便________和我________告别，还要________我的脸，然后才__________、__________地回家去。
2. 每次上山，虎子就__________地跟着我，__________我________扁担、绳子和砍好的柴。有时________了蛇之类的东西就会跑来________我、________我。

(五) 回答问题：

1. 为什么说虎子和作者最要好？
2. 虎子为什么会使作者感动？
3. 虎子帮它的主人做什么？
4. 作者为什么要离开虎子？

四、马戏团里的故事

上海马戏团里聚集着一批动物世界中的顶尖级马戏明星，它们独特的生活习性和高超的演技常能逗得人们捧腹大笑。

这些马戏明星们吃得很讲究，可以说是食不厌精。老虎爱吃鸡，管理员们给它吃的鸡都是拔掉毛、不带血的鸡腿之类的东西。慢慢地，老虎就变娇了，偶尔扔进去一只活鸡，它便不知道怎么办了，用爪子把鸡抓过来扔过去，不知从哪儿下嘴。这里的熊一天吃两顿，这个贪嘴的家伙给什么吃什么，鸡蛋啦、稀饭啦、馒头啦，撑死也不怕。胃口最大的要数大象，它每天除了精饲料以外，还要吃掉100多斤草。熊猫是最挑食的，它每天吃的竹子是专门从上海远郊佘(shé)山上收割运来的。动物明星们大多还有吃水果和饭后点心的习惯。大象爱吃香蕉、甘蔗、苹果之类的水果；熊猫爱吃糖和山楂片；熊爱喝蜂蜜。但老虎和狮子就从来不吃零食，充分显示出了“兽中之王”的非凡气度。是啊，如果嘴里“咔吧咔吧”嚼着糖，怎么能摆出兽王的样子呢？

马戏明星们在这里还受到了很好的照顾。它们常常洗澡，喷上消毒水，身上总是干干净净的。熊猫的笼子里还常常喷香水，这倒不是它最爱美最讲究，而是演出的需要。熊猫“伟伟”初次出国演出时，被演出场地的香水味刺激得异常兴奋，表演翻跟头时翻个没完没了。后来，管理员们就常给它喷些香水，让它适应。明星们还常被带出去散步，欣赏城市的繁华喧闹，听街上的车声、人声，训练它们习惯喧闹的环境，在演出时能不受观众的影响，专心表演节目。

管理员们对这些明星的照顾是尽心尽力的了，但明星们之间却常常会发生一些“战争”:“巴士[1]”和“的士[2]”是一对熊姐妹,姐姐长得胖些,就叫“巴士”,妹妹长得瘦些,就叫“的士”。姐妹俩起初住在一个笼子里,但它们吃饭时常常打架,而且总是打得头破血流,所以只好分开住。小象“赛莫”聪明伶俐,性格稳重,喜欢独自安安静静地吃草,而它的邻居小狗们却是一些多嘴的家伙,常常叫个不停。赛莫实在不耐烦了,就用鼻子吸些水,“哗”地一下子喷到小狗们的头上,小狗们吓得马上安静下来。

(814 字÷　　分钟＝　　字/分钟)

改写自《走马观花马戏团》,作者　夏泾、小文,原载于《现代家庭》1995 年 3 月

注　　释

① 巴士　　bāshì　　公共汽车。

② 的士　　dīshì　　出租汽车。

练　　习

(一) 根据课文内容,选择下列词语的正确解释:

1. 顶尖
   A. 山的顶峰　　B. 最尖的地方
   C. 达到最高水平的　　D. 注意力集中的
2. 讲究
   A. 种类多　　B. 要求高　　C. 凑合　　D. 又多又好
3. 偶尔
   A. 突然　　B. 常常　　C. 或者　　D. 有时候
4. 贪嘴
   A. 特别爱吃　　B. 吃东西很快　　C. 吃东西　　D. 用嘴吃
5. 撑
   A. 努力地坚持着　　B. 达到最高水平
   C. 达到装不下的程度　　D. 一直不停地做或干
6. 挑食
   A. 对食物有选择　　B. 对食物没有选择
   C. 什么食物都不吃　　D. 什么东西都吃
7. 非凡
   A. 非常平凡的　　B. 不一般的　　C. 非常一般的　　D. 不经常的
8. 气度
   A. 生气时的态度　　B. 严肃的态度　　C. 态度、气势　　D. 脾气、性格
9. 刺激
   A. 使……受到感动　　B. 使……害怕
   C. 使……高兴　　D. 使……受到影响

10. 繁华

A. 繁荣、热闹　B. 繁荣、吵闹　C. 富裕、丰富　D. 杂乱、复杂

11. 稳重

A. 稳固、不变化　B. 坚定、不运动　C. 勇敢、不吃惊　D. 庄重、不随便

12. 多嘴

A. 爱说话　B. 大声地叫　C. 有很多嘴巴　D. 很多嘴巴吃东西

(二) 根据课文内容,选择正确答案:

1. 上海马戏团

A. 有很多奇特的动物　B. 有一只演杂技的动物

C. 有动物世界中的明星　D. 有最高级的动物

2. "食不厌精"的意思是

A. 食物越精细越好　B. 什么食物都可以

C. 吃饭时不集中注意力　D. 不讨厌食物

3. "捧腹大笑"是形容

A. 高兴的样子　B. 大笑的样子

C. 抱着肚子的样子　D. 抱着肚子很高兴的样子

4. 马戏团里的老虎

A. 胃口很小,一顿吃不了一只鸡　B. 喜欢用爪子抓着鸡玩儿

C. 喜欢吃带血的动物　D. 不会吃活鸡

5. "不知从哪儿下嘴"的意思是

A. 不知道什么时候张开嘴巴　B. 不知道怎样张开嘴巴

C. 不知道怎么吃　D. 不知道吃什么

6. 熊

A. 只吃鸡蛋、稀饭和馒头　B. 胃里有很多食物

C. 很勇敢,不怕死　D. 从来不挑食

7. 大象

A. 饭量最大　B. 爱吃东西

C. 肚子和嘴巴最大　D. 一直不停地吃东西

8. 熊猫的食物是

A. 竹子　B. 佘山制造的食物

C. 一种特别的植物　D. 在上海市买不到的东西

9. 老虎和狮子

A. 没有吃零食的习惯　B. 有不一般的脾气和魄力

C. 觉得嚼着糖的样子很可笑　D. 知道怎么才能摆出兽王的样子

10. 马戏明星"常常洗澡,喷消毒水",说明

A. 这些动物喜欢人类的生活方式　B. 人们不愿意和脏的动物在一起

C. 照顾动物的工作很麻烦　D. 人们非常爱护这些动物

11. 为什么"熊猫的笼子里还常常喷香水"?

A. 使它更让人喜爱　B. 使它喜欢好的味道

C. 让它习惯香水的味道　　　　　　D. 让它像人类一样生活

12. 为什么要带动物明星们出去散步?

A. 让它们听城市的声音　　　　　　B. 让它们欣赏城市的景色

C. 让它们了解城市的生活　　　　　D. 让它们适应热闹的环境

13. 动物之间的"战争"是指

A. 它们吵架　　　　　　　　　　　B. 它们打架

C. 它们吃对方的饭　　　　　　　　D. 它们彼此不礼貌

14. "动物明星"的意思是

A. 聪明的动物是天上明亮的星星　　B. 很有名的杂技演员

C. 有名的动物演员　　　　　　　　D. 聪明可爱的动物和有名的演员

15. 这篇文章

A. 说明照顾动物不容易　　　　　　B. 指导人们怎样保护动物

C. 介绍了马戏团里的动物　　　　　D. 介绍训练动物的方法

(三) 根据课文内容,判别正误:

1. 马戏团里的动物都是演员。(　　)
2. 马戏团里的动物的食物大多经过加工。(　　)
3. 熊是一种叫家伙的动物。(　　)
4. 熊喜欢吃什么,管理员就给它吃什么。(　　)
5. 象吃的草是从远郊运来的。(　　)
6. 老虎和狮子认为吃甜的东西会失去"兽中之王"的地位。(　　)
7. 熊猫的主食是竹子。(　　)
8. 马戏团的动物都十分讲究卫生。(　　)
9. 小象和它的邻居性格不同。(　　)
10. 小狗怕大象的鼻子。(　　)

(四) 用直线把相关的内容连起来:

马戏明星	挑食
老虎	吃精饲料和草
熊	不吃零食
大象	吃饭时打打闹闹
熊猫	什么都吃
狮子	不吃带血、带毛的鸡
小熊姐妹	吃得很讲究

(五) 回答问题:

1. 什么叫马戏?
2. 动物明星为什么会让人感到高兴?
3. 人们怎样照顾那些动物明星?
4. 马戏团里的动物有哪些生活习惯?
5. 小熊姐妹为什么不住在一起?
6. 小象怎样对待它的邻居?为什么?

第二十二单元

一、营救11只野鸭蛋

柳荫公园的“锦鳞池”是这一带远近闻名的“野鸭湖”，而“拖家带口”嬉水的野鸭们一直是公园里老人、孩子们的明星。除了给鸭子们喂食外，他们甚至熟悉每一处野鸭筑巢产卵的地方。这不，人们守护石窝里那只孵蛋的母野鸭已有20多天了。

这天中午，一位老大爷急急忙忙赶到公园管理处反映，鸭妈妈突然失踪了。开始，人们以为它出去觅食了，可等了一上午，连个影子也没见到。野鸭在孵蛋时决不会离开这么久，人们断定，鸭妈妈遇到了不幸，那么，它留下的11只蛋宝宝怎么办？

好心人把这些野鸭蛋放进铺着丝棉的塑料桶，小心翼翼地“捧”到了管理处。这些圆圆的大鸭蛋却让人着急——离开母鸭，鸭仔会冻死。送养鸡场？养鸡场怕鸭蛋带菌，不收。最后，只好让公园电工班的师傅想点办法。师傅们找来一只适度的灯泡，又找来一个大灯罩盖在桶上，里面放一支温度计，白天黑夜每隔一小时检查一下“保温箱”，调节温度。第二天，北京动物园破例收下了这些“外来户”，11只野鸭蛋和那些珍禽异鸟的蛋都被放进了孵化箱①。

此后每一天，柳荫公园的职工和湖边散步的人们都像“娘家人”似地惦记着那些被送走的野鸭蛋。几天后，动物园终于传来了消息：有9只小野鸭顺利“出生”了！

野鸭孵蛋是件不容易的事。鸭妈妈要坚持近40天，中途离开不超过十几分钟，还要不停地用嘴把蛋翻来翻去，使蛋受温均匀。而这几只野鸭蛋能孵化就更不容易了。如果没有人们及时发现和保护，小野鸭会冻死在蛋壳里。

这几只小野鸭暂住在北京动物园，它们一见到人，就害怕地缩成一团。是人类使它们失去了妈妈，但是，也是人类给了它们生命。

(652字÷　　分钟=　　字/分钟)

改写自《营救11只野鸭蛋》，作者　张世雄，原载于《北京青年报》1997年5月30日

注　释

① 孵化箱 fūhuàxiāng　孵化，蛋在一定的温度和其他条件下变成小动物。incubation　孵化箱，可保持一定温度和湿度的箱体，用于人工孵化。

练　习

(一) 根据课文内容，选择下列词语的正确解释：

1. 明星

A. 漂亮的人物或动物　　B. 有名的人物或动物

C. 人们尊敬和爱护的人物或动物　D. 有名的人物或动物像明亮的星空一样

2. 守护

A. 守卫、坚持　B. 遵守、保护

C. 看护、限制　D. 看护、保护

3. 失踪

A. 不见了、找不到了　B. 丢失了、消灭了

C. 失去希望　D. 丢失的人或动物

4. 断定

A. 继续不断　B. 得出结论

C. 果然、一定　D. 不断、决定

5. 小心翼翼

A. 匆匆忙忙的样子　B. 非常害怕的样子

C. 马马虎虎的样子　D. 非常小心的样子

6. 捧

A. 搬　B. 抬　C. 双手端　D. 一只手提

7. 破例

A. 破坏了条例　B. 按照通常的规定

C. 不按照通常的规定　D. 旧的、不新鲜的例子

8. 惦记

A. 非常着急的样子　B. 非常放心的样子

C. 心里总是想着　D. 心里总是思考

(二) 根据课文内容,选择正确答案:

1. 锦鳞池

A. 有娘家人　B. 有明星

C. 有鸡蛋　D. 有野鸭

2. "拖家带口"的意思是

A. 带着一家　B. 拖着大人和孩子

C. 老野鸭和小野鸭是一家人　D. 拉着家庭,带着户口

3. 从文章的第一、二段中,我们可以知道

A. 野鸭一次只能下 11 只蛋　B. 母野鸭找食物需要一个上午

C. 野鸭在柳荫公园里做窝下蛋　D. 孵蛋的母野鸭不吃人们给它喂的食物

4. 母野鸭为什么突然失踪?

A. 它饿了　B. 受到了伤害

C. 它不想继续孵蛋了　D. 去别的地方找食物

5. "连个影子也没见到"的意思是

A. 没有日光,所以人们看不到母野鸭

B. 根本找不到母野鸭

C. 母野鸭没有影子

D. 人们看不到影子

6. 离开了母野鸭的鸭蛋

A. 带有细菌　　B. 会着凉、感冒

C. 蛋里的小鸭会冻死　　D. 不能在自然界生活下去

7. 公园电工班的师傅怎样保护那些野鸭蛋?

A. 调节房间里温度　　B. 在黑夜开着灯

C. 做了一只“保温箱”　　D. 在房间里放了一支温度计

8. 为什么说野鸭蛋是北京动物园的“外来户”?

A. 野鸭不是受到保护的动物　　B. 不是动物园里的野鸭生下的

C. 北京动物园里没有野鸭蛋　　D. 是外国野鸭生下的

9. “娘家人”的本义是指

A. 已婚女子自己父母家里的成员　　B. 女孩子的父母和她的兄弟姐妹

C. 人们像朋友一样在一起生活　　D. 已婚女子称呼丈夫的朋友

10. 从文章的第四段中,我们知道了

A. 不是所有的野鸭蛋都能孵出小野鸭的

B. 人们都非常关心蛋壳里的小生命

C. 北京动物园有很高的孵蛋技术

D. 人们是野鸭蛋的好朋友

11. 刚“出世”的小野鸭

A. 很胆小　　B. 想念母鸭

C. 喜欢缩成一团　　D. 想和人类成为朋友

12. 这篇文章

A. 介绍了柳荫公园“锦鳞池”里野鸭的生活情况

B. 讲述了一个好心人使小野鸭获得生命的故事

C. 告诉人们不要伤害正在孵蛋的母野鸭

D. 给人们讲解野鸭的孵蛋情况

(三) 根据课文内容,判别正误:

1. 柳荫公园因为野鸭而有名。(　　)
2. 野鸭生活在“野鸭湖 ”非常安全。(　　)
3. 野鸭在柳荫公园建立家庭、生育后代。(　　)
4. 公园里的老人和孩子很关心野鸭的生活。(　　)
5. 母野鸭在孵蛋时不吃饭。(　　)
6. 一位老人告诉公园管理处的工作人员母野鸭失踪的消息。(　　)
7. 人们都为即将出世的小野鸭担心。(　　)
8. 母野鸭孵蛋时很辛苦。(　　)
9. 北京动物园采用人工方法使小野鸭“出生”。(　　)
10. 只有老人和孩子才会保护动物。(　　)
11. 小野鸭失去了母亲,所以它们缩成一团。(　　)

(四) 用汉语解释下列词语：

1. 孵蛋
2. 蛋宝宝
3. 保温箱
4. 蛋壳
5. 翻来翻去

(五) 回答问题：

1. 柳荫公园的“锦鳞池”为什么很有名？
2. 人们是怎样对待那些失去母亲的蛋宝宝的？
3. “是人类使它们失去了妈妈，但是，也是人类给了它们生命。”您怎样理解这句话的意思？

二、天下老虎知多少

老虎作为百兽之王，在深山密林中威风凛凛地坐镇天下数万年。西至土耳其[①]东部，东到朝鲜[②]半岛，北至西伯利亚[③]，南到印度[④]、巴厘岛[⑤]，曾经是数十万只老虎的故乡。进入20世纪后，老虎的数量和领地锐减了95%。1969年，所有的老虎被收入世界濒危物种红皮书。世界自然基金会根据老虎原产国广泛收集的资料，最近发表了《野外的老虎》研究报告。报告指出：1969年，全球老虎总数在4600～7200只之间，世界上原有的8个老虎亚种的3支，即巴厘虎、西亚虎和爪哇虎已不复存在。

生活在我国的华南虎和东北虎，据野生动物专家估计，野生的数量分别不足10只(也说不足30只)和百只。作为一种物种，这样小的种群规模在生态学意义上保存下来已经十分困难了。

导致老虎生存危机的原因很多。世界上60%的野生老虎生活在印度境内，而在老虎出没的地区，人口较世纪初激增了50%，人类占据了老虎的家园。1972年，印度政府的一项调查发现，境内的老虎已由世纪初的约40000只骤降为不足2000只。森林资源的日益枯竭剥夺了老虎的生存空间。笔者所在的山区，70年代还有老虎出没，如今由于乱砍滥伐，密林日渐稀疏，疏林已成光秃，再也难觅老虎的踪影了。最为直接的祸首还是非法猎杀之风。在1995年10月濒临绝种动物国际贸易公约亚洲会议上收到的资料表明，印度每年捕获虎骨500公斤，印尼则形容国内猎杀苏门答腊虎的情况为“不受限制”，柬埔寨[⑥]称每月至少有两三只老虎被猎杀。1997年底，在我国内蒙古通辽市西拉木公园发生了一起悲剧：一只6岁的东北虎在虎舍中被杀死，罪犯盗走了虎皮。

曾经伴随人类生存了数万年的老虎，正在走向种族灭绝。百年之后，不，也许仅过三五十年后，老虎就可能会同恐龙一样，成为可谈而不可见的物种了。

(692字÷　　分钟＝　　字/分钟)

改写自《天下老虎知多少》，作者　祝炳光，原载于《人民日报·海外版》1998年3月4日

注　释

① 土耳其　Tǔ'ěrqí　国名。
② 朝鲜　Cháoxiǎn　国名。
③ 西伯利亚　Xībólìyà　地名。
④ 印度　Yìndù　国名。
⑤ 巴厘岛　Bālídǎo　印度尼西亚地名。
⑥ 柬埔寨　Jiǎnpǔzhài　国名。

练　习

(一) 根据课文内容,选择下列词语的正确解释:

1. 领地
   A. 占据的地区　B. 领导的地区　C. 重要的地位　D. 地理位置
2. 锐减
   A. 缓慢地减少　B. 迅速地减少　C. 不减少　D. 不增加
3. 激增
   A. 缓慢地增加　B. 迅速地增加　C. 激动地上升　D. 一点儿也不减少
4. 骤降
   A. 不上升　B. 不下降　C. 缓慢地下降　D. 迅速地下降
5. 枯竭
   A. 资源被生产出来　B. 资源被消耗完
   C. 资源被拿走　D. 资源被使用
6. 剥夺
   A. 还给、送给　B. 夺得、得到　C. 争取、得到　D. 抢走、夺走
7. 出没
   A. 出现和隐藏　B. 产生和发现　C. 得到和失去　D. 没有、消失
8. 日渐
   A. 一天一天过得很快　B. 时间很快地过去
   C. 一天一天地　D. 迅速地
9. 猎杀
   A. 限制、伤害　B. 捕捉、杀死　C. 打击、打破　D. 得到、杀死
10. 灭绝
    A. 没有一点儿希望　B. 彻底灭亡
    C. 希望消失　D. 消灭干净

(二) 根据课文内容,选择正确答案:

1. 老虎
   A. 没有几只了　B. 是自然界的皇帝

C. 在地球上生活了几万年　　　　D. 在几万年前就开始出生了

2. “百兽之王”的意思是

A. 陆地动物中最凶猛的一种　　　　B. 陆地动物世界中最古老的

C. 一百种动物中的皇帝　　　　D. 自然界生物的皇帝

3. 老虎目前的处境是

A. 进入深山密林中　　　　B. 面临灭亡的地步

C. 被人们遗忘了的红皮书中　　　　D. 被收养在公园里

4. 老虎的数量

A. 在本世纪被收入世界濒危物种的红皮书

B. 在本世纪被人们保存起来

C. 在本世纪下降的速度很快

D. 在本世纪不会急剧上升

5. 从文章第一、二段中，我们可以知道

A. 老虎是一种宝贵的动物，在自然界的地位很高

B. 老虎面临在地球上消失的危险

C. 野生动物专家对老虎产生了兴趣

D. 很多地方已经不是老虎的领地了

6. 老虎为什么会有生存危机？

A. 人类破坏了它们的生存环境　　　　B. 自然灾害使它们找不到食物

C. 生育能力太低　　　　D. 人类的猎杀和生存环境的恶化

7. 从文章第三段中，我们可以知道

A. 老虎的生存危机来自于人类　　　　B. 人类喜欢居住在老虎出没的地区

C. 人类总是在自然界制造麻烦　　　　D. 人类的某些活动导致了自然灾害

8. “乱砍滥伐”是指

A. 人类砍伐树木的计划　　　　B. 人类在山区的生活方式

C. 人类任意破坏森林资源　　　　D. 人类利用森林资源的愿望

9. 作者在这篇文章中

A. 批评那些非法猎杀老虎的人

B. 提出保护老虎生存环境的建议

C. 呼吁各国政府制定保护老虎的法律

D. 指出人类的行为有可能使老虎从地球上消失

10. 从这篇文章中，我们了解到：

A. 老虎面临着生存危机　　　　B. 老虎和恐龙一样被人类消灭

C. 人类才是自然界真正的“王”　　　　D. 只有植树造林才能避免老虎受到伤害

(三) 根据课文内容，判别正误：

1. 老虎是一个很古老的物种。(　　)

2. 老虎害怕别的兽类。(　　)

3. 在历史上虎的数量一直不多。(　　)

4．印度的人口增加得很快。(　　)

5．老虎曾经生活在广大亚洲地区。(　　)

6．本世纪60年代末，人类意识到了老虎的生存危机。(　　)

7．巴厘虎、西亚虎和爪哇虎是老虎家族中的成员。(　　)

8．至今，人类还在不停地猎杀老虎。(　　)

9．"非法猎杀之风"中的"风"是指空气的流动。(　　)

10．人类猎杀老虎主要是为了得到虎的骨和皮。(　　)

11．在不久的将来，人类可能永远看不到活着的老虎了。(　　)

(四) 选词填空：

1．A．激增　B．骤降　C．锐减

(1) 昨天下了一场大雪，气温________。

(2) 这半年来，那个村子里的大部分年轻人都去城市找工作，使从事农业生产的劳动力________。

(3) 大量的农民涌入城市，使城市流动人口________。

(4) 这几天天气炎热，各大商场里的空调销售量________。

2．A．打猎　B．猎杀

(1) 过去每年冬天，那个老人都要进山去________。

(2) ________大熊猫是非法行为。

(3) 他从来不________小动物。

(五) 回答问题：

1．哪些原因导致了老虎的生存危机？

2．除了老虎，自然界还有哪些动物很难再生存下去？

3．人类应该怎样和自然界的动物相处？

三、刀下留鲨

鲨鱼是海洋中最凶猛的动物，由于它的经济价值和不断对人类造成的伤害，使得在世界范围内对鲨鱼的捕杀日益加剧。

根据联合国粮农组织[①]的统计，全球对鲨鱼的捕杀量在过去的50年中急剧上升，1994年达到73万吨。专家们认为，由于许多国家对鲨鱼的过量捕捞都不作认真统计，因此真正的捕杀量要大大高于联合国的统计，全球每年实际捕杀量可能在6000万条至7000万条之间。印度、法国、英国和西班牙是世界上捕捉鲨鱼最多的国家。

虽然世界各地每年都有人类遭鲨鱼攻击的报道，但是和其他导致人员伤亡的事故相比，仍属少数。在澳大利亚，每年约有7200人死于意外或暴力，但其中只有一人是因遭鲨鱼袭击而丧命的。人们捕捉鲨鱼主要还是因为它巨大的商业价值。鲨鱼全身都是宝：它的肉是高级食品，骨头可以制胶，鱼肝油可以制成药品、润滑剂和高档化妆品，鲨鱼的皮可以制成皮革，它的软骨是上等药品的原料，鲨鱼的鱼翅更是亚洲人青睐的上乘佳肴。我国的香港是全球鱼翅贸易中心，根据香港海关的统计，鱼翅的进口量在逐年上升，其中我国的香港和台湾地区食用鱼翅的数量已占全球鱼翅消费量的三分之一。

对鲨鱼的过量捕杀已引起了世界动物学家的关注。专家们认为，大量地、无节制地捕杀鲨鱼就会破坏自然界的生物链②。鲨鱼在海洋的生物链中属于最后一环，它们吞食海洋中的不同生物。世界现存的鲨鱼共有 380 多种，它们中有食肉鲨、食植物和微生物鲨，还有一些鲨鱼则以食虾和蟹为主。这些鲨鱼的活动对于保护海洋中的生物链起着重要作用。

现在虽然鲨鱼还没有被列入《濒临灭绝的动植物国家贸易公约》的监管之列，但由于大量捕杀且捕杀的种类不平衡，目前在总共 380 多种鲨鱼中已有近百种面临着灭绝之灾，而且由于鲨鱼的孕期长达一年，多数鲨鱼要长到 8 至 15 岁才具有繁殖能力，因此如果继续对这近百种鲨鱼进行大量捕杀，它们很快就会从海洋中销声匿迹。人们在品尝鲜美的鱼翅时应该知道对鲨鱼的保护已经是刻不容缓的了。

(776 字 ÷ 　　分钟 = 　　字/分钟)

改写自《动物凶猛 人也不善 刀下留鲨》，作者　李京力，原载于《青年周末》1997 年 1 月 3 日

注　释

① 联合国粮农组织　　联合国粮食及农业组织。
② 生物链　shēngwùliàn　　各种生物之间由于食物关系而形成的一种联系。

练　习

(一) 根据课文内容，选择下列词语的正确解释：

1. 捕杀
   A. 追赶、捉住　B. 捉住、杀死　C. 打击、打死　D. 限制、伤害
2. 加剧
   A. 加快速度　B. 加深热烈程度　C. 加深感情　D. 加深严重程度
3. 急剧
   A. 速度极快地　B. 速度一般地　C. 焦急、热烈　D. 非常着急的样子
4. 暴力
   A. 能力　B. 武力　C. 突然的力量　D. 用力很大
5. 袭击
   A. 连连打击　B. 连连攻击　C. 突然攻击　D. 突然用力
6. 青睐
   A. 表示不喜爱　B. 表示喜爱　C. 看不清楚　D. 不满意
7. 上乘
   A. 上车　B. 一般的　C. 高等级的　D. 汽车上的乘客
8. 佳肴

A. 饭　　　B. 饮料　　　C. 美味的菜　　　D. 好喝的东西

9. 繁殖

A. 越来越多　　　B. 数量变化

C. 动植物越来越多　　　D. 动植物产生下一代

10. 品尝

A. 仔细地尝……味道　　　B. 认真地看……颜色

C. 试着去做……　　　D. 常常去做……

(二) 根据课文内容，选择正确答案：

1. 鲨鱼生活在

A. 陆地上　　　B. 天空中　　　C. 海水里　　　D. 江河里

2. 鲨鱼

A. 是最贵的动物　　　B. 是人类的敌人

C. 有经济力量　　　D. 是可怕的海洋动物

3. 人类为什么要捕杀鲨鱼？

A. 鲨鱼吃掉了太多的鱼类　　　B. 鲨鱼使人类不能生存

C. 海洋中的鲨鱼太多了　　　D. 鲨鱼的用途广泛

4. 在过去的50年中，

A. 人类捕杀了大量的鲨鱼　　　B. 鲨鱼对人类的伤害大大减少

C. 联合国统计了捕杀鲨鱼的数量　　　D. 人们从来不统计对鲨鱼的捕杀量

5. 在人类遇到的伤亡事故中

A. 因鲨鱼引起的占大多数　　　B. 因鲨鱼引起的占极少数

C. 没有一件是鲨鱼带来的　　　D. 因鲨鱼引起的是难以计数

6. 在澳大利亚

A. 鲨鱼只杀死了一个人　　　B. 鲨鱼使人类死于意外或暴力

C. 鲨鱼伤人不是一个严重的问题　　　D. 因为意外或暴力丧生的人数让作者吃惊

7. 鲨鱼的全身

A. 都是药品的原料　　　B. 都可以被人类利用

C. 都可以被人类食用　　　D. 都是亚洲人的上乘佳肴

8. 文章第四段的意思是

A. 捕杀鲨鱼会使鲨鱼家族灭亡

B. 世界动物学家对鲨鱼产生了极大的兴趣

B. 过多地捕杀鲨鱼不利于自然界的生态平衡

D. 鲨鱼吃掉了海洋中太多的生物，破坏了自然界的平衡

9. 从文章的第五段中，我们知道了：

A. 鲨鱼的寿命很长

B. 人类只捕杀某些种类的鲨鱼

C. 过多的捕杀会使鲨鱼从自然界消失

D. 海洋中的鲨鱼有很多种，不需要人类的保护

10．“刀下留鲨”的作者认为

A．鲨鱼资源需要人类保护　　　B．鲨鱼的生长速度太慢了

C．鲨鱼是自然界不可缺少的生物　　D．失去鲨鱼，人类会失去很多有用的东西

（三）根据课文内容，判别正误：

1．海洋中的鱼类都怕鲨鱼。（　）

2．鲨鱼给人类带来了太多麻烦。（　）

3．捕杀鲨鱼的国家在世界上占极少数。（　）

4．每年都有人类受到鲨鱼伤害，所以它们应该受到捕杀。（　）

5．人类捕杀鲨鱼只是为了得到食物和药品。（　）

6．印度、法国、英国和西班牙捕杀了大量鲨鱼。（　）

7．动物学家认为人类不应该过量地捕杀鲨鱼。（　）

8．鲨鱼种类很多，所以可以大量捕杀。（　）

9．小鲨鱼在出生前要在母亲体内生活一年。（　）

10．多数鲨鱼在 8～15 岁才能成熟。（　）

（四）用直线把相关内容连起来：

鲨鱼全身	高级食品
肉	皮革
鱼翅	药品的原料
骨头	润滑剂
鱼肝油	高档化妆品
皮	药品
软骨	制胶
	佳肴
	宝

（五）回答问题：

1．人类为什么大量地捕杀鲨鱼？

2．过量地捕杀鲨鱼会带来什么后果？

四、宠物与素食者

无论对地球状态怎样<u>评价</u>，保护环境已经成为全球性的话题，其中很重要的一项是保护动物，保护一些<u>濒危</u>动物、稀有动物。然而到了<u>素食者</u>那里，就几乎是保护所有动物了。

在人的传统观念中，人似乎自然地就拥有吃某种动物的<u>权利</u>，就像狮子天生就有吃角马[①]的权利，而动物也有吃人的权利。而当人运用了工具和技术之后，人与动物之间的关系就出现了变化。这时人类该怎样去思考该不该吃动物、吃什么动物的问题？有人说，不应该吃野生动物；有人说，应该吃数量多的动物；也有人说不再吃那些可以不吃的动物。

有位年轻的杨女士是一位素食者，她非常喜欢动物，动物在她那儿都是<u>宠物</u>。是宠物

就免不了被打扮、被折腾，她养过的一只猫被她编过小辫儿，她养的小狗出门散步时被穿上了“鞋”，因为怕它弄脏了爪子。我实在不能理解她的这种“喜欢”。我们怎么知道猫会喜欢辫子，而狗会怕弄脏了爪子？也许我们可以说，猫习惯它身上的毛自然下垂，狗更愿意让它的脚踩在土地上，而不是隔着一层布。

因此，我觉得，在一片保护动物权利的呼声中，最响亮也最可疑的声音可能就是一些宠物爱好者。他们往往会一面“囚禁”动物，一面进行“改造”动物的实验，试图培育出更令他们“喜爱”的动物品种。据报道，人类又培育出一种超级矮种马，小得和一只大狗差不多。为什么要报道这条消息呢？是因为这一品种破了吉尼斯记录②。

也不能说只有现代人才能做这种事情，我们的先辈不也在没有那么多现代技术的时代“培育”了专供观赏的金鱼吗？好好的鲤鱼让人“改造”成了现在这副样子：大大的眼泡，头顶有一堆松松的皮。

大眼鱼和矮种马明显是被人“改造”了的动物，而养狗养猫或养别的什么动物，据说，一个原因是人们喜欢它们，第二是因为现代人缺乏感情交流，孤独，于是要占有动物，与宠物建立情感关系。我们常听养宠物的人夸赞某一类动物时说“它是通人性的”。这让我不明白：无论是猫是狗，为什么它应该通人性呢？

我常常想，人有什么理由和权利要求动物改变自己的天性去通人性、去与人交流情感？宠物，宠物，在人的眼里到底只是一个玩物罢了。

(845 字 ÷ 　　分钟 = 　　字/分钟)

改写自《犁·宠物·狮子与孩子》，作者　舒可文，原载于《生活周刊》1997 年第 14 期

注　释

① 角马　jiǎomǎ　马的一种。
② 吉尼斯记录　Jínísī jìlù　一种有关各种世界之最的记录。

练　习

(一) 根据课文内容，选择下列词语的正确解释：

1. 评价
   A. 评定价值高低　B. 计算价值高低　C. 批评价值高低　D. 讨论价值高低
2. 濒危
   A. 处于安全的状态　B. 处于自然的状态
   C. 处于发展的状态　D. 处于危险的状态
3. 素食者
   A. 喜欢吃蔬菜的人　B. 只吃饭不吃菜的人
   C. 不吃肉蛋类的人　D. 什么都不喜欢吃的人
4. 权利
   A. 拥有的权力和利益　B. 具有的能力和力量
   C. 特别的力量　D. 好处、利益

5. 宠物

A. 被喂养的受人喜爱的动物　　B. 使用的受人欢迎的东西

C. 会说话的动物　　D. 一般的动物

6. 打扮

A. 打算做……使人更聪明　　B. 想做……使人更高兴

C. 使容貌、衣着好看　　D. 使容貌、衣着不好看

7. 爪子

A. 动物的脚　　B. 动物的毛　　C. 动物的角　　D. 动物的腿

8. 囚禁

A. 住在不好的房间里　　B. 不能运动的房子

C. 使……没有房子住　　D. 使……行动没有自由

9. 试图

A. 画图　　B. 打算　　C. 看的画面　　D. 考试用的图画

10. 好好的

A. 漂亮的　　B. 很好的　　C. 努力地　　D. 正常的

11. 玩物

A. 用品　　B. 工具　　C. 玩具　　D. 物品

(二) 根据课文内容，选择正确答案：

1. 保护动物的内容是

A. 保护面临灭亡的、少有的动物　　B. 保护所有的不吃肉类的动物

C. 保护那些不伤害人类的动物　　D. 保护受到人类伤害的动物

2. 素食者

A. 很重视环境保护　　B. 不吃所有的动物

C. 能使所有的动物自由地生活　　D. 几乎不吃任何濒危动物、稀有动物

3. 传统的思想认为

A. 不应该吃野生动物

B. 可以吃那些伤害人类的动物

C. 人类和动物都有吃掉对方的权利

D. 人类比动物聪明，所以有权利吃掉动物

4. 关于人和动物之间的关系问题

A. 人们的看法不同

B. 人应该把动物都吃完

C. 人类不应该运用工具和技术杀死动物

D. 在使用工具和技术方面，动物和人类不平等

5. 对于杨女士的做法，作者表示

A. 理解　　B. 高兴　　C. 不赞同　　D. 不吃惊

6. 在文章的第三段，作者的观点是

A. 应该让动物自然地生活　　B. 人类十分了解动物的爱好

C. 宠物应该像人类一样生活　　D. 动物已经习惯了过人类的生活

7. "通人性"的意思是

A. 像人一样生活　B. 理解人的感情　C. 通过人的性格　D. 学习人的性格

8. 在文章的第四、五段中，作者认为

A. 人类一直是动物的好朋友　　B. 动物和人类的关系一直很密切

C. 人类的技术使马和鱼增加了品种　　D. 人类并没有真正地维护动物的权利

9. 对于人类"改造"动物的实验，作者的态度是

A. 反对　B. 赞同　C. 高兴　D. 吃惊

10. 从第五段中，我们知道

A. 金鱼是一种食用鱼　　B. 金鱼的祖先是鲤鱼

C. 有的鲤鱼像金鱼一样漂亮　　D. 我们的先辈"改造"了很多动物

11. 人们为什么养宠物？

A. 满足情感交流的需要　　B. 自然界的动物越来越少

C. 让动物有一种美好的生活　　D. 希望得到更多动物的帮助

12. 在最后一段中，作者认为

A. 人类应该把宠物当作玩的东西　　B. 动物的天性应该让人类"改造"

C. 人类没有理由和权利改变动物的天性

D. 人类有理由和权利"改造"自然界的动物

(三) 根据课文内容，判别正误：

1. 素食者都是宠物的好朋友。(　　)
2. 人类很聪明，有理由和权利吃掉所有的动物。(　　)
3. 大多数宠物喜欢人类的生活方式。(　　)
4. 杨女士的宠物喜欢辫子和鞋子。(　　)
5. 作者认为宠物爱好者往往不能尊重动物的天性。(　　)
6. 作者觉得金鱼比鲤鱼好看。(　　)
7. 我们的先辈不喜欢鲤鱼。(　　)
8. 改变了天性的动物才能得到人类的保护。(　　)

(四) 根据课文内容，填空：

1. 有位年轻的杨女士是一位_________，她非常_________，动物在她那儿都是_________，是宠物就免不了________、被折腾。

2. 大眼鱼和矮种马明显是被人"________"了的动物，而______狗______猫或______别的什么动物，据说，一个原因是人们______它们，第二是因为现代人______情感交流，孤独，于是要______动物，与宠物______情感关系。我们常听养宠物的人______某一类动物时______"它是通人性的"。

(五) 回答问题：

1. 现代人为什么喜欢动物？
2. 你有宠物吗？你认为应该怎样对待宠物？
3. 你赞同人类"改造"动物品种吗？为什么？

第二十三单元

一、环境地理学

近年来，研究环境地理对人们的心理以及对社会经济等影响的一门学科——环境地理学正在兴起，它依据的是科学考察和科学判断。

这门新学科兴起以后，环境地理学家已帮助人们揭开了许多不解之谜。例如，在波兰华沙有一条街，那儿发生的交通事故远远高于其他地区，汽车司机一进入这条街就得格外小心。经过环境地理学家仔细考察，终于发现这条街的地下有很多潜流，它们的流动干扰了人的神经①，汽车司机受到这种干扰就很容易发生意外。又如，在某一地区，婴儿每到夜里 12 点就会哭闹不止，但一过凌晨两点就会安静下来，进入睡眠状态。有人认为，婴儿夜哭是鬼怪在捣乱。后来，科学家们发现这一地区有一座微波②发射台，每到夜里 12 点就开始紧张地工作，一直到凌晨两点才结束，婴儿受到微波的干扰，就会烦躁不安，哭闹不止。只要一离开这个地区，婴儿一切就正常了。从这些事实中可以看出，环境地理学对人类生活环境的改善是很重要的。

当然，环境地理学研究的范围是相当广泛的。例如，运用环境地理学可以对建筑造型等提出一些有益的意见，因为建筑造型对居民的心理、生理也会产生影响。据说，在蒙特卡罗③有一家赌场，开业以后总是赔本，后来，有人建议将赌场④的方形建筑改为圆顶建筑，这么一改，赌场立即扭亏为盈。原来赌徒们一走进圆顶赌场，就会产生一种眩晕的感觉，很难保持头脑清醒，赌场老板自然成了赢家了。

可以预料，在未来，环境地理学将成为一门受欢迎的学科，并将在许多领域发挥越来越显著的作用。

（609 字÷　　分钟＝　　字/分钟）

改写自《正在兴起的环境地理学》，作者　成日至，原载于《自然与人》1996 年 6 月

注　释

① 神经　shénjīng　人体或动物体内的一种组织。
② 微波　wēibō　一种无线电波。
③ 蒙特卡罗　Méngtèkǎluó　地名。
④ 赌场　dǔchǎng　赌博的场所。

练　习

（一）根据课文内容，选择下列词语的正确解释：

1. 依据

A. 依靠　　B. 依然　　C. 根据　　D. 靠着

2. 不解之谜

A. 解释不清的现象　　B. 很难解决的问题

C. 不能用语言交流　　D. 很难理解的语言

3. 格外

A. 特别　　B. 另外　　C. 一般的　　D. 有点儿

4. 潜流

A. 进入很深的水里　　B. 地面下的河流

C. 很深的河流　　D. 很浅的河流

5. 干扰

A. 扰乱　　B. 混乱　　C. 与……有关系　　D. 做……事情

6. 捣乱

A. 乱七八糟的事情　　B. 不按照规定做事情

C. 故意给别人添麻烦　　D. 做让人感到兴奋的事情

7. 开业

A. 开门工作　　B. 开始做……

C. 开始各项工作　　D. 开始营业活动

8. 赔本

A. 通过营业得到钱　　B. 营业者损失本钱

C. 还给别人钱　　D. 借给别人钱

9. 领域

A. 领导　　B. 指导　　C. 方面　　D. 地区

(二) 根据课文内容，选择正确答案：

1. 环境地理学是

A. 一门新兴的学科　　B. 一种判断

C. 发挥作用的科学　　D. 有影响的知识

2. 环境地理学研究的内容是

A. 人的心理对地理环境的影响

B. 人们的心理和社会经济之间的关系

C. 人类的心理活动和一切社会生活之间的关系

D. 环境地理对人类心理以及社会生活等方面的影响

3. 本文的第一段说明环境地理学

A. 出现不久并发展起来　　B. 有了很悠久的研究历史

C. 可以提高人类的知识水平　　D. 可以消除不解之谜

4. 环境地理学家通过考察

A. 说明了微波发射台在夜间工作的原因

B. 证明了世界上不存在鬼怪的事实

C. 解释了某些现象产生的原因

D. 解决了很多人们遇到的麻烦

5. 潜流

A. 对人类的心理产生了巨大的影响　　B. 使司机不能工作

C. 流动时影响人的神经功能　　D. 流动时使人失去神经

6. 微波

A. 在白天对人们不产生影响　　B. 是一种人造的鬼怪

C. 使婴儿养成了夜哭的习惯　　D. 影响婴儿的正常生活

7. 建筑造型对人们的心理、生活会产生影响

A. 这是一个事实　　B. 这是一个假设

C. 这是科学家的想像　　D. 这是居民的想法

8. 圆顶建筑

A. 比方型建筑更加美观　　B. 对人的视觉产生特别的影响

C. 使赌场老板头脑清醒　　D. 使赌徒们的健康受到伤害

9. "扭亏为盈"的意思是

A. 改变了赔本的局面,赚到了钱　　B. 改变了没有顾客的局面,花了很多钱

C. 改变了方法,顾客多起来了　　D. 改变了想法,老板损失了钱

10. 这篇文章谈的是

A. 环境地理学和人类生活的关系

B. 环境地理学是一门影响经济发展的科学

C. 环境地理学是人类生活中不可缺少的科学

D. 环境地理学的基础是科学考察和科学判断

(三) 根据课文内容,判断正误:

1. 环境地理学是一门古老的科学。(　　)
2. 科学家经过科学考察和判断发现了环境地理学。(　　)
3. 汽车司机受到潜流的干扰会发生事故。(　　)
4. 自然界有很多现象像鬼怪一样伤害司机和儿童。(　　)
5. 受到微波干扰的婴儿不能安静地休息。(　　)
6. 环境地理学不仅仅研究环境地理对人类健康的影响。(　　)
7. 圆顶建筑是一种使人不会思考的建筑。(　　)
8. 方形建筑不损害人的感觉。(　　)
9. 人们可以利用环境地理学改善生活环境。(　　)

(四) 用直线把相关内容连起来:

近年来	认为婴儿夜哭是鬼怪在捣乱
潜流的流动	利用环境地理学可以改善人类的生活环境
有人	使婴儿烦躁不安,哭闹不止
微波的干扰	环境地理学将在许多领域发挥作用
事实证明	环境地理学正在兴起
建筑造型	将方型建筑改为圆顶建筑
赌场老板	干扰了人的神经
在未来	对居民的心理、生理会产生影响

(五) 回答问题：

1. 什么叫“环境地理学”？它的研究内容是什么？
2. 为什么说“环境地理学对人类生活环境的改善是很重要的”？
3. 为什么说环境地理学将成为一门受欢迎的学科？

二、水旱灾害与环境

水灾和旱灾是我国最严重的两种自然灾害，它们的影响面非常大，造成的经济损失也非常严重。

我国水旱灾害严重的直接原因有自然因素，更有人为因素。在我国，一些地区的生态环境不断遭到破坏，森林面积急速减少，质量下降，从而加剧了水土流失、土地荒漠化，导致了水旱灾害的频繁发生。

长期以来，某些地区由于人口增长过猛、工农业发展过快，使得人们很少考虑到生态环境这个问题。盲目地毁林、开荒、采矿，造成了大江大河的上游水土流失加剧，冲走了大量的地表土壤，使河川水库泥沙淤积，引发了中下游地区的水灾。此外，森林的减少与质量下降，使森林所特有的调节地表温度和空气湿度的功能下降，水分蒸发过快，土壤迅速失墒[①]，从而造成干旱灾害。

正是生态环境的恶化，形成了一遇暴雨甚至中雨就会出现水灾，而短时未降水又会迅速形成旱灾的局面。反过来，水旱灾害又加剧了水土流失和土地荒漠化，如此轮回，形成恶性循环。因此，不适当的经济发展政策是所有人为因素的根源。

最近，我国政府提出了转变经济增长方式，正确处理经济建设和人口、资源、环境的关系等一系列新的经济建设指导方针，指出要使经济建设与资源、环境相协调，实现良性循环，走可持续发展的道路。这些对我国生态环境的保护和恢复，进而减轻水旱灾害具有非常重要的意义。

随着可持续发展的思想逐渐为人们所接受，为了人类共同的未来，保护我们生存的环境，减轻自然灾害的经济损失已经成为人们的共识。

(594 字÷　　分钟=　　字/分钟)

改写自《水旱灾害：生态失衡的恶果》，作者　张晓，原载于《中国国情国力》1996 年 10 月

注　释

① 墒　shāng　土壤适合农作物生长的湿度。

练　习

(一) 根据课文内容，选择下列词语的正确解释：

1. 人为

A. 人们为……　B. 人们要……　C. 人造成的　D. 做事情的人

2. 从而

A. (连词)表示结果　B. (连词)表示目的

C. (连词)表示方法　D. (连词)表示进一步的行动

3. 加剧

A. 提高速度　B. 水平更高

C. 加深严重程度　D. 加快发展速度

4. 频繁

A. 繁荣　B. 丰富　C. 次数多　D. 又多又大

5. 盲目

A. 眼睛看不见东西,批评那些闭着眼睛生活的人

B. 眼睛看不见东西,比喻做事不考虑后果

C. 眼睛看不见东西,说明眼睛的作用

D. 眼睛看不见东西,比喻没有知识

6. 流失

A. 自然资源没有被利用而损失掉　B. 自然资源被人类利用后扔掉

C. 自然资源被消灭掉　D. 自然资源自动流走了

7. 引发

A. 引起　B. 引导　C. 发现　D. 发明

8. 调节

A. 节约　B. 调整

C. 使……更节约　D. 使……加速发展

9. 功能

A. 能干　B. 成绩　C. 力量　D. 作用

10. 水分

A. 所有水的重量　B. 物体内所含有的水

C. 物体所得到的水　D. 物体内有水的部分

11. 蒸发

A. 液体受热变成气体　B. 液体受热变成固体

C. 固体受热变成液体　D. 气体受冷变成液体

12. 共识

A. 大家都认识　B. 共同的知识　C. 共同的认识　D. 人类的文化

(二) 根据课文内容,选择正确答案:

1. "水灾和旱灾"的意思是

A. 因水过多和过少造成的灾害　B. 因人类太浪费水而造成的灾害

C. 造成水土流失的灾害　D. 两种最严重的自然灾害

2. 为什么水旱灾害是我国最严重的两种自然灾害?

A. 频繁发生　B. 经济损失大

C. 受影响的地区广　　D. 受影响的地区广，经济损失大

3. 造成水旱灾害频繁发生的直接原因是

A. 气候的变化　　B. 自然界动植物周期性的变化

C. 工农业发展太快　　D. 人类对生态环境的破坏

4. 导致水土流失的原因是

A. 雨水冲走了大量地表土壤　　B. 无计划地毁林、开荒和采矿

C. 加速经济发展的政策　　D. 绿化植树造林，改造沙漠

5. 森林

A. 能调节天气

B. 加剧土地荒漠化

C. 对地表温度和空气湿度有调节作用

D. 有使地表产生温度和湿度的作用

6. "土地荒漠化"的意思是

A. 荒漠渐渐变成了可以生长植物的土壤

B. 土地渐渐变成了绿树成荫的沙漠中的绿洲

C. 土壤渐渐变成了沙漠

D. 土地变得只能生长植物

7. 一些地区的生态环境为什么会不断遭到破坏？

A. 人口增长过猛　　B. 适当的经济发展政策

C. 工农业发展太快　　D. 人们不重视环境保护

8. 目前

A. 人们已经意识到保护生态环境的重要性

B. 人们还没有重视生态环境的保护问题

C. 经济的发展和生态环境的关系实现了良性循环

D. 实行了减轻自然灾害的经济政策

9. 在这篇文章中，作者认为

A. 只有保护生态环境，才能减轻水旱灾害

B. 政府应该考虑人类的生存环境问题

C. 水旱灾害对人类生活有影响

D. 保护生态环境是政府的责任

10. 从这篇文章中，我们可以了解到

A. 政府的经济政策　　B. 人类未来的生存环境

C. 引发水旱灾害的主要原因　　D. 经济建设和人口之间的关系

(三) 根据课文内容，判别正误：

1. 人类遭受的自然灾害就是水灾和旱灾。(　　)

2. 在我国，水旱灾害很严重。(　　)

3. 人类无限制的活动破坏了生态环境。(　　)

4. 水土流失、土地荒漠化使人类损失了可耕种的土地。(　　)

5．人类是水旱灾害的受害者。(　　)

6．人们一直重视生态环境的保护问题。(　　)

7．可持续发展的思想是一种新观念。(　　)

8．人们应该认识到暴雨会引起水灾。(　　)

(四) 选词填空：

1．　A. 水库　　B. 水池

(1) 人们通常在河流的上游修建________。

(2) 夏天,那个________中开满了荷花。

2．　A. 加剧　　B. 加深　　C. 加快

(1) 大面积的毁林________了水土流失的现象。

(2) 技术的提高________了经济发展的速度。

(3) 为了________印象,他又复习了一遍。

3．　A. 从而　　B. 而且　　C. 从此

(1) 大学毕业以后他当了教师,________,他一直没离开过学生。

(2) 农业科学技术发展得很快,________为人们提供了更丰富的食品种类。

(3) 小王不但自己学习很努力,________还常常帮助别的同学。

(五) 回答问题：

1．为什么说水旱灾害是我国最严重的两种自然灾害?

2．造成水旱灾害的直接原因是什么?

3．生态环境为什么会形成恶性循环的现象?

三、未来家庭

你有没有想像过未来的家庭?随着环保意识的深入人心,人们在描画未来家庭时环保被放在了首位。最近,英国的建筑设计师设计出了一种引人注目的未来家庭,这是自60年代以来最激进的住宅样式。

未来家庭建在英国爱丁堡[①],耗资1300万英镑。住宅区共有100户家庭,周围是一个风景优美的花园。整个住宅区内没有停车场,也没有私人车库,取而代之的是大片的树林。未来家庭没有私车,这里的居民必须签合同,同意绝不拥有属于自己的汽车。

未来家庭生活用水是循环的,取暖和照明也全部免费。居民们使用安装在房顶上的太阳能设备,把太阳能转化为电能。浴室和其他清洁用水全部经过净化处理,雨水收集起来用作淋浴,所有的生活垃圾都进行再利用,加上其他一些节能措施,这里的居民日常开支将比英国的人均水平低20%。

这个住宅区最激进的部分是严禁私人汽车。英国传统上是一个喜欢汽车的民族,以前如果谁不喜欢汽车,别人会认为他变态;但时代变了,人们对汽车的态度也发生了变化。由于汽车尾气对大气的污染日益加重,越来越多的人呼吁放弃私人汽车,选择公共交通。未来家庭虽然禁止私人汽车,但居民们用车还是很方便的,每个人只需缴纳320英镑,就

可以加入一个汽车俱乐部。该俱乐部负责一个车队，居民要用车可以提前一个小时预定，再支付一定的养路费和租金即可。

尽管英国最大的房地产开发商对这种无车的住宅不屑一顾，但未来家庭住宅已收到了几十封预订住房的申请函。

（585字÷　　分钟＝　　字/分钟）

改写自《全绿家庭 令人眼红》

注　释

① 爱丁堡　　Àidīngbǎo　　英国地名。

练　习

（一）根据课文内容，选择下列词语的正确解释：

1. 环保意识
   A. 环境保护的办法　　B. 环境保护的思想
   C. 环境保护的意思　　D. 环境保护的科学
2. 引人注目
   A. 用别人的眼睛看　　B. 吸引人走进去
   C. 引起人的注意　　D. 观看、注意
3. 激进
   A. 有了很大变化　　B. 做事情很迅速
   C. 思想太先进　　D. 使人激动的事情
4. 耗资
   A. 利用、运用　　B. 花费、消耗　　C. 花费钱财　　D. 买卖物品
5. 车库
   A. 买卖汽车的地方　　B. 修理汽车的地方
   C. 停放汽车的房屋　　D. 出售汽车的房屋
6. 节能
   A. 节约能源　　B. 节省能力　　C. 节约力量　　D. 节省技能
7. 开支
   A. 生活　　B. 费用　　C. 开展、支持　　D. 开始反对
8. 变态
   A. 改变态度　　B. 改变想法
   C. 心理状态不正常　　D. 普通的心理状态
9. 呼吁
   A. 一直喊叫　　B. 大声呼喊某人的名
   C. 在社会上大声叫喊　　D. 在社会上请求援助

10. 不屑一顾

A. 认为不值得看　　B. 认为不需要看

C. 看不清　　D. 看不懂

(二) 根据课文内容，选择正确答案：

1. 未来家庭的电能来自

A. 屋顶的设备　B. 太阳能设备　C. 节能措施　D. 发电厂

2. 在未来家庭中

A. 雨水被利用　　B. 保存生活垃圾

C. 人们在雨天淋浴　　D. 人们的生活很方便

3. 未来家庭

A. 没有自来水　　B. 能制造出电能

C. 对水进行循环使用　　D. 日常生活水平比一般英国人低

4. 未来家庭的居民不拥有私车，原因是

A. 没有车库　　B. 保护自然环境

C. 公共汽车很多　　D. 没有足够的钱买车

5. 未来家庭整个住宅区

A. 有很多树　　B. 看不到汽车

C. 有汽车俱乐部　　D. 没有生活垃圾

6. 加入汽车俱乐部

A. 可以免费坐车　　B. 可以方便地用车

C. 可以消除大气污染　　D. 可以提前一小时预定汽车

7. 文章最后一段的意思是

A. 房地产开发商还没有发现这一新的住宅样式

B. 未来家庭的居民要写申请书

C. 人们都在急急忙忙地预定房间

D. 有人对未来家庭感兴趣

8. 这篇文章介绍了

A. 未来家庭中的节能措施　　B. 引人注目的建筑设计师

C. 英国爱丁堡的未来家庭　　D. 英国人爱车的传统

9. “未来家庭”代表了

A. 一种新的生活方式　　B. 一种新的建筑样式

C. 一种新的家庭　　D. 一种新的房间

(三) 根据课文内容，判别正误：

1. 谁都想像过未来家庭。(　　)

2. 人们的环保观念越来越强。(　　)

3. 设计未来家庭，首先考虑环保问题。(　　)

4. 在未来家庭的住宅区内，花园和树林代替了停车场、车库。(　　)

5. 未来家庭的居民没有足够的钱提高生活水平。(　　)

6. 加入汽车俱乐部需要付钱。(　　)
7. “严禁私车”还没有被广大英国人所接受。(　　)
8. 这种无车的住宅目前还没有居民。(　　)
9. 爱丁堡的未来家庭日常消费为1300英镑。(　　)

(四) 选词填空:

1.　A. 安装　　B. 安排　　C. 装
(1) 工人们已经把机器________好了。
(2) 这个旅行包可以________很多东西。
(3) 暑假的时间你是怎样________的?
(4) 他把工作________好以后就回家了。

2.　A. 支付　　B. 开支　　C. 支配
(1) 父亲替他________了两年的学费。
(2) 他们一家的日常________很大,其中的十分之一是用来________电话费的。
(3) 在这个公司,老板________所有的雇员。

3.　A. 描画　　B. 设计　　C. 签
(1) 我在哪儿________名?
(2) 他________出了一幅未来生活的图景。
(3) 那座桥是由两名工程师________的。

(五) 回答问题:

1. 建筑设计师为什么要设计“未来家庭”?
2. “未来家庭”的居民生活有什么特点?
3. 人们用什么态度对待“未来家庭”? 你呢?
4. 你认为“未来家庭”应该是怎样的?

四、失去月球后的地球

一直从事宇宙、天体和星球理论研究的美国著名科学家亚历山大·亚伯教授,近年来提出了一个惊人的设想——炸毁月球保地球! 这位教授的设想是:当月球运行到地球南极处时,把它炸毁,使大量的月球土壤和碎片落入太平洋。这样,就可以消除地球运转时的倾斜状态。那时,地球的地形、地貌、气候将改变,太阳光分布也会非常均匀,地球将没有寒冬与炎夏,贫瘠的沙漠也会变成美丽肥沃的绿洲。

亚伯教授说,月球的体积只有地球的四分之一,目前人类所拥有的核武器已足以毁掉几十个地球,炸毁一个月球自然不在话下。只要依靠宇宙飞船、空间站[①]、激光、原子能爆炸装置、射电望远镜[②]、先进通信设备、大型电脑、机器人等各方面技术和一流科技工作者的配合,就能够实现这一设想。但是人类居住环境真的需要做根本性的改造吗?

试想,地球如果真的四季如春,沙漠真的变成了绿洲,人类将会失去什么?

1. 人类生存必需品的来源、品种大大减少。没有热带,就没有了热带农作物,甘蔗、咖啡、可可、香蕉没有了；热带海洋中的许多鱼类没有了；热带雨林[3]没有了，橡胶等经济林没有了。没有了橡胶，全世界的汽车工业将会萎缩。

2. 人类失去探索的欲望。人类探索的本性是地球环境的多样性、丰富性、神秘性培养出来的。地形、地貌的变化可能让我们失去高山、峡谷，地球一天天变得单调和直观，这会使人类感到毫无刺激，因而失去对它的探索欲望。

3. 冬运会、裙子不再属于人类。地球气候改变，四季温暖如春，滑雪、滑冰、冰球、冰上舞蹈、冬泳等冬季运动将会永久取消。没有夏季，最能表现女性魅力的薄裙、短裙将与女性告别。这一切，人类留恋不留恋？

4. 谁来安抚我们的灵魂？天幕的星星和月亮，使夜晚变得朦胧、静谧和温馨，让人类更快地消除疲劳和烦恼，享受爱情。如果没有月亮，夜晚将变得黑暗而沉重，人类将不会再有安宁的心灵和健康的身体了。

5. 人类失去第二故乡。人口专家、未来学家、环境学家曾把月球看作地球人类解决人口过密问题、补充地球资源的第二故乡，也是人类的最后退路。如果失去月球，这些理想将会失去意义。

(843 字 ÷ 　　分钟 = 　　字/分钟)

改写自《炸毁月球后，地球将失去什么》，作者　岳建国，原载于《青春潮》

注　　释

① 空间站　kōngjiānzhàn　人类在太空进行科学研究的场所。

② 射电望远镜　shèdiàn wàngyuǎnjìng　一种利用无线电波观测天体的设备。

③ 热带雨林　rèdài yǔlín　位于热带多雨气候地区的森林。

练　　习

(一) 根据课文内容，选择下列词语的正确解释：

1. 设想
   A. 假设的想法　　B. 设计的思想
   C. 设定的思想　　D. 不可能的想法
2. 贫瘠
   A. 多病　　B. 瘦弱
   C. 不肥沃　　D. 不肥胖
3. 绿洲
   A. 绿色的土壤　　B. 有植物的地方
   C. 荫凉的地方　　D. 沙漠中有水草的地方
4. 萎缩
   A. 失去健康　　B. 变成黄色
   C. 规模缩小　　D. 没有精神

5. 探索
A. 试着触摸　　B. 寻找答案
C. 探寻绳索　　D. 侦探线索
6. 本性
A. 基本的性能　　B. 本来的个性
C. 本来的性别　　D. 根本的兴趣
7. 单调
A. 简单而缺少变化　　B. 简单不复杂
C. 只有一种声音　　D. 单方面调查
8. 直观
A. 直接观看　　B. 直接感受到
C. 一直在观察　　D. 向前看
9. 留恋
A. 留下爱恋　　B. 舍不得放弃
C. 停留恋爱　　D. 不能离开
10. 安抚
A. 安慰　　B. 抚摸
C. 安定　　D. 安顿

(二) 根据课文内容,选择正确的答案:

1. 炸毁月球的时间是
A. 当月球来到南极时　　B. 当月球运转到南极上空时
C. 当地球转到南极时　　D. 当地球与月球同一线时
2. 炸毁月球的目的是
A. 变沙漠为绿洲　　B. 变冬天为夏天
C. 改变地球的地形　　D. 改变地球运行的倾斜状态
3. 炸毁月球的手段是
A. 宇宙飞船、空间站　　B. 激光原子能爆炸装置
C. 大型电脑、机器人　　D. 以上技术和科学家的配合
4. “自然不在话下”的意思是
A. 不在谈话的范围之内　　B. 没有隐含的语意
C. 不成问题　　D. 不可以问的问题
5. 对汽车工业有影响的是
A. 热带农作物　　B. 热带鱼类
C. 热带雨林　　D. 热带经济林
6. 对女性有影响的是
A. 失去咖啡、可可　　B. 告别冰上舞蹈
C. 不能穿裙子　　D. 无法享受爱情
7. 如果没有月亮

A. 就会没有星星　　　　　B. 人类心灵无法安宁
C. 没有人来安抚灵魂　　　D. 人类会变得很疲劳

8. 说月球是人类的最后退路,是因为月球可以
A. 消除人类的疲劳和烦恼　　B. 解决人口过密问题
C. 保持人类的探索欲望　　　D. 改造人类居住环境

(三) 根据课文内容,判别正误:

1. 炸毁月球是美国近年来实行的一个计划。(　　)
2. 炸毁月球是为了填平太平洋。(　　)
3. 目前人类的核武器可以多次毁灭月球。(　　)
4. 炸毁月球可以使地球运行状态发生改变。(　　)
5. 炸毁月球的同时也会炸毁高山,填平峡谷。(　　)
6. 月球对人类的精神有着重要影响。(　　)
7. 月球上有人类所需的资源。(　　)
8. 人类居住环境需要做根本性的改造。(　　)

(四) 连词成句:

1. 地球　月球　消除　的　可以　炸毁　状态　倾斜　运转
2. 绿洲　也　的　变成　肥沃　会　美丽　沙漠　的　贫瘠
3. 欲望　探索　的　失去　人类　将　也
4. 心灵　不　安宁　将　的　会　人类　了　有　再

(五) 回答问题:

1. 炸毁月球将会给地球带来什么好处?
2. 炸毁月球有可能实现吗?
3. 夜晚对我们很重要吗? 为什么?
4. 你认为这个设想有无必要?

第二十四单元

一、鸣沙为什么会唱歌

自然界中有些沙子为什么能发出悦耳的声响？100多年来，这种神奇的鸣沙现象受到了各国科学家的关注。我国科学家、兰州沙漠研究所研究员屈建军以极具说服力的实验证据揭开了其中的秘密，并把各种不发声的普通沙子制成了鸣沙。

鸣沙又称响沙、哨沙、音乐沙，分布于世界各地的沙滩和沙漠之中。我国敦煌莫高窟①附近的鸣沙山，就是十分著名的鸣沙，在微风的吹拂或其他外力作用下，它能发出音乐般动听的声音。鸣沙现象引起了全世界科学家的极大兴趣，他们先后提出了各种假说来解释这种现象，但都没有从根本上揭示出鸣沙发声的本质。

屈建军对鸣沙现象进行了多年的研究，他发现，电子显微镜②下的鸣沙颗粒与普通沙粒完全不同，其光滑的表面上有很多蜂窝状的小洞。他说，这些小洞正是鸣沙发声的关键，它们形成了众多的"共鸣箱"，当鸣沙颗粒彼此之间相互运动时，摩擦产生的细小声音被这些"共鸣箱"共鸣放大，于是就发出了可以被人听到的悦耳声响。所以，鸣沙发声完全取决于其颗粒表面的物理结构。为了证明自己的观点，他把各种不发声的普通沙粒、玻璃珠进行表面处理，结果这些颗粒都发出了和鸣沙一样的乐声。

屈建军说，在自然界中，鸣沙发声还需要一定的外部条件，如沙丘坡度、沙粒均匀度、水分含量等。这些因素都会影响鸣沙发声，但鸣沙表面的"蜂窝"洞是其发声的真正内在原因。"蜂窝"是常年风蚀、水蚀和化学溶蚀等原因形成的。一旦环境受到污染，"蜂窝"被尘土堵塞，鸣沙就不会歌唱了，这就是为什么世界上有些鸣沙会变"哑"的原因。

（628字÷　　分钟＝　　字/分钟）

改写自《鸣沙为什么会唱歌》，作者　李铁，原载于《中国青年报》1997年8月23日

注　　释

① 莫高窟	Mògāo Kū	我国著名石窟，在甘肃省敦煌县境内。
② 电子显微镜	diànzǐxiǎnwēijìng	一种通过电子流使物体能被放大观察的仪器。

练　　习

（一）根据课文内容，选择下列词语的正确解释：

1. 悦耳

A. 让耳朵愉快　　B. 有利于耳朵的健康

C. 形容声音好听　　D. 耳朵很愉快

2. 吹拂

A. 吹捧和抚摸　　B. 轻轻地吹过

C. 吹去　　D. 吹干净

3. 动听

A. 动物的听觉　　B. 形容声音好听

C. 激动地听　　D. 感动地听

4. 假说

A. 不真实的说法　　B. 欺骗公众的说法

C. 假定的说明　　D. 不正确的说明

5. 揭示

A. 明确地表示　　B. 暗中表示

C. 简单地解释事物的道理　　D. 说明不易看清的事物道理

6. 共鸣

A. 鸟一齐鸣叫的声音　　B. 物体因共振发出声音

C. 不约而同的声音　　D. 很多人一齐发出声音

7. 彼此

A. 这个和那个　　B. 相互比较

C. 这个比那个　　D. 因此

8. 摩擦

A. 表面接触，来回移动　　B. 打磨光滑，擦洗干净

C. 亲密地接触　　D. 仔细地擦拭

9. 乐声

A. 快乐的声音　　B. 和谐的声音

C. 唱歌的声音　　D. 笑声

10. 堵塞

A. 弄脏　　B. 堵住不让水通过

C. 堵住不能通过　　D. 呼吸不畅通

(二) 根据课文内容，选择正确的答案：

1. 屈建军研究的主要方法是

A. 通过电子显微镜观察　　B. 秘密的手段

C. 去沙漠考察　　D. 各国科学家的帮助

2. 他的研究表明，普通沙子

A. 不能发声　　B. 一样可以发声

C. 与鸣沙一样　　D. 加工后可以发声

3. 鸣沙

A. 世界各地都有　　B. 只分布于沙漠之中

C. 只有我国的敦煌有　　D. 只分布在沙滩上

4. 鸣沙发声的关键是

A. 微风或其他外力的作用　　B. 颗粒表面的物理结构

C. 沙粒之间的摩擦　　D. 安装了一个共鸣箱

5. 以前的科学家进行了很多研究,但是

A. 全部是假的　　B. 全部不能解释问题

C. 根本不能解释问题　　D. 不能根本解释问题

6. 以下哪一个不是鸣沙发声的必要外部条件

A. 沙丘坡度　　B. 沙粒均匀度

C. 有风的季节　　D. 水分含量

7. 以下哪一个不是"蜂窝"形成的原因

A. 风蚀　　B. 水蚀

C. 化学溶蚀　　D. 环境污染

8. 文章最后告诉我们

A. 鸣沙容易受到污染　　B. 鸣沙不会唱歌

C. "蜂窝"容易被尘土弄脏　　D. 鸣沙有可能不会发声

(三) 根据课文内容,判别正误:

1. 各国科学家都关心鸣沙现象,但并不做研究。(　　)
2. 屈建军的研究目的是把普通的沙子制成鸣沙。(　　)
3. 鸣沙十分普通,到处都有。(　　)
4. 没有风的时候,鸣沙山就不能发声。(　　)
5. 鸣沙发声的关键是表面的小洞。(　　)
6. 普通沙粒、玻璃珠也一样可以发出声音。(　　)
7. 我们听到的鸣沙声是被放大了的沙粒摩擦音。(　　)
8. 如果环境被污染,鸣沙就会变哑。(　　)

(四) 根据课文内容,填空:

1. 鸣沙又称____沙、____沙、____,分布在世界各地的沙____和沙____之中。
2. 鸣沙颗粒的表面有很多________的小洞,它们形成了众多的________箱。
3. 鸣沙发声还需要一定的外部条件,如沙丘____度、沙粒____度、水分____量等。
4. "蜂窝"是常年____蚀、____蚀和________蚀等原因形成的。

(五) 回答问题:

1. 著名的鸣沙山在什么地方?
2. 鸣沙为什么会唱歌?
3. 鸣沙的别名是什么?
4. 鸣沙会不会停止歌唱? 为什么?

二、蛋形的秘密

在日常生活中,鸡蛋、鸭蛋等蛋类是最普通不过的东西了。然而,很少有人知道在它独特的一头大一头小的蛋圆形中究竟藏着多少秘密。

如果你仔细观察一下蛋的形状，就会发现它的曲线是多么光滑而又匀称，难怪作家们常常把美丽的脸形称之为鹅蛋脸。

早在欧洲文艺复兴①时期，著名的画家达·芬奇②曾用两年多的时间专门练习画蛋，目的是用蛋形柔和光滑的线条来表现画面艺术的美感。有谁会想到，名画《蒙娜丽莎》的神秘微笑与蛋形曲线之间还有着奇妙的关系。

1995年5月，著名学者李政道博士在北京指出，中国古代诗人屈原的名篇《天问》称得上是世界上第一部"宇宙论"，它对古人"天圆地方说"提出了疑问，表达了自己的见解："天像蛋壳，地像蛋黄，不停地旋转"。从这里可以看出，普通的蛋圆形的确有很深的学问，既令人深思，又给人启发。

在人类的生活中，蛋圆形遍布各个领域。据有关部门报道，当今世界平均每五分钟发生一起车辆相撞事故。如何减轻车祸给人们带来的后果，已引起了普遍的重视。最近在法国试制成功了一种奇特的安全型汽车，它的车头不再是传统的宽平矩形体，而是如同蛋形。尖圆形的车头能使正面的冲击变为侧面冲击，从而大大减弱了撞击的后果。

有人曾对蛋做过受压试验，一只普通的鸡蛋最大能承受89公斤的压力。由此不难联想到，中国古代工匠们为什么修建那么多的形如蛋圆的拱形桥；也不难理解，那些桥虽然经历了千百年的风风雨雨仍然完好无损。随着现代科技的发展，高强度新材料不断涌现，大跨径薄壳结构建筑已经成为现代化的象征。1995年6月29日，上海第一座现代化音乐厅——东方音乐厅举行了隆重的奠基仪式。这座具有"世界最佳音响空间"之称的音乐厅，其结构特点正好像一个蛋形。从80年代起，蛋形也成了直升飞机机身设计的选择，"鸡蛋"上天成为空中一大景观。

蛋，这个古老而又现实的话题给人们带来无穷的联想，你是否也想了解蛋圆形的秘密呢？

(772字÷　　分钟＝　　字/分钟)

改写自《蛋形的奥秘》，作者　曹明建、王令朝，原载于《知识窗》1995年11月

注　释

① 文艺复兴　wényì fùxīng　14～16世纪欧洲新兴资产阶级思想文化运动。

② 达·芬奇　Dáfēnqí　意大利著名美术家(1452～1519)。

练　习

(一) 根据课文内容，选择下列词语的正确解释：

1. 匀称

   A. 长度相等　B. 重量一样　C. 均匀对称　D. 一模一样

2. 难怪

   A. 困难而奇怪　B. 怪不得　C. 很奇怪　D. 为什么奇怪

3. 柔和

A. 柔软　B. 温暖　C. 和气　D. 轻轻地

4. 神秘

A. 神仙的秘密　B. 神奇,使人难以了解的

C. 秘密的　D. 精神上存在的秘密

5. 见解

A. 意见和解决　B. 看见并理解　C. 认识和看法　D. 知识和论点

6. 启发

A. 通过发动机使机器运转　B. 通过事例引起联想

C. 开始工作　D. 公开发表

7. 领域

A. 领导　B. 地方　C. 带领　D. 方面

8. 涌现

A. 大量出现　B. 突然出现　C. 慢慢出现　D. 终于出现

9. 景观

A. 欣赏风景的观众　B. 关于风景的观点

C. 不敢看的风景　D. 可以欣赏的景物

10. 无穷

A. 富裕　B. 无限　C. 不会贫穷　D. 没有穷困

(二) 根据课文内容,选择正确的答案:

1. 第一段的意思是

A. 我们每天都要吃很多鸡蛋　B. 鸡蛋是最普通的东西

C. 鸡蛋里有很多秘密　D. 人们对蛋形不太了解

2. 第二段的意思是

A. 蛋有非常漂亮的曲线　B. 人应该仔细观察鸡蛋

C. 作家们最了解鸡蛋　D. 鹅蛋的曲线像女人的脸

3. 用"鹅蛋脸"形容人脸是因为

A. 鹅蛋的颜色和人脸一样　B. 鹅蛋的大小和人脸一样

C. 蛋的曲线光滑匀称　D. 作家们喜欢这么说

4. 《蒙娜丽莎》的微笑和蛋形曲线的关系是

A. 蒙娜丽莎是一个鸡蛋　B. 达·芬奇曾专门练习过画蛋

C. 那种微笑像一个鸡蛋　D. 没有任何关系

5. 屈原在《天问》中

A. 介绍了鸡蛋里的学问　B. 用蛋来形容宇宙

C. 支持"天圆地方"说　D. 谈到了李政道博士

6. 法国的安全型汽车车头像蛋形,是因为

A. 蛋壳十分坚硬　B. 圆头不易发生事故

C. 鸡蛋不容易打碎　D. 可以减弱撞击的后果

7. 中国古代修建了很多石拱桥,这是因为

A. 它不怕刮风下雨　　B. 它能承受很大的压力

C. 它永远完好无损　　D. 它形状好看

8. 以下设计中没有受到蛋形的启发的是

A. 汽车　　B. 直升飞机　　C. 桥　　D. 人脸

(三) 根据课文内容,判别正误:

1. 人们一般不太了解蛋形的秘密。(　　)
2. 作家常用蛋形来形容人脸。(　　)
3. 达·芬奇曾经用了两年时间画《蒙娜丽莎》。(　　)
4. 李政道在北京写了世界上第一部《宇宙论》。(　　)
5. 方形车头的汽车比圆头汽车更安全。(　　)
6. 一只鸡蛋可以承受一个普通人的体重。(　　)
7. 拱形桥不怕刮风下雨,所以至今完好无损。(　　)
8. 中国古代就有很多大跨径薄壳建筑。(　　)

(四) 根据课文内容,填空:

1. 很少有人知道蛋形中________藏着多少秘密。
2. 它的曲线是________光滑而匀称。
3. 普通的蛋圆形________有很深的学问。
4. 尖圆形的车头可以________减弱撞击的后果。
5. 随着现代科技的发展,高强度材料________涌现。

(五) 回答问题:

1. 达·芬奇为什么要专门练习画蛋?
2. 文中提到的《天问》是什么?
3. 为什么圆形车头可以减弱撞击后果?
4. 东方音乐厅和蛋有什么关系?
5. 在生活中,您发现还有什么与蛋形有关呢?

三、静脉[1]和血

静脉中的血液是深红色的,而且静脉是透明的,那么为什么皮肤白皙的人的手臂、手背和腿部的静脉不呈现出红色,却是淡青色的呢?加拿大激光与光波研究中心的物理学家理尔戈所领导的科研小组经过精心研究光线在皮肤中的传播方式时发现,道理出奇地简单。

该小组将大小不一的玻璃瓶模拟血管注入血液浸入奶样脂肪液中。这种液体很像白皙皮肤下面的组织,透光,也反射光线。实验人员将试管浸入液体中时,试管的颜色逐渐从红色变化为淡青色。

理尔戈用照相机和各种滤光镜[2]测出了液体和试管中的血液吸收不同波长光线的方

式。没浸入液体中时，试管中的血液虽然几乎对各种光线都有吸收作用，但反射部分红色光。难怪我们体外的血液看起来是红色的。

人体血液被皮肤组织环绕时，它的颜色就要发生变化。白皙皮肤对绝大多数照射它的光线一般都有反射作用；但是，波长较长的红光比波长短的蓝光更容易进入皮肤深处的部位。正因为这样，红色要深入到皮肤深处，不被静脉中的血液吸收，所以静脉呈现出青色。而如果静脉在皮肤下较深处，蓝色光线虽然也可以被静脉吸收，却是在它到达静脉之前就被反射出来了。也就是说，从皮肤组织中反射出来的光中所含的红光少于蓝光，所以使静脉呈现出蓝色。

理尔戈还发现，静脉至少在皮肤下 0.02 英寸时才会呈现出蓝色，这同时解释了为什么皮肤白皙的人涨红脸后是粉红色的。因为充血的皮肤表层毛细血管[3]位于皮肤表层下千分之一英寸处。如果超过 0.8 英寸，光线就达不到了，我们也就看不到血管了。

(610 字÷　　分钟＝　　字/分钟)

改写自《青色的静脉 鲜红的血》，作者　贾明舫，原载于《青年周末》1997 年 1 月 10 日

注　释

① 静脉　jìngmài　把血送回心脏的血管。
② 滤光镜　lǜguāngjìng　能透过某种光线的有色透明镜片。
③ 毛细血管　máoxìxuèguǎn　最细小的血管。

练　习

(一) 根据课文内容，选择下列词语的正确解释：

1. 透明
　A. 看起来明显的　B. 能透过光线的　C. 光明的　D. 公开的
2. 白皙
　A. 白而干净　B. 白而清楚　C. 白中带黄　D. 白里透红
3. 呈现
　A. 表现　B. 发现　C. 报告　D. 说明
4. 精心
　A. 放心　B. 安心　C. 十分担心　D. 特别用心
5. 出奇
　A. 奇怪　B. 出格　C. 特别　D. 过于
6. 大小不一
　A. 特别小　B. 有大有小　C. 不太大　D. 没有一个小的
7. 模拟
　A. 模型　B. 模样　C. 模范　D. 模仿
8. 逐渐

A. 一下子　　B. 慢慢地　　C. 从上到下　　D. 很快

（二）根据课文内容，选择正确的答案：

1. 血液本来的颜色是
   A. 深红色　　B. 淡青色　　C. 白色　　D. 透明的
2. 白皮肤的人手上静脉的颜色是
   A. 深红色　　B. 淡青色　　C. 白色　　D. 透明的
3. 文中所说的淡青色就是
   A. 深红色　　B. 浅红色　　C. 深蓝色　　D. 浅蓝色
4. 在实验中科学家用来代替血管的是
   A. 杯子　　B. 水管　　C. 玻璃瓶　　D. 照相机
5. 文中认为，血液呈红色是因为血液
   A. 反射红色光　　B. 吸收红色光　　C. 反射蓝色光　　D. 吸收蓝色光
6. 文中认为，静脉呈蓝色是因为
   A. 静脉只反射蓝光　　B. 静脉只吸收蓝光
   C. 皮肤反射蓝光多一些　　D. 皮肤吸收蓝光多一些
7. 人脸红是因为
   A. 静脉是红色的　　B. 静脉是蓝色的
   C. 皮肤是红色的　　D. 毛细血管充血
8. 蓝色的静脉在什么位置可以看到？
   A. 皮肤下 0.001 英寸　　B. 皮肤下 0.001 到 0.02 英寸之间
   C. 皮肤下 0.02 到 0.8 英寸之间　　D. 皮肤下 0.8 英寸以上

（三）根据课文内容，判别正误：

1. 静脉中的血液本来是透明的。（　）
2. 人全身的静脉都是青色的。（　）
3. 科学家们的研究十分简单。（　）
4. 科学家们用一种液体来模拟皮下组织。（　）
5. 血液本来是红色的。（　）
6. 血液在皮肤组织里的颜色有所变化。（　）
7. 皮肤既反射红光也反射蓝光。（　）
8. 皮肤下深处的血管是看不到的。（　）

（四）连词成句：

1. 深红色　的　血液　中　的　静脉　是
2. 变化　试管　红色　淡青色　的　从　颜色　逐渐　为
3. 呈现　使　静脉　出　所以　蓝色

（五）回答问题：

1. 理尔戈小组的研究方法是什么？
2. 他们用什么来模拟血管和皮肤？
3. 体外的血液为什么是红色的？

4. 静脉的颜色为什么是蓝色的？

5. 人体手臂、手背和腿以外的部位能看到静脉吗？为什么？

四、怎样运动有助于健康

人们都知道，生命在于运动，但这个运动指的是适量的运动。运动量过大，有损健康；而运动量过小，则不能达到锻炼的目的。怎样掌握适度的运动量，有益于健康，一直是运动医学研究的重要课题。

曾有一位万米长跑冠军写过一本书《跑步全书》。该书出版后，在读者中产生了很大的影响，很多人开始了长跑锻炼；然而，不幸的是他本人却死于长跑途中。跑步，确实给许多人的健康带来了奇迹，但也使相当一部分人成了不合理运动的牺牲者。据统计，长跑与马拉松运动员死者中，死于冠心病者占 77.5%，明显高于正常人群。一家保险公司曾调查了 5000 名已故运动员的寿命和健康情况，发现他们的平均寿命比普通人短。运动员经过严格训练，身体的潜能可提高 1～3 倍，大运动量使体能得到充分发挥；但从健康长寿的角度来考虑，这种大运动量的锻炼方法并不可取。

随着运动科学的发展，人们已认识到，适度的运动量和平和的锻炼方式如慢跑、体操、晨舞、花剑等有益于健康。每天活动后，不再大口喘气、汗流满面，而是感到轻松快意，运动医学称之为“第一次放松”反应。这时，体内氧化过程加快，代谢旺盛，废料随多余的水分排出，从而获得“第二次放松”，体内好像有一股旺盛的情绪潮流通向全身，感到清爽有活力。长期坚持这种适度运动，会使毛细血管通畅，血液粘度降低，免疫功能增强，不仅可以有效地预防心脑血管疾病，甚至能使体内早期的癌肿消退。

长寿科学研究者希尔研究发现，经常活动身体、舒展肌肉就能够延年益寿。如有规律的活动，柔和随意的伸拉肢体，每次活动不超过 10 分钟，一天数次，坚持下去，便是长寿的秘诀。

这一新观念的出现，引起了全世界各国学者的关注，并开展了广泛的调查研究。虽然很多学者不同意这种看法，但有一点是可以肯定的，就是在当前激烈竞争的社会里，人们常常处于紧张状态，而轻松随意的运动如林间散步、海滩沐浴、晨间轻舞、打太极拳、做深呼吸等无疑对身体健康、放松情绪和消除疲劳是大有益处的，当然会有利于延年益寿。

(806 字 ÷ 　　分钟 = 　　字/分钟)

改写自《怎样运动有助于健康》，作者　韩晓慧，原载于《青年周末》1996 年 12 月 27 日

练　习

(一) 根据课文内容，选择下列词语的正确解释：

1. 适度

A. 合适的温度　　B. 合适的程度　　C. 舒适的程度　　D. 舒适的温度

2. 奇迹

A. 奇怪的现象　B. 不一般的事情　C. 神奇的故事　D. 奇怪的脚印

3. 已故

A. 过去的　B. 退休的　C. 已经去世的　D. 已经发生过事故的

4. 潜能

A. 没有发挥出来的能力　B. 水下的能力

C. 潜在的可能性　D. 学会游泳的可能性

5. 充分

A. 全部地　B. 很快地　C. 逐步地　D. 慢慢地

6. 可取

A. 可以取得　B. 可以采用　C. 可以拿到　D. 可以学习

7. 平和

A. 和平安宁　B. 心情愉快　C. 态度温和　D. 不剧烈

8. 延年益寿

A. 延长时间　B. 有益身体　C. 延长生命　D. 有益健康

9. 秘诀

A. 不被别人接受的决定　B. 秘密的谈话

C. 不被人知道的好方法　D. 秘密的答案

10. 肯定

A. 确定　B. 判定　C. 安定　D. 决定

(二) 根据课文内容,选择正确的答案:

1. 从文中可以得知,运动量过大

A. 对身体不好　B. 对身体有益

C. 有利于健康　D. 才能达到锻炼的目的

2.《跑步全书》的作者

A. 教很多人学会了跑步　B. 治好了自己的病

C. 是一位运动医学专家　D. 曾是一位运动员

3. 冠心病可能是一种

A. 脑病　B. 心脏病　C. 腿病　D. 血液病

4. 调查发现,运动员比普通人

A. 身体更健康　B. 身体潜能大很多倍

C. 平均寿命短　D. 喜欢保险

5. 文中提到的体操和花剑都是

A. 早晨的锻炼项目　B. 奥运会的比赛项目

C. 大运动量的锻炼项目　D. 轻松的运动项目

6. 适度运动后的反应是

A. 汗流满面　B. 大口喘气　C. 轻松畅快　D. 和平时一样

7. 适度运动不能

A. 治疗精神疾病　B. 促进血液循环

C. 增强免疫功能　　　　　　　　D. 预防心脑血管病

8. 科学家发现，长寿的秘诀是

A. 每天运动不超过 10 分钟　　　　B. 每天运动一次

C. 坚持每天数次适度活动　　　　　D. 使身体柔和

(三) 根据课文内容，判别正误：

1. 运动量过大不能达到锻炼的目的。(　　)
2. 跑步可能会给人的健康带来损害。(　　)
3. 长跑运动员的心脏明显比普通人好。(　　)
4. 人们一直知道适度运动有利于健康。(　　)
5. 身体内部新陈代谢加快属于"第二次放松"。(　　)
6. 长期坚持 10 分钟锻炼会产生多种心脑血管疾病。(　　)
7. 科学家认为，每天活动的时间不能超过 10 分钟。(　　)
8. 世界各国的学者都认为坚持 10 分钟运动可以长寿。(　　)

(四) 根据课文内容，把您知道的运动分为以下两类：

1. 有利于健康长寿的：
2. 不利于健康长寿的：

(五) 回答问题：

1. "生命在于运动"这句话的正确解释是什么？
2. 适度运动的好处都有哪些？
3. 文中谈到的长寿秘诀是什么？
4. 读过本文后，您是否打算改变您的运动习惯？为什么？

第二十五单元

一、中秋节的秘密

从我懂事起我就知道，不能在母亲面前提奶奶。

长大以后，我才隐约明白了其中的缘故：我曾经有个姐姐，托给奶奶照看，两岁出麻疹①时，乡下人因为迷信②没有及时给她医治，结果她病死了。后来，妈妈又有了我和弟弟。尽管现在邻居们都很羡慕我们家一儿一女，但我仍然会看到妈妈眼里不时地浮现出姐姐的影子。

妈妈是不会原谅奶奶的。我在偷听到她与爸爸的一次吵嘴后得出了这样的结论。奶奶真的不可饶恕吗？我似乎还无法理解妈妈内心的创痛，但我希望她有一天能笑对奶奶，因为我爱爸爸，爸爸为了此事一直很烦恼。

一天，爸爸在饭桌上说，奶奶那边又来信了，说让妈妈忘掉过去，尽可能地原谅她老人家，她已经是七十多岁的人了。爸爸的声音有些哽咽，妈妈什么也没有说，转身离去了。我从爸爸脸上仿佛读出了他为子又为夫的艰难。

一个月后，奶奶竟带着小叔叔来了。那天下午，我正在家写作业，打开门一愣，不知如何是好。爸爸很快从单位赶回来，将奶奶他们带到附近的旅馆安顿下来。总算没让妈妈撞见，我在心里暗暗地为爸爸捏了一把汗。这天夜里，爸妈卧室的灯亮到很晚，但里面悄无声息，我有些奇怪。

第二天晚上，我和弟弟等到七点还不见爸妈回来。各种猜测涌上心头，看来今晚有一场家庭风暴了。正在这时，门开了，爸爸领着奶奶走进来。我大吃一惊，急忙跑过去对着爸爸耳语道："快把奶奶藏起来，趁妈妈还没回来！"谁知爸爸大声笑道："今天是中秋节啊，把奶奶藏起来又怎么叫团圆呢？""今天是中秋节吗？"我都忘了。"可不是，你这鬼丫头又出什么馊点子呢！"想不到妈妈就跟在后面，我只好冲着妈妈呵呵地傻乐。

事情的结局不说也罢，但我至今没明白爸爸当初是用了什么办法让妈妈一夜之间改变了态度的呢？或许是天时地利人和③吧！我猜想。吃着月饼的爸爸这时悄悄地附在我耳边说："这是个秘密！"

(741 字 ÷　　分钟 =　　字/分钟)

改写自《中秋节的秘密》，作者　紫云，原载于《南方周末》1996 年 9 月

注　　释

① 麻疹　　mázněn　病名。

② 迷信　　míxìn　信仰神仙鬼怪等。

③ 天时地利人和：良好的气候条件、有利的地理形势和广泛的人心归向，泛指有利的客观条件。

练　习

（一）根据课文内容，选择下列词语的正确解释：

1．提

A．指出　　B．取出　　C．想起　　D．谈起

2．隐约

A．不正确的　　B．不清楚的　　C．模模糊糊地　　D．无法理解地

3．饶恕

A．同意、允许　　B．宽容、原谅

C．计较、批评　　D．让步、后退

4．创痛

A．一种疾病的名称　　B．一种受伤的感觉

C．比喻受伤时的心情　　D．比喻深深的痛苦

5．哽咽

A．因生病说话困难　　B．因伤心发音困难

C．说话声音不好听　　D．不想说话的样子

6．愣

A．奇怪　　B．糊涂　　C．发呆　　D．惊慌

7．悄无声息

A．轻声说话　　B．没有人呼吸

C．没有呼吸的声音　　D．一点儿声音也没有

8．耳语

A．在耳边小声说话　　B．在耳边小声讨论

C．用耳朵听别人说话　　D．说通俗易懂的话

9．丫头

A．女孩　　B．保姆　　C．服务员　　D．小时工

10．馊点子

A．坏东西　　B．坏食品　　C．坏主意　　D．坏思想

11．附（在我耳边）

A．依靠　　B．靠近　　C．同意　　D．顺便

（二）根据课文内容，选择正确答案：

1．课文中的"我"是

A．女孩，有一个妹妹　　B．女孩，有一个弟弟

C．男孩，有一个弟弟　　D．男孩，有一个姐姐

2．姐姐得了麻疹后

A．被送进了医院　　B．医生没有及时来

C．请医生来家里看病　　D．没有很快得到治疗

3．妈妈眼里经常出现姐姐的影子，说明

A. 姐姐经常回家来　　B. 妈妈眼睛不正常

C. 妈妈经常想念姐姐　　D. 妈妈经常去看望姐姐

4. 妈妈不能饶恕奶奶,是因为

A. 奶奶对妈妈不好　　B. 奶奶对爸爸不好

C. 奶奶不喜欢姐姐　　D. 奶奶没把姐姐照看好

5. "我从爸爸脸上仿佛读出了他为子又为夫的艰难"中"读出"的意思是

A. 看出来　　B. 清楚了　　C. 大声地念出　　D. 清楚地说出

6. 奶奶带了小叔叔来,爸爸让他们住旅馆,原因是

A. 家里住不下　　B. 怕妈妈不高兴

C. 住旅馆舒服些　　D. 奶奶不想住在家里

7. 爸爸领着奶奶回家来,因为

A. 今天是中秋节　　B. 今天全家要团圆

C. 妈妈原谅了奶奶　　D. 爸爸藏不住奶奶了

(三) 根据课文内容,判别正误:

1. 我从小就知道不能对妈妈说起奶奶。(　　)
2. 我姐姐小时候生病进了医院,没治好,死了。(　　)
3. 我妈妈现在还常常能看到我姐姐。(　　)
4. 有一次爸爸妈妈吵架,妈妈说,她不能原谅奶奶。(　　)
5. 奶奶来了,爸爸让他们住在旅馆,跑了很多路,热得爸爸出了汗。(　　)
6. 第二天晚上,等到 7 点爸妈还没回来,因为刮风暴了。(　　)
7. 爸爸用了一个晚上就使妈妈改变了对奶奶的态度。(　　)

(四) 根据课文内容,填空:

1. 尽管现在邻居们都很________我们家___________,但我仍然会看到妈妈眼里不时地________出姐姐的___________。
2. 爸爸的声音有些______,妈妈什么也没说,______离去了。我从爸爸脸上________了他__________的__________。
3. 爸爸很快从______赶回来,将奶奶他们带到附近的旅馆________下来,总算没让妈妈________,我在心里暗暗地为爸爸____了一把汗。

(五) 回答问题:

1. 以前妈妈对奶奶有意见的原因是什么?
2. 他们之间的矛盾是怎么解决的?
3. 事情的结局是怎么样的?

二、家有小时工

做了半年主妇以后,我对丈夫说,我想把周末用来大扫除的时间留给自己。于是,在邻居的指点下,我找到了安徽[①]女孩——小吕。

周末上午九点,小吕准时来了。我告诉她要做什么、工具在哪儿以后,她便很熟练地做起来。我像最初设想的那样,坐下来捧上一本书准备静静地享受。但不知为什么书总是看不进去,听见隔壁房间刷子刷地板的声音,人就是静不下来,终于忍不住站起了身。

看着那么小的一个身子蹲着一下一下刷地,我心里就涌上一种不安,于是拿起一块抹布也干了起来,一边擦着家具一边和她拉拉家常,直到送她出门后才长舒一口气。

此后每个周末,小吕都会准时来,而每一次我都照例跟在她后面做一些简单劳动,似乎这样才会安心。

偶尔有一次收拾柜子,我发现有些衣服久已不穿了,但远不算破旧,我对丈夫说:"我想把这些衣服送给小吕。"

丈夫见我这样,笑道:"你可真够累的。她打工挣钱,你花钱雇人,这很公平,你怎么就这么不好意思?"我摇摇头:"不是不好意思,只是说不出为什么我就是看不下去。"

又一个周末,刮着大风,小吕夹着一股寒气推开了我家的门,她的脸冻得通红。我又一次下定决心要坐视别人为我干活。丈夫在厨房里忙了一会儿,我听见他在招呼小吕:"来喝杯热茶,外边的风太大了!"之后是小吕的连声道谢。这一天跟在收费的小时工身后干活的人是一个星期前还取笑我的丈夫。

渐渐地,小吕和我们熟了起来,话也多了。于是我们知道她和奶奶在北京做工。她除了做小时工以外,早上卖油条,晚上在一栋大楼里值班。她奶奶清扫街道,照顾她的一日三餐。小吕每个月要给家里寄200元钱,因为弟弟要上学,"男孩子总要读书",还有,她今年17岁……

由于小吕的出现,我和丈夫开始探讨"钱和境遇"的问题。他不知道,从见了小吕的那一天开始,我的价值观就一次次地经受着考验。我隐隐约约地感到,我对小吕的所谓"好"绝不仅仅是出于善良和同情。

(767字÷　　分钟=　　字/分钟)

改写自《家有小时工》,作者　安顿,原载于《青年周末》1997年1月

注　释

① 安徽　　Ānhuī　　我国的一个省名。

练　习

(一) 根据课文内容,选择下列词语的正确解释:

1. 主妇

   A. 主管的妇女　　B. 主要的女性

   C. 家里的女主人　　D. 主持工作的女人

2. 指点

   A. 指导帮助　　B. 指出重点

   C. 指挥教育　　D. 说明重点

3. 照例
A. 照顾、例如　　B. 照顾、实行
C. 按照惯例　　D. 按照规定
4. 简单劳动
A. 干活不仔细　　B. 干活不努力
C. 方便的事情　　D. 容易干的活
5. 偶尔
A. 有可能　　B. 有时候
C. 不见得　　D. 不一定
6. 坐视
A. 坐着看电视　　B. 坐着看书
C. 失掉机会　　D. 毫不关心
7. 取笑
A. 取得、微笑　　B. 嘲笑、笑话
C. 得到微笑　　D. 使人高兴
8. 境遇
A. 境况、遭遇　　B. 环境、遇到
C. 地区、生活　　D. 情况、会见
9. 价值观
A. 一种经济理论　　B. 一种商业观点
C. 对人类社会的看法　　D. 对人生意义的评价

(二) 根据课文内容,选择正确的答案:

1. 雇小时工的时候,他们结婚已经
A. 一个月了　　B. 六个月了
C. 九个月了　　D. 一年了
2. 女主人坐下来捧上一本书,但总是看不进去,因为
A. 书不好,不能继续看　　B. 有响声,不能安静下来
C. 对小时工干活不放心　　D. 在回忆自己过去的事情
3. 小时工一个人干活,女主人看不下去。“看不下去”的意思是
A. 无法阅读　　B. 坚持不了
C. 不忍心继续看　　D. 不想继续检查
4. 女主人看着小时工干活,心里就不安,主要是
A. 小时工身体太小　　B. 小时工干活太累
C. 给小时工的工资太少　　D. 不忍心让小时工一个人干
5. 有一天,跟着小时工干活的另一个人是
A. 男主人　　B. 收费的人
C. 取笑“我”丈夫的人　　D. 小时工的奶奶
6. 这位打工的,除了做小时工

A. 不做别的　　　　B. 还要清扫街道
C. 还要做三顿饭　　　　D. 还要卖油条和值班

7. 小时工每个月给家寄钱
A. 准备结婚用　　　　B. 将来自己上学用
C. 给弟弟上学用　　　　D. 给自己的男孩上学用

8. 小时工来了以后，使得
A. "我"不再同情别人　　　　B. 丈夫的钱有了问题
C. 丈夫的境遇有了改变　　　　D. "我"的价值观受到考验

(三) 根据课文内容，判别正误：

1. 女主人把周末的时间留给自己用来大扫除。(　　)
2. 雇来的小时工是安徽人，姓吕。(　　)
3. 女主人有时候和小吕一起干活。(　　)
4. 她们一边干活一边说说日常生活中的事。(　　)
5. 她们谈话时间长了，所以送小时工出门时才能长长地吐一口气，休息一下儿。(　　)
6. 男主人认为，花钱雇人干活是很公平的。(　　)
7. 小吕和她奶奶都在北京打工。(　　)
8. 小吕除了干活，还要照顾她奶奶吃饭。(　　)

(四) 根据课文内容，填空：

1. 我像最初设想的那样，坐________捧____一本书准备静静地享受。但不知为什么书总是看不______，听见隔壁房间刷子刷地板的声音，人就是静不________，终于忍不住站______了身。
2. 又是一个周末，______大风，小吕______一股寒气______了我家的门，她的脸________通红。
3. 从见了小吕的那一天开始，我的价值观就______地经受着考验。我________地感到，我对小吕的所谓"好"__________是出于善良和同情。

(五) 回答问题：

1. 在应该如何对待小时工的问题上，女主人和丈夫的价值观有什么不同？
2. "我的价值观就一次次地经受着考验"是什么意思？
3. "我对小吕的所谓'好'绝不仅仅是出于善良和同情"，那么是出于什么呢？

三、锅的交响曲

今天我给你们讲讲我家的锅吧，挺有意思的。

我家的厨房是锅的世界，你瞧：铁锅、铝锅、不锈钢锅、沙锅……每一种锅又有大中小各种规格的。光火锅就有好几个：有传统的铜制炭火锅，也有现代的酒精炉火锅，还有方便快捷的电火锅。此外，还有电烤箱、微波炉，这是形状不像锅，作用跟锅一样的"锅"。这些锅加起来可能要几千元吧。大锅、小锅、土锅、洋锅,闪着光,透着亮,像士兵一样排得整整齐齐,等着我爸我妈天天检阅操练。我妈是烹调高手,也就有买锅收集锅的爱好。我家那些锅有自己买的、别人送的、单位发的,还有获奖得的。最有说头的是去年圣诞节,我们一家到饭馆吃火锅,那天有抽奖游戏,我们竟抽得一等奖一个,三等奖一个。一等奖就是一个不锈钢锅,人家都说我们赚了,最高兴的当然是我妈。

看我爸我妈如何用锅,更是有趣:我妈爱用小锅,就是煮再多的饺子,她也坚持把几袋水饺"挤"在一个小锅里。结果,破了皮儿,露了馅儿,却偏说因为冻得时间太长、饺子质量不好。我爸爱用大锅,即使只煮10个汤圆,他也非要用下宽面条的大锅不可。结果呢,吃汤圆时,像大海捞针一般,提个大勺一下一下捞。运气好时,能捞个两三个;运气不好时,就是你眼睛瞪酸了,手腕变麻了,恐怕还只是捞上一勺清汤。妈妈爱用现代化的厨具,什么电火锅、微波炉,这些玩意儿一到了妈妈手里,听话得很哩! 用微波炉蒸蛋,几分几秒,用多大的火力,妈妈可清楚了! 用不了几分钟,一碗热腾腾、香喷喷的蒸蛋就上桌了。而爸爸则爱用传统厨具,沙锅啦、铁锅啦,爸爸用起来可谓得心应手。那一手沙锅鱼头,啧啧,别提多馋人了:透过热气,只见乌黑的沙锅、清白的鱼汤,鱼的小嘴还半张着……还有那青椒肉片,红红绿绿的尖椒配上炒成酱色的肉片,色香味俱全,次次都勾出我的"馋虫"。

每当爸爸妈妈因为厨具而起争执时,那场面更有趣了。爸爸说微波炉热的馒头又干又硬,其实是他忘了加水;妈妈说铁锅炒的菜不熟,实际上是火候不到。总之,两人都有各自的理由说对方使用的厨具不好,做的菜不好吃。

听爸爸妈妈说,改革开放以前,多数家庭只有一大一小两口铁锅,大的烧水,小的做饭。

看来,锅的交响曲是时代的交响曲,它反映出我们不断提高的生活水平;锅的交响曲也是家庭的交响曲,大锅小锅碰碰磕磕,叮叮当当,为我家温馨的生活演奏好听的曲子。

(942字÷ 分钟= 字/分钟)

改写自《锅的交响曲》,作者 史雅乔,原载于《人民日报·海外版》1998年2月16日

练 习

(一) 根据课文内容,选择下列词语的正确解释:

1. 挺(有意思)

A. 又 B. 还 C. 很 D. 再

2. 规格

A. 规定 B. 标准 C. 质量 D. 制度

3. 光(火锅就有好几个)

A. 大 B. 亮 C. 也 D. 仅

4. 说头

A. 值得谈论的 B. 开始谈起 C. 谈话的理由 D. 表达的意思

5. 赚

A. 得到不锈钢锅 B. 得到一个一等奖

C. 得到奖金　　D. 得到好处

6. 得心应手

A. 手里做着心里想着　　B. 手里写出心得体会

C. 心里怎么想手里就能怎么做　　D. 心里想不到的手却做得到

7. 啧啧

A. 表示炒菜的声音　　B. 表示煮汤的声音

C. 表示着急的声音　　D. 表示赞扬的声音

8. 馋人

A. 有人想吃　　B. 使人想吃

C. 想吃东西的人　　D. 给东西吃的人

9. "馋虫"

A. 饮食的欲望　　B. 贪吃的毛病

C. 像虫一样饥饿　　D. 像虫一样贪吃

10. 火候

A. 等火着起来的时间　　B. 用火时间的长短,火力的大小

C. 用火的时间　　D. 着火时间的长短,火势的大小

(二) 根据课文内容,选择正确答案:

1. 妈妈喜欢买锅和收集锅,因为

A. 锅闪光透亮很好看　　B. 锅多了排列整齐有气派

C. 有了好锅才能做好饭　　D. 妈妈会做饭,也喜欢做饭的工具

2. "家里有很多锅,等着我爸我妈天天检阅操练"中"天天检阅操练"的意思是

A. 天天去使用　　B. 天天去洗刷　　C. 天天去欣赏　　D. 天天去检查

3. 家里那么多锅,只有一种是花了钱的,那就是

A. 单位发的　　B. 自己买的　　C. 别人送的　　D. 抽奖得的

4. 妈妈煮饺子,皮儿破了,馅儿露了,原因是

A. 锅小饺子太多　　B. 饺子质量不好

C. 饺子冻得时间太长　　D. 煮得时间太久

5. 爸爸用大锅煮十个汤圆,结果像大海捞针,意思是

A. 一次能捞好几个　　B. 很难捞起来

C. 眼睛发酸了　　D. 手腕变酸了

6. 爸爸做得最好的菜之一是

A. 清白鱼汤　　B. 酱色肉片　　C. 青椒肉片　　D. 红绿肉片

7. 爸爸不善于使用

A. 微波炉　　B. 沙锅　　C. 不锈钢锅　　D. 铁锅

8. 妈妈说铁锅炒的菜不熟,其实真正的原因是

A. 铁锅不好　　B. 忘了加水

C. 炒的时间太短　　D. 炒的火候不到

9. 锅可以奏出家庭交响曲、时代交响曲,这是

A. 一种乐曲　　　　　　　　　　B. 一个比喻

C. 敲锅发出的响声　　　　　　　D. 锅与锅相碰的响声

(三) 根据课文内容,判别正误:

1. 家里常用各种锅当做乐器演奏交响曲。(　　)
2. 厨房里有全世界各种各样的锅。(　　)
3. 电烤箱、微波炉虽然不是锅,但也是用来做饭的,所以也把它们算做锅了。(　　)
4. 妈妈爱用小锅,爸爸爱用大锅。(　　)
5. 妈妈爱用传统的锅,爸爸爱用现代化的锅。(　　)
6. 爸爸用一只手就能烧出沙锅鱼头这个美味的菜。(　　)
7. 微波炉不能热馒头,否则会又干又硬。(　　)
8. 改革开放前家里只有两口铁锅。(　　)

(四) 根据课文内容,填空:

1. 各种各样的锅有:________、________、________、________。
2. 火锅的种类有:________、________、________。
3. 不像锅的锅有:________、________。

(五) 回答问题:

1. 为什么说锅的交响曲也是家庭的交响曲?
2. 您家里常常使用哪些种类不同的锅? 它们各有什么不同的特点和功能?

四、关于零食

都市里的店铺发展最快的是时装店和零食店,前者是时尚变化的风向标,后者是商业发展的见证人。改革开放前,国人一日三餐尚且不丰富,零食的品种形式也十分单调,因为人们收入有限,还不能享受太多“奢侈”的零食。随着生活水平的提高,今天的零食仅从外观及款式上早已超过从前。包装新颖、名称古怪、千姿百态的零食每天在电视广告中出现,人们很难不受它的影响。

其实,吃零食不是现代人的发明。古人吃硬壳果、干果、种子,相当于我们现在吃果仁、饼干。零食与都市生活现在已密不可分,吃零食成为我们日常休息、游玩、聚会的一个重要内容。谁敢说自己从未吃过零食? 你可以看到许多人在学校、办公室、大街上、客厅、厨房,甚至卧室都零食不离口。

都市人好吃零食的原因很多,绝大多数时候不是因为真有饥饿感,而是某种心理的需求——孩子们从电视中看到做成猫狗等动物状的零食,或附送小玩具的食品,觉得好玩,便纷纷让父母掏钱买。有的人则因寂寞无聊,希望有些东西来消磨时间,于是买来一大堆零食填充“空虚”的肚子。还有的人在现代生活的压力下,产生了烦恼和焦虑的情绪,他们习惯于用零食来充当镇定剂,放松紧张的大脑神经……研究者认为,现代人际关系日趋紧张，彼此沟通机会减少，患思想及感情饥饿症的人越来越多。都市的躁乱又令人无法静心吸取精神食粮，随处可得的零食便成了最好的填充物。不是吗？一入夜，千家万户的电视机旁，有多少人宁愿吃着零食、看着低质量的电视剧，却不愿花点儿时间读一本好书，或与朋友进行一次心灵的交流。

在吃零食问题上，营养学家认为，零食不是绝对不能吃，但零食的主要供应对象应是青春期的少男少女。这个阶段的孩子，老说肚子饿，父母在两顿正餐间就应给他们吃有营养的零食，如鸡蛋、蛋糕、牛奶、果仁等含蛋白质①、钙②的东西，以帮助他们的身体更好地发育成长。少女应比母亲食量多些，少男应比父亲食量大些才是正常的。至于成人，偶尔吃零食也无不可，但经常性吃零食，认为吃零食有好处是没有根据的。一日三餐，已能维持成人的日常消耗，如果吃了正餐还吃许多零食，人的胃肠道得不到休息，代谢③功能会不正常，身体的消耗反而会更大，加速了衰老。在营养学家看来，成人不应常吃零食，那些炸薯片、话梅、饮料、口香糖，没有营养，对自身好处很少又破坏有节奏的生活，我们根本没有必要去关注这些所谓成人零食。

(952 字 ÷ 　　分钟 = 　　字/分钟)

改写自《零食走开》，作者　陈微尘，原载于《南方周末》1997 年 1 月 31 日

注　　释

① 蛋白质　dànbáizhì　一种构成生物体的重要物质。
② 钙　gài　一种人体内所需的微量元素。
③ 代谢　dàixiè　人体内新旧物质交换、更替。

练　　习

(一) 根据课文内容，选择下列词语的正确解释：

1. 时尚
   A. 时间　B. 时代　C. 时间的变化　D. 流行的风气
2. 见证
   A. 查看证件　B. 看见证件　C. 证明　D. 看见
3. 奢侈
   A. 味道好吃的　B. 包装好看的　C. 价格过高的　D. 不易买到的
4. 款式
   A. 价格　B. 样式　C. 方式　D. 价钱
5. 消磨
   A. 消灭　B. 消失　C. 摩擦　D. 度过
6. 焦虑
   A. 焦急和担心　B. 着急地考虑　C. 着急的想法　D. 不成熟的想法
7. 沟通

A. 交通　　　　B. 交流　　　　C. 联合　　　　D. 见面

（二）根据课文内容，选择正确答案：

1. 零食店发展快的原因是

   A. 人们生活水平的提高　　　　B. 商业的发展

   C. 包装的变化　　　　D. 电视广告的作用

2. 人们吃零食大多是因为

   A. 有饥饿感　　B. 心理需求　　C. 觉得好玩　　D. 寂寞无聊

3. 作者认为，在现代生活的压力下，零食的作用相当于

   A. 一种食品　　B. 一种药品　　C. 一个亲人　　D. 一位大夫

4. 作者认为以下哪一种情况不是现代城市人的生活习惯？

   A. 读书　　B. 看电视　　C. 节食　　D. 吃零食

5. 营养学家认为

   A. 零食绝对不可以吃　　　　B. 成人应该经常吃零食

   C. 少男少女应该主要吃零食　　　　D. 成人有时也可以吃一些零食

（三）根据课文内容，判别正误：

1. 以前，国人的主食不丰富，所以要吃较多的零食来补充。（　　）
2. 现在的零食名称古怪，很难对人产生影响。（　　）
3. 我们的祖先很早就开始吃零食了。（　　）
4. 在外出游玩的时候，大家谁也不敢说自己吃过零食。（　　）
5. 零食的流行和现代生活方式很有关系。（　　）
6. 青春期的少男少女需要吃有营养的零食。（　　）
7. 成人不可以偶尔吃零食。（　　）
8. 课文中提到的成人零食是没有营养的。（　　）

（四）用汉语解释下列词语：

1. 硬壳果
2. 炸薯片
3. 口香糖
4. 正餐
5. 零食

（五）回答问题：

1. 为什么说零食是商业发展的见证人？
2. 现代生活与零食有什么关系？
3. 少男少女吃什么样的零食？
4. 零食对成人的身体健康有什么影响？
5. 读了这篇文章后，您还打算吃零食吗？

第二十六单元

一、小车手张远华

张远华是一个生在农村、喜爱都市的小男孩，他住在群山环抱、河水清清的小山村。这里的农民种果树、种粮食，也开工厂，与传统意义上的农民不一样，他们富有，算得上是新型的农民。

作为新型农民的后代，张远华的童年生活便与他的父辈大不相同：拾草为柴、拾粪为肥是旧时农家孩子的必备功课，现在在一些贫困山村的孩子也还不得不如此。然而，张远华生在年工农业总产值达亿元的北京郊区农村，爷爷是著名的农民企业家，张远华就有了一个特别的爱好——车，无论自行车、摩托车还是汽车，他都非常着迷。

看张远华小时的照片，大多是骑在小车上或靠在汽车旁边照的。他今年才 10 岁，但已经骑坏了 3 辆自行车。他最喜欢的山地车是现在城里最流行的，村里的孩子差不多都有一辆。骑着它在村里转来转去，又自由又气派。

爷爷有辆桑塔纳，紫红色的，这种中国与德国大众汽车公司合作生产的汽车，即使在城市里也算得上气派。张远华课余时就坐上爷爷的车兜风，饱览城市风光。

张远华的父亲是开车的，叔叔也是开车的。问起张远华将来的志向，他想也不想地说："开汽车。"

迷上汽车，功课自然受到影响。与村子里别的孩子不同，他只在村办小学上了一年的学，就在爷爷的帮助下转到县城的一个条件更好的小学去读书，不过，学习不用功，成绩不好时被老师批评，爷爷就什么忙也帮不上了。

张远华祖辈生活的这个小村子周围山清水秀，离北京只有 70 多公里的路程。现在盖了一些小洋楼，城里有钱人买了，来享受远离闹市的大自然。张远华与此相反，他喜欢城市的热闹繁华。放了寒暑假，他愿意跟着爷爷到京城去玩。张远华身体很结实，精力充沛，城市的生活更适合他。

(668 字÷　　分钟＝　　字/分钟)

改写自《小车手张远华》，作者　李霞，原载于《今日中国》1995 年 6 月

练　　习

(一) 根据课文内容，选择下列词语的正确解释：

1. 算得上

　A. 比得上　　　　B. 看得上

　C. 可以被当做……　　　　D. 不能被当做……

2. 着迷

A. 喜欢……　　B. 对……不明白
C. 产生了难以放弃的爱好　　D. 产生了使人糊涂的喜好

3. 气派
A. 有巨大力量的　B. 有精神的　C. 生气的　D. 得意神气

4. 即使
A. (连词) 即便,就是　　B. (连词) 因此,所以
C. (副词) 就,才　　D. (动词) 使得,使

5. 兜风
A. 坐车、船等游逛　　B. 坐车、船等旅行
C. 坐车、船等参观　　D. 在车、船中边走边看

6. 饱览
A. 经常旅游　　B. 仔细地参观
C. 充分地观赏　　D. 吃了很多,看了很多

7. 用功
A. 用心地练习武术　　B. 用中国功夫做……
C. 使用工具　　D. 刻苦、努力

(二) 根据课文内容,选择正确答案:

1. "小车手"的意思是
A. 参加赛车比赛的年轻人　　B. 年轻人喜欢骑一辆小自行车
C. 年轻人从小喜欢各种类型的车　　D. 喜欢各种车,也喜欢骑车的年轻人

2. 从课文第一段,我们知道
A. 传统意义上的农民住在山村　　B. 传统意义上的农民比较贫困
C. 新型的农民把工厂建在小山村　　D. 新型的农民只种果树,不种粮食

3. 旧时农民的孩子
A. 必须得干拾草、拾粪的活儿　　B. 不拾草、不拾粪就不能上学
C. 只能拾草、拾粪,不能上学　　D. 在拾草、拾粪的时候学习功课

4. 课文的第二段没有告诉我们
A. 张远华的家乡为什么有很多车　　B. 张远华的家乡为什么很富裕
C. 张远华对什么车感兴趣　　D. 张远华有了什么车

5. 山地车是
A. 自行车的一种　　B. 汽车的一种
C. 农村使用的一种车子　　D. 山区工厂生产的一种车子

6. 张远华
A. 想做和父亲相同的工作　　B. 从来不考虑自己做什么
C. 只上了一年小学　　D. 喜欢自由地生活

7. 张远华被老师批评是因为
A. 在不同的学校学习　　B. 爷爷帮忙帮得太多
C. 没有志向　　D. 功课不好

8. 小洋楼

A. 建造在有钱人多的地方　　B. 建造在城市中

C. 是城市居民休息的地方　　D. 卖给城里的富人

9. 从课文的最后一段中，我们知道了

A. 张远华喜欢城市生活　　B. 自行车运动使张远华很健康

C. 北京附近的农村有很多城市居民　　D. 生活在都市的人们喜欢住在农村

10. 课文给我们介绍了

A. 小车手张远华的成长过程　　B. 一个生活在农村的小车迷

C. 北京郊区农村一个新型农民家庭　　D. 一个农民后代爱车、学车的经历

（三）根据课文内容，判别正误：

1. 张远华是农民的孩子。（　　）
2. 张远华住的村子周围都有山。（　　）
3. 张远华的爷爷不是一般意义上的农民。（　　）
4. 张远华的家里有各种各样的汽车。（　　）
5. 张远华有很多汽车的照片。（　　）
6. 张远华喜欢骑车在村子里转来转去。（　　）
7. 爷爷常常在城市里开车。（　　）
8. 张远华想当汽车司机。（　　）
9. 在学习上，爷爷对他的帮助很大。（　　）
10. 张远华的家乡自然风景很美丽。（　　）
11. 只有身体健康的农村人才能到城市里生活。（　　）
12. 张远华常常和爷爷一起去旅行。（　　）

（四）选择适当的词语填空：

1. A. 无论是……还是……　　B. 是……还是……

C. 可是……　　D. 还是……

(1) ________去________不去，你快作决定。

(2) ________刮风________下雨，她都坚持长跑。

(3) ________电影________电视，他都不喜欢看。

(4) 我们劝她劝了很长时间，她________不同意。

(5) 我很想和你一起去，________今天我没有时间。

2. A. 爱好　　B. 迷上　　C. 着迷

(1) 他三年前就________了电脑。

(2) 小王有很多________，打球，唱歌，绘画什么的都喜欢。

(3) 过去他________古典音乐，现在他又________了流行歌曲。

(4) 她对爱情故事很________。

（五）回答问题：

1. 为什么说张远华是新型农民的后代？
2. 张远华为什么不在村里上学？

3．张远华有什么理想？

二、父子登长城

严欣强在出版社工作，他貌不惊人，穿戴朴素。如果说他有什么惊人之处，那就是带儿子一起爬长城。老严爬长城在单位里是出了名的，而且这一爬就是13年。

初次带儿子爬长城是1984年的事，那时儿子才5岁。一壶水，一个梨，几个面包，便是老严第一次带儿子爬长城的全部“家当”。儿子太小了，稚嫩的小腿还迈不上高高的台阶，也跨不过宽宽的沟沟坎坎，每次都需要他拽住儿子的衣背，轻轻地提一把。一路上，不论儿子哭闹得多凶，老严就是狠着心不去背他。他要让儿子用自己的双脚登上长城，让儿子长长志气。

爬到长城的烽火台上，老严搂着儿子细细地讲述长城的故事。儿子似懂非懂地听着，而父亲也发现了两个奇迹：一个是中国人建造的长城是一个奇迹，一个是人超越自身的奇迹。“孩子那么小，就能一直跟着我登上长城，真的很不容易，这本身就是个奇迹。我当时就希望儿子以后能像长城一样坚不可摧。”从此以后，父子俩与长城结下了不解之缘。

开始严欣强父子俩是乘火车到达某一地点，然后顺着山路徒步爬长城。儿子稍大，能骑自行车了，俩人便一块儿骑车到火车站，然后把自行车托运上，下了火车，再骑车到山脚下，把车子一搁就去爬长城。

五六年过去了，老严才发现不拍长城真是白白地浪费美景，这才买了一架普通的傻瓜机，带着儿子在长城四处选景拍照。于是，儿子开始跟着父亲学摄影，拍长城，翻阅有关长城的资料，增长了不少见识。

转眼间儿子16岁了，爬长城已在他身上显出了功效：在学校运动会上儿子参加长跑，取得了好成绩；在学习上，他也越来越有进取精神，已经明白了人生如登山、最后的胜利总是产生于再坚持一下的努力之中的道理。在高考中，儿子以优异的成绩考入了北京大学的历史系。

儿子早就知道北京的长城修建于明朝。上大学学习历史后，对明史产生了浓厚的兴趣。他细细地研读了《明长城史考》中有关北京段长城的书籍后，决心将来写一部更为全面详尽的长城考。有了这样的决心，儿子对长城又多了一份学术性的兴趣。他开始带着他的同学爬长城，老严感到无比欣慰：“爬了这么多年的长城，吃了那么多的苦，我也老了，但是儿子却长大了。”

(854字÷　　分钟＝　　字/分钟)

改写自《父亲·儿子·长城》，作者　肖黎，原载于《今日中国》1998年1月

练　　习

(一) 根据课文内容，选择下列词语的正确解释：

1．惊人

A．让人害怕　　B．让人吃惊　　C．惊动别人　　D．吓着别人

2. 家当

A. 东西　　B. 工具　　C. 当家人　　D. 放在家里的东西

3. 长志气

A. 增加决心和勇气　　B. 产生向上的勇气

C. 快快地成长　　D. 努力地发展

4. 坚不可摧

A. 比喻意志坚强　　B. 坚决不允许破坏

C. 比喻决心大　　D. 坚持不允许推倒

5. 徒步

A. 和几个人一起走　　B. 沿着一定的方向

C. 快快地跑着　　D. 走路

6. 托运

A. 托人来运送　　B. 放在自己的身上来运送

C. 用手提　　D. 托运输部门运送

7. 见识

A. 看见的知识　　B. 见到的东西　　C. 知识　　D. 经历

8. 功效

A. 成功　　B. 效果　　C. 力量　　D. 效率

9. 进取

A. 努力向前　　B. 进去取得　　C. 向前跑　　D. 取得的进步

10. 长城考

A. 关于长城的考试　　B. 关于长城的研究

C. 调查长城　　D. 考察长城

(二) 根据课文内容,选择正确答案:

1. 严欣强的惊人之处在于

A. 他的长相　　B. 他的穿戴

C. 他带儿子爬长城　　D. 他自己爬了 13 年长城

2. 下面哪一项不是老严第一次带儿子爬长城时所带的?

A. 一壶水　　B. 一个梨　　C. 几个面包　　D. 家庭财产

3. 老严为什么不背儿子?

A. 儿子哭闹得太凶　　B. 他的心太狠

C. 他想让儿子自己登上长城　　D. 他能把儿子轻轻地提起来

4. 老严在长城上发现

A. 长城是一个奇迹

B. 人能够超越自身是一个奇迹

C. 儿子是一个奇迹

D. 长城是个奇迹,人能够超越自身也是奇迹

5. 老严带儿子爬长城是为了

A. 让儿子锻炼身体　　B. 让儿子超过自己
C. 让儿子一直跟着他　　D. 让儿子意志坚强

6. 老严买相机是想
A. 拍下长城的美景　　B. 让儿子学摄影
C. 积累有关长城的资料　　D. 让儿子增长见识

7. 下面哪一项不是儿子登长城的功效?
A. 在运动会上取得了好成绩　　B. 学习有了进取精神
C. 学会了登山　　D. 考入了北大历史系

8. 儿子的目标是
A. 上大学学习明史　　B. 阅读有关北京段长城的书籍
C. 写一本研究长城的书　　D. 带他的同学爬长城

9. 儿子开始和同学们一起爬长城,老严感到
A. 很高兴　　B. 很失望　　C. 很难过　　D. 很有意思

10. 儿子不再和老严一起爬长城是因为
A. 他对长城产生了学术兴趣　　B. 爬长城太辛苦了
C. 老严太老了,爬不动了　　D. 儿子长大了

(三) 根据课文内容,判别正误:

1. 老严有一次爬长城爬了 13 年。(　)
2. 老严在单位里很有名。(　)
3. 儿子和老严爬长城一直爬到 18 岁。(　)
4. 初次爬长城时老严带了许多东西。(　)
5. 第一次爬长城时,一路上老严一点儿也不帮助儿子。(　)
6. 老严一边爬长城一边给儿子讲故事。(　)
7. 老严父子骑着自行车爬长城。(　)
8. 老严觉得爬上长城不拍长城很可惜。(　)
9. 儿子通过爬长城、拍长城、读有关长城的书,增加了很多知识。(　)
10. 儿子喜欢明史是因为北京段的长城建于明朝。(　)

(四) 根据课文内容,填空:

1. 老严____不惊人,________朴素。
2. 儿子太小了,________的小腿还____不上高高的台阶,也____不过宽宽的沟沟坎坎。
3. 老严常常______住儿子的衣背,轻轻地______一把。
4. 老严______着儿子细细地______长城的故事。
5. 父子俩与长城______下了不解之缘。
6. 儿子________有关长城的资料,________了不少见识。

(五) 回答问题:

1. 儿子是什么时候学会摄影的?
2. 通过爬长城儿子明白了什么道理?

3. 上大学前和上大学后儿子对长城的兴趣有什么变化？

三、船上人家

船老大[1]走了，带着他的一家三口和17条船，顺着杭州城这条河里的污水，被排出城市……老大走得很无奈，连向他朝夕相处的居民挥挥手的兴致都没有。

这是大运河的末梢，距秀山碧水的西湖只有4公里。河道漂满水草，乌黑发亮。3年前，老大带着他的亲戚组成的船队，驶进了这条水道。这些来自苏北的鞋匠，将城市人留之无用、弃之可惜的旧鞋子收来，修补好后，再拿去便宜卖给需要它的人。在粗黑的手指间，日复一日，他们编织着艰难而又幸福的梦想。这些船家有自己的"船民委员会"，50几口人，机构健全：治安、卫生、绿化、后勤等工作都有人负责。

老大11岁上船随父漂泊，到现在已经30多年了。屈指算来，到他这一代已是第九代船民了。17条船上数老大辈分最高，经验最丰富；船家的"城市梦想"，便系在了老大身上。老大机敏、灵活，小心翼翼地在这个城市的各个"有关部门"之间周旋。治安费、卫生费、绿化费……，老大说，巴不得还有什么能缴还没缴的费，赶紧找个地方去缴，只要能让他们呆在这里找口饭吃。

原本传男不传女的手艺，到老大这一代实行了改革：夫可传妇，也可传女。于是在男人们奔波于城市大街小巷、遭受白眼时，女人在船上修补男人收购来的旧鞋。傍晚时分，劳累了一天的船家，在老大船头分配旧鞋，然后以家庭为单位，各自点火做饭，享受一天来最轻松的晚餐。为不打扰城市人的生活，老大规定，船上不准打麻将，不准大喊大叫，垃圾要袋装，大小便要入厕，连煤饼炉也尽量不要烧，因为点火烧煤时有烟，会影响河边楼里的居民。

船家们每天劳作十五六个小时，收鞋、修鞋、卖鞋，每劳动力人均月收入700元左右，辛劳而不能迅速致富。

老大有二女一男，超生的小儿子是他的全部希望。老大说：儿子肯定能考上高中，高中毕业如果上不了大学，就给他在杭州买套商品房，再买个户口，找份工作。以后的养老，就指望他了……

临近5月，"创建卫生文明城市"的运动逐渐深入，有关部门要治理这条影响市容的河道。虽然老大的船队手续齐全，属于合法驶入市区，但他还是接到了"限期离开"的通知书。此时的老大觉得既委屈而又无奈……

清晨，"突突突"的马达声穿越楼群，回荡在城市人的起居空间，老大的船队远去了……

（888字÷　　分钟＝　　字/分钟）

改写自《杭州：最后的船上人家》，作者　邢志军，原载于《街道》1997年8月

注　释

① 船老大　chuánlǎodà　木船上地位最高的船夫。

练　　习

(一) 根据课文内容,选择下列词语的正确解释:

1. 无奈
   A. 没有办法　B. 没有声音　C. 非常生气　D. 非常失望
2. 日复一日
   A. 每天都要重复　B. 每天都是一样的
   C. 一天又一天　D. 过了许多日子
3. 机构健全
   A. 内部的组织很健康　B. 内部的组织很齐全
   C. 机器设备很齐全　D. 有很先进的机器设备
4. 小心翼翼
   A. 非常小心,不敢马虎　B. 非常小心地来回飞
   C. 有两个非常精巧的翅膀　D. 非常辛苦
5. 周旋
   A. 绕圈子　B. 四处转动　C. 每星期去一次　D. 打交道
6. 巴不得
   A. 迫切希望　B. 不能想像　C. 很不愿意　D. 一点儿也不知道
7. 奔波
   A. 忙忙碌碌地奔走　B. 在水中四处奔走
   C. 向着有水的地方奔跑　D. 轻松自由地行走
8. 遭受白眼
   A. 遇到了戴白色眼镜的人　B. 眼睛变白了
   C. 被人看不起　D. 受到大家的欢迎
9. 指望
   A. 指示、看望　B. 希望、依靠　C. 指示、命令　D. 指挥、命令
10. 治理
    A. 生理治疗　B. 整治处理
    C. 根据理论来处理　D. 根据理论来治疗

(二) 根据课文内容,选择正确答案:

1. 船上人家的工作是
   A. 负责城市的治安、卫生、绿化、后勤等工作
   B. 在城市里生活
   C. 在城市的大街小巷奔波
   D. 收鞋、修鞋、卖鞋
2. 船上人家离开的原因是
   A. 这条河太脏了　B. 他们要实行改革

C. 有关部门认为他们影响了市容　　D. 他们要去远方寻找新的生活

3. 船上人家住在

A. 杭州城里的一条河上　　B. 大运河上

C. 秀山碧水的西湖中　　D. 杭州城里的一条街上

4. 城市人觉得旧鞋子

A. 应该都扔掉　　B. 留着还有用,丢了挺可惜

C. 留着没有用,扔了挺可惜　　D. 留着将来说不定有用

5. 船上人家的梦想是

A. 组成自己的"船民委员会"　　B. 在城市生活

C. 在城市工作　　D. 在城市迅速致富

6. 在这些船上人家中,船老大

A. 个子很大　　B. 辈分最高,经验最丰富

C. 最机敏、灵活　　D. 孩子最多

7. 船老大

A. 非常喜欢缴费

B. 想在有关部门找个工作

C. 想让船上人家在有关部门里找到一口饭吃

D. 为了让船上人家能留在城市想尽所有办法

8. 船上人家的城市生活是

A. 男人收鞋,女人修补　　B. 白天工作,晚上吃饭

C. 每天工作十五六个小时　　D. 收鞋、修鞋、卖鞋,辛劳而不能迅速致富

9. 船老大最大的希望是

A. 儿子考上高中　　B. 给儿子买一些生活用品

C. 给儿子找份工作　　D. 老了和儿子一起住在城里

10. 作者对船上人家的态度是

A. 仇恨　　B. 讨厌　　C. 同情　　D. 喜爱

(三) 根据课文内容,判别正误:

1. 船上人家都是苏北人。(　　)
2. 船上人家通过改革学会了修鞋的手艺。(　　)
3. 船上人家互相都是亲戚。(　　)
4. 船老大现在 30 多岁了。(　　)
5. 这支船队在杭州城生活了 3 年多。(　　)
6. 他们是生活在杭州城的第九代船民。(　　)
7. 船家们的人均月收入很高。(　　)
8. 船老大违反了计划生育政策。(　　)
9. 这些船家生活在 17 条船上。(　　)
10. 这支船队是非法驶入市区的。(　　)
11. 5 月,船队离开了杭州。(

（四）根据课文内容，填空：

1. 老大的船队________着杭州城这条河里的污水，被________出城市。

2. 日______一日，他们________着艰难而又幸福的梦想。

3. 17 条船上______老大________最高，________最丰富，船家的“城市梦想”，便________在了老大身上。

4. 老大________小儿子以后给他养老。

5. 马达声________楼群，________在城市人的起居空间。

（五）回答问题：

1. 请介绍一下船老大。

2. 为了不打扰城市人的生活，他们定了哪些规定？

3. 船上人家的生活怎么样？

四、与彩蝶共舞

黄圣苏、汪爱华是一对同甘苦、共患难的夫妇，从 23 岁到 28 岁，他们放弃了工作、家庭和孩子，远走他乡，捕了 6 年蝴蝶。他们靠自己的努力拥有了一个专门从事蝴蝶产业开发的私营工厂，创建了一个集观光、旅游、科普[①]于一体的“七彩蝴蝶馆”。他们的远期目标是在张家界国家森林公园内建成一个“蝴蝶（养殖）公园”。

还在少年时代，家居农村的黄圣苏就对大自然有着奇妙的幻想，而对蝴蝶则更是兴趣浓厚。他在《夫妻蝶海日志》中曾这样写道：在大自然中，植物开出了万紫千红的花朵，蝴蝶在花丛中翩翩起舞。那优美的身姿、轻盈的体态，深深惹人喜爱。在采蜜过程中，它不断地为植物传播花粉，使世界鲜花似锦，硕果累累。不仅如此，更重要的是，蝴蝶能给人们以科学的启示，科学家们已模仿蝴蝶翅膀的鳞片，为人造地球卫星设计出一种自动控温系统，解决了人类航天科技上的一大难题。

然而，令人遗憾的是，人类对蝴蝶的开发利用率还不到十分之一，拥有 1300 多种蝴蝶的中国，对蝴蝶的研究更是远远落后于其他发达国家。早在几十年甚至上百年前，外国人就远渡重洋、跨过国界，来到中国采集和研究世界罕见的中国蝴蝶。

黄圣苏、汪爱华夫妇，出于一种责任、一种执著的追求，卷起铺盖，踏上了茫茫蝶海的寻梦之路，一晃就是 6 年。

在这 6 年中，每到 3 月至 9 月的捕蝶旺季，他们便游走四方。荒无人烟的原始森林他们去过；海拔几千米的高寒地带他们也去过。对他们来说，遇到恶劣的气候是家常便饭，担惊遇险的事更是数不胜数，好几次差点儿被蟒蛇、毒蜂、野象伤害。6 年的艰苦跋涉，夫妇俩付出了很多，但也收获了很多。他们采集并收藏了上万只，共计 11 个科、400 多个品种的蝴蝶标本。

蝴蝶标本越集越多，可他们的家境却越来越贫穷。每次捕蝶归来，夫妇俩就得去沿海拼命打工，以挣够来年的旅行费、房租费、伙食费以及家中老母和幼子的生活费。他们有很多发财的机会：他们应邀在桂林举办蝴蝶标本义展时，有位外国朋友愿出 3 万美金买下全部标本，被他们一口回绝了。随着他们名声的远扬，很多外国专家学者或爱好者出的价一次比一次高，可这对清贫的青年夫妇一次又一次地婉言谢绝了。

6年来，为向青少年普及蝶类学知识，他们在多所学校举办过义展，并无偿地给昆明市斯美蝴蝶馆捐赠了1000多只标本、100余个蝴蝶品种，还给长沙市青少年宫捐献了一套齐全的蝴蝶标本。

在艰辛的捕蝶之余，夫妇俩还合著了《中国蝴蝶》一书。他们始终保持着这样的梦想：一辈子采集蝴蝶、研究蝴蝶、开发蝴蝶，向人们讲述蝴蝶的故事。

(1009字÷　　分钟＝　　字/分钟)

改写自《与彩蝶共舞》，作者　孙雅歆，原载于《今日中国》1998年2月

注　　释

① 科普　　kēpǔ　　"科学普及"的简称。

练　　习

(一) 根据课文内容，选择下列词语的正确解释：

1. 集……于一体
   A. 把全部的人集合在一起　　B. 把许多事情当成一件事情做
   C. 把……的功能集中在一起　　D. 把……当成一个集体
2. 启示
   A. 说明和指导　　B. 启发和表演
   C. 启发，使人明白　　D. 发现和展览
3. 远渡重洋
   A. 穿过海洋，从很远的地方(来)　　B. 穿过了名叫重洋的大海
   C. 渡过很远的海洋　　D. (来)到了很远的重洋
4. 罕见
   A. 很少能看到　　B. 非常吸引人
   C. 常常能见到　　D. 看起来很可怕
5. 铺盖
   A. 捕蝶用的工具　　B. 放在地上的东西
   C. 一种纸　　D. 被子和褥子
6. 荒无人烟
   A. 外边没有人吸烟　　B. 不能吸烟的地方
   C. 冷清，没有人吸烟　　D. 冷清，没有人居住
7. 家常便饭
   A. 家里人经常做饭　　B. 常常出现的一种景色
   C. 家中常吃很便宜的饭菜　　D. 经常发生，已经习惯了的事

8. 数不胜数

A. 数了也没有用　　B. 非常多，数不清楚

C. 很少几个，不用数就知道　　D. 一直数下去，不能停止

9. 应邀

A. 接受邀请　　B. 应该邀请

C. 回答邀请　　D. 不能邀请

10. 义展

A. 有意义的展览　　B. 没有报酬的展览

C. 应该进行的展览　　D. 宣传知识的展览

11. 一口回绝

A. 坚决拒绝　　B. 拒绝回答

C. 说了一声拒绝　　D. 回去以后拒绝

12. 无偿

A. 一点儿也没有　　B. 没有报酬

C. 不常常　　D. 一次性的

（二）根据课文内容，选择正确答案：

1. 黄圣苏、汪爱华是一对

A. 能一起经历困难和危险的夫妇　　B. 患有非常难治的疾病的夫妇

C. 在困难时期结婚的夫妇　　D. 面临危险的夫妇

2. 黄圣苏、汪爱华捕蝴蝶主要是在

A. 他们的家乡　　B. 黄圣苏的家乡

C. 汪爱华的家乡　　D. 远离家乡的地方

3. 七彩蝴蝶馆不具备下面哪一种作用？

A. 观光　　B. 旅游

C. 养殖　　D. 科普

4. 蝴蝶的作用是

A. 在花丛中翩翩起舞　　B. 为植物传播花粉

C. 使世界鲜花似锦　　D. 给人们以科学的启示

5. 下面哪一个不是黄圣苏、汪爱华夫妇采集蝴蝶的原因？

A. 对蝴蝶的兴趣很浓厚　　B. 为了完成一项展览任务

C. 为了更好地开发利用蝴蝶　　D. 为了追求自己的梦想

6. “一晃就是6年”的意思是

A. 6年才看一次　　B. 动一动就是6年

C. 6年很快过去了　　D. 他们做了6年捕蝶的梦

7. 第五自然段主要讲述

A. 6年中他们去过的地方　　B. 6年中他们遇到的危险

C. 6年中他们收集了多少蝴蝶标本　　D. 6年中他们的经历和收获

8. 黄圣苏、汪爱华夫妇俩去沿海打工是为了

A. 拼命　　　　　　　　　　　　　B. 发财

C. 挣够第二年的各种费用　　　　　D. 举办第二年的各种义展

9. 夫妇俩不愿卖他们的蝴蝶标本是因为

A. 别人想全部买下

B. 他们舍不得这些蝴蝶标本

C. 他们在等着将来有一个更高更合适的价钱

D. 他们想研究、开发蝴蝶,普及蝶类知识

10.《中国蝴蝶》一书的作者是

A. 黄圣苏　　　　　　　　　　　　B. 汪爱华

C. 黄圣苏和汪爱华　　　　　　　　D. 其他人

11. 本文主要介绍

A. 黄圣苏、汪爱华夫妇保护蝴蝶的故事

B. 黄圣苏、汪爱华夫妇关于蝴蝶的梦想

C. 目前中国对蝴蝶的研究、开发情况

D. 一对热爱蝴蝶的夫妇

(三)根据课文内容,判别正误:

1. 黄圣苏、汪爱华夫妇目前已经拥有一个工厂。(　　)
2. 蝴蝶公园将建在张家界国家森林公园。(　　)
3. 黄圣苏从少年时代就开始采集蝴蝶。(　　)
4. 科学家用蝴蝶翅膀的鳞片为人造地球卫星造出了自动控温系统。(　　)
5. 中国对蝴蝶的开发利用率还不到十分之一。(　　)
6. 中国有许多世界罕见的蝴蝶品种。(　　)
7. 每年3月到9月是蝴蝶最多的时候。(　　)
8. 黄圣苏、汪爱华夫妇在采集蝴蝶时好几次被蟒蛇等动物伤害。(　　)
9. 蝴蝶标本为黄圣苏、汪爱华夫妇带来了许多财富。(　　)
10. 由于捕蝶,夫妇俩越来越有名了。(　　)
11. 他们非常热心地向青少年宣传蝶类知识。(　　)
12. 在桂林举办蝴蝶义展是一次发财的机会。(　　)

(四)根据课文内容,填空:

1. 黄圣苏、汪爱华是一对＿＿＿＿＿＿夫妇,他们＿＿＿＿了工作、家庭和孩子,＿＿＿＿,捕了6年蝴蝶。
2. 他们创建了一个＿＿＿观光、旅游、科普＿＿＿＿的"七彩蝴蝶馆"。
3. 蝴蝶在花丛中＿＿＿起舞。那＿＿＿的身姿、＿＿＿的体态,深深＿＿＿喜爱。
4. 黄圣苏、汪爱华夫妇,＿＿＿＿一种责任、一种＿＿＿的追求,＿＿＿上了＿＿＿蝶海的＿＿＿之路。
5. 他们的梦想是:一辈子＿＿＿蝴蝶、＿＿＿蝴蝶、＿＿＿蝴蝶,向人们＿＿＿蝴蝶的故事。

(五) 回答问题：

1. 目前这对夫妇已经拥有了什么？
2. 他们为什么对蝴蝶兴趣浓厚？
3. 人类对蝴蝶的开发利用情况如何？
4. 他们用采集到的蝴蝶标本做了些什么？
5. 你怎样理解“与彩蝶共舞”这句话的含义？

第二十七单元

一、南京人

南京人只是个大致的说法，是个大概，那意思就是生活在这个城市的人。

纯粹的南京人只能从理论上去探讨。对于生活在这个城市的人来说，活生生的南京人就是你，就是你周围的人。南京人就是那些天天在你眼皮底下活动的人流。不在乎你的祖籍①是否在这里，也不在乎你是否在这里出生长大，一方水土养一方人，你在这个城市里生存了若干年，充分地呼吸了这里的空气，喝了这个城市的水，吃了在这个城市里买的米，那么，你就是南京人，南京人就是你。

南京是一座没有太大压力的城市。正是因为没有太大的压力，也就形成了南京人的特色。南京人没有太强的竞争意识，就是有，也往往比人要慢半拍②。南京人活得从容，天生不知道什么叫着急，也不知道什么叫要紧。即使明天天要塌下来，南京人也仍然可以不紧不慢，仍然可以在大街上聊天儿，在床上睡觉，在电视机前看电视，在麻将桌上打麻将。

典型的南京人都是悠闲懒散的，很多事都随它去，不羡慕当官的，也不会挣钱。在南京当官的都是外地人，在南京挣大钱的也是外地人。眼睁睁地看着外来人做官挣钱，竟然不眼红，也不在乎，这就是南京人。

南京人宽容，南京的大门永远向外地人敞开。南京欢迎北方人，也从来不拒绝南方人，南京接受一切乐意到这里寻找机会的游子。南京的外地人所以能够长久地和南京人和平共处，这和南京人的宽容分不开。

对于异乡的外地人来说，南京是一个不可多得的城市。它既有传统，又不固守陋习；既有文化，又不迂腐；既迎新，又不厌旧。南京给外地人提供了一个大显身手的场所，提供了一个充分表现自己才华的舞台。外地人在南京既可以走投无路头破血流，也可以旗开得胜大获成功，外地人在南京既能上演壮烈的悲剧，也能演出轻松的喜剧。

南京的外地人，其实已经成了南京人的一个重要组成部分。不知不觉中，南京的外地人，渐渐变为新的地道的南京人，融入了这个城市的每个角落。

(776 字÷　　分钟＝　　字/分钟)

改写自《南京人》，作者　叶兆言，浙江人民出版社，1997 年 1 月

注　释

① 祖籍　zǔjí　祖辈居住的地方。

② 拍　pāi　节拍。

练　习

(一) 根据课文内容，选择下列词语的正确解释：

1. 活生生
   A. 很活泼的　B. 现实中的　C. 活着的　D. 年轻的
2. 竞争
   A. 跟别人争夺东西　B. 跟别人争胜
   C. 跟别人联系在一起　D. 跟别人打架
3. 从容
   A. 从来不觉得困难　B. 一直觉得很容易
   C. 不着急、不慌忙　D. 很着急、不安定
4. 天生
   A. 自然出生　B. 自然生成　C. 从天上得到的　D. 从天上下来的
5. 眼睁睁
   A. 一次又一次地睁开眼睛　B. 用力地睁开眼睛，闭上眼睛
   C. 看到了但没有办法的样子　D. 没看到，也没有办法的样子
6. 眼红
   A. 哭　B. 流泪　C. 痛苦　D. 羡慕
7. 在乎
   A. 注意、重视　B. 马虎、不细心
   C. 学习、研究　D. 在哪儿
8. 宽容
   A. 空间大　B. 宽阔、容量大的地方
   C. 宽大、容易　D. 心胸宽阔，有度量
9. 乐意
   A. 高兴的样子　B. 愿意　C. 快乐的样子　D. 有趣
10. 陋习
    A. 简单的习惯　B. 好看的习惯　C. 有名的习惯　D. 不好的习惯
11. 地道
    A. 纯粹的、真正的　B. 老实的、诚实的
    C. 地上的道路　D. 地下的交通路线

(二) 根据课文内容，选择正确答案：

1. 哪些人可以算得上是南京人？
   A. 你周围的人　B. 在南京周围的人
   C. 在南京生活着的人　D. 天天在你眼前走来走去的人
2. "一方水土养一方人"，意思是
   A. 一个地方的自然环境和物产养育了那个地方的人
   B. 一个地方的自然环境和物产教育了那个地方的人

C. 每一个方向的水和土都被人们利用着

D. 每一块土地上都生活着一些人

3. 南京是一座没有太大压力的城市,意思是

A. 南京是一座没有重量的城市

B. 南京不是重要的城市

C. 在南京生活,感受不到太大的压力

D. 在南京生活,感受不到生命的重要性

4. 南京人

A. 出生时节奏慢半拍　　B. 习惯慢节奏的生活

C. 思想意识很落后　　D. 喜欢聊天儿、睡觉、看电视、打麻将

5. 在第三段中,作者认为

A. 没有什么事能使南京人感到紧张、着急

B. 南京人很勇敢,天塌下来也不怕

C. 如果天塌下来,南京人不紧张,跑得会很快

D. 南京人做事有时快,有时慢

6. 南京人宽容,表现在

A. 不锁城市的大门　　B. 不排斥外地人

C. 不欢迎外地人　　D. 没有自尊心和自信心

7. 外地人在南京

A. 和平共处　　B. 有机会大显身手

C. 悠闲懒散　　D. 不可能走投无路

8. 南京人中

A. 有活生生的人　　B. 有很多不是纯粹的南京人

C. 没有在城市角落生活的人　　D. 不知不觉地产生出新的外地人

(三) 根据课文内容,判别正误:

1. 南京人就是那些祖籍在南京的人。(　)

2. 南京从来没有发生过要紧的事。(　)

3. 南京人不知道天会塌下来。(　)

4. 不紧张、不着急是南京人的性格特点。(　)

5. 南京人不在意本市的外地人比他们地位高、挣钱多。(　)

6. 南京是个喜新厌旧的城市。(　)

7. 外地人都可以在南京的舞台上表演。(　)

8. 外地人很难在南京生活下去。(　)

9. 南京人喜欢看壮烈的悲剧,也喜欢看轻松的喜剧。(　)

10. 外地人在南京可以充分表现自己的能力。(　)

(四) 选词填空:

A. 和平共处　B. 走投无路　C. 大显身手　D. 头破血流

E. 旗开得胜　F. 不知不觉　G. 情不自禁

1. 孩子在妈妈的怀中＿＿＿＿＿＿地睡着了。

2. 小王不小心从单杠上掉下来，摔得＿＿＿＿＿＿。

3. 听到那首熟悉的民歌，她＿＿＿＿＿＿地跟着唱起来。

4. 中国一直奉行“平等互利、＿＿＿＿＿＿”的外交政策。

5. 老张是一位有名的厨师，厨房是他＿＿＿＿＿＿的好地方。

6. 他想不出任何办法，在＿＿＿＿＿＿的情况下，只能狠狠心卖掉了自己的公司。

7. 预祝你们在这次比赛中＿＿＿＿＿＿。

8. 5号队员在那场比赛中＿＿＿＿＿＿，一个人连进了两个球。

(五) 回答问题：

1. 为什么说“纯粹的南京人只能从理论上去探讨”？

2. 南京人在性格方面有什么特点？

3. 您希望在南京生活吗？为什么？

二、北京人的幽默

北京人以善侃(kǎn)著名。一件普普通通、两三句话就能说明白的事，到了他们嘴上，往往能变成一部“长篇小说”。侃的人滔滔不绝，听的人兴趣十足，这种效果主要归功于北京人言谈举止中那种特有的幽默。

北京人的幽默首先表现在说话的形式上。老北京们闹了意见，或对某人某事有了看法，常常不直接说出来，而是反说、倒说、绕着圈子说，其中的含义让对方自己去想。比方说，有时候公共场所拥挤，前顶后推，处在中间的这位不高兴了，但他不说“你们要把我挤扁了”，而是嚷嚷：“嘿，嘿！我都快成‘相片儿’啦！”有时即使到了非常不满的地步，老北京们也很少怒目相对，而是以幽默的方式解决。

北京人的幽默并不都用在吵嘴上，有相当一部分幽默是积极的。比如，在一家工艺品商店的柜台上陈列着一个非常可爱的小泥娃娃，不少顾客走到这里都喜欢摸一摸、动一动。为了避免把泥娃娃弄脏，营业员运用了“北京幽默”，在泥娃娃身上挂了个小卡片，上面写着“谢谢，别摸我。”顾客看到时，大多幽默地一笑，不再动手了。

北京人的幽默也表现在家庭成员相互之间的称呼上。爷爷奶奶把孙子们叫成“小祖宗”；当嫂子的把丈夫的妹妹叫成“小姑奶奶”，而不叫“小姑子”；小伙子对别人聊起自己的兄长时，不说“我的大哥、二哥”，而是说“我家大爷、二爷”。这种带“爷”的称呼由家庭普及到社会上，成了社会上对某种行业、某种地位的人的普遍称呼，比如：把有钱的人叫“款爷”；把能说会道的人叫“侃爷”；把经商的人叫“倒爷”……

北京人爱好幽默，这与他们悠闲自在的传统生活方式和较高的文化素质密切相关。正是由于有了广阔的幽默群体，才产生了从老舍到王朔等一代又一代以幽默著称的作家，涌现了一大批优秀的相声演员和众多的喜剧明星。

(855字÷　　分钟＝　　字/分钟)

改写自《幽默北京人》，作者　孙春明，原载于《街道》1997年8月

练 习

(一) 根据课文内容,选择下列词语的正确解释:

1. 幽默

A. 没有意思,没有意义　　B. 安静地,没有一点声音的

C. 又可笑又可怕而且使人不明白　　D. 有意思的、可笑的,而且意味深长

2. 十足

A. 十分充足　B. 十分满足　C. 不可缺少　D. 够了

3. 言谈举止

A. 说话时举着手　　B. 怎么说就怎么做

C. 只说话,不行动　　D. 说话和行为

4. 吵嘴

A. 打架　B. 吵架　C. 说话　D. 大声说话

5. 陈列

A. 让顾客满意　　B. 让顾客排成一队

C. 把东西摆出来给大家看　　D. 把东西放在大家看不见的地方

6. 能说会道

A. 很会说话　B. 不会说话　C. 常常说话　D. 不喜欢说话

7. 经商

A. 盖商业大厦　B. 经过商店　C. 经营商业　D. 制造商品

8. 涌现

A. 充分表现　B. 大量出现　C. 很多发现　D. 不断生产

(二) 根据课文内容,选择正确答案:

1. 北京人

A. 会说话　　B. 都是小说家

C. 喜欢讲故事　　D. 不是普通人

2. "到了他们嘴上"的意思是

A. 他们用嘴说话　　B. 吃到他们的嘴里

C. 从他们嘴里说出来　　D. 他们的话从嘴里说出来

3. "闹意见"的意思是

A. 发生了意外　　B. 产生了矛盾

C. 大声说不满意的话　　D. 大声说有意思的话

4. 文章的第一段告诉我们

A. 北京人富有幽默感　　B. 北京人喜欢听别人聊天

C. 北京人能很长时间地说话　　D. 北京人常把简单的事变得很复杂

5. "老北京"的意思是

A. 古老的北京城　　B. 在北京生活的老人

C. 在北京生活了很久的人　　D. 常常在北京生活的人

6. 老北京们遇到了非常不满意的事情

A. 常常会睁大眼睛,大声叫喊　　B. 用幽默的语言让别人思考

C. 用愤怒的眼睛表达自己的看法　　D. 用幽默的语言说出自己的不满

7. 北京人有了自己的看法时,常常

A. 喜欢大声嚷嚷　　B. 说没有含义的话

C. 不直接说出　　D. 发生摩擦

8. 在商店里

A. 营业员对顾客很不客气

B. 营业员运用幽默的方式达到了目的

C. 营业员运用"北京幽默"使顾客花钱买东西

D. 营业员运用了"北京幽默"使顾客不买东西了

9. 在文章的第四段中,我们知道了

A. 在家庭中,北京人用幽默的称呼表达自己的尊敬或喜爱之情

B. 在家庭中,北京人用尊敬或喜爱的称呼使亲人变得很幽默

C. 社会上带"爷"的称呼是指那些幽默的人

D. 社会上带"爷"的称呼很多

10. 从文章的最后一段中,我们知道了

A. 北京人爱好幽默

B. 北京产生了很多有名的作家

C. 北京人过着悠闲自在的生活

D. 幽默的产生和社会环境有密切的关系

11. 老舍和王朔

A. 都是喜剧演员　　B. 都是以幽默著称的作家

C. 是父子两代人　　D. 都是相声演员

12. 作者在这篇文章中,介绍了

A. 北京人传统的生活方式和性格特点

B. 北京发生的各种幽默的故事

C. 北京人的幽默习俗

D. 北京人的幽默感

(三) 根据课文,判别正误:

1. 北京人嘴里有长篇小说。( )
2. 北京人善于说话。( )
3. 北京人说话太慢。( )
4. 北京人喜欢说让人不明白的话。( )
5. 北京人的幽默表现在许多地方。( )
6. 北京话中带"爷"的称呼并不都是指年纪大的人。( )
7. 特有的生活方式和文化素质造就了富有幽默感的人。( )
8. 北京产生了很多以幽默著称的作家。( )

9. 幽默是少数北京人的特点。( )

(四) 用直线把相关的词语连起来:

丈夫的妹妹	大爷、二爷
经商的人	小祖宗
有钱的人	侃爷
孙子	倒爷
能说会道的人	小姑奶奶
大哥、二哥	款爷

(五) 回答问题:

1. 为什么说北京人以善侃著名?
2. 北京人的幽默表现在哪些方面?
3. 北京为什么会产生那么多的幽默作家、作品和喜剧演员?
4. 你认为哪个地方的人最幽默?

三、用量杯吃饭的德国人

有人说天堂里最好的厨师是法国人,地狱里最好的厨师是德国人。此话虽过于夸张,但多少能反映出德国人不善于吃的事实,所以在德国,任何一个中国人做的饭都能香倒一片德国人。

有一次我把头天晚上吃剩的鸡蛋炒洋葱放在了桌子上。上课前,我打电话给宿舍管理处,让他们派个人来给换换旧地毯。来了一个工人后,我就去上课了。走在路上我突然想起书本没带,忙回去拿。推门一看,那位老兄正在偷吃我的剩菜。见我进来,他面不改色心不跳,冲我嘿嘿一笑,说了句"味道好极了"。看见德国人这么喜欢中国菜,我虽然挨了"偷",可心里还是美滋滋的,忙说:"很高兴您这么说,请继续享用吧!"

德国人不会吃,首先表现在他们做饭上的"本本主义"。如果菜谱上写着面粉要放200克,他们绝不会放210克,所以德国人厨房里配备着大大小小的量杯和天平,外加一个闹钟。你要是进他们的厨房,还会以为一不留神进了实验室呢。

我做的饺子香,楼下的德国同学来找我"取经"。我告诉她馅里放什么,面怎么和(huó),可这丝毫帮不了照"本"做饭的德国人的忙。她拿着笔和本子,非要问我面、肉馅儿、味精、盐、油和菜到底放多少克,水放多少升。我说要那么精确干什么,你是做饭又不是搞科学配方,她说否则没法做。

中国人吃饭既要吃得有营养,也得讲究个色香味俱全。德国人只吃科学和营养,不但蔬菜常常生着吃,有时连肉馅也生着吃。他们从专门的商店里买来新鲜又卫生的生肉馅,往里边撒点盐和番茄酱之类的东西,就有滋有味地吃起来了。菜花不能生吃,就放在白开水里煮煮,然后再放点什么佐料就算完了。因为德国人不怎么做饭吃,所以学生宿舍的公用厨房差不多都是被中国学生"垄断"着。德国人总不明白,中国人为什么每天要花那么多时间来做饭,而且做饭时间比吃的时间要多好几倍。他们宁愿坐在饭桌旁边吃边侃,也不愿意把时间花在锅灶旁。

（758字÷　　分钟＝　　字/分钟）

改写自《用量杯吃饭的德国人》，作者　王滨，

原载于《中国人与外国人——世界各国人的性格与文化侃谈》，国际文化出版公司

练　　习

（一）根据课文内容，选择下列词语的正确解释：

1. 善于

A. 很会做……　B. 讨厌做……　C. 习惯做……　D. 喜欢做……

2. 头天

A. 明天　B. 今天　C. 前一天　D. 第一天

3. 美滋滋

A. 很漂亮　B. 很了解

C. 很愿意的样子　D. 很得意的样子

4. 本本主义

A. 一本关于做饭的书　B. 有一本教你做饭的书

C. 一种喜爱书籍的观点　D. 只会照着书本去做的作风

5. 菜谱

A. 指导怎样做菜的书　B. 指导怎样种菜的书

C. 有各种饭菜原料的书　D. 印有各种饭菜的图片的书

6. 一不留神

A. 不要太小心　B. 应该小心一些

C. 有一次不小心　D. 不小心

7. 取经

A. 向别人请教　B. 向别人解释

C. 听事情的经过　D. 得到别人的方法

8. 和(面)

A. 联合　B. 连带

C. 跟着一起唱　D. 面粉和水一起搅

9. 侃

A. 聊天　B. 讨论　C. 商量　D. 休息

（二）根据课文内容，选择正确答案：

1. 有人说天堂里最好的厨师是法国人，意思是

A. 法国人喜欢厨师　B. 法国人做饭做得好

C. 法国人喜欢当厨师　D. 天堂里的厨师都是法国人

2. 有位老兄偷吃我的剩菜。“老兄”是指

A. 哥哥　B. 兄弟

C. 男性朋友　　D. 年老的朋友

3. “面不改色心不跳”，意思是

A. 表示身体很健康　　B. 表示身体不太好

C. 不慌张不害怕的样子　　D. 心里有些慌张和害怕

4. 剩菜被人偷吃了，但心里还很高兴，因为

A. 他说剩菜很好吃　　B. 他还要继续吃

C. 是朋友吃的，没关系　　D. 是剩菜，吃了没关系

5. 第二自然段的内容主要是说明

A. 中国菜味道好　　B. 那位工人饿了

C. 我和德国工人是朋友　　D. 德国朋友称赞中国菜味道好

6. 德国人的厨房像实验室，因为

A. 特别干净、整洁　　B. 做饭要查看书本

C. 做饭时常穿白色的工作服　　D. 常有天平、量杯等仪器

7. 第四自然段的内容是讲

A. 我怎么教德国人包饺子

B. 德国人怎么学习包饺子

C. 中国人和德国人对做饭的观念不一样

D. 中国人和德国人包饺子的方法不一样

8. 德国人认为

A. 做饭的时间应该短些　　B. 吃饭的时间应该短些

C. 饭后可以多聊天　　D. 花时间做饭不值得，边吃边聊有意思

（三）根据课文内容，判别正误：

1. 有人说，法国人很会做饭，而德国人很不善于做饭，他们在这方面的差别很大。（　　）
2. 德国人吃了中国人做的饭，就会香香地睡倒在地上。（　　）
3. 德国人认为做饭的各种原料要用多少，必须计算得非常准确。（　　）
4. 量杯是用来测量液体体积的器具，天平是用来称物品重量的精密仪器。（　　）
5. 中国人吃饭不太注意营养，只讲究色香味俱全。（　　）
6. 德国人吃饭只讲究科学和营养。（　　）
7. 为了有营养，德国人喜欢吃生的蔬菜，但不吃生的肉。（　　）

（四）根据课文内容，填空：

1. 见我进来，他________________，____我嘿嘿一笑，说了句“__________。”
2. 我做的__________，楼下的德国同学来找我“________”。
3. 我说要那么________干什么，你是做饭又不是搞__________，她说__________没法做。
4. 因为德国人不怎么做饭吃，所以学生________的__________差不多都是被中国学生“________”着。

（五）指出下面哪几个词的意思和别的词不是同一类的：

A. 洋葱　B. 鸡蛋　C. 面粉　D. 菜谱　E. 盐
F. 味精　G. 配方　H. 油　I. 番茄酱　J. 肉

六、用直线把下面相关的词语连起来：

	科学
中国人吃饭讲究	颜色
	香味
	营养
德国人吃饭讲究	味道
	节省做饭时间

七、回答问题：

1. 德国人和中国人在吃饭方面有哪些不同？
2. 您觉得德国人和中国人在做饭的想法和方法上各有哪些优点？

四、中国人的生活观

工作、家庭、朋友、闲暇时间、政治等是人们的基本生活要素，不同社会、不同时代、不同发展阶段上的人们对这些基本生活要素的重要性的评价是不尽相同的，而这种不同往往反映着特定时代、特定发展阶段上社会生活的基本面貌。现阶段城市居民对上述基本生活要素赋予了怎样的评价呢？为了客观地了解改革开放后人们观念的变化，中国人民大学舆论研究所在六个大城市进行了一次大型调查。

调查表明：从总体上说，“家庭”是目前人们最为看重的，认为是非常重要的东西。而且与一般人认为女性更看重家庭的传统观念有所不同的是，本次调查显示，家庭对于男人和女人分量相当。其次，“工作”作为人们谋求生活来源、取得社会地位的重要手段，也被赋予了十分重要的意义。工作作为男人的依托，在男性心目中的分量远比女性重。从文化程度看，对工作的重要性评价与文化程度的高低成正比[①]。在传统社会中最为看重的“朋友”和“政治”虽然也“相当重要”，但已向“不太重要”偏移。和“工作”一样，“政治”在男性心目中的分量也远大于女性，而且对政治的重视程度与居民的年龄大小成正比，越是年轻的城市居民，政治在心目中的分量越轻。朋友作为一种感情的奢侈品，男性比女性更为看重。与对政治的价值评价有所不同的是，对朋友的重视与年龄成反比，18～35岁的年轻人更看重朋友的价值，而且文化程度越高越看重朋友的价值。与对家庭和工作价值的高度评价相比，闲暇时间似乎对今天的城市居民还显得不那么重要，只有三分之一左右的人认为它是重要的，其中女性更为看重一些。看来，双休日的实行并未给人们带来休闲方式的根本改变。

研究人员认为，现阶段我国城市居民生活基本要素的上述排列所表明的这种人对家庭和工作极度注重，对朋友和政治的相对疏离的倾向，从表面上看是人们对激烈的社会竞争、变动不定的社会生活及日益恶化的人际关系的一种“保护性反映”；但从更深刻的层面上看，则表现了当代社会价值观念的变化；这种变化已经并将继续对社会生活和社会实践产生越来越深刻的影响。

(830 字÷　　分钟＝　　字/分钟)

改写自《承受生活的中国人》，作者　喻国明，原载于《南方周末》1996 年 11 月 15 日

注　　释

① 正比　　zhèngbǐ　　两个事物，一个发生变化，另外一个随着起相应的变化。

练　　习

(一) 根据课文内容，选择下列词语的正确解释：

1. 闲暇
   A. 工作、学习以外的空余时间　　B. 暑假、寒假等高等学校的放假时间
   C. 双休日　　D. 春节、元宵节、端午节等中国传统节假日
2. 要素
   A. 日常生活的基本内容　　B. 政治活动的主要形式
   C. 构成事物的必要因素　　D. 造成事实的重要原因
3. 特定
   A. 特别规定的(时期、阶段等)　　B. 专门的(时期、阶段等)
   C. 某一个(时期、阶段等)　　D. 有一个(时期、阶段等)
4. 赋予
   A. 认为　　B. 称为　　C. 具有　　D. 给予
5. 依托
   A. 照顾　　B. 依靠　　C. 按照　　D. 提高
6. 心目
   A. 思考和调查　　B. 研究和观察　　C. 体会和了解　　D. 想法和看法
7. 偏移
   A. 向某一方向变动　　B. 向左边或右边倾斜
   C. 辅助某事物移动　　D. 不全面地对待事物
8. 奢侈品
   A. 过多的浪费的东西　　B. 很贵的供享受的东西
   C. 漂亮的重要的东西　　D. 很少见的珍贵的东西
9. 疏离
   A. 分散、脱下　　B. 疏通、分开　　C. 通过、远离　　D. 疏远、离开

(二) 根据课文内容，选择正确答案：

1. 人们对生活基本要素的重要性的评价不完全一样，因为人们处在
   A. 相同的时代

B. 一样的社会
C. 一个发展阶段
D. 不同的社会、不同的时代和不同的发展阶段

2. 人们对生活基本要素的不同评价反映出了
A. 社会生活的基本面貌　　B. 发展阶段的特点
C. 时代　　D. 社会变迁的见证

3. 这次调查表明,家庭对于男人和女人来说
A. 重量一样　　B. 一样重要　　C. 比较合适　　D. 各占一半

4. 工作在男人和女人的心目中
A. 都认为重要　　B. 都认为不重要
C. 对男人来说更重要　　D. 对女人来说更重要

5. 对工作的重要性的评价与文化程度的关系是
A. 文化程度越高,对工作的重要性的评价就越高
B. 文化程度越低,对工作的重要性的评价就越高
C. 文化程度越高,对工作的重要性的评价就越低
D. 两者没有什么关系

6. 对政治的重视程度与居民的年龄大小的关系是
A. 年龄越大,对政治越看重
B. 年龄越轻,对政治越不看重
C. 年龄越大,对政治越不看重
D. 成正比,即年龄越大越看重政治,年龄越轻对政治越不看重

7. 对朋友的重视与年龄的关系是
A. 年龄越大,对朋友越看重　　B. 年龄越轻,对朋友越看重
C. 年龄大小都非常看重朋友　　D. 两者没有什么关系

8. 有三分之一左右的人认为闲暇时间
A. 重要　　B. 不重要　　C. 不太重要　　D. 很不重要

9. 目前城市居民最重视的是
A. 朋友、政治　　B. 家庭、工作　　C. 闲暇时间　　D. 休闲方式

(三) 根据课文内容,判别正误:

1. 人们对基本生活要素的重要性的评价完全不一样。( )
2. 目前人们认为家庭是非常重要的。( )
3. 传统观念认为女人更重视家庭。( )
4. 调查表明,男人比女人更重视家庭。( )
5. 工作是谋生的来源和取得社会地位的重要手段。( )
6. 传统社会中最重要的是朋友、政治,现在已被认为是不太重要了。( )
7. 18~35 岁的人认为朋友很重要。( )
8. 一个人是否看重朋友、政治与他的文化程度没有关系。( )
9. 女人对闲暇时间更重视一些。( )

10．实行双休日根本改变了人们的休闲方式。（ ）

（四）用下列词语写一段话：

政治　城市　心目中　分量　越……越……　居民

年轻的　在　是　轻

（五）根据课文内容，填空：

研究人员认为，________我国城市居民生活基本要素的__________所表明的这种人对家庭和工作的________，对朋友和政治的__________的______，从表面上看是人们对________的________、________的社会生活及________的__________的一种“__________”；但从更深刻的________上看，______表现了______社会________的变化。

六、回答问题：

1．近年来，人们对基本生活要素的重要性的评价发生了什么样的变化？

2．您认为基本生活要素中哪些最重要，哪些不太重要？为什么？

第二十八单元

一、中国公学十八年级毕业赠言

诸位毕业同学：你们现在要离开母校了，我没有什么礼物送给你们，只好送你们一句话吧。

这一句话是："不要抛弃学问。"以前的功课也许有一大部分是为了这张毕业文凭，不得已而做的；从今以后，你们可以依照自己的心愿去自由研究了。趁现在年富力强的时候，努力做一种专门学问。少年是一去不复返的，等到精力衰弱时，要做学问也来不及了。即使为吃饭考虑，学问决不会辜负人的。吃饭而不求学问，三年五年之后，你们都要被后来的少年淘汰掉的。到那时再想做点儿学问来补救，恐怕已太晚了。

有人说："出去做事以后，生活问题急需解决，哪有工夫去读书？即使要做学问，既没有图书馆，又没有实验室，哪能做学问？"

我要对你们说：凡是要等到有了图书馆才肯读书的，有了图书馆也不会读书；凡是要等到有了实验室才做研究的，有了实验室也不会做研究。你有了一个决心要研究一个问题，自然会节衣缩食去买书，自然会想出办法设置仪器。

至于时间，更不成问题。达尔文①一生多病，每天只能做一个小时的工作。你们看他的成绩！每天花一个钟头看十页有用的书，每年可看三千六百多页书；三十年可读十一万页书。

诸位，十一万页书可以使你成为学者了。可是，每天看三种小报②也得费你一个钟头的工夫；四圈麻将③也得费你一个半钟头的光阴。看小报呢？还是打麻将呢？还是努力做一个学者呢？全靠你们自己的选择！

易卜生④说："你的最大责任是把你这块材料铸造成器。"

学问就是铸器的工具。抛弃了学问就是毁了你们自己。

再会了！你们的母校要看你们十年之后成什么器。

(638 字÷　　分钟＝　　字/分钟)

改写自《中国公学十八年级毕业赠言》，作者　胡适⑤，原载于《人生大策略》，湖南文艺出版社

注　释

① 达尔文　Dá'ěrwén　英国科学家，进化论的创始人(1809～1882)。

② 小报　xiǎobào　娱乐性的小型报纸。

③ 麻将　májiàng　一种牌类游戏。

④ 易卜生　Yìbǔshēng　挪威剧作家(1828～1906)。

⑤ 胡适　Hú Shì　我国著名的现代学者(1891～1962)。

练　习

（一）根据课文内容，选择下列词语的正确解释：

1．诸位

A．一位　　B．各位　　C．有位　　D．大家

2．母校

A．女子学校　　B．毕业的学校

C．母亲的学校　　D．培养母亲的学校

3．抛弃

A．扔掉　　B．失去　　C．离开　　D．放开

4．年富力强

A．经济富裕，身体强壮　　B．经验丰富，能力很强

C．年轻、精力旺盛　　D．年纪虽大，身体还很健壮

5．辜负

A．对不起……　　B．成为负担　　C．使人失败　　D．使人成功

6．淘汰

A．去掉不做学问的，留下做学问的　　B．去掉不合适的，留下合适的

C．年轻的超过年老的　　D．小孩超过大人

7．补救

A．重做学问、抢救生命　　B．补课、抢救自己

C．填补空白的地方　　D．采取行动改正错误

8．节衣缩食

A．在生活方面特别讲究　　B．穿小衣服，减少吃饭

C．在吃穿方面特别小心　　D．在吃穿方面尽量节省

9．成器

A．成为武器　　B．成为工具

C．成为有用的人　　D．成为有名的人

（二）根据课文内容，选择正确的答案：

1．这篇讲话的对象是

A．学校的毕业生　　B．以前毕业的同学

C．学校的老师　　D．学校全体同学

2．“不要抛弃学问”的意思是

A．不要忘记学校的老师　　B．不要忘记以前的知识

C．不要放弃学术研究　　D．不要再当学生

3．作者认为，以前学生学习是

A．为了生活　　B．为了毕业　　C．为了老师　　D．为了父母

4．作者希望学生毕业以后能够

A. 解决生活问题　　B. 解决吃饭问题
C. 努力锻炼身体　　D. 努力做研究工作

5. 作者认为，要求有图书馆和实验室才能工作的人
A. 可以做出很大成绩　　B. 不是好老师
C. 不想真正做学问　　D. 是很认真的人

6. 作者认为，达尔文
A. 每天工作的时间太短　　B. 成绩很大
C. 太不注意自己的身体　　D. 请了太多的病假

7. 作者希望学生们
A. 每天读一些有用的书　　B. 每天只读十页书
C. 每天只读一个小时的书　　D. 一个小时只读十页书

8. 作者认为，看小说和打麻将
A. 至少需要两个半小时　　B. 和当学者一样重要
C. 也是一种学问　　D. 都是浪费时间

9. 文中最后一句话的意思是
A. 母校对学生寄予很大的希望　　B. 母校想知道学生将来的工作
C. 母校希望学生十年后再回来　　D. 母校希望看到学生做的工具

（三）根据课文内容，判别正误：

1. 作者送给每个毕业生一件礼物。（　）
2. 作者认为大部分学生都不愿意毕业。（　）
3. 年轻时是进行研究的最好时期。（　）
4. 做学问不能解决生活问题。（　）
5. 说没有图书馆和实验室就不能做学问的人是在找借口。（　）
6. 作者认为人总是有时间来读书的。（　）
7. 作者认为小报看起来很慢。（　）
8. 作者认为只有努力学习知识才能成为有用的人。（　）

（四）选词填空：

A. 只好　B. 趁　C. 即使　D. 凡是　E. 恐怕

1. ________现在还没有下雨，咱们快走吧。
2. 小李今天________不能来了。
3. ________天气不好，我们的计划也不能取消。
4. 最后一班公共汽车已经过去了，我________步行回家。
5. ________学过一点汉语的人都知道这个词的意思。

（五）回答问题：

1. 作者送给毕业生们一句什么话？
2. 毕业以前和毕业以后的学习有什么不同？
3. 如果不做学问，今后会怎样？
4. 怎样解决没有图书馆和实验室的问题？

5. 每天读一些有用的书有什么好处?

二、友善的人生

美好而又成功的人生往往是友善的人生。为善者历来被人赞美,是因为对人友善的处世方式往往在人与人的交往中起到了非常重要的作用。

在一些社交场合,正是由于参加者彼此之间的礼貌,尤其是眼中的笑意,才使得气氛热烈而又高雅。而这个礼貌,就是那种人与人友善相处的理念和哲学。

首先,我们要明白的是,这样的哲学不是舍弃自己的观点,无条件地服从别人的意见,而是相互之间友善地尊重。因为,友善的基本的要素是"平等"。无论是别人比你地位高,还是你比他人地位高,只要你有平等待他的心境和友善的心态,你们就能够互相沟通和交流。

这是一个务实的时代和社会,人与人之间的关系既单纯又复杂。没有利益关系的时候是单纯的,有了利益冲突的时候是复杂的。但是,不论是单纯的还是复杂的,你都必须接受它。因此,如何保持你良好的心境和快乐人生的感觉就非常重要了。生物学中曾讲到,人有热辐射①。它用来比喻人生则是非常恰当的。你的情绪和处理问题的态度会如同热辐射一样传输给他人。当你友善地对待他人的时候,你会得到相应的回报。

其实,要做到友善待人也很容易,只需要以下三点就够了。

一是爱心。爱父母、爱家人的人,一定会友善地对待别人。因为他知道,别人也有父母、家人,把自己的爱心推广开去,必然不会错。

二是宽容。能宽容才能接受,也才能付出。只有肯付出又乐于接受的人,才会对人对己都很友好。当这一点被他人所了解的时候,就更易获得别人的友善对待。

三是乐观。快乐的人总是很让人羡慕,也易于相处。你见过快乐的人对人无理或是发脾气吗?他们似乎永远不会生气,对所有的人都那么友好。当你学着对人友好的时候,你将会得到快乐。

现代人的生活要素空前丰富,许多东西其实一直存在,只是没被发现罢了。很多时尚的生活方式,实际上是提炼了一大批生活中原本就有的因素。时尚的生活方式倡导的,其实并不仅仅是消费方式、工作方式、休闲方式等,还有一些人生的哲学。从这个意义上看,友善的人生不就是成功的人生吗?

(809字÷　　分钟=　　字/分钟)

改写自《友善的人生》,原载于《西安晚报》1998年2月22日

注　释

① 热辐射　rè fúshè　一种热的传播方式。

练　　习

（一）根据课文内容，选择下列词语的正确解释：

1. 历来
   A. 从历史上来说　B. 最近以来　C. 从来　D. 经常
2. 尤其
   A. 特别　B. 主要　C. 其他　D. 除此之外
3. 舍弃
   A. 舍不得　B. 放弃　C. 可惜　D. 逃避
4. 务实
   A. 任务很多的　B. 工作很充实　C. 需要结果的　D. 讲究实际的
5. 冲突
   A. 突然发生　B. 突然打击　C. 发生矛盾　D. 发生联系
6. 恰当
   A. 合适　B. 正当　C. 公平　D. 准确
7. 推广
   A. 向别人学习　B. 推荐给他人　C. 广泛地宣传　D. 扩大范围
8. 空前
   A. 以前全是空白　B. 和以前没有关系
   C. 从来没有过　D. 从来没有想到过
9. 时尚
   A. 流行的风尚　B. 从前的风尚　C. 时间的变化　D. 当时的想法
10. 原本
   A. 原因　B. 本来　C. 根本　D. 曾经

（二）根据课文内容，选择正确答案：

1. 对人友好的人往往会
   A. 美好、成功　B. 在交往中顺利
   C. 被别人尊重　D. 被别人称赞
2. 一些社交场合中气氛热烈高雅的原因是
   A. 参加者地位很高　B. 参加者很有礼貌
   C. 参加者都不说话　D. 参加者彼此认识
3. 友善的基本要素是
   A. 平等　B. 尊重　C. 热烈　D. 高雅
4. 当你友善地对待别人时
   A. 别人会平等地看待你　B. 别人也会友善地对待你
   C. 自己会非常乐观　D. 人与人的关系会很简单
5. 一个人的情绪和处理问题的态度
   A. 会影响别人　B. 会被人批评

C. 让别人不高兴　　　　　　　　D. 与别人无关

6. 以下哪一个不是友善待人的内容？

A. 爱心　　B. 宽容　　C. 单纯　　D. 乐观

7. 快乐的人

A. 经常发脾气　　　　　　　　B. 常常羡慕别人

C. 不容易相处　　　　　　　　D. 对人很友好

8. 作者认为，友善的人生更是一种

A. 消费方式　　B. 休闲方式　　C. 工作方式　　D. 人生哲学

(三) 根据课文内容，判别正误：

1. 待人友善可以使你的人生成功而美好。(　)
2. 友善就是无条件地服从别人的意见。(　)
3. 社会地位一定会影响人们之间的沟通和交流。(　)
4. 现代社会中人与人之间的关系总是非常复杂的。(　)
5. 一个人的情绪往往会影响周围的人。(　)
6. 友好地对待别人，也会被别人友好地对待。(　)
7. 爱亲友的人，一定会友好地对待别人。(　)
8. 快乐的人常常会发脾气。(　)
9. 时尚的生活方式不是现在才有的。(　)
10. 友善的人生也是成功的人生。(　)

(四) 根据课文内容，填空：

1. 在一些社交场合，______由于参加者彼此之间的礼貌，______是眼中的笑意，______使得气氛热烈而高雅。______这个礼貌，______是那种人与人友善相处的理念和哲学。
2. ______，友善的基本要素是“平等”。______是别人比你地位高，______你比别人地位高，______你有平等待他的心境和友善的心态，那么就能够互相沟通和交流。

(五) 回答问题：

1. 为什么待人友善者常常被人赞美？
2. 不同地位的人之间如何进行交流？
3. 现代社会人与人之间的关系有什么特点？
4. 怎样才能做到友善待人？
5. 为什么说友善的人生就是成功的人生？

三、美术和人生

形状和色彩有一种奇妙的力量，能在默默之中<u>支配</u>人们的心。例如春花的美能使人兴奋，秋月的美能使人心沉静；人在晴天<u>格外</u>高兴，在阴天就懒洋洋的。山乡的居民大都忠厚，水乡的居民大都活泼，也是因为常见山或水，他们的内心暗暗地受到了自然力的支配，便养成了特殊的性情。

用人工巧妙地配合形状、色彩的，叫做美术。配合在平面上的是绘画；配合在立体上的是雕塑；配合在实用上的是建筑。因为是用人工巧妙地配合，所以它支配人心的力量更大。这叫做美术的亲和力。

例如许多人共看图画，所看的如果是水墨山水图，人们心中会产生壮美的感觉；如果是彩色的花蝶图，人们心中就会产生优美的感觉。所以人们在厅堂中挂山水图，使环境显得庄重；居室中挂花鸟图，使室内的气氛更加温馨。好电影开映时，满座的观众寂静无声，只听到放映机转动的微音。因为观众的心都被影片的亲和力统治了。

雕塑是立体的，所以亲和力更大，伟人的铜像矗立在都市的广场上，在往来的万众的心头留下了深刻的印象，默默中施行着普遍的教育。又如入大寺院，仰望金身的大佛像，其人虽非宗教信徒，一时也会肃然起敬，缓步低声。埃及[①]帝王建造的70英尺高的人面狮身大石雕，名为“斯芬克司”，国民的绝对服从精神，大半是由于这个大石雕的暗示力量所养成的。

建筑在美术中形体最大，其亲和力也最大；又因我们的生活大部分在建筑物中度过，所以，建筑对于人心的影响也最深。例如端庄雅洁的校舍建筑，能使学生听讲时精神集中，研究时心情安定，暗中对教育有不少的帮助。古来帝王的宫殿，必定富丽堂皇，使臣民们看见必然心生惶恐。宗教的寺院，必定高大雄壮，信徒身处其中，顿生仰慕归属之心。这便是利用建筑的亲和力来征服人心。饮食店的座位与旅馆的房间，布置精美，可以吸引顾客。商人也会利用建筑的亲和力来支配顾客的心。

建筑与人生的关系密切，所以凡是建筑兴隆昌盛的时代，其国民文化必然繁荣。希腊[②]黄金时代有极精美的神殿建筑，意大利文艺复兴时代有极伟大的寺院建筑，这就是例证。现代欧美的热中于都市建筑，也可说是现代人的文化的体现。

（847字÷　　分钟=　　字/分钟）

改写自《美术和人生》，作者　丰子恺[③]，原载于《静观人生》，湖南文艺出版社

注　释

① 埃及　Āijí　国名。
② 希腊　Xīlà　国名。
③ 丰子恺　Fēng Zǐkǎi　我国著名的画家、木刻家，并擅长书法，精通音乐（1898～1975）。

练　习

（一）根据课文内容，选择下列词语的正确解释：

1. 支配

A. 支持和配合　B. 影响和控制　C. 训练和培养　D. 感动和改变

2. 格外

A. 例外　B. 另外　C. 不同　D. 特别

3. 性情

A. 性格　B. 感情　C. 性质　D. 心情

4. 庄重

A. 美丽而大方　B. 正式而严肃　C. 自然而随和　D. 严厉而沉重

5. 温馨

A. 温暖而舒适　B. 温和而美丽　C. 整齐而芳香　D. 友好而热情

6. 养成

A. 自然形成　B. 增加营养而形成

C. 培养形成　D. 老师教育而形成

7. 惶恐

A. 惊慌、害怕　B. 担心、生气　C. 紧张、感动　D. 恐怕、紧张

8. 顿生

A. 停顿后产生　B. 逐渐产生　C. 立刻产生　D. 不会产生

9. 热中

A. 十分爱好　B. 热烈表示　C. 热情欢迎　D. 真心实意

10. 体现

A. 发现和感受　B. 具体的表现　C. 外部的表现　D. 身体的反应

(二) 根据课文内容,选择正确的答案:

1. 人的性格的不同可能是

A. 因为季节的不同而形成的　B. 受到自然力的支配而形成的

C. 因为常见山水而形成的　D. 因为天气变化而形成的

2. 美术的两个要素是

A. 春花和秋月　B. 绘画和雕塑　C. 形状和色彩　D. 山乡和水乡

3. 在本文中,美术的亲和力是一种

A. 亲切而温和的力量　B. 亲人和朋友的力量

C. 能够使人变得和气的力量　D. 能够影响人的心理的力量

4. 将亲和力由大到小排列,依次为

A. 建筑、雕塑、绘画　B. 绘画、雕塑、建筑

C. 建筑、绘画、雕塑　D. 雕塑、建筑、绘画

5. 对人心影响最深的是

A. 大自然　B. 建筑　C. 绘画　D. 雕塑

6. “斯芬克司”是

A. 一座雕像的名字　B. 一座大佛像的名字

C. 埃及国王的名字　D. 一头狮子的名字

7. 寺院修建得高大雄壮是为了

A. 让游客犹豫不前　B. 让国民惶恐不安

C. 让信徒情绪安定　　　　　　　D. 让信徒敬重服从

8. 以下哪一个不是本文所举的建筑与国民文化关系密切的例子？

A. 印度　　　B. 希腊　　　C. 意大利　　　D. 现代欧美

(三) 根据课文内容，判别正误：

1. 春花和秋月可以使人形成不同的性格。(　)
2. 山民的性格与他们所处的环境有关。(　)
3. 建筑也是美术的一种。(　)
4. 在卧室中应该挂花蝶图之类的画。(　)
5. 寺院里的佛像只对游客有影响。(　)
6. 建筑形体最大，对人心的影响也最深。(　)
7. 美术没有自然对人心的影响大。(　)
8. 现代欧美对城市建筑十分重视。(　)
9. 雕塑比建筑亲和力更大。(　)
10. "斯芬克司"对埃及国民服从精神的形成有很大影响。(　)

(四) 选词填空：

A. 寂静无声　　B. 肃然起敬　　C. 端庄雅洁　　D. 富丽堂皇

E. 兴隆昌盛

1. 李老师的家布置得____________，反映出主人不同一般的情趣。
2. 经济繁荣的时代，文化艺术也一定____________。
3. 这位老人话语诚恳，令人____________。
4. 夜晚的校园行人稀少，____________。
5. 新建的饭店大多____________，是高档消费场所。

(五) 回答问题：

1. 请举例说明自然力对人心的支配作用。
2. 绘画对人的心情有什么影响？
3. 寺院里为什么都有高大的佛像？
4. 学校的建筑风格应该是什么样的？为什么？
5. 读了这篇文章后，您认为美术和人生的关系是怎样的？

四、时间即生命

最令人不安的事，是看着钟表上的秒针一下一下地移动，每移动一下就是表示我们的寿命已经缩短了一部分。再看看墙上挂着的可以一张张撕下的日历，每天撕下一张就是表示我们的寿命又缩短了一天。因为时间即生命。没有人不爱惜他的生命，但很少人珍惜他的时间。如果想在有生之年做一点什么事，学一点什么学问，充实自己，帮助别人，使生命更有意义，不虚度此生，那么就不可浪费时间。这道理人人都懂，可是很少人真能持久不懈地善于利用他的时间。

我就是浪费了很多时间的一个人。我不打麻将；我不经常听戏看电影，几年中难得一次；我不长时间看电视，通常只看半个小时；我也不串门子闲聊天。有人问我："那么你大部分时间都做了些什么呢?"我仔细回想，我发现，除了职务上的必须及人情上所不能免的活动之外，我的时间大部分都浪费了。我应该集中精力，读我所未读过的书，我应该利用所有时间，写我所要写的东西，但我没能这样做。我的好多时间都糊里糊涂地混过去了，"少壮不努力，老大徒伤悲"①。

例如我翻译莎士比亚，本来计划利用课余每年翻译两部，二十年即可完成，但是我用了三十年，主要的原因是懒。翻译完成之后，虽然仍有工作计划，但体力渐衰，感到有些力不从心了。假如年轻的时候多多努力，如今当有较好或较多的表现。然而悔之晚矣。

再例如，作为中国人，经书②不可不读。我年过三十才知道读书自修的重要。我开始认真地研读，但是恒心不足，时断时续。我如今年过八十，还没有接触过《易经》③，说来惭愧。史书也很重要。我出国留学的时候，我父亲买了一套《前四史》④，塞进了我的行李，我在外国混了几十年之后又把它们原封带回来了。直到四十年后才鼓起勇气读了一遍"通鉴"⑤。现在我要读的书太多，深感时间有限。

无论做什么事，健康的身体是基本的条件。我在学习读书的时候，有所谓"强迫运动"，我踢破过几双球鞋，打断过几只球拍，因此维持下来最低限度的精力。老来打过几年太极拳，目前则以散步活动筋骨而已。寄语年轻的朋友，千万要持之以恒地从事运动，这不是嬉戏，不是浪费时间。健康的身体是做人做事的真正本钱。

(860 字÷　　分钟＝　　字/分钟)

改写自《雅舍菁华》，作者　梁实秋⑥，湖南文艺出版社，1990 年 2 月

注　释

① 少壮不努力，老大徒伤悲：		如果年轻时不努力，到年老时一事无成，只能徒劳地感到伤心。
② 经书	jīngshū	我国古代儒家的经典著作。
③《易经》	Yìjīng	我国古代著名的哲学著作。
④《前四史》	Qián sì shǐ	我国古代的四部著名史书。
⑤ "通鉴"	Tōngjiàn	即《资治通鉴》，我国现存规模最大的编年体史书。
⑥ 梁实秋	Liáng Shíqiū	我国著名的文学家、翻译家(1903～1987)。

练　习

(一) 根据课文内容，选择下列词语的正确解释：

1. 即

A. 就要　　B. 就是　　C. 靠近　　D. 立即

2. 寿命

A. 活的岁数　　B. 活得很长　　C. 祝人长寿　　D. 运气很好

3. 有生之年

A. 有生命力的年代　　B. 年轻有力的时期

C. 还能活在世上的岁月　　D. 有生活能力的老年人

4. 充实

A. 充分和实在　　B. 扩大和满足　　C. 使更丰富　　D. 使更聪明

5. 持久不懈

A. 长远地注意　　B. 长期不放松　　C. 长期保管　　D. 坚决努力

6. 串门子

A. 节日期间的休息方式　　B. 一种多人参加的游戏

C. 到亲戚家去访问　　D. 到别人家去聊天

7. 力不从心

A. 想做但能力不够　　B. 做的和想的不一致

C. 心里想和手里做　　D. 力量不能得到控制

8. 悔之晚矣

A. 原来感到后悔了　　B. 晚上感到后悔了

C. 知道后悔不算太迟　　D. 感到后悔已经太迟了

9. 自修

A. 自己学习　　B. 自己复习　　C. 读书和练习　　D. 学习和修养

10. 原封(带回来)

A. 原来打开的样子　　B. 没有打开过

C. 最早带出去的　　D. 以前封起来的

(二) 根据课文内容,选择正确答案:

1. 看着秒针不停地移动,看着日历一张张地撕下,这使人感到不安,因为

A. 又过去了一秒钟　　B. 又过去了一天

C. 生命又减少了一些　　D. 时间不断地流去

2. 人们浪费时间常常是由于

A. 长时间地看电视

B. 经常听戏看电影

C. 串门子闲聊天打麻将

D. 糊里糊涂地过日子,没有充分利用时间做一些事

3. "我的时间大部分浪费了",主要原因是

A. 工作没有计划　　B. 体力比较衰弱

C. 糊里糊涂混过去了　　D. 职务上人情上活动太多

4. 作者一直到现在还没有读过的书是

A. 经书　　B.《易经》　　C. 史书　　D.《资治通鉴》

5. 学习读书的时候,能维持最低限度的精力,主要是靠

A. 从事运动,锻炼身体　　B. 学习计划

C. 态度认真　　D. 常常睡懒觉

6. 年轻时的“强迫运动”是指

A. 踢球打球　　B. 打太极拳　　C. 散步　　D. 活动筋骨

7. 老来打过几年太极拳，意思是

A. 年龄大了以后打过太极拳　　B. 几年前一直在打太极拳

C. 经常来打太极拳　　D. 老人来打太极拳

8. 从事体育运动不是

A. 打太极拳　　B. 充分利用时间　　C. 活动筋骨　　D. 无意义的活动

（三）根据课文内容，判别正误：

1. 所有人都爱惜自己的生命，所有人都珍惜自己的时间。（ ）
2. 不能浪费时间的道理每个人都懂得，但有很多人不能坚持着好好地利用自己的时间。（ ）
3. 我不打麻将，不经常听戏看电影，每天只看半小时电视，也不串门子聊天，所以我没有浪费时间。（ ）
4. 翻译莎士比亚作品用去的时间比计划多了 30 年。（ ）
5. 中国人一定要读经书和史书。（ ）
6. 三十岁时懂得了读书自修很重要，但已经有点儿迟了。（ ）
7. 出国留学前，父亲给了一套《前四史》。在国外，我读了一遍。（ ）
8. 健康的身体是做人做事不能缺少的基本条件。（ ）

（四）根据课文内容，填空：

1. 如果想在________做一点什么事，学一点什么学问，________自己，________别人，使生命成为有意义，不________此生，那么就不可________。
2. ________年轻的朋友，千万要________地从事运动，这不是________，不是浪费时间。健康的身体是做人做事的真正________。

（五）回答问题：

1. 为什么说“时间即生命”？
2. “少壮不努力”和“老大徒伤悲”是什么关系？

第二十九单元

一、花在眼前

老人很老了，一个人孤独地住在一幢房子里。老人门口有一块空地，再过去，是一条路。老人天天坐在门口的空地上，一动不动。老人觉得自己行将就木[1]了，对一切都没有兴趣。老人眼前人来人往，是个生机蓬勃的世界，但老人视而不见。老人看见的，是一片荒凉。

一个女孩常到这儿来玩，女孩就住在附近，她还小，不敢走远，但老人这儿，她还是敢来。多来了几次，女孩就注意到老人了，女孩看见老人天天坐在门口，一动不动。

一天，女孩走近老人，看着老人说："爷爷，我天天看见你坐在这儿。"老人点点头。

女孩说："爷爷为什么天天坐在这儿呀？"

老人说："人老了。"

女孩说："人老了就要天天坐在这儿吗？"老人又点点头。

女孩说："为什么人老了就要天天坐在这儿呢？"老人被女孩难住了，老人想了好久，回答说："因为孤独。"

女孩说："爷爷一个人，才孤独，是吗？"老人再点头。

女孩说："你跟我去玩吧，你跟我去玩，就不孤独了。"老人摇头。

女孩说："去吧，到我家玩，我家门口有许多木槿花，很好看。"老人还是摇头，老人说："我走不动。"女孩失望了。

女孩再来时，手里拿着一枝木槿花，是个雨天，老人没出来。女孩撑着伞在老人门口站了很久，等老人出来，但老人一直没出来。女孩后来要走了，但她没把花带走，而是把花插下了，就插在老人门口的空地上。

老人开门看见了那枝木槿花，花正开着，老人眼里亮了许多。

老人当然知道这花是女孩插的。

女孩后来又来了，女孩手里又拿着一枝木槿花，女孩对老人说："是我把花插在这里的。"

老人说："知道。"

女孩说："好看吗？"

老人说："好看。"

女孩听了，把手里的那枝又插下了，还说："爷爷说好看，我就多插几枝，以后活了，长成一片，爷爷门口也就有木槿花了。"

老人摇头，说："它不会活。"

女孩说："为什么？"

老人说："有心栽花花不开。[2]"

女孩听不懂这句话，<u>固执</u>地说："我觉得会活。"

女孩后来真的在老人门口插了很多木槿花，老人总让女孩别插，说不会活。女孩仍然很固执，说会活，并一次次把木槿花插在老人门口。

那些木槿花，后来真的<u>枯萎</u>了，但女孩没看见，女孩有一天不来了，她大概上学或搬走了，她没有看见那些花一天一天干枯。要是看见了，女孩或许会很失望。

女孩没来，花又枯了，老人眼里又是一片荒凉。但让老人没料到的是，第二年春天，那些木槿花枝条冒出了茸茸的新芽，木槿真像女孩说的那样，活了。

老人门前后来真的开着一片木槿花，花在眼前，老人眼里不再一片荒凉了。

(994 字÷　　分钟＝　　字/分钟)

改写自《花在眼前》，作者　刘国芳，原载于《人民日报·海外版》1998 年 2 月 28 日

注　释

① 行将就木　xíngjiāng jiù mù　快要进棺材了。指人临近死亡。

② 有心栽花花不开：有意做某事往往不成功。

练　习

(一) 根据课文内容，选择下列词语的正确解释：

1. 孤独

A. 独自一人　　B. 年纪大的人

C. 一个人很独立　　D. 没有孩子的人

2. 生机蓬勃

A. 生活的机会很多　　B. 生命力很强盛

C. 没有生命力的　　D. 到处都是生活的人们

3. 视而不见

A. 眼睛看不见　　B. 视力不好，看不见东西

C. 有时看得见，有时看不见　　D. 看到了就像没看到一样

4. 荒凉

A. 天气凉快的　　B. 干净凉爽的

C. 人少冷清的　　D. 人少安静的

5. 固执

A. 很容易放弃自己的意见　　B. 用自己的观点去改变别人

C. 坚持自己的意见，不肯改变　　D. 用别人的观点改变自己的想法

6. 枯萎

A. 植物缺少空气，不能生存　　B. 植物缺少空气，不能开花

C. 植物缺少水分，失去生命力　　D. 植物缺少水分，增强生命力

(二) **根据课文内容，选择正确答案：**

1. “一动不动”的意思是

A. 一会儿动，一会儿不动　　B. 动一动，停一停

C. 一点儿也不动　　D. 只动一下就不动了

2. 老人为什么对生机蓬勃的世界视而不见？

A. 眼睛不好　　B. 身体不好

C. 不知道看什么　　D. 对生活失去了希望

3. 老人说“人老了”，意思是

A. 自己快要去世了　　B. 年纪大的人应该坐着休息

C. 自己生活在一个没有兴趣的世界　　D. 不应该接受小女孩的礼物——木槿花

4. “老人被女孩难住了”的意思是

A. 老人被女孩问得很难过

B. 女孩的话伤害了老人的心

C. 老人不知道怎样回答女孩的问题

D. 女孩的问题给老人的生活带来了很多困难

5. 老人为什么不去女孩家玩？

A. 女孩家太远　　B. 老人不喜欢女孩

C. 老人的腿脚有病　　D. 老人没有力气走路

6. 老人为什么不让女孩在门口儿插花？

A. 老人不喜欢木槿花　　B. 老人喜欢荒凉的空地

C. 花会挡住老人的视线　　D. 老人不愿意让女孩白辛劳

7. 第二年，女孩插的那些木槿花

A. 成活了　　B. 不开花

C. 枯萎了　　D. 生活着

8. 本课给我们讲了一个什么故事？

A. 美丽的木槿花带给老人生活的希望

B. 美丽的木槿花使老人的眼睛好起来

C. 美丽的木槿花带给老人健康的身体

D. 美丽的木槿花使老人和女孩成为好朋友

9. 课文中的“女孩”和“木槿花”象征了什么？

A. 固执、美丽　　B. 热闹、美好

C. 希望、生命力　　D. 同情、生机蓬勃

(三) **根据课文内容，判别正误：**

1. 老人身边没有亲人。(　)

2. 老人对门口儿的空地感兴趣。(　)

3. 小女孩经常来帮助老人种花。(　)

4. 女孩不理解“孤独”的含义。(　)

5. 女孩不希望老人孤独。(　)

6. 老人不喜欢木槿花，女孩很失望。（　　）
7. 女孩不能成为老人的朋友，所以离开了老人。（　　）
8. 盛开的木槿花给老人增添了生活的情趣。（　　）

（四）根据课文内容，填空：

1. 老人一个人________地住在一幢房子里。
2. 老人天天坐在门口儿的空地上，____________。
3. 老人眼前____________，是个____________的世界，但老人____________。

（五）连句成段：

1. 女孩说："为什么人老了就要天天坐在这儿？"
2. 老人说："我走不动。"
3. 老人说："人老了。"
4. 女孩说："爷爷一个人才孤独，是吗？"
5. 老人说："因为孤独。"
6. 女孩说："爷爷为什么天天坐在这儿呀？"
7. 女孩说："你跟我去玩吧，你跟我去玩，就不孤独了。"

（六）回答问题：

1. 老人为什么对一切都没有兴趣？
2. 看到了木槿花，老人的心情有变化吗？

二、地 球 仪

我们单位的女同事，几乎个个都为杨光的妻子王静鸣不平。"唉，要是我呀，说什么也不让他出去！""一个人带着个孩子，日子多难过啊！"

可王静却在孩子即将出世的情况下，含着眼泪把杨光送出国了。

杨光是我的朋友。他走的时候，也就希望我能多抽空到他家里去"关照关照"。

我就和朋友们去，去看一看杨光的老人，看一看他的妻子和孩子，然后在写信的时候给他报个平安，说一些让他放心让他高兴的话。

怀里抱着孩子的王静，每次都是笑脸相迎，含泪相送。"我并不是后悔，我只是觉得孩子从出生到现在，还没见过她爸爸一面，一点点小，就总是一个人跑到电话跟前，抓起话筒喊爸爸……"

为了让孩子认识父亲记住父亲，王静每天都要抽出时间给孩子"上课"：拿着照片，指着丈夫，一遍又一遍地要孩子喊爸爸，一遍又一遍地给她讲爸爸的故事。听不懂也讲。还把孩子抱到世界地图跟前，指着一个地方说："你爸爸就在这儿，你爸爸就在这个地方给我们打电话。"

我们当然知道，没有丈夫在身边，她的日子过得肯定很苦。一个人带着个孩子，产假①一休满就上了班，她肯定一天到晚都是筋疲力尽的。逢年过节去的时候，我们免不了要给她的孩子带点儿东西。她就总是感动地说："等孩子大一点，我能走得开了，我就去感谢你们,去看看你们的孩子,你们待我们太好了。”

我们就说:“不要这样想,你这样已经很不简单了,作为朋友,我们这样做真正是应该的。”

没想到,前不久她还真的来了。自然是给我的孩子带着礼物来的——带的竟然是一个大大的地球仪。“哎呀——你!”望着包容着全世界的地球仪,我心里不禁怦然一动。

她一笑,抚着我女儿的头发说:“喜不喜欢阿姨给你的礼物?”又对我说:“都说女人的心眼儿小,可我偏偏要做一个胸怀世界的人。”

一句看似开玩笑的话,却说得我对她起了敬意。我说:“杨光可真是个有福气的人。”

是胸怀世界的女人多了,有福气的男人才多起来了呢,还是胸怀世界的男人多了,女人的心胸才能变大?望着浓缩着人类博大情感的地球仪,我情不自禁地这样想。

(815字÷　　分钟＝　　字/分钟)

改写自《地球仪》,作者　陈大超,原载于《人民日报·海外版》1998年2月7日

注　释

① 产假　chǎnjià　职业妇女生产后的带薪休息时间。一般为三个月。

练　习

(一) 根据课文内容,选择下列词语的正确解释:

1. 同事

A. 共同的事情　　B. 有工作的人
C. 在一起工作的人　　D. 在一起学习的人

2. 鸣

A. 声音　　B. 鸟叫声　　C. 表演、演出　　D. 表达、说出

3. 不平

A. 因受到不公正的对待而感到不满　　B. 因内心不安静而感到高兴
C. 说不一般的话　　D. 不平常

4. 即将

A. 即使　　B. 就要　　C. 不久　　D. 将来

5. 筋疲力尽

A. 非常努力,没有一点儿办法　　B. 非常努力,没有一点儿时间
C. 非常疲劳,没有一点儿能力　　D. 非常疲劳,没有一点儿力气

6. 包容

A. 包含、容纳　　B. 同意、允许
C. 很容易地包装　　D. 包装起来很容易

7. 心眼儿

A. 心情　　B. 气量　　C. 脾气的大小　　D. 心脏的大小

8．福气

A．快乐　　B．命运　　C．好命运　　D．好机会

9．浓缩

A．浓度、大小　　B．程度、温度　　C．缩小、加重　　D．压缩、集中

10．情不自禁

A．控制不住自己的感情　　B．做不完自己的事情

C．自己不能产生感情　　D．自己不会控制一切

(二) 根据课文内容，选择正确答案：

1．"我们"单位的女同事为什么为王静鸣不平？

A．丈夫像一个孩子，生活上需要她照顾

B．生活上得不到丈夫的帮助，太辛苦

C．把一个孩子带回家，丈夫不高兴

D．照顾一个丈夫不喜欢的孩子

2．那些女同事认为

A．母亲应该和孩子在一起生活　　B．离了婚的丈夫也应该照顾孩子

C．孩子应该由夫妻两人共同抚养　　D．没有丈夫的女人不应该要孩子

3．"说什么也不……"的意思是

A．什么也不说　　B．为什么不说……

C．无论如何也不……　　D．虽然说了，但是……

4．王静送杨光出国为什么"含着眼泪"？

A．和丈夫离婚了　　B．舍不得丈夫离开

C．很伤心，因为丈夫不要孩子　　D．很伤心，因为他们还没有孩子

5．"我"怎样关照朋友的家里人？

A．给朋友写信告诉他家里的情况

B．给朋友的孩子送礼物

C．看望朋友的家人

D．经常去看望朋友的老人、妻子和女儿

6．王静为什么每天给孩子"上课"？

A．想让孩子知道父亲　　B．她是一个教师

C．想让孩子早日成材　　D．她没有别的事情可做

7．"我们"认为王静"很不简单"，原因是

A．她是一个聪明的妻子　　B．她非常重视对孩子的早期教育

C．她克服了生活中的很多困难　　D．她照顾一个没有父亲的孩子

8．面对着地球仪，我

A．感到很奇怪　　B．感到很高兴

C．内心受到触动　　D．没有什么感觉

9．"我"为什么对王静起了敬意？

A．她是朋友的妻子　　B．她使丈夫有福气

C. 她是一个心胸宽广的人　　　　D. 她给我的孩子带来了一个地球仪

(三) 根据课文内容,判别正误:

1. 王静生活得很辛苦。(　　)
2. 王静的孩子还没有见过父亲。(　　)
3. 我在给朋友的信中把自己平安的消息告诉他。(　　)
4. 王静因为思念丈夫常常哭。(　　)
5. "我"的女儿喜欢地球仪。(　　)
6. 王静是个爱开玩笑的人。(　　)
7. 杨光是个有福气的人,因为他可以不做家务。(　　)
8. 地球仪是一种有丰富情感的仪器。(　　)
9. 王静很爱丈夫。(　　)
10. 王静的礼物使我想了很多。(　　)

(四) 连句成段:

1. 她一个人带着个孩子。
2. 丈夫就离开妻子出国了。
3. 每天过得很辛苦。
4. 她总是很感动地说:"等孩子大一点儿,我就去谢你们,你们待我太好了。"
5. 孩子还没有出世。
6. 妻子产假一满就上了班。
7. 丈夫的朋友逢年过节去看看她和孩子。

(五) 下面哪些词语可以用来描述王静的情感和生活?

A. 深爱丈夫　B. 幽默　C. 做令人吃惊的事　D. 小心眼儿　E. 软弱
F. 常常感到伤心　G. 让人尊敬　H. 劳累　I. 吃苦耐劳　J. 生活舒适
K. 喜欢孩子　L. 心胸开阔

(六) 回答问题:

1. 王静是一个什么样的女人?
2. 王静给孩子上什么课?
3. 王静对丈夫的朋友为什么"每次都是笑脸相迎,含泪相送"?
4. 为什么说"杨光是个有福气的人"?
5. 王静为什么送给我的孩子一个地球仪?

三、球　　迷

一觉醒来,王城觉得有些事很<u>别扭</u>,可具体别扭在什么地方又一时想不出来。

昨天晚上下了大雨,还夹杂了闪电。闪电过后,他屋里的电视机就没了图像。这是老毛病了,平时拍两下儿就好了,可这次怎么拍都没有用,甚至用<u>脚踹</u>,电视仍旧露着沙沙发白的雪花。正转播着<u>中国队进军</u>世界杯呢,电视不好,怎么给中国队助威、加油呢?唉,算了，再助威也没有用，中国足球就那几下子，看不看都一样，睡觉去吧。

早上，王城来到单位，发现屋里的人都是一脸的无精打采。他想问昨晚中国队的比分，可又怕让人知道自己昨晚没看，失去了铁杆儿球迷的尊严。于是，王城只好装作不在意的样子跟对桌的小刘说："昨天那球踢得真臭。"

小刘抬起头，愣了一下儿，接着附和着说："臭，真臭。"然后转向屋里的其他人："是臭吧？"

那些人不约而同地都先愣了一下儿，然后都不约而同地说："臭，真臭！太臭了！"

大伙儿"臭"了一番，王城还是不知道比分，就只好冒险。他对小刘说："昨天中国队让人进的第一个球，简直就是不该进的，守门员完全可以扑住嘛，臭，真臭。"

小刘犹豫了一下儿，说："守门员可以原谅，可后卫太不应该了，没事跑到前面乱逛悠什么？"

周围的人听他们谈论足球，也都加入进来："别提了，空门都踢不进去。""踢的那叫什么，尽往人家脚底下传，我怀疑他们眼睛都近视。""没错，队医肯定是走后门去的。"

正说着，科长抱了一个文件袋进来："大家静一静，开会了。"话刚说完，就不由自主地打了一个哈欠①。众人这才注意到科长也像没睡醒似的，一脸的没精打采。

科长开始念文件，王城越听越迷糊，迷糊到最后，发现科长也越讲越迷糊。科长怎么能不迷糊呢，屋里已冒出了几个声调各异、长短不齐的呼噜②声，科长听着呼噜念着文件，最后干脆把报纸扔在一边，和大家一起打起呼噜来。

后来，报纸上称本市的电视塔在昨晚的电击中损坏严重，致使无法正常播送电视节目，有关部门正在加紧抢修，不久就可让市民重新看到电视节目，报纸上还传来喜讯：中国足球队一比零战胜了对手，已进入了下一轮比赛……

(826 字 ÷ 　　分钟 = 　　字/分钟)

改写自《球迷》，作者　无桅，原载于《山东文学》1997 年第 9 期

注　释

① 哈欠　hāqian　人困倦时产生的一种生理现象。

② 呼噜　hūlu　睡着时发出的粗重的呼吸声。

练　习

(一) 根据课文内容，选择下列词语的正确答案：

1. 别扭

   A. 顺心、满意　B. 气愤、伤心　C. 不顺心　D. 不顺利

2. 踹

   A. 踢　B. 拉　C. 走　D. 拍

3. 进军

   A. 军队向前走　B. 向着目标前进

C. 正在向前进的军队　　D. 为取得胜利而呼喊

4. 助威
   A. 帮助……　　B. 提出……
   C. 为……想出办法　　D. 为……加油鼓劲
5. 无精打采
   A. 很伤心的样子　　B. 很兴奋的样子
   C. 不满意的样子　　D. 没有精神的样子
6. 铁杆儿
   A. 比喻很沉重　B. 比喻很有用　C. 比喻很可靠　D. 比喻很贵重
7. 附和
   A. 跟着别人做……　　B. 带领别人做……
   C. 帮助别人做……　　D. 同意别人做……
8. 臭
   A. 一种气体　　B. 一种不好闻的味道
   C. 水平很高　　D. 水平特别低
9. 不约而同
   A. 没有经过商量,彼此的看法不同
   B. 没有经过商量,彼此做一样的事情
   C. 没有经过商量,彼此的看法、见解不能统一
   D. 没有经过商量,彼此的意见都不会改变
10. 走后门
   A. 通过私人关系达到目的　　B. 依靠自己的能力达到目的
   C. 喜欢从后边的门通过　　D. 从后边的门出入
11. 不由自主
   A. 不让自己行动　　B. 不给自己自由
   C. 控制不了自己　　D. 自己没有注意
12. 对手
   A. 对方的双手　B. 比赛的对方　C. 一双手　D. 对方看双手

(二) 根据课文内容,选择下列词语的正确答案:

1. 电视"露着沙沙发白的雪花",意思是
   A. 电视屏幕上闪着无数光点　　B. 电视里播放冬天下雪的图像
   C. 电视屏幕上飘着洁白的雪花　　D. 电视里下雪的图像像白色的沙子
2. 王城为什么没看电视转播的足球赛?
   A. 他不是真正的球迷　　B. 看不看都一样
   C. 他想睡觉　　D. 电视坏了
3. "中国足球就那几下子"的意思是
   A. 中国足球队员踢球的时间很短　　B. 中国足球队员球技很高
   C. 中国足球有几种水平　　D. 中国足球的水平不高

4. 王城为什么不愿意让别人知道他没有看球?

A. 怕别人认为他不是一个真正的球迷　B. 怕别人认为他是一个爱睡觉的人

C. 怕别人得到"铁杆儿"　D. 怕别人对他不礼貌

5. 大伙儿为什么都对足球赛发表议论?

A. 大伙儿都喜欢和铁杆球迷谈话　B. 大伙儿不喜欢中国足球队输球

C. 大伙儿都想让别人知道自己是球迷　D. 大伙儿都是足球评论员

6. "尽往人家脚底下传"的意思是

A. 全部的球都传给对方的球员　B. 总是给对方球员脚下传球

C. 全部的球都流传下来了　D. 总是把球交给别人

7. "打起呼噜来"的意思是

A. 开始呼吸　B. 开始叫喊　C. 想睡觉　D. 睡着了

8. 从课文最后一段,我们知道了

A. 那场球赛很精彩　B. 昨晚大家都没有看到球赛

C. 中国足球队怎样战胜了对手　D. 闪电是一种可怕的自然现象

(三) 根据课文内容,判别正误:

1. 王城因为没有看到球赛而感到气愤。(　　)
2. 王城的电视有时不能正常工作。(　　)
3. 因为观看中国队踢球没有意思,所以王城决定睡觉。(　　)
4. 大家都认为队医是近视眼。(　　)
5. 大家都对比赛的结果很满意。(　　)
6. 王城认为在别人心目中自己是一个真正的球迷。(　　)
7. 科长是一个迷糊的人。(　　)
8. 人们不是从电视直播中知道比赛结果的。(　　)

(四) 选词填空:

A. 无精打采　B. 不约而同　C. 不由自主　D. 不在意

1. 看见别人在下棋,棋迷老王________地走过去观看。
2. 小李打球受了伤,大家________地劝他回宿舍休息,他却毫________地说:"没事儿,没事儿"。
3. 看到他那________的样子,大家________地问:"你怎么啦?"
4. 老师说马上要进行期中考试了,同学们________地问:"哪一天?"
5. 只要我认为是对的,就去做,我________别人会怎么想。
6. 比赛进行得紧张激烈,他________地从座位上站起来,给运动员助威、加油。

(五) 回答问题:

1. 您认为王城为什么会感到别扭?
2. 王城没有看球赛,但是他为什么说:"昨天那球踢得真臭"?
3. 您是球迷吗? 您喜欢什么球? 为什么?

四、好大一棵树

这是一棵很大的银杏树，足有三人合抱那么粗，枝叶茂盛。树荫下有一大块空地，是周围几十户人家纳凉避雨的好地方。大家都喜欢聚在这儿，老人谈古说今，女人闲拉家常，小伙子下棋打牌，娃娃们追追打打……似乎因为有了这棵树，大家显得格外亲热，彼此之间谁也没有吵过架、红过脸，互相尊重，彼此和睦。乡政府就把一块写着“文明村”的牌子送到村里。

这一年，有一个外地人来到这里，抬头看看高大的树冠，突然很遗憾地叹息：哟，好大一棵银杏树呀，怎么不结果呢？说完就去见村长，说这棵银杏树至少可结上千斤果，现在银杏市场十分看好，一年就可收入近万元。又说他可以提供最新技术让这棵树授粉秋天便可果实累累，但需村里投资上千元。村长兴奋得立刻答应下来。

由谁投资呢？村长想如果是集体投资就怕日后难以管理，不如将树承包给哪个村民，谁出资谁管理谁受益，按收入比例向村里交承包费就行了。于是他立即在树下召开村民大会宣布。大家惊讶一阵后，半信半疑，谁也不说话。这时，有一个20来岁的小伙子张三说：“没人干，我干！”

银杏树被外地人授粉后，树下少了欢乐和笑声，大家的眼睛都盯在树上，看它能不能结果。后来，这棵20年没结果的银杏树还真奇迹般地结了果，结得好繁好密啊！这时，有人心里后悔自己胆小为什么当初不承包；有人嫉妒张三这小子财运说来就来了；有人希望刮一场大风，把结的银杏全吹到地上；还有人向树上扔石头，打得银杏和叶子纷纷下落……

张三知道后很生气，就把家里的床搬到树下日夜看守，还把大黄狗拉来拴在树下，一见人就汪汪直叫，吓得小孩也不到树下去玩儿了。银杏树下变得沉寂起来。

秋天，银杏成熟了。张三请村里人帮忙收果，可谁也不理他，张三只好去外村请人。收获银杏那天，许多人气愤地把自家的门“砰”一声关上。

张三果然收入了近万元，可他一点儿也高兴不起来，他感到自己好像欠了大家什么似的。他对村长说，明年不想承包了。

第二年春天到了，那个外地人又来了。村长很不客气地对他说：“我们这棵树不想结果了，你走吧！”

那个人很吃惊：“去年不是收入近万元吗？”

“树虽然结了果，但村风却变坏了。今年再结果，咱村的‘文明村’恐怕难保了。”

那人摇摇头，很不理解地走了。

这年，银杏就没结果，大家心里很平衡很舒畅，彼此又变得亲热和睦起来，与过去一样又常来到树下纳凉闲谈玩耍，享受着树下这块空地给他们带来的无穷乐趣。只有村长和张三有时在树下叹息：“唉，好大一棵树呀！”

（988字÷　　分钟＝　　字/分钟）

改写自《好大一棵树》，作者　姚元忠，原载于《小小说》1997年第21期

练　习

(一) 根据课文内容，选择下列词语的正确解释：

1. 纳凉
   A. 等待凉快的天气　　B. 在凉快的地方休息
   C. 接受寒冷的风　　D. 冬天时在屋外休息
2. 拉家常
   A. 拉别人到家里做客　　B. 拉家里常用的东西
   C. 做日常家庭工作　　D. 谈论日常家庭生活
3. 树冠
   A. 树中的冠军　　B. 树上的帽子
   C. 树上面的部分　　D. 树中间的部分
4. 看好
   A. 看上去很好　B. 认为前途很好　C. 容易看　D. 收益很高
5. 日后
   A. 后天　B. 以后　C. 夜晚　D. 天黑以后
6. 受益
   A. 得到好处　B. 接受好意　C. 受到教育　D. 接受礼物
7. 惊讶
   A. 议论　B. 吓了一跳　C. 惊奇　D. 说不出话
8. 财运
   A. 金钱的运输　B. 金钱的命运　C. 发财的运气　D. 财富的运动
9. 沉寂
   A. 十分安静　　B. 没有一点儿光线
   C. 十分沉重　　D. 没有一点儿味道
10. 村风
   A. 村里的空气　B. 空气的味道　C. 农村的形象　D. 村里的风气

(二) 根据课文内容，选择正确的答案：

1. 在银杏树下面
   A. 有一块空地　　B. 有一块“文明村”的牌子
   C. 大家很少吵架　　D. 常常下雨
2. 那个外地人对村长说
   A. 他可以收入近万元　　B. 他需要一千元
   C. 他可以让银杏树结果　　D. 他要买银杏果
3. 村长决定投资的方式是
   A. 集体集资　　B. 个人承包
   C. 向村长交承包费　　D. 由村民大会管理

4. 村民们听到村长宣布的决定后

A. 都想承包　　B. 不太相信　　C. 只有张三愿意承包　D. 纷纷议论

5. 银杏树结果以后,村民们的反应是

A. 十分高兴　　B. 十分伤心

C. 十分兴奋　　D. 有人后悔,有人嫉妒

6. 张三知道有人扔石头后

A. 搬到了树下面住　　B. 买了一只狗

C. 不让小孩在树下玩　　D. 不许别人在树下聊天

7. 银杏成熟的时候

A. 村里人帮张三收果　　B. 外村人帮张三收果

C. 许多人不敢出门　　D. 张三离开了村子

8. 村长拒绝外地人的原因是

A. 收入太少了　　B. 村民之间的关系变坏了

C. 文明村无人保护　　D. 不理解外地人

(三) 根据课文内容,判别正误:

1. 这棵银杏树很粗。(　　)
2. 银杏树下是村民聚会活动的场所。(　　)
3. 外地人告诉村民这棵银杏树至少结了一千斤果。(　　)
4. 外地人需要村长提供授粉技术。(　　)
5. 村长自己决定让张三来管理这棵树。(　　)
6. 银杏树结果以后村里人都为张三感到高兴。(　　)
7. 张三整天住在树下看守这棵树。(　　)
8. 收获银杏那天,大家都出来看。(　　)
9. 村长告诉张三,明年不能承包了。(　　)
10. 第二年,村里人的关系又变得好起来了。(　　)

(四) 根据课文内容,填空:

1. 这是一棵很大的银杏树,枝叶________。
2. 树荫下是周围几十户人家____凉____雨的好地方。
3. 老人____古____今,女人闲____家常,小伙子____棋____牌。
4. 他可以让这棵树授粉秋天便可果实________。
5. 大家惊讶一阵后,半____半____,谁也不说话。

(五) 回答问题:

1. 这棵银杏树和“文明村”有什么关系?
2. 外地人用什么方法可以让银杏树结果?
3. 村长为什么把树承包给张三?
4. 张三为什么在收获之后高兴不起来?
5. 为什么银杏树不结果给村里又带来了欢乐呢?
6. 您觉得这棵树承包给村民好还是不承包给村民好?

第三十单元

一、儿童玩具小论

有时候成人也对玩具发生兴趣，这或者是由于“不失赤子之心”，或者是因为有些玩具设计得很巧妙，或制作得很精致，使岁数大的人也想玩弄它们一下。但是玩具对于成人来说，毕竟是无关紧要的，而它对于儿童来说，就完全是另外一回事了。

我认为，正如母亲是人生第一个教师那样，玩具是人生第一本教科书。人在认识文字之前，先认识图画；在认识图画之前，又先认识实物。而玩具是用来教育儿童的实物，因此说它是人生第一本教科书，我认为是站得住脚的。

我还赞成把玩具与玩偶加以区分，因为它们两者的作用是不完全相同的。

儿童与玩偶的关系是儿童世界中的伦理关系。抱在怀中的洋娃娃、小熊猫，是儿童的朋友，是她(他)说话的对象。当亲人或小朋友不在一起时，玩偶使她(他)感到自己不是孤独的。玩偶主要用于培养儿童友好待人的品质，它在德育方面发生作用，这与对儿童进行不要虐待动物的教育的作用是相同的。

儿童与玩具的关系，则是人与人所掌握的各种物质手段的关系的模拟。人之所以是人，在于他们能够制造工具。富兰克林[①]说：“人是制造工具的动物。”为了对第一个说出这句话的人表示敬意，马克思[②]在《资本论》[③]中特别加以引用。当然，由于人类的进步，在不同的历史时期，人所创造的工具是不同的。工具的进步，标志着人类历史的进步。在这方面，玩具可以说是一部重要的教科书，它能使儿童更加熟悉和喜爱现代的工具。玩具主要用于提高儿童的智慧，它在智育方面发生作用。

当然，玩具的种类很多，不限于工具，有的更接近于教科书，例如用来训练儿童记数的小算盘，训练儿童综合能力的六面画等等，它们是以比较高的智力发挥为前提的玩具。

我认为现代化建设要由受过现代化教育的人来进行，而这种教育工作应该从儿童时期就做起。在进行这种教育中，就要把玩具这人生第一部教科书编好、出好。我们的玩具设计师们要认识到自己所肩负的责任，很好地研究儿童心理学；也要很好地研究如何用比较低的成本来生产最好的玩具的生产方法。我认为，聪明的玩具设计师也就是使儿童聪明的设计者。因此这不是一件很简单的、可以不花很多心思的事情。

(856 字÷　　分钟＝　　字/分钟)

改写自《儿童玩具小论》，作者　于光远，原载于《文汇报》1997 年 11 月

注　释

① 富兰克林　Fùlánkèlín　美国科学家(1706～1790)。

② 马克思　Mǎkèsī　德国人，马克思主义创始人(1818～1883)。

③《资本论》　Zīběn Lùn　马克思最重要的著作。

练　　习

（一）根据课文内容，选择下列词语的正确解释：

1. 小论
   A. 孩子的观点　　B. 孩子的文章
   C. 关于……简要的论述　　D. 有关……简单的文章
2. "不失赤子之心"的意思是
   A. 不能失掉小孩的红心　　B. 不能没有对小孩子的关心
   C. 没有失去孩子一般纯洁的心　　D. 没有丢掉自己孩子的心
3. 无关紧要
   A. 不太重要　　B. 不太紧急　　C. 没有关系　　D. 没有必要
4. 教科书
   A. 教科学的书　　B. 上课用的书
   C. 学习生活的书　　D. 介绍玩具的书
5. 实物
   A. 真实的东西　　B. 有重量的东西　　C. 看见的东西　　D. 拿到的东西
6. 玩偶
   A. 一种会发出声音的工具　　B. 一种会自动走路的东西
   C. 儿童玩的可以对话的东西　　D. 儿童玩的人物或动物模型
7. 模拟
   A. 正规地做　　B. 重复地做　　C. 照着样子做　　D. 照着计划做
8. 特别
   A. 与众不同　　B. 尤其　　C. 格外　　D. 专门

（二）根据课文内容，选择正确答案：

1. 有时候成年人也会对玩具发生兴趣，原因是
   A. 还存在着孩子般纯洁的心　　B. 玩具对成年人也很重要
   C. 玩具使人精神放松　　D. 具有童心、精致的玩具有吸引力
2. 人最先认识的是
   A. 图画　　B. 实物　　C. 书本　　D. 文字
3. （玩具是人生第一本教科书）"这种说法是站得住脚的"，意思是
   A. 这个观点是有道理的　　B. 这个观点是很牢固的
   C. 这个观点是非常稳定的　　D. 这个观点是不可动摇的
4. 玩偶是儿童的
   A. 玩具　　B. 亲人　　C. 朋友　　D. 老师
5. 儿童抱着洋娃娃、小熊猫时，他们
   A. 感到自己不是独立的　　B. 可以学习怎样说话
   C. 能够懂得应该友好待人　　D. 感到不孤独，还能学会和别人友好相处

6. 富兰克林说“人是制造工具的动物”。马克思在《资本论》中

A. 写了表示敬意的话　　B. 特地引用了这句话

C. 对这句话作了修正　　D. 说明了他是第一个说的

7. 玩具的主要作用是

A. 提高儿童的智慧　　B. 教会儿童使用工具

C. 训练儿童综合能力　　D. 教会儿童识字绘画

8. 聪明的玩具设计师就是要

A. 降低生产成本　　B. 用最好的生产方法

C. 学习儿童心理学　　D. 当使儿童聪明的设计者

(三) 根据课文内容，判别正误：

1. 玩具对于成人和儿童都是一样重要的。(　)
2. 母亲的工作是教师。(　)
3. 玩具和玩偶的作用是不太一样的。(　)
4. 儿童和玩偶的关系是儿童生活中人与人相处的道德标准关系。(　)
5. 玩偶的作用是培养儿童怎样友好地待人。(　)
6. 富兰克林在《资本论》中说过“人是制造工具的动物”这句话。(　)
7. 工具进步了，说明人类历史进步了。(　)
8. 玩具可以使儿童熟悉和喜爱工具，所以玩具的作用就和工具一样。(　)

(四) 把下列相关的词语用直线连起来：

	洋娃娃
玩具	小算盘
玩偶	小熊猫
	六面画

(五) 回答问题：

1. 怎样理解“玩具是人生第一本教科书”这句话的意思？
2. 玩具设计师的责任是什么？

二、论包装

我先提一个问题：人类是越来越聪明呢？还是越来越蠢？

答案好像是明摆着的：越来越精。

在几千年有文化的历史上，人类对宇宙、对人世、对生命、对社会，总之对人世间所有的一切，了解得越来越透彻、细致。例子伸手可得：当年中国人觉得月亮可爱而又神秘，于是就说有个美女嫦娥[①]奔入月宫，连苏东坡这个宋代伟大的诗人，也不禁要问：“明月几时有？把酒问青天，不知天上宫阙，今昔是何年？”可是到了今天，人类已经登上了月球，连月球上的土块也被带到了地球上来。哪里有什么嫦娥？哪里有什么广寒宫[②]？

人类如果不越变越精，能到这一步吗？

可是我又提出了问题，说明适得其反。例子也是伸手可得。我先举一个包装的例子。

人类在社会上活动，有时候是需要包装的，特别是女士们，在家中穿得朴朴素素，但是一出门，尤其是参加一些晚会、聚会，则必须打扮得珠光宝气、花枝招展，浑身洒满法国香水，走在大街上，高跟鞋敲得哒哒响，香气直射十步之外，路人为之“侧目”。这就是包装，而这种包装，我认为是必要的。

可是另外还有一种包装，就是商品的包装。这种包装有时也是必要的，不能一概而论。我从前到香港，买国产的东西，比内地要便宜得多。一问才知道，原因是中国商品有的质量并不次于洋货，只是由于包装不讲究，因而价钱卖不上去，我当时就很疑惑：究竟是使用商品呢，还是使用包装？

我因而想到一件事：我们楼上一位老太太到菜市场去买鸡，说是一定要黄毛的。卖鸡的小贩问老太太：“你是吃鸡还是吃鸡毛？”

到了今天，有一些商品的包装更达到了不可思议的地步：外面的盒子，或木，或纸，或金属，往往极大，装扮得五彩缤纷；摆在货架上是庞然大物，提在手中或放在车中更是麻烦，等到拿回家或运回家，打开时也很费劲。在庞然大物中，左找右找，找不到商品究竟在何处，很希望发现一张纸条，上面写着：此处距商品还有十公里。我不禁要问：我们使用的是商品还是包装？这些精美漂亮的包装，商品取走后，不过是一堆垃圾，而这些包装的费用却是出在我们顾客身上。

如果我回答我开头提出的问题：人类是越变越蠢。你怎样反驳？

(845 字 ÷　　分钟 =　　字/分钟)

改写自《论包装》，作者　季羡林，原载于《新民晚报》1997 年 9 月 9 日

注　释

① 嫦娥　Cháng'é　我国古代神话中的一个美丽的女子，住在月亮上。

② 广寒宫　Guǎnghángōng　我国古代神话中位于月球中的宫殿。

练　习

(一) 根据课文内容，选择下列词语的正确解释：

1. 包装
   A. 妇女外出时打扮　　B. 商品和人的外部装饰
   C. 商品外面的盒子　　D. 鸡和动物的毛
2. 蠢
   A. 呆板　　B. 落后　　C. 愚笨　　D. 浪费
3. 精
   A. 聪明　　B. 精神　　C. 细心　　D. 最好
4. 适得其反
   A. 完全不是相反　　B. 正好与这相反　　C. 不相同　　D. 不合适

5. 路人

A. 街上走路的人　　　　B. 站在街上的人

C. 看热闹的人　　　　D. 散步的人

6. 一概而论

A. 对待所有包装的看法　　　　B. 用同一标准来对待

C. 全面进行论述　　　　D. 一律都要论证

7. 不可思议

A. 不讨论　B. 不思考　C. 不能忍受　D. 不能理解

8. 反驳

A. 从反面论证　　　　B. 反复地辩论

C. 否定别人的意见　　　　D. 提出自己的观点

(二) 根据课文内容,选择正确答案:

1. 能说明人类越来越聪明的例子

A. 伸手可以去拿　B. 就在手的前面　C. 双手可以找到　D. 非常容易得到

2. 苏东坡是

A. 人名,古代人　　　　B. 人名,现代人

C. 地名,在我国　　　　D. 地名,在月球

3. 人类越来越精了,有一个例子是

A. 觉得月亮可爱神秘　　　　B. 登上月球拿回土块

C. 知道月亮上有嫦娥　　　　D. 知道月亮上有广寒宫

4. 女士们参加晚会、聚会时

A. 化妆打扮　　　　B. 穿很香的衣服

C. 珠宝发光、花朵摇摆　　　　D. 衣服很香、鲜花好看

5. 经过包装的女士们使得路上的行人

A. 扭头观看　　　　B. 感到害怕而不敢看

C. 羡慕地跟着看　　　　D. 扭头不愿看

6. 有些内地商品在香港卖得很便宜,因为

A. 质量不好　B. 洋货更好　C. 没有包装　D. 包装不好

7. "价钱卖不上去"的意思是

A. 可以卖较高的价钱　　　　B. 只能卖较低的价钱

C. 可以涨价　　　　D. 不可以涨价

8. 有些商品的包装五彩缤纷,成为一件庞然大物,缺点是

A. 运输困难、打开费劲

B. 拿出商品,包装成为垃圾

C. 顾客需要为包装出钱

D. 运输困难,打开费劲,取出商品后包装就成为垃圾,顾客需要为包装付钱

(三) 根据课文内容,判别正误:

1. 人类越来越精,这个说法不一定对。( )

2. 人类对世界和对自己的了解越来越清楚和详细了。(　)

3. 人类登上月球,看到那儿有嫦娥,有广寒宫。(　)

4. 在香港,中国商品的质量并不比洋货差,但是价钱便宜得多。(　)

5. 有的包装是必要的,有的包装是不必要的。(　)

6. 一位老太太一定要买长着黄毛的鸡,卖鸡的小贩不知道她是要吃鸡还是吃鸡毛。(　)

7. 作者认为鸡毛等于是鸡的包装。(　)

8. 在商品的包装盒子里有一张纸条写着:"此处距商品还有十公里。"(　)

(四) 成语连线:

珠光	大物
花枝	缤纷
五彩	宝气
庞然	招展

(五) 回答问题:

1. 哪些包装是必要的,哪些包装是不必要的?为什么?

2. 人类的精和蠢的标准是什么?

3. 您认为人类是越来越聪明呢,还是越来越蠢呢?

三、这酒还要不要酿

酿酒业和烟草业一样,都是国家税收的主要来源之一。从中央政府到地方政府,如果没有酒税收入,那简直不可想像。没有了酒税,有些地方的政府恐怕不能正常运作,所以尽管有人痛心地说全国人一年喝掉的酒有一个西湖[①]那么多,但没有人理会这种说法。

有人说酿酒耗费掉了大量的粮食,有人说酒带来了巨额利润和税收。不过,如果我们把酿酒的粮食用来消费,能产生比酒更高的经济效益吗?显然不能——如果那样,酒厂恐怕十有八九早关门了。不可否认的是,酿酒业给社会提供了很多就业机会,全国成百上千家大大小小的酒厂,至少养活了上百万人。酿酒业还带动了相关产业的发展:吹玻璃瓶的,钉包装箱的,印商标的,搞运输的,当然还有批发商,以及管这些商人的工商管理人员,等等。这样看起来,酿酒是一个庞大的产业系统,说它是国民经济的支柱产业可能有些过分,说它是主力产业却一点儿没错。

反对生产酒的人士认为,饮酒导致多种疾病,人们为此支出的医疗费用,要远远超过酿酒业的税收。所以,即使从经济上说,造酒饮酒也是很不划算的事。但问题是,如果大家都不喝酒,那么节省下来的钱是否都用在其他健康产业的投资上?能否保证他存进银行,不在其他方面消费甚至挥霍?回答可能是否定的。国外一些国家曾发布过禁酒法令,但没有证据表明在此期间经济因此快速发展,收入因此迅速增加,国民身体因此更加健康。古今中外都有过禁酒的事情发生,但没有一次是最终成功了的。历史表明,酒和上帝、魔鬼一样,都是人类无法抗拒的诱惑。它与人类文化同时开始酿造,其花样的变化,品种的繁多,如同文化本身一样一直在发展着。

在人类历史上,我们看到了两种对立的力量。世俗社会一直是赞同支持饮酒的,宗教势力则一般都反对。经营者一方面似乎同意宗教卫生界人士的意见,从道德、健康、社会安定的角度考虑,要控制酒类生产的经营方式和规模;另一方面,为了获得这一行业的巨大利润而在不断悄悄地扩大生产规模。是啊,经营者其实是最讲实际的,它不会为了道德价值而牺牲巨大的现实利益。不管怎么说,从内心反对饮酒的肯定是少数人,而爱此物的却是多数人,这就是酿酒业能产生巨大利益的社会基础,也是经营者采取如此对策的原因。

(893 字 ÷ 分钟 = 字/分钟)

改写自《这酒还要不要酿》,作者 正平,原载于《南方周末》1997 年 8 月 8 日

注 释

① 西湖 Xīhú 在浙江省杭州市,是一个著名的风景点。

练 习

(一) 根据课文内容,选择下列词语的正确解释:

1. 来源
   A. 流过来的水　B. 渠道或来路
   C. 水流过来的地方　D. 事物发展的方向
2. 痛心
   A. 非常难过　B. 一种病　C. 非常生气　D. 心里很痛
3. 理会
   A. 明白　B. 了解　C. 注意、关心　D. 小心、照顾
4. 耗费
   A. 失去　B. 用掉　C. 使用　D. 购买
5. 十有八九
   A. 十里面有八也有九　B. 八点或九点
   C. 一部分　D. 绝大部分
6. 支柱
   A. 竖着的柱子　B. 能够支撑一切的力量
   C. 一种产业的名称　D. 起重要作用的力量
7. 划算
   A. 一种计算的方法　B. 容易计算
   C. 值得　D. 合理
8. 挥霍
   A. 随意地浪费　B. 大量地丢失

C. 参加一种运动　　　　　　D. 小心地花钱

9. 诱惑

A. 欺骗　　　　　　B. 吸引

C. 美妙的东西　　　　　　D. 出色的想法

10. 对策

A. 对方的政策　　　　　　B. 反对的意见

C. 对方的办法　　　　　　D. 对付的办法

(二) 根据课文内容,选择正确答案:

1. 酿酒业是

A. 国家税收的主要来源之一

B. 国民经济的支柱产业

C. 国民经济的主力产业

D. 国家税收的主要来源之一,也是国民经济的主力产业

2. 在第二自然段中,作者说明了这样一个观点

A. 酒带来了巨额利润和税收

B. 酿酒是国民经济的主力产业

C. 酿酒是一座庞大的工厂

D. 酿酒所带来经济效益远远高于粮食的消费

3. 下面哪一个不是支持酿酒者的观点?

A. 酿酒业是国家税收的主要来源之一

B. 同样的粮食如果用来酿酒,就会产生更高的经济效益

C. 酿酒业提供了大量的就业机会,带动了一大批相关产业

D. 从经济上说造酒饮酒是很不划算的事

4. 下面哪一个不是反对酿酒者的观点?

A. 如果没有酒税收入,那简直不可想像

B. 全国人一年喝掉的酒有一个西湖那么多

C. 酿酒耗费掉了大量的粮食

D. 饮酒导致多种疾病

5. 关于禁酒,下面哪种说法是正确的?

A. 由于禁酒,经济得到了快速发展　　　　B. 由于禁酒,国民收入迅速增加

C. 由于禁酒,国民身体更加健康　　　　D. 古今中外,没有一次禁酒成功的

6. 面对在酿酒问题上的两种观点,经营者的态度是

A. 同意宗教界的意见,反对酿酒

B. 同意世俗社会的意见,大规模地继续酿酒

C. 既同意宗教界的意见,也不放弃获取酿酒业的巨大利润

D. 为了道德价值而牺牲巨大的现实利益

7. 酿酒业能产生巨大利益的社会基础是

A. 在人类历史上一直有两种对立的力量

B. 经营者要控制酒类生产的经营方式和规模

C. 经营者不断悄悄地扩大生产规模

D. 多数人喜欢饮酒

(三) 根据课文内容，判别正误：

1. 如果没有酒税收入，从中央政府到地方政府，运作将非常困难。(　　)
2. 全国人一年就喝掉了西湖。(　　)
3. 因为酿酒的经济效益很高，所以全国有大大小小无数个酒厂。(　　)
4. 如果酒厂都关门了，那么将会有上百万人失业。(　　)
5. 大家都不喝酒的话，节省下来的钱就会存入银行。(　　)
6. 酒与人类文化同时出现，并同时发展。(　　)
7. 为了支持世俗社会的意见，酒类经营者不断悄悄地扩大经营规模。(　　)
8. 从内心反对饮酒的是多数人。(　　)

(四) 根据课文内容，填空：

1. 有人________说全国人一年喝掉的酒有一个西湖那么多。
2. 酿酒________掉了大量的粮食。
3. 说酿酒是国民经济的________产业可能有些过分，说它是________产业却一点儿没错。
4. 如果大家都不喝酒，那么______下来的钱能否保证他存进银行，不在其他方面________甚至________？
5. 酒和________、________一样，都是人类无法抗拒的______。

(五) 请分别找出文中支持酿酒和反对酿酒的观点，并谈一谈自己的观点：

1. 支持酿酒的观点：
2. 反对酿酒的观点：
3. 自己的观点：

四、法律和规律

英文里有一个词是这样拼的：law。你打开英汉词典就可以发现，这个词的汉语意思挺多，可以指"法律"、"法则"、"定律"，还可以指"规律"。不过一般来说，在自然科学家的脑袋里，它是指"规律"和"定律"；在道德学家和法律学家的脑袋里，它是指"法律"。

有人说，英文这个词不大好，起码不如汉语那么明确。在汉语中，"法律"就是"法律"，"规律"就是"规律"，人们通常不会理解成别的意思；而在英语中，总要结合语言环境才能知道它是什么意思。

为什么英文将"规律"和"法律"搞成一个词？一种解释是：语言习惯嘛，人们在日常生活中习惯这么用词。但是另一种回答更能引人思考：语词体现了我们头脑中的文化，我们怎么用词总是表现了我们怎么思想。按照后一种说法，土生土长的说英语的人在说 law 这个词时，总是把法律和规律联系起来，甚至把它看作一个东西；他们头脑中总想到"法律的规律性”。

那么,法律和规律是不是一回事?很多人会讲,它们不是一回事,因为法律是立法者意志的表现,它不是必然的;规律则是不依人的意志为转移的客观存在,它具有必然性。世界上的法律那么千奇百怪,而且都出自人之手,你能否认它们是人的意志的产物吗?说英语的人虽然这样用词,但他们还是会区分“法律”和“规律”这两个东西的。

应该承认,这种说法大体上没毛病。不过,有的西方人将“法律”和“规律”拉在一起主要是想说明前者来自后者,如果前者违背后者,前者将不能有效地运行于社会之中。所以,law 这个词在这些人的头脑中暗示了如下的观念:法律应当是规律的一部分。

法律需要一种权威。为了使法律具有权威,人们找出了许多理由。有的说,法律是上帝的旨意;有的说,它是国王的命令;有的则说,它是我们不能不敬畏的自然规律(包括社会规律)的一部分……

现在,人们一般不相信上帝真的存在,而国王本身也认为需要权威的支持。于是,似乎就剩下“规律”可以尊敬了。难怪有的西方人把法律权威的希望只寄托在规律上。

当然,法律在西方人心目中享有极高的权威,在某一方面是因为他们深信法律是公平正义的象征。但是,不能认为“法律来自规律”的观念在其中一点作用都没有。尤其在英语国家,law 这个词至少不会减弱法律的权威。从我们自己来看,我们目前更加需要法律的权威,如果有意识地增加“法律与规律的内在联系”的观念,或许人们就会像信服规律那样信服法律。

(946 字 ÷　　分钟 =　　字/分钟)

改写自《规律和法律》,作者　一正,原载于《南方周末》1996 年 9 月 20 日

练　习

(一) 根据课文内容,选择下列词语的正确解释:

1. 通常

A. 经常　　B. 有时　　C. 一般　　D. 通通

2. 结合

A. 和……联系在一起　　B. 和……一起合作

C. 把……合上　　D. 把……团结在一起

3. 土生土长

A. 在土里生长　　B. 在地里生长　　C. 在农村生长　　D. 在当地生长

4. 立法者

A. 执行法律的人　　B. 制定法律的人

C. 了解法律的人　　D. 拥护法律的人

5. 大体上

A. 大概的内容　　B. 主要的方面　　C. 上面的部分　　D. 多数的问题

6. 毛病

A. 缺点、问题　　B. 困难、病痛　　C. 生病　　D. 痛苦

7. 暗示

A. 轻轻地表示　　B. 不直接表示

C. 在背地里表示　　D. 在黑暗中表示

8. 寄托

A. 把……放在……　　B. 通过邮局寄出

C. 让别人来告诉　　D. 告诉别人去做

(二) 根据课文内容,选择正确答案:

1. 在汉语中,"法律"、"规律"的意思是

A. 一样的　　B. 不同的　　C. 相似的　　D. 相反的

2. 在英语中,law是指"法律"、"法则"还是指"定律"、"规律",总是要结合语言环境才能知道,也就是

A. 要解决与语句有关的问题　　B. 要根据语句周围的条件

C. 要分析law本身的语法　　D. 要联系law前后的内容

3. 为什么英语将"规律"和"法律"搞成一个词,有两种解释,一种是语言习惯,另一种是

A. 文化　　B. 思考　　C. 怎样用词　　D. 出生地

4. "土生土长的说英语的人"是指

A. 在说英语的农村生长的人　　B. 在说英语的地方出生和长大的人

C. 在农村出生长大说英语的人　　D. 出生和长大后说英语的人

5. 法律和规律是不同的,因为

A. 规律是人的意志　　B. 法律是客观存在,规律是人的意志

C. 法律是现实存在的　　D. 法律是人的意志,规律是客观存在

6. 有的西方人将"法律"和"规律"拉在一起主要是想说明前者来自后者,意思是

A. 前面有"法律"后面有"规律"　　B. 后面有"法律"前面有"规律"

C. "法律"是从"规律"中产生的　　D. "规律"是从"法律"中产生的

7. "如果前者违背后者,前者将不能有效地运行于社会之中。"意思是

A. 法律不符合规律,无法实行　　B. 规律不符合法律,无法实行

C. 法律规律互相矛盾,难实行　　D. 法律和规律同时运行

8. 法律为什么具有权威,有种种说法。下面哪种说法不符合本文内容?

A. 法律是上帝的意见　　B. 法律是国王的命令

C. 法律是规律的一部分　　D. 法律千奇百怪,使人敬畏

(三) 根据课文内容,判别正误:

1. 英文law这个词只有一个意思,非常明确。(　　)

2. 说英语的自然科学家和道德学家或法律学家对law的理解没有什么不同。(　　)

3. 土生土长的说英语的人在说law时,总是把法律和规律联系起来,甚至看作是同一个东西。(　　)

4. 法律和规律是不一样的。说英语的人用law这个词表示"法律"或"规律"的意思,

因为他们不会区分法律和规律(　　)。

5. 世界上的法律是各种各样、各不相同的。(　　)

6. 人们不尊重不佩服自然规律和社会规律。(　　)

7. “法律来自规律”的观念对法律享有权威没有什么作用。(　　)

8. 人们应该像信服规律那样信服法律。(　　)

(四) 根据课文内容,填空:

1. 英文里有一个词是这样______的:law。在英汉词典里,这个词的汉语意思______多,可以指“______”、“______”,还可以指“______”。在英语中,要结合__________才能知道它是什么意思。

2. ________的说英语的人在说 law 这个词时,总是把法律和规律________起来。

3. 世界上的法律那么__________,而且都________人之手,你能否认它们是人的________的________吗?

4. 法律在西方人______中享有极高的______,在某一方面是因为他们______法律是________的______。

5. 如果________地增加“法律与规律的________”的________,________人们就会像________规律那样信服法律。

(五) 回答问题:

1. “法律”和“规律”有什么不同? 有什么联系?

2. 尊重规律,轻视法律,对吗? 为什么?

部分练习参考答案

第一单元

一

(一) 1A　2A　3C　4B　5D

二

(一) 1A　2B　3B　4D　5C

三

(一) D

四

(一) 1C　2B　3D　4B　5B　6C　7A　8B　9C　10B

(二) 1D　2D　3C　4A　5C　6B　7C　8D　9B

(三) 1×　2√　3√　4×　5√　6√　7√　8√　9√　10×

(四) A　D　E　G

第二单元

一

(一) 1C　2D　3B　4D　5D　6A　7B　8A　9B

(二) 1D　2C　3A　4A　5C　6C　7C

(三) 1×　2×　3√　4×　5√　6×　7×　8√　9×　10√

二

(一) 1D　2A　3B　4C　5C　6C　7C　8A

(二) 1C　2B　3D　4C　5D　6D

(三) 1√　2√　3×　4×　5√　6×　7×　8√　9×　10×

(五) 4.　2.　1.　3.　5

四

(一) 1D　2A　3D　4D　5A　6B　7C　8A　9B　10C

(二) 1D　2C　3D　4C　5C　6D　7B　8D　9B　10C

(三) 1×　2×　3×　4×　5×　6×　7√　8√　9×　10×

第三单元

一

(一) 1B　2A　3C　4A　5D　6C　7D　8B　9A

(二) 1C　2D　3D　4C　5D　6C

(三) 1√　2√　3×　4×　5√　6√

二

(一) 1A　2C　3A　4D　5B　6A　7D　8C　9A

(二) 1D　2B　3C　4D　5A　6B

(三) 1×　2×　3√　4×　5√　6×　7×　8√

三

(一) 1C　2B　3A　4D　5C　6D　7A　8D　9A

(二) 1B　2D　3C　4C　5D

(三) 1√　2√　3×　4√　5×　6√

四

(一) 1B　2D　3C　4A　5D　6C　7A　8B　9C　10A

(二) 1B　2D　3D　4C　5A　6B　7D

(三) 1√　2×　3×　4×　5×　6×　7√　8×

第四单元

一

(一) 1A　2B　3B　4A　5B　6C

(二) 1C　2D　3C　4D　5A　6A　7C　8D

(三) 1×　2√　3×　4√　5×　6√　7√　8√　9√

二

(一) 1A　2B　3C　4B　5A　6B　7C　8D

(二) 1B　2A　3D　4B　5D

(三) 1√　2×　3√　4×　5√　6×　7×　8√　9×　10×

三

(一) 1C　2A　3B　4C　5A　6D　7B　8D

(二) 1B　2C　3A　4C　5A　6A　7C

(三) 1√　2√　3×　4√　5√　6×　7×　8√　9×

四

(一) 1B　2C　3A　4D　5C　6C　7D　8B　9C　10C　11A

(二) 1C　2C　3D　4C　5D　6B　7B

(三) 1√　2×　3√　4√　5×　6×　7×　8×　9√　10×

第五单元

一

(一) 1B　2C　3A　4B　5D　6B　7A　8B　9C

(二) 1A　2B　3C　4A　5C

(三) 1√　2√　3×　4×　5×　6×　7×

二

(一) 1B　2B　3A　4D　5C　6B　7C　8D　9C　10B　11A

(二) 1A　2D　3B　4C　5B　6B

(三) 1√　2√　3√　4×　5√　6√　7×　8×

三

(一) 1C　2A　3B　4D　5A　6A　7B　8C
(二) 1C　2D　3B　4A　5B　6C　7D　8A
(三) 1×　2✓　3✓　4✓　5×　6×　7✓　8✓

四

(一) 1B　2D　3A　4B　5C　6B　7C　8D　9C　10D
(二) 1D　2B　3B　4C　5B　6A　7C　8B　9A　10B
(三) 1×　2×　3✓　4✓　5✓　6✓　7×　8✓　9×　10×　11✓　12✓

第六单元

一

(一) 1C　2A　3B　4D　5C　6A　7B　8B　9C
(二) 1D　2D　3C　4C　5A　6A　7D　8B
(三) 1×　2✓　3✓　4✓　5×　6✓　7×　8✓

二

(一) 1C　2A　3B　4B　5D　6C　7D　8B　9C
(二) 1B　2D　3C　4C　5B　6D　7D　8C
(三) 1✓　2×　3×　4✓　5✓　6✓　7×　8✓　9×　10✓　11×　12✓

三

(一) 1A　2B　3B　4C　5C　6D　7A　8B　9D　10D
(二) 1C　2D　3B　4B　5B　6D　7C　8D
(三) 1✓　2✓　3×　4✓　5×　6✓　7×　8✓　9×　10×

四

(一) 1B　2A　3D　4C　5B　6C　7B
(二) 1C　2D　3C　4D　5C　6B
(三) 1×　2×　3×　4✓　5✓　6×　7✓　8✓　9✓　10✓　11✓　12×

第七单元

一

(一) 1B　2C　3C　4B　5A　6D　7B　8D　9B　10B　11A　12B
(二) 1B　2C　3D　4A　5D　6B
(三) 1×　2×　3✓　4✓　5✓　6×　7×　8✓　9✓　10✓

二

(一) 1B　2D　3C　4B　5A　6C　7C　8B　9A　10A

(二) 1C　2A　3B　4D　5C　6C　7C
(三) 1√　2√　3×　4√　5√　6×　7×　8√　9×　10√

三

(一) 1C　2C　3B　4C　5B　6A　7B　8B
(二) 1A　2C　3C　4D　5C　6D　7C　8D　9C　10C
(三) 1×　2√　3×　4×　5×　6√　7×　8×　9√　10√　11×
12×

四

(一) 1A　2B　3A　4C　5D　6A　7D
(二) 1B　2D　3C　4C　5C　6A　7B
(三) 1√　2√　3×　4×　5×　6√

第八单元

一

(一) 1B　2B　3A　4A　5D　6D　7A
(二) 1C　2A　3D　4C　5C　6A　7D　8B
(三) 1×　2√　3√　4×　5×

二

(一) 1B　2A　3C　4A　5A　6C
(二) 1C　2C　3B　4D　5B　6C
(三) 1×　2√　3√　4×　5×　6√　7×　8√　9√

三

(一) 1D　2B　3B　4C　5C　6A　7C
(二) 1B　2B　3D　4D　5A　6C
(三) 1×　2√　3√　4√　5×　6×　7√　8√　9√　10×

四

(一) 1A　2C　3D　4B　5C　6D　7A
(二) 1B　2A　3D　4D　5D
(三) 1√　2×　3×　4×　5√

第九单元

一

(一) 1A　2C　3A　4C　5A　6C　7B
(二) 1A　2B　3B　4C　5B　6C
(三) 1√　2×　3√　4√　5×　6×　7×

二

(一) 1C　2C　3A　4B　5C　6D　7A　8A　9C
(二) 1C　2C　3B　4C　5B　6D　7D

(三) 1√　2×　3√　4×　5×　6√　7√　8×

三

(一) 1A　2C　3C　4C　5B

(二) 1A　2B　3C　4B　5A　6D　7D　8B

(三) 1×　2√　3×　4×　5√　6√　7×

四

(一) 1B　2D　3B　4A　5C　6A　7C　8B

(二) 1C　2B　3D　4C　5C　6D　7B　8C　9B　10C　11B　12B　13D

(三) 1×　2√　3√　4√　5×　6×　7√　8√

第十单元

一

(一) 1B　2D　3A　4D　5B　6A　7C

(二) 1B　2B　3C　4C

(三) 1×　2√　3×　4√　5×　6×　7√

二

(一) 1C　2C　3B　4A　5C　6D　7A　8B

(二) 1×　2×　3×　4×　5√　6×　7√　8√　9√　10×　11×

三

(一) 1A　2C　3D　4B　5B　6C　7A　8D　9B　10C

(二) 1B　2C　3D　4A　5C　6D

(三) 1×　2√　3√　4√　5×　6×　7√　8√

(五) 3　6　2　4　1　5　7

四

(一) 1A　2B　3C　4C　5C　6C　7D

(二) 1C　2C　3D　4C　5D　6C　7D

(三) 1×　2√　3√　4√　5√　6×　7×　8×　9×　10√

第十一单元

一

(一) 1C　2C　3B　4C　5A　6B　7B　8B

(二) 1C　2B　3D　4D　5D　6B　7A　8B　9B

(三) 1√　2√　3×　4×　5×　6√　7√　8√

二

(一) 1A　2A　3D　4D

(二) 1D　2C　3D　4D　5D　6D　7B

(三) 1√　2×　3×　4×　5×　6×

三

(一) 1C　2B　3A　4D　5D　6D

(二) 1A　2C　3B　4A　5B　6B　7C　8D

(三) 1×　2×　3√　4×　5√　6√　7×　8√

四

(一) 1B　2C　3C　4C　5B　6D　7A　8D　9D

(二) 1D　2D　3A　4A　5D　6A　7B

(三) 1√　2√　3×　4×　5×　6√　7×　8√　9×　10√　11×　12√　13×

第十二单元

一

(一) 1B　2B　3D　4D　5B　6C　7A

(二) 1D　2D　3C　4A　5A　6D　7B

(三) 1√　2×　3×　4√　5×　6×　7√　8√

二

(一) 1B　2A　3B　4C　5A　6C　7D　8A

(二) 1D　2C　3D　4D　5D　6A　7C　8B

(三) 1×　2×　3√　4√　5√　6×

三

(一) 1A　2A　3B　4C　5C　6C　7C　8D　9B　10A

(二) 1B　2D　3D　4B　5C　6D　7B

(三) 1×　2√　3×　4√　5√　6×　7×　8√　9√　10×

(五) 2　6　4　7　3　9　1　8　5

四

(一) 1A　2C　3D　4C　5C　6D　7B　8C　9D

(二) 1D　2B　3C　4D　5D　6C　7D

(三) 1×　2×　3√　4√　5√　6√　7√

第十三单元

一

(一) 1D　2A　3D　4C　5C　6A　7A　8D

(二) 1D　2A　3B　4D　5A

(三) 1√　2×　3×　4×　5×　6√　7√

二

(一) 1C　2A　3D　4C　5A　6B　7D　8B　9C　10C

(二) 1B　2C　3D　4D　5C　6C

(三) 1√　2×　3×　4×　5√　6√　7√

三

(一) 1D 2C 3D 4B 5A 6A 7C 8D 9C 10D
(二) 1A 2B 3D 4B
(三) 1× 2√ 3× 4× 5√ 6× 7√ 8×

四

(一) 1B 2D 3C 4A 5D 6C 7D 8A 9D 10C 11B
(二) 1D 2C 3D 4B 5B
(三) 1√ 2× 3× 4√ 5× 6× 7√ 8√ 9× 10√

第十四单元

一

(一) 1C 2C 3B 4B 5B 6D 7C 8B
(二) 1C 2D 3C 4D 5C 6D 7C 8D
(三) 1× 2× 3√ 4√ 5× 6× 7√ 8× 9√ 10×

二

(一) 1B 2D 3A 4C 5A 6D 7C 8B 9B
(二) 1A 2A 3C 4B 5B 6B
(三) 1√ 2√ 3× 4√ 5√ 6√ 7×

三

(一) 1B 2C 3B 4C 5C 6B
(二) 1× 2√ 3× 4√ 5√ 6× 7× 8× 9√ 10√

四

(一) 1B 2C 3C 4A 5D 6A 7D 8B
(二) 1C 2C 3B 4C 5C 6D 7C
(三) 1√ 2√ 3× 4× 5√ 6× 7×

第十五单元

一

(一) 1D 2A 3B 4D 5B 6A 7B 8A
(二) 1B 2D 3D 4C 5D 6A 7D
(三) 1√ 2× 3√ 4× 5× 6× 7× 8× 9√ 10× 11√ 12×

二

(一) 1B 2A 3C 4C 5A 6D 7B 8C 9A 10C
(二) 1B 2A 3D 4D 5B 6C
(三) 1√ 2× 3× 4√ 5√ 6√ 7√

三

(一) 1C 2D 3A 4D 5A 6A 7C 8B 9D

(二) 1D　2A　3C　4C　5A　6B　7B
(三) 1✓　2✓　3✓　4✗　5✗

四

(一) 1A　2C　3A　4B　5D　6D　7A　8B　9D　10C　11B　12D
(二) 1C　2B　3D　4C　5D　6A　7D　8A　9C　10B　11D　12B
(三) 1✓　2✓　3✓　4✗　5✗　6✗　7✓　8✓　9✗　10✓

第十六单元

一

(一) 1C　2B　3D　4C　5C　6A
(二) 1B　2D　3C　4D　5A　6B　7C
(三) 1✓　2✗　3✗　4✓　5✓　6✗　7✗　8✓　9✗　10✗

二

(一) 1A　2B　3C　4C　5B　6B　7B　8B
(二) 1C　2D　3C　4D　5B　6C　7B
(三) 1✓　2✗　3✗　4✗　5✓　6✓　7✓　8✗　9✓　10✗　11✗　12✓　13✗　14✗

三

(一) 1B　2C　3B　4A　5C　6D
(二) 1C　2D　3D　4C　5B　6D　7D　8A　9B　10C
(三) 1✓　2✓　3✗　4✗　5✗　6✗　7✗　8✓　9✓　10✓　11✗　12✓

四

(一) 1C　2B　3A　4A　5C　6D　7C
(二) 1C　2A　3C　4D　5A　6C
(三) 1✓　2✗　3✓　4✗　5✗　6✗　7✗　8✓　9✓　10✓

第十七单元

一

(一) 1C　2B　3C　4B　5C
(二) 1B　2B　3A　4D　5D　6B
(三) 1✓　2✓　3✗　4✗　5✗　6✗　7✓　8✓　9✓　10✗
(五) 4　2　1　7　5　6　3

二

(一) 1D　2C　3A　4C　5B　6D　7C　8A
(二) 1A　2D　3C　4B　5C　6C　7B　8C

(三) 1× 2√ 3× 4√ 5√ 6√ 7√ 8× 9× 10×

三

(一) 1D 2C 3A 4D 5C 6D 7B 8C 9B

(二) 1D 2A 3C 4C

(三) 1× 2× 3√ 4× 5× 6√ 7√ 8√ 9√ 10√

四

(一) 1B 2A 3C 4B 5D 6B

(二) 1C 2C 3A 4B

(三) 1× 2√ 3× 4√ 5√ 6× 7× 8√ 9× 10×

第十八单元

一

(一) 1B 2D 3A 4D 5B 6B 7B

(二) 1C 2D 3A 4C 5A 6C 7A 8B 9C 10B 11D

(三) 1× 2√ 3× 4√ 5√ 6× 7√

二

(一) 1D 2B 3C 4C 5B 6D 7B 8B

(二) 1A 2D 3C 4B 5A

(三) 1× 2× 3√ 4× 5√ 6× 7× 8√ 9× 10× 11√

三

(一) 1A 2C 3D 4B 5B 6A 7B 8C 9C 10D

(二) 1D 2D 3A 4B 5B 6C

(三) 1× 2√ 3√ 4√ 5× 6× 7√ 8× 9× 10×

四

(一) 1D 2B 3D 4B 5C 6C 7C 8B

(二) 1D 2C 3D 4D 5B 6D 7A 8C 9D

(三) 1× 2× 3× 4√ 5× 6× 7× 8√ 9× 10√ 11√
12√ 13×

第十九单元

一

(一) 1B 2C 3A 4D 5C 6B 7A 8C 9A 10A

(二) 1A 2A 3D 4B 5C 6D 7B 8B

(三) 1√ 2× 3√ 4× 5× 6√ 7× 8√ 9√ 10√

二

(一) 1D 2A 3B 4C 5B 6A 7B 8C 9A 10D

(二) 1D 2C 3C 4B 5B 6D 7B 8D

(三) 1√ 2√ 3× 4× 5× 6√ 7× 8√

三

(一) 1A 2D 3C 4B 5D 6D 7A 8B 9C 10C
(二) 1A 2D 3C 4C 5B 6A 7B
(三) 1× 2√ 3× 4× 5× 6√ 7√ 8× 9× 10√
(四) 1A 2E 3D 4C 5B

四

(一) 1B 2C 3D 4C 5B 6B 7D 8D 9A 10C
(二) 1A 2C 3B 4C 5C 6B 7D
(三) 1√ 2× 3× 4√ 5× 6× 7√ 8√ 9× 10√

第二十单元

一

(一) 1C 2A 3B 4C 5D 6A 7B 8A 9D
(二) 1D 2A 3A 4A 5B 6B 7D 8C
(三) 1√ 2× 3× 4√ 5√ 6√ 7× 8√ 9×

二

(一) 1A 2C 3D 4B 5A 6B 7C 8A 9C
(二) 1D 2D 3B 4B 5B 6B 7A 8C
(三) 1√ 2√ 3× 4× 5√ 6× 7× 8√

三

(一) 1B 2B 3A 4D 5D 6B 7A 8C 9B
(二) 1A 2B 3A 4C 5B 6C 7B 8D
(三) 1× 2√ 3√ 4× 5× 6√ 7× 8√

四

(一) 1C 2A 3C 4A 5B 6D 7C 8A
(二) 1D 2A 3C 4C 5B 6A 7C 8B
(三) 1√ 2× 3√ 4× 5× 6√ 7√ 8×

第二十一单元

一

(一) 1B 2B 3A 4C 5C 6C 7C 8B 9A 10D 11C 12A 13B
(二) 1A 2C 3B 4A 5D 6B 7C 8A 9A 10D 11A
(三) 1× 2× 3√ 4√ 5× 6× 7√ 8×

二

(一) 1A 2B 3B 4A 5A 6A 7B 8C
(二) 1C 2C 3D 4C 5D 6C 7B 8B 9D 10D 11C
(三) 1× 2√ 3√ 4× 5√ 6× 7√ 8√ 9×

三

(一) 1A 2D 3C 4A 5B 6D 7A 8A
(二) 1B 2C 3A 4C 5C 6A 7C 8D 9A 10C
(三) 1√ 2√ 3√ 4× 5× 6× 7√ 8√

四

(一) 1C 2B 3D 4A 5C 6A 7B 8C 9D 10A 11D 12A
(二) 1C 2A 3B 4D 5C 6D 7A 8A 9A 10D 11C 12D 13B 14C 15C
(三) 1√ 2√ 3× 4× 5× 6× 7√ 8√ 9√ 10×

第二十二单元

一

(一) 1B 2D 3A 4B 5D 6C 7C 8C
(二) 1D 2A 3C 4B 5B 6C 7C 8B 9A 10B 11A 12B
(三) 1√ 2× 3√ 4√ 5× 6√ 7√ 8√ 9√ 10× 11×

二

(一) 1A 2B 3B 4D 5B 6D 7A 8C 9B 10B
(二) 1C 2A 3B 4C 5B 6D 7A 8C 9D 10A
(三) 1√ 2× 3× 4√ 5√ 6√ 7√ 8√ 9× 10√ 11√
(四) 1(1)B (2)C (3)A (4)A 2(1)A (2)B (3)B

三

(一) 1B 2D 3A 4B 5C 6B 7C 8C 9D 10A
(二) 1C 2D 3D 4A 5B 6C 7B 8C 9C 10A
(三) 1√ 2× 3× 4× 5× 6√ 7√ 8× 9√ 10√

四

(一) 1A 2D 3C 4A 5A 6C 7A 8D 9B 10D 11C
(二) 1A 2B 3C 4A 5C 6A 7B 8D 9A 10B 11A 12C
(三) 1× 2× 3× 4× 5√ 6× 7× 8×

第二十三单元

一

(一) 1C 2A 3A 4B 5A 6C 7D 8B 9C
(二) 1A 2D 3A 4C 5C 6D 7A 8B 9A 10A
(三) 1× 2× 3√ 4× 5√ 6√ 7× 8× 9√

二

(一) 1C 2A 3C 4C 5B 6A 7A 8B 9D 10B 11A 12C

(二) 1A 2D 3D 4B 5C 6C 7D 8A 9A 10C

(三) 1× 2√ 3√ 4√ 5√ 6× 7√ 8×

(四) 1 (1)A (2) B 2 (1)A (2)C (3)B 3 (1)C (2)A (3)B

三

(一) 1B 2C 3C 4C 5C 6A 7B 8C 9D 10A

(二) 1B 2A 3C 4B 5A 6B 7D 8C 9A

(三) 1× 2√ 3√ 4√ 5× 6√ 7√ 8√ 9×

(四) 1 (1)A (2)C (3)B (4)B 2 (1)A (2)B A (3) C

3 (1)C (2)A (3) B

四

(一) 1A 2C 3D 4C 5B 6B 7A 8B 9B 10A

(二) 1B 2D 3D 4C 5D 6C 7B 8B

(三) 1× 2× 3√ 4√ 5× 6√ 7√ 8×

第二十四单元

一

(一) 1C 2B 3B 4C 5D 6B 7A 8A 9B 10C

(二) 1A 2D 3A 4B 5D 6C 7D 8D

(三) 1× 2× 3× 4× 5√ 6× 7√ 8√

二

(一) 1C 2B 3A 4B 5C 6B 7D 8A 9D 10B

(二) 1D 2A 3C 4B 5B 6D 7B 8D

(三) 1√ 2√ 3× 4× 5× 6√ 7× 8×

三

(一) 1B 2A 3A 4D 5C 6B 7D 8B

(二) 1A 2B 3D 4C 5A 6C 7D 8C

(三) 1× 2× 3× 4√ 5√ 6× 7√ 8√

四

(一) 1B 2B 3C 4A 5A 6B 7D 8C 9C 10A

(二) 1A 2D 3B 4C 5D 6C 7A 8C

(三) 1√ 2√ 3× 4× 5√ 6× 7× 8×

第二十五单元

一

(一) 1D 2C 3B 4D 5B 6C 7D 8A 9A 10C 11B

(二) 1B　2D　3C　4D　5A　6B　7C

(三) 1√　2√　3×　4√　5×　6×　7√

二

(一) 1C　2A　3C　4D　5B　6D　7B　8A　9D

(二) 1B　2B　3C　4D　5A　6D　7C　8D

(三) 1×　2√　3×　4√　5×　6√　7√　8×

三

(一) 1C　2B　3D　4A　5D　6C　7D　8B　9A　10B

(二) 1D　2A　3B　4A　5B　6C　7A　8C　9B

(三) 1×　2×　3√　4√　5×　6×　7×　8√

四

(一) 1D　2C　3C　4B　5D　6A　7B

(二) 1A　2B　3B　4A　5D

(三) 1×　2×　3√　4×　5√　6√　7×　8√

第二十六单元

一

(一) 1C　2C　3D　4A　5A　6C　7D

(二) 1D　2B　3A　4D　5A　6A　7D　8D　9A　10B

(三) 1√　2√　3√　4×　5×　6√　7×　8√　9×　10√　11×　12×

(四) 1 (1) B (2) A (3) A (4)D (5) C　2 (1) B (2) A (3) A B (4) C

二

(一) 1B　2A　3A　4A　5D　6D　7C　8B　9A　10B

(二) 1C　2D　3C　4D　5D　6A　7C　8C　9A　10D

(三) 1×　2√　3√　4×　5×　6×　7×　8√　9√　10√

三

(一) 1A　2C　3B　4A　5D　6A　7A　8C　9B　10B

(二) 1D　2C　3B　4C　5B　6B　7D　8D　9D　10C

(三) 1√　2×　3√　4×　5√　6×　7×　8√　9√　10×　11×

四

(一) 1C　2C　3A　4A　5D　6D　7D　8B　9A　10B　11A　12B

(二) 1A　2D　3C　4B　5B　6C　7D　8C　9D　10C　11D

(三) 1√　2√　3×　4×　5×　6√　7√　8×　9×　10√　11√　12×

第二十七单元

一

(一) 1B 2B 3C 4B 5C 6D 7A 8D 9B 10D 11A
(二) 1C 2A 3C 4B 5A 6B 7B 8B
(三) 1× 2× 3× 4√ 5√ 6× 7× 8× 9× 10√
(四) 1F 2D 3G 4A 5C 6B 7E 8C

二

(一) 1D 2A 3D 4B 5C 6A 7C 8B
(二) 1A 2C 3B 4A 5C 6D 7C 8B 9A 10D 11B 12D
(三) 1× 2√ 3× 4× 5√ 6√ 7√ 8√ 9×

三

(一) 1A 2C 3D 4D 5A 6D 7A 8D 9A
(二) 1B 2C 3C 4A 5A 6D 7C 8D
(三) 1√ 2× 3√ 4√ 5× 6√ 7×
(五) D G

四

(一) 1A 2C 3C 4D 5B 6D 7A 8B 9D
(二) 1D 2A 3B 4C 5A 6D 7B 8A 9B
(三) 1× 2√ 3√ 4× 5√ 6√ 7√ 8× 9√ 10×

第二十八单元

一

(一) 1B 2B 3A 4C 5A 6B 7D 8D 9C
(二) 1A 2C 3B 4D 5C 6B 7A 8D 9A
(三) 1× 2× 3√ 4× 5√ 6√ 7× 8√
(四) 1B 2E 3C 4A 5D

二

(一) 1C 2A 3B 4D 5C 6A 7D 8C 9A 10B
(二) 1D 2B 3A 4B 5A 6C 7D 8D
(三) 1√ 2× 3× 4× 5√ 6√ 7√ 8× 9√ 10√

三

(一) 1B 2D 3A 4B 5A 6C 7A 8C 9A 10B
(二) 1B 2C 3D 4A 5B 6A 7D 8A
(三) 1× 2√ 3√ 4√ 5× 6√ 7× 8√ 9× 10√
(四) 1C 2E 3B 4A 5D

四

(一) 1B 2A 3C 4C 5B 6D 7A 8D 9A 10B

(二) 1C　2D　3C　4B　5A　6A　7A　8D
(三) 1×　2√　3×　4×　5√　6√　7×　8√

第二十九单元

一

(一) 1A　2B　3D　4C　5C　6C
(二) 1C　2D　3A　4C　5D　6D　7A　8A　9C
(三) 1√　2×　3×　4×　5√　6×　7×　8√

二

(一) 1C　2D　3A　4B　5D　6A　7B　8C　9D　10A
(二) 1B　2C　3C　4B　5D　6A　7C　8C　9C
(三) 1√　2√　3×　4×　5×　6×　7×　8×　9√　10√
(五) A　G　H　I　K　L

三

(一) 1C　2A　3B　4D　5D　6C　7A　8B　9D　10A　11C　12B
(二) 1A　2D　3D　4A　5C　6B　7D　8B
(三) 1×　2√　3×　4×　5×　6√　7×　8√
(四) 1C　2B、D　3A、B　4B　5D　6C

四

(一) 1B　2D　3C　4B　5B　6A　7C　8C　9A　10D
(二) 1A　2C　3B　4C　5D　6A　7B　8B
(三) 1√　2√　3×　4×　5×　6×　7√　8×　9×　10√

第三十单元

一

(一) 1C　2C　3A　4B　5A　6D　7C　8D
(二) 1D　2B　3A　4C　5D　6B　7A　8D
(三) 1×　2×　3√　4√　5√　6×　7√　8×

二

(一) 1B　2C　3A　4B　5A　6B　7D　8C
(二) 1D　2A　3B　4A　5A　6D　7B　8D
(三) 1√　2√　3×　4√　5√　6×　7√　8×

三

(一) 1B　2A　3C　4B　5D　6D　7C　8A　9B　10D
(二) 1D　2B　3D　4A　5D　6C　7D
(三) 1√　2×　3√　4√　5×　6√　7×　8×

四

（一）1C	2A	3D	4B	5B	6A	7B	8A
（二）1B	2D	3A	4B	5D	6C	7A	8D
（三）1×	2×	3√	4×	5√	6×	7×	8√